天道圣经注释

彼得前书注释

张永信　张略　著

上海三联书店

出版说明

　　基督教圣经是世上销量最高、译文最广的一部书。自圣经成书后，国外古今学者注经释经的著述可谓汗牛充栋，但圣经的完整汉译问世迄今尚不到两个世纪。用汉语撰著的圣经知识普及读物（内容包括圣经人物、历史地理、宗教哲学、文学艺术、伦理教育等不同范畴）和个别经卷的研究注释著作陆续有见，唯全本圣经各卷注释系列阙如。因此，香港天道书楼出版的"天道圣经注释"系列丛书尤为引人关注。这是目前第一套集合全球华人圣经学者撰著、出版的全本圣经注释，也是当今汉语世界最深入、最详尽的圣经注释。

　　基督教是尊奉圣典的宗教，圣经也因此成为信仰内容的源泉。但由于圣经成书年代久远，文本障碍的消除和经义的完整阐发也就十分重要。"天道圣经注释"系列注重原文释经，作者在所著作的范围内都是学有专长，他们结合了当今最新圣经研究学术成就，用中文写下自己的研究成果。同时，尤为难得的是，大部分作者都具有服务信仰社群的经验，更贴近汉语读者的生活。

　　本注释丛书力求表达出圣经作者所要传达的信息，使读者参阅后不但对经文有全面和深入的理解，更能把握到几千年前的圣经书卷的现代意义。丛书出版后受到全球汉语圣经研习者、神学教育界以及华人教会广泛欢迎，并几经再版，有些书卷还作了修订。

　　现今征得天道圣经注释有限公司授权，本丛书由上海三联书店出版发行国内中文简体字版，我们在此谨致谢意。神学建构的与时俱进离不开对圣经的细微解读和阐发，相信"天道圣经注释"系列丛书的陆续出版,不仅会为国内圣经研习提供重要的、详细的参考资料,同时也会促进中国教会神学、汉语神学和学术神学的发展,引入此套注释系列可谓正当其时。

上海三联书店

天道圣经注释

本注释丛书特点：

- 解经（exegesis）与释经（exposition）并重。一方面详细研究原文字词、时代背景及有关资料，另一方面也对经文各节作仔细分析。
- 全由华人学者撰写，不论用词或思想方法都较翻译作品易于了解。
- 不同学者有不同的学养和专长，其著述可给读者多方面的启发和参考。
- 重要的圣经原文尽量列出或加上英文音译，然后在内文或注脚详细讲解，使不懂原文者亦可深入研究圣经。

天道书楼出版部谨启

目录

序言

　　"天道圣经注释"的出版是很多人多年来的梦想的实现。天道书楼自创立以来就一直思想要出版一套这样的圣经注释,后来史丹理基金公司也有了一样的期盼,决定全力支持本套圣经注释的出版,于是华人基督教史中一项独特的出版计划就正式开始了。

　　这套圣经注释的一个特色是作者来自极广的背景,作者在所著作的范围之内都是学有专长,他们工作的地点分散在全世界各处。工作的性质虽然不完全一样,但基本上都是从事于圣经研究和在学术方面有所贡献的人。

　　另外,一个值得注意的地方,是这套书中的每一本都是接受邀请用中文特别为本套圣经注释撰写,没有翻译的作品。因为作者虽然来自不同的学术圈子,却都是笃信圣经并出于中文的背景,所以他们更能明白华人的思想,所写的材料也更能满足华人的需要。

　　本套圣经注释在陆续出版中,我们为每一位作者的忠心负责任的工作态度感恩。我们盼望在不久的将来,全部出版工作可以完成,也愿这套书能帮助有心研究圣经的读者,更加明白及喜爱研究圣经。

荣誉顾问　鲍会园

主编序言

　　华人读者对圣经的态度有点"心怀二意"，一方面秉承华人自身的优良传统，视自己为"这书的人"（people of the Book），笃信圣经是神的话；另一方面又很少读圣经，甚至从不读圣经。"二意"的现象不仅和不重视教导圣经有关，也和不明白圣经有关。感到圣经不易明白的原因很多，教导者讲授肤浅及不清楚是其中一个，而教导者未能精辟地讲授圣经，更和多年来缺乏由华人用中文撰写的释经书有关。"天道圣经注释"（简称为"天注"）在这方面作出划时代的贡献。

　　"天注"是坊间现有最深入和详尽的中文释经书，为读者提供准确的资料，又保持了华人研读圣经兼顾学术的优良传统，帮助读者把古代的信息带入现代处境，可以明白圣经的教导。"天注"的作者都是华人学者，来自不同的学术背景，散居在香港、台湾地区以及东南亚、美洲和欧洲各地，有不同的视野，却同样重视圣经权威，且所写的是针对华人读者的处境。

　　感谢容保罗先生于 1978 年向许书楚先生倡议出版"天注"，1980年 11 月第一本"天注"（鲍会园博士写的歌罗西书注释）面世，二十八年后已出版了七十多本。史丹理基金公司和"天注"委员会的工作人员从许书楚先生手中"接棒"，继续不断地推动和"天注"有关的事工。如果顺利，约一百本的"天注"可在 2012 年完成，呈献给全球华人读者研读使用。

　　笔者也于 2008 年 10 月从鲍会园博士手中"接棒"，任"天注"的主编，这是笔者不配肩负的责任，因多年来为了其他的工作需要而钻研不同的学科，未能专注及深入地从事圣经研究，但鲍博士是笔者的"恩师"，笔者的处女作就是在他鼓励下完成，并得他写序推介。笔者愿意接棒,联络作者及构思"天注"前面的发展,实际的编辑工作由两位学有所成的圣经学者鲍维均博士和曾祥新博士肩负。

愿广大读者记念"天注",使它可以如期完成,这是所有"天注"作者共同的盼望。

邝炳钊

2008 年 12 月

旧约编辑序

"天道圣经注释"的出现代表了华人学者在圣经研究上的新里程。回想百年前圣经和合本的出现，积极影响了五四运动之白话文运动。深盼华人学者在圣经的研究上更有华人文化的视角和视野，使福音的传播更深入社会和文化。圣经的信息是超时代的，但它的诠释却需要与时俱进，好让上帝的话语对当代人发挥作用。"天道圣经注释"为服务当代人而努力，小弟多蒙错爱参与其事，自当竭尽绵力。愿圣经的话沛然恩临华人读者，造福世界。

曾祥新

新约编辑序

　　这二十多年来,相继出版的"天道圣经注释"在华人基督教界成为最重要的圣经研习资源。此出版计划秉持着几个重要的信念:圣经话语在转变的世代中的重要,严谨原文释经的重要,和华人学者合作与创作的价值。在这事工踏进另一阶段的时候,本人怀着兴奋的心情,期待这套注释书能够成为新一代华人读者的帮助和祝福。

鲍维均

作者序

　　写彼得前书注释是一段颇为漫长和艰苦的旅程。

　　此书是一本合著，是我与舍弟（张略）首次在写作上的共同创作，也许亦是天道注释丛书中唯一有如此的组合。共同创作的好处，是互补不足，藉着意见的交流及砥砺，写作心得自然丰富。事实上，舍弟于圣经研究的心得，远远在我之上，故他给予我的意见，实属宝贵。然而，其缺点便是在繁忙的生活里，要有共同的步伐去完成指定的部分，并不如想象中的容易。现在藉着耶稣基督的保守及恩典，经过几许挣扎和彼此鞭策，由1991年开始，直到如今，在过了五个年头后，终能了结此创举，感恩之情，不禁油然而生。

　　我们的分工大致如下：我先写绪论，然后由舍弟写首三章，①再由我完成其他的部分，包括第四至五章及附录等。在释经书方面，Selwyn及Kelly两本古典名著自是有其独特之处，前者重视文法分析，既深入亦中肯，后者明快流畅，解说一矢中的，可说是字字珠玑，句句隽永，实属不可多得的佳作。近作则以Michaels、Goppelt及Davids三本鼎足而立，而以前者最为详确。Elliott等的背景研究，包括了从社会学角度的分析，均对了解彼得前书的背景及内容有一定程度的帮助，而在本书的绪论中，已有对其理论作出评审，故在此不再赘述。

　　再一次感谢鲍会园牧师、许书楚长老以及天道书楼，让我们有机会在文字工作上稍尽绵力，藉此服侍华人教会，尤其是许长老多年来对我

---

① 　后来第三章第一至十七节由本人撰写，第十八至廿二节由舍弟撰写。

们的鼓励,实属难能可贵。我们二人受华人教会的恩惠很多,例如从小在华人教会长大,并且在其中成长,藉着教会的栽培,蒙神呼召,走上全职事奉之路。如今我们兄弟二人均能成为传道人,有份于基督天国的功业,实在铭感五中,能藉此书稍作回馈,自是义不容辞。深信天道圣经注释丛书对华人教会的影响,可以延至廿一世纪。这份贡献,在华人信徒著作(尤其是圣经注释书)极为贫乏之际,无疑能填补空白,稍解燃眉之急。惟愿父神加上祝福,悦纳许书楚长老及天道这份心意,大大使用这套注释书,使千万信徒同胞得益。

最后,小弟多谢建道神学院让我于 1985 至 1995 年任神学院讲师之职,正是教学相长,使小弟粗浅的神学基础经过多年的耳濡目染,算是稍有精进,如今虽然是全时间牧养教会,心中仍缅怀着那段美善的日子。舍弟(于苏格兰圣安得烈大学)在此亦向中国神学研究院回谢,因学院于 1992 年春季及夏季,给他共半年的安息年,使他能专注于资料的搜集及写作,又多谢弟妇梁笑媚协助翻阅部分的稿件,此情亦是难忘。

最后,愿一切荣耀归给那赐予我们兄弟二人能共同有份于文字工作的父神。

张永信
1996 年 7 月 1 日
于中华基督教礼贤会香港堂

简写表

AB	Anchor Bible
ACNT	Augsburg Commentary on the New Testament
AfricTheolJourn	*African Theological Journal*
AnBib	*Analecta Biblica*
ANRW	*Aufstieg und Neidergang der romischen Welt*
ATR	*Anglican Theological Review*
AusBR	*Australian Biblical Review*
BAGD	*Greek-English Lexicon of the New Testament and Other Early Christian Literature*, tr. W. F. Arndt and F. W. Gingrich
Barclay	W. Barclay, *The Letters of James and Peter* (DSB; Toronto: Welch, 1976)
BDF	F. Blass, A. Debrunner and R. W. Funk, *A Greek Grammar of New Testament*
Beare	F. W. Beare, *The First Epistle of Peter* (Oxford: Blackwell, 1958)
Best	E. Best, *1 Peter* (Grand Rapids: Eerdmans, 1971)
Bib	*Biblica*
BibSac	*Bibliotheca Sacra*
BibTr	*Bible Translators*
Bigg	C. Bigg, *A Critical and Exegetical Commentary on the Epistles of St. Peter and St. Jude* (Edinburg: T & T Clark, 1910)
Blum	e. A. Blum, "1 Peter," in *The Expositor's Bible Commentary*, vol. 12, ed. F. E. Gaebelein (Grand

	Rapids: Zondervan, 1981)
BNTC	Black's New Testament Commentary
BST	The Bible Speaks Today
BTB	*Biblical Theology Bulletin*
BWORKS	BibleWorks for Window Version 3.0.01
CBQ	*Catholic Biblical Quarterly*
Clowney	E. P. Clowney, *The Message of 1 Peter* (Liecester: IVP, 1988)
Cranfield	C. E. B. Cranfield, *1 & 2 Peter and Jude* (London: SCM, 1960)
CTM	*Concordia Theological Monthly*
Davids	P. H. Davids, *The First Epistle of Peter* (Grand Rapids: Eerdmans, 1990)
D-M	H. E. Dana and J. R. Mantey, *A Manual Grammar of the Greek New Testament*
DPHL	G. F. Hawthorne, R. Martin and D. G. Reid, ed. *Dictionary of Paul and His Letters*
DSB	The Daily Study Bible
EcR	*Ecclesiastical Review*
EDNT	Horst Balz & G. Schneider, ed. *Exegetical Dictionary of the New Testament*
Elliott	J. H. Elliott and R. A. Martin, *James 1 – 2 Peter/Jude* (Minneapolis: Augsburg, 1982)
ET	*The Expository Times*
ETL	*Ephemerides Theological Lovanienses*
EvQ	*Evangelical Quarterly*
EvRev	*Evangelical Review*
ExpT	*The Expository Times*
GAGNT	M. Zerwick, *A Grammatical Analysis of the Greek New Testment*
Grudem	W. Grudem, *1 Peter* (TNTC; Grand Rapids: Eerdmans, 1988)

Goppelt	L. Goppelt, *A Commentary on 1 Peter* (Grand Rapids: Eerdmans, 1993)
Herbert	D. E. Herbert, *First Peter: An Expositional Commentary* (Chicago: Moody, 1984)
HeyJ	*Heythrop Journal*
Hillyer	N. Hillyer, *1 and 2 Peter* (NIBC; Peabody: Hendrickson, 1992)
Hort	F. J. A. Hort, *The First Epistle of Peter I. 1 - II. 17* (London: Macmillan, 1898)
Hunter	A. M. Hunter, "*the First Epistle of Peter*," in Interpreter Bible (New York: Abington, 1957)
ICC	International Critical Commentary
Int	*Interpretation*
ISBE	Geoffrey W. Bromiley, gen. ed. *The International Standard Bible Encyclopedia*
JSNTSuppl	JSNT Supplement Series
IVPNTS	The IVP New Testament Commentary Series
JBL	*Journal of Biblical Literature*
JETS	*Journal of the Evangelical Theological Society*
JSNT	*Journal for the Study of the New Testament*
JTS	*Journal for Theological Studies*
Kelly	J. N. D. Kelly, *A Commentary on the Epistles of Peter and Jude* (London: A & C Black, 1969)
Kistemaker	S. J. Kistemaker, *Peter & Jude* (Grand Rapids: Baker, 1987)
Krodel	G. Krodel, "1 Peter," in *Hebrews, James, 1 and 2 Peter, Jude, Revelation* (Philadelphia: Fortress, 1977)
Lenski	R. C. H. Lenski, *Interpretation of 1 Peter* (Columbus: Wartburg, 1945)
LSJ	H. G. Liddel, R. Scott & H. S. Jones, *A Greek-English Lexicon* (Oxford: OUP, 1940)

Marshall	H. Marshall, *1 Peter* (Downers Grove: IVP, 1991)
MHT	J. H. Moulton, *A Grammar of New Testament Greek*, 4 Volumes
Michaels	J. R. Michaels, *1 Peter* (Waco: Word, 1988)
M-M	J. H. Moulton and G. Milligan, *The Vocabulary of the Greek Testament*
Mounce	R. H. Mounce, *A Living Hope: A Commentary on 1 and 2 Peter* (Grand Rapids: Eerdmans, 1982)
NABPR	National Association of Baptist Professors of Religion
NCB	New Century Bible (new edit.)
Neot	*Neotestamentica*
NIBC	New International Bible Commentary
NICNT	New International Commentary on the New Testament
NIDNTT	Colin Brown, gen. ed. *The New International Dictionary of New Testament Theology*
NovT	*Novum Testamentum*
NTC	New Testament Commentary
NTS	*New Testament Studies*
Perkins	P. Perkins, *First and Second Peter, James and Jude* (Louisville: John Knox Press, 1995)
PSTJ	*Perkins School of Theology Journal*
RevExp	*Review and Expositor*
Reicke	B. Reicke, *The Epistles of James, Peter and Jude* (Garden City: Doubleday, 1964)
RTR	*Reformed Theological Review*
SBL	*Society of Biblical Literature*
SBLDS	SBL Dissertation Series
SBLMS	SBL Monograph Series

Selwyn	E. G. Selwyn, *The First Epistle of Peter* (London: Macmillan, 1947)
Senior	D. Senior, *1 & 2 Peter* (Michael Glazier: Wilmington, 1987)
SNTSup	Studien zum Neuen Testament Supplement
Stibbs	A. M. Stibbs & A. F. Walls, *The First Epistle of Peter* (London: Tyndale, 1959)
Stud Ev	Studia Evangelica
TDNT	G. Kittel and G. Friendrich, ed. *Theological Dictionary of the New Testament*, tr. G. W. Bromiley, I - X
ThD	*Theology Digest*
TLNT	Ceslas Sqicq, *Theological Lexicon of the New Testament*, tr. James D. Ernest, Volume 1 - 3
TNTC	Tyndale New Testament Commentary
TToday	*Theology Today*
TynB	*Tyndale Bulletin*
USQR	*Union Seminary Quarterly Review*
VoxEv	*Vox Evangelica*
VoxRef	*Vox Reformata*
WBC	Word Biblical Commentary
WTJ	*Westminster Theological Journal*
WUNT	Wissenschaftliche Untersuchungen zum Neuen Testamen
ZNW	*Zeitschrift fur die Neutestamentliche Wissenschaft*
艾理略	《雅各书、彼得前书后书、犹大书》,香港:道声,1988
杨东川	《彼得前书》,香港:基督教文艺,1988
毛克礼	《彼得前书释义》,香港:证道,1952
梁家麟	《激流中的委身》,香港:卓越,1990
曾立华	《在盼望中儆醒》,香港:天道,1992
黄锡木	《原文新约辅读》,香港:基道,1994

和　　　　　　和合本
吕　　　　　　吕振中译本
思　　　　　　天主教思高译本
现　　　　　　现代中文译本
新　　　　　　圣经新译本
当　　　　　　当代圣经译本

绪论

绪论

壹　导言

　　新约学者艾理略（Elliott）指出，在表面看来，新约解经学者的眼中，彼得前书只可算是占二等的地位，更有认为其只是新约正典的养子（step-child）而已。[1] 事实上，彼得前书的确是新约普通书信的一卷，骤看之下，它只是一封短笺而已（比起罗马书和哥林多前、后书等长篇幅的书信，难免使人有这样的感觉）。然而，实际上彼得前书的内容和信息是不容忽略的。其中如宗教改革之先锋马丁·路德，当他将彼得前书译成德文时，曾称之为"既真实又宝贵的新约书卷"。[2] 他更以罗马书、约翰福音和彼得前书为新约众书卷中最能为基督福音作见证的书卷。[3]

　　到了近代，彼得前书正经历着一个在解经地位上的文艺复兴，[4]学者对此书的兴趣与日俱增，且看以下数位声名遐迩的解经家之表白：

　　马竭尔（Marshall）说："这封信（指彼得前书）是很适合作为教会会友或慕道洗礼者的手册的。"[5]

---

[1] John Elliott, "The Rehabilitation of An Exegetical Step-child: 1 Peter in Recent Research," in *Perspectives on First Peter*, Charles Talbert, ed. (Macon: Mercer University, 1986), p.3.

[2] 引自 Ralph A. Martin, 参艾理略，页 57。

[3] 参 James L. Blevins, "Introduction to 1 Peter," *Review and Expositor* vol.74, No.3 (Summer, 1982), p.401.

[4] Donald Senior, "The First Letter of Peter," *The Bible Today* (Jan 1984), p.5.

[5] I. Howard Marshall, *1 Peter* (Downers Grove: IVP, 1991), p.16.

夏理逊（Harrison）说："虽然这（指彼得前书）不是一封如提摩太前、后书等一样的个人化之书简，然而其内容却充满了温馨和同情。"⑥

戴维斯（Davis）说："（彼得前书）是早期教会如何应用旧约和耶稣之言于教会的楷模，堪足为今日教会借鉴。"他亦强调，此书乃新约神学及教牧关怀之教导的重要著作。⑦

斯比克（Spicq）更主张彼得前书乃基督教信仰和操守的处方（resume），也是作为教牧书信的典范。⑧

萧温（Selwyn）指出，虽然彼得前书只有一百零五节，但却是基督教信仰和职责之微型世界（microcosm），更是有关牧养训示的模范。⑨

基利（Kelly）亦回应说，彼得前书实为在牧养上最具吸引力和最富说服力的文献。⑩

然而，要深入研究彼得前书亦诚非易事。明显的例子便是萧温与贝尔（Beare）对此书的写作日期，产生了南辕北辙的结论。⑪ 前者主张其写作日期是公元 63 至 65 年间，后者则是公元 111 至 112 年间，在年份上相距达半个世纪。又例如维德（Wand）指出了在研究本书的本质和所处的环境上，可说是有两种选择，一方面有如传统的看法，主张作者便是使徒彼得，在当时的教会，即受书人正面对苦难和逼迫之际，写了此信作为安慰之言。在另一极端，则为戈克斯（Cross）所主张的，全书是复活节时的一个礼仪的记录。⑫

有见及此，一个无庸置疑的事实，便是在多方面和多个层面上，彼得前书都激起了热烈的争论。其中包括了本书的结构、形式、作者、受

---

⑥ E. F. Harrison, *Introduction to the New Testament* (Grand Rapids: Eerdmans, 1964), p. 401.

⑦ Davids，p. 3.

⑧ 引自 Clowney，p. 15.

⑨ Selwyn，p. 1.

⑩ Kelly，p. 1.

⑪ 贝尔之作 F. W. Beare, *The First Epistle of Peter: The Greek Text with Introduction and Notes* (Oxford: Blackwell, 1970)，可说是当时的惊世之作，他的第二版（1958）和第三版（1970）仍然影响着关乎彼得前书的绪论；当然，不少人士对他的立场表示赞同，亦有不少学者，尤其是福音派人士，对之采取了审慎及甚有保留的态度。

⑫ 详参 J. W. C. Wand, "The Lessons of First Peter: A Survey of Recent Interpretation," *Int* 9(1955)，pp. 387 - 399.

书人和历史环境等。因此,无怪乎彼得前书曾被称为"新约研究的风暴之中心"。[13] 我们将会在绪论部分处理这些问题,盼望能从中闯出一条合理和满意的出路。

因着彼得前书的教训,新约中的使徒彼得,被誉为"盼望的使徒"(The Apostle of hope),因为他确实给予在看似无尽苦难中的信徒们有透视苦难的洞察力,赋予他们属灵的眼光,看到苦难浓云之背后,存在着光辉夺目的荣耀。[14] 至此,每当教会在受苦之时,彼得前书便会与其他有关苦难之圣经书卷一样,如约伯记、但以理书和启示录等,备受教会的注重和传诵。按此理解,到了耶稣基督再来之前夕,临到普世和教会的大灾难,必定使彼得前书成为千万信众的慰藉之言。研读此书便会成为信徒作好心理装备的一项必修课程。

贰　作者

彼得前书所引起的问题,主要有两个,其一是作者的问题,其二是如何处理信内所采用的材料和资源的问题。[15] 使徒彼得作为本书的作者,一直以来都没有遭受重大的质疑。直到近代,才掀起了反对彼得为原作者的浪潮。一如其他新约经卷,彼得前书备受十九世纪初期的高等批判(higher criticism)学者所批判,时至今日,赞成和反对彼得为原作者的学者们可说是旗鼓相当,形成均势。[16]

(Ⅰ) 反对使徒彼得为作者

反对的理由是多方面的,我们将一些较有理据的主张阐述如下:

---

[13] Stephen Neill, *The Interpretation of the New Testament 1861 – 1961* (London: Oxford University Press, 1964), p. 343.

[14] Harrison, *Introduction to the New Testanment*, p. 398.

[15] Edward Lohse, "Parenesis and Kerygma in Peter," in *Perspective of First Peter*, Charles, H. Talbert, ed. (Macon: Mercer University Press, 1986), p. 38.

[16] 反对彼得为作者的学者有 Streeter, Goodspeed, Scott, Beare, Goppelt, Best, Brox 等。赞成者有 Bigg, Clowney, Davids, Grudem, Kelly, Hunter, Marshall, Michaels, Reicke, Selwyn, Stibbs & Wall 等。

（一）彼得前书中的希腊文是流畅明快的；[17]然而，彼得只不过是在加利利海打鱼为生的渔夫，以犹太人的传统教育来推断，彼得充其量只是在会堂里受过希伯来文化的教育，其最流利之语言是亚兰文，而非希腊文。贝尔更以使徒行传第四章十三节所形容彼得为"原是没有学问"（illiterate）一词作为证据，相信彼得的学识水平委实有限。[18]同时，住在巴勒斯坦之彼得，与希腊文的接触相信亦极为有限，即使能讲希腊文，仍不可能有如此卓越的文笔撰写彼得前书。[19]

（二）彼得前书的希腊文与彼得后书的文笔，迥然不同。后者的希腊文是差强人意的，如果后书是彼得之作品，则前书当然不会是同出一个人的手笔。[20]

对于以上的两个疑点，我们可以从多方面来作答。首先，如果从文笔和文章风格来决定此书的作者是否彼得，此方法可说是徒劳无功的。因为我们根本不知道彼得写作能力的程度，其文章风格又是如何。在新约里，另外一卷以彼得为名的作品彼得后书，在作者的问题上更是耐人寻味，棘手的问题比本书还要多。[21]观此，将彼得前书与彼得后书作比较，以推论作者是谁的做法实属不智。

再者，学者维德提出，以彼得的年纪和背景，他不一定是一个没有受过良好教育的人。维氏本人亦认识一位澳洲的伐木工人，其英语写作能力远超一般大学程度的学人。[22]希特（Thiede）更是力陈，彼得既然是出身于加利利，即一个已经是有多个世纪受着希腊文化浸淫的地方，彼得作为一个操渔业买卖为生的人，是会有一定程度的希腊语文基

---

[17] 甚至可算是新约各书卷中最优美的，参 James L. Blevins，"Introduction to 1 Peter，"*RevExp*，vol. 74 no. 3（Summer 1982），亦有如 Radermacher 所主张的，其希腊文反映作者的语文能力是有限的，引自 Harrison，*Introduction to the New Testament*，p. 404.

[18] Beare，p. 28f.

[19] 在新约中，只有路加的著作和希伯来书，才可以与本书的希腊文相比拟，而彼得前书的希腊文比保罗之作品尤胜一筹，ibid，p. 27.

[20] 当然，彼得后书的作者是否彼得，是一个更具争议性的问题。

[21] 详参 Richard J. Bauckham，*Jude，2 Peter*（Waco：Word，1983），pp. 158－163.

[22] Wand，"The Lessons of First Peter，" p. 391.

础的。㉓ 更有证据显示,耶稣基督,作为一位第一世纪之拉比,与他的门徒是常有机会与操希腊语的人士交谈的。㉔ 这种环境,成为了培育门徒操希腊语的有利因素。再说,大部分学者都相信,使徒行传第四章十三节的所谓"没有学问的小民",其实并不表示彼得是目不识丁,或是不曾受过教育的人,乃是指他没有正式受教于拉比学校,并且没有如法利赛人和文士等的社会地位而已。㉕ 所以,这并不表示他的希腊文不好,相反,有事实显示他是能操流利的希腊文的。例如他在该撒利亚的哥尼流家中传道(徒十 1~48),面对一位罗马的官长,彼得极有可能是以希腊文向他及其家人传讲福音的。我们更不要忘记,彼得亦常到巴勒斯坦之外的希腊化犹太人当中事奉(如加二 7~9 所显示的),在这种情况之下,操希腊语可说是不可或缺的传道条件。按此理解,彼得长年累月地用希腊文与别人交谈、教导、读经和敬拜,这一定起了潜移默化的作用。无怪乎古特立(Guthrie)推测,一般人士定彼得前书的写作日期,最早期亦会在公元 60 年之后,这与使徒行传中彼得被讽为"没有学问的小民"的时间,相隔足有三十年,㉖有谁能肯定他不会在三十年内,大大提高了希腊文的写作能力? 综上所论,慕尔顿(Moulton)及侯活(Howard)更断言,彼得的希腊文,应该比亚兰文更好。㉗

退一步说,即使彼得的希腊文程度不足以使他能写出如彼得前书如此文笔流畅的作品,我们亦有理由相信,彼得前书是由代笔人协助彼得着墨成书的,而彼得后书则可能是彼得本人的亲笔著作(当然,如果彼得后书不是彼得写的话,亦不会影响代笔人这一个可能性)。我们不

㉓ 彼得又名西门,此乃希腊名字,他兄弟安得烈更是一个不折不扣的希腊名字,G. P. Thiede, *Simon Peter：From Galilee to Rome*(Grand Rapids：Zondervan, 1988), pp. 20‐21;参徒十五 14;约一 42。持相同见解的尚有 Donald Guthrie, *New Testament Introduction*(London：IVP, 1970), p.778.
㉔ 参 S. Lieberman, *Greek in Jewish Palestine*(New York, 1965)在这方面的研究。
㉕ 毛克礼,页 9。Richard N. Longenecker, "The Acts of the Apostles," in *The Expositor's Bible Commentary*, Frank E. Gaebelein, ed. (Grand Rapids：Zondervan, 1981), 9：306；F. F. Bruce, *The Book of Acts*(Grand Rapid：Eerdmans, 1954), p.102, fn. 25.
㉖ Guthrie, *New Testament Introduction*, p.778. 我们要注意,在徒第十五章之后,彼得明显没有再住在耶路撒冷,而多数作长途的旅行布道,这自然大大提高了他接触罗马帝国之希腊化世界的机会,参 Marshall, p.23 及本书附录(壹)有关彼得生平研究一文。
㉗ Moulton and Howard, *A Grammer of New Testament Greek*, p.26,引自 Guthrie, ibid.

要忘记,在当代找代笔人书写,是极为普遍的事,保罗的书信亦反映出他是有找代笔人的习惯的,其中明显的如罗马书及加拉太书。⑱ 甚至是当时极负盛名的犹太史家约瑟夫(Josephus),亦雇用代笔人去写成他的巨著。这种情况,是鉴于当时文盲处处可见,而书写也不是易事,以代笔人执笔是颇为普遍的事。

再者,优西比乌(Eusebius)指出,早期教父帕皮亚(Papias)更有记载,彼得曾一再录用马可,作为他的传译员。⑲ 如果此说属实,则彼得亦有可能以代笔人来为他书写彼得前书。我们再推测,彼得如果请西拉,即此书之信差(五 12)作为代笔人,是极有可能的。⑳ 在此,我们要注意,可能因为西拉是精通希腊文的,故在耶路撒冷大会后,耶路撒冷教会便派遣他将大会所决定的消息传送给安提阿、叙利亚和基利家,即操希腊语的教会(徒十五 27)。学者萧温将帖撒罗尼迦前、后书和本书作对照,发现它们之间的文笔和措辞颇有相近之处,又因帖撒罗尼迦前、后书均为西拉代保罗执笔,故西拉代彼得执笔的可能性是很大的。㉑ 当然,尽管是用了代笔人之方式写作,彼得亦一定会对以他名义所发出的信件作出详细的指示和复核,才让此信被送到众教会的手上。㉒ 倘若此假设是正确的话,则彼得前书之希腊文自然是流畅得多了。

(三)又有人认为,既然西拉可能是本书的代笔人,则更有可能的是,西拉是以彼得的名义发信,即是说,此封信是西拉冒彼得的名而写作的,根本没有得着彼得本人的认可。此说法的原因,便是彼得既是一

---

⑱ 参罗十六 22;加六 11;教牧书信亦然。

⑲ Eusebius, *HE* 3.39.15(*HE* 即 Historia Ecclesiastica).

⑳ 详参五 12 的批注;按五 12 的文意,西拉作信差的机会反不及代笔人为大。

㉑ 此处的西拉 Silvanus,其亚兰文是 Silas;Selwyn 坚称这个看法是正确的。除了帖撒罗尼迦前、后书之外,彼得前书与使徒行传第十五章耶路撒冷大会的"使徒法例"(Apostolic Decree)之间,存着相近的思想和措辞,而西拉不单作为此令的信差,更有助编修其中的措辞,这间接地支持了西拉为此书的代笔人的推论,参 Selwyn, pp. 463 – 466.

㉒ 参五 12,戴维斯主张此节所暗示的,是西拉乃代笔人多于只是信差,Davis, p. 198, fn. 2;但米高斯则反对此见解,Michael, pp. 306 – 307. 另外 Chase 及 Carrington 亦有类似的争论,参 Guthrie, *New Testament Introduction*, p. 78, fn. 1.

位早期教会著名的殉道者，^㉝而到了罗马君主多米仙（Domitian）在位时，西拉便想借助彼得的知名度和殉道的精神，去鼓励在多米仙暴政下受尽摧残的信徒。^㉞

我们不能否认，以上推论的可能性是存在的。然而，此论调本身亦潜存着不少的疑问，究竟此信之内容是反映尼禄（Nero）王时代的背景，还是多米仙王时代的情况？到了讨论写作日期的部分时，我们自会观察到前者是一个较合适的取向。再者，若然是后者，则一位已经离世多年（相隔约三十年）的信徒，突然出现了以他名义而发出的信简，并且被传阅于众教会之间，势必引起不少人的怀疑，何以彼得的著作会到此时此际才出现？在此，按我们所得的记载，并没有任何早期教父或文献曾质疑彼得前书的作者为彼得。最后，西拉也是一位有知名度的教会领袖（参徒十五 22～23），其知名度并不亚于马可和路加，他大可以用自己的名义写作，而得着众教会的接纳，根本不用以这种隐晦的手法，去达成他写作的目的。

（四）彼得前书与保罗书信之间，存在着不少相同之处，如有关"家庭的规章"（household code），^㉟同样是引用以赛亚书第廿八章十六节和第八章十四节，^㊱对罪恶的列举有极为相近的描写；而彼得前书第一章六至七节之列举法（chain-saying）的写作方式，亦在罗马书第五章三至五节出现等。

因此，有些学者，如德国圣经批判学的图宾根学派（Tubingen School）认为，彼得与保罗在事奉的接触点上是非常有限的，如彼得主要是向巴勒斯坦的犹太人工作，保罗则向外邦人之地进军。^㊳有见及此，彼得前书既与保罗之作品有相近的地方，可能是显示此书根本不是

㉝ 五 1 所暗示的。

㉞ 此理论基本上与主张"彼得圈中人士"（petrine circle）为原作者的分别不大。毕竟，问题是使徒彼得参与此信之写作成分有多少，以致我们可以相信在此信中，作者自命为使徒彼得之言非虚，而是实至名归之言？参 Senior, *The First Letter of First Peter*, pp. 6–7.

㉟ 二 12～三 7，对照西三 18～四 6；罗十三 1～4。

㊱ 二 6～8 对照罗九 33。

㊲ 四 3 对照罗十三 13。

㊳ 参加二 7～8，而二者亦曾因一些事件有正面的冲突（加二 11 起），对于所生之事故的剖析，可参本书附录部分有关彼得生平的论述。

出于彼得本人而实乃一冒名的作品。^㊲ 换言之，对这些学者来说，彼得前书只是属于保罗作品中一卷后期之作，即伪保罗（deutero-Pauline）的作品。^㊵

当然，以上意见纯属揣测，因为如果这封信是模仿保罗的写作方式而成的，则如何解释作者又要自言是彼得，即托彼得之名来写书？倒不如干脆自称为使徒保罗，反而不会生太多枝节，引起别人的怀疑。如此，则更容易为众教会接受。再加上此信的受书人，都在保罗所事奉过的领域附近，他们必定听过保罗的威名，甚至目睹保罗的风采，何况保罗的书信早已闻名于当代（参彼后三 15～17），以保罗的名义发信，岂不比以彼得的名义更来得合乎情理？

再说，与保罗书信的内容有接触点（points of contact），亦不足以断言彼得前书是取材于保罗书信，因为他们可能是共同取材于一些流传于当代众教会的资料。^㊶ 在此，艾理略更力陈，其实形式批判学（form criticism）及传统批判学（tradition criticism）已有足够的证据，支持彼得前书与保罗的作品均是以一些共有之资料为题材，而非彼此取材。^㊷

除此之外，基尔斯（Glaze）提醒我们，切莫夸张了保罗和彼得之间的冲突。加拉太书第二章廿一节所记录的问题，并不表示彼得存有异于保罗的神学思想。问题只是彼得的勇气有所不足而已。反而，在耶路撒冷大会中，彼得与保罗在外邦人信主的事上是有着一致

㊴ Beare, p.5, 相信此信之作者是一个酷爱保罗著作的人，其中尤其是罗马书及以弗所书；C.L. Mitton, *The Epistle to the Ephesian* (Oxford: Clarendon, 1951), pp.176 - 197, 则拒绝以弗所书为保罗的手笔，认为是后保罗时期的作品，按此了解，则彼得前书之写作日期，是比以弗所书为后。

㊵ H. Conzelmann, *An Outline of the Theology of the New Testament* (New York: Harper and Row, 1969), pp. 289 - 295; 近期持相同看法的有 Norman Perrin, *The New Testament: An Introduction* (New York: Harcout-Brace-Jovanovich, 1974), pp. 257 - 260; 或称为"冲淡了的保罗思想"。

㊶ 包括了一些文件、作品、习语或话题等。

㊷ Elliott, "The Rehabilitation," pp. 8 - 9. 艾氏本身相信此信乃出自彼得的传统，由"彼得之圈中人"(petrine circle)写成，此圈之特点有：(1)喜欢彼此以"亲爱的"称呼（二 1，四 12；彼后三 8、17；犹 3、17、20）；(2)常参与教会的教导和研究的事工；(3)倾向于与社会疏离，而自以为是祭司（二 11），详参 Best, pp.59 - 63.

的看法(徒十五 9)。[43] 有一点是我们不可忽略的,便是如果本信的代笔人是西拉的话,则其字里行间,流露出其与保罗书信有相同的措辞,亦不足为怪,因为西拉本来便是保罗多年的同工(徒十六 19、25、29,十七 4、10、14、15,十八 5;林后一 19;帖前一 1~2;帖后一 1),[44] 他本人必定受保罗写作的措辞所影响,[45]而在此信中反映出来也是在所难免的事。

再者,在提及"家庭的规章"时,比较起以弗所书和歌罗西书的经段,前者说及父母和子女间的关系,但彼得前书却只字不提,反而,雅各书第一章二至四节却有同样的列举。在此,鲁斯(Lohse)指出,彼得前书所惯用的,以分词(participle)作为命令语调(imperative mood)的运用,均不曾在保罗书信中出现过,[46]而如上文所论及的,彼得前书的希腊文,亦优胜于保罗作品的希腊文。[47]

至于在引用旧约方面,彼得前书在引用箴言第三章卅四节上,却与雅各书是一致的,[48]我们不能因此便断言彼得前书是取材于雅各书,又或是模仿雅各书之作。[49] 这些在新约各书卷中所出现的、彼此相近的措辞及素材,充其量只能指向它们都是采用一些共有的、流传于当代教会的资料,又或者是因着当时教会的书函是有一个固定的格式,甚至是一些书写的措辞。我们要注意的是,保罗书信中所强调的神学题旨,如因信称义、恩典与律法;基督论中有关救赎和主的再来之详确解释等,

---

[43] R.E. Glaze Jr., "Introduction to 1 Peter," *The Theological Educator* 13(1982), p.27. 并参本书附录彼得生平一文中有关加二 11 的分析;在此,路加笔下的彼得与保罗,在神学立场和开拓福音事工上,是协调多于对抗的,如向外邦人传道之始,并非保罗,乃是彼得,他被圣灵引导,向百夫长哥尼流传道(十 1~48),足见在传福音的对象上,两位使徒是有共同点的。

[44] 当然我们是假设两处的西拉是同属一人,在此,戴维斯力陈二者实乃同一个人,Davids, p.198.

[45] 亦有可能保罗与西拉是相互影响。

[46] 例如三 1 对照弗五 22 及西三 18;二 18 对照六 5 及西三 22;其内容虽有共同点,但彼得前书则常有用分词作命令语的用法。

[47] Lohse, "Parenesis and Kerygma in 1 Perter," pp. 45 – 46.

[48] 参雅四 6~7;对照五 5~6。

[49] 详参本书有关的批注。

均没有出现于彼得前书。[50] 由此观之，过分标榜它们之间那些彼此相同的地方，便以为作者们是互相抄袭，实乃操之过急和有失中肯的定论。总括来说，一如艾理略所言，单就本信的文章风格与其他新约书信的比较，是难以决定此信是出自彼得还是西拉，又或者是一伪名的作品。[51]

（五）使徒行传指出，彼得是在犹太地和撒玛利亚地事奉的；稍后，加拉太书第二章十一节说他到了叙利亚；传统又记载了彼得到达罗马城，而且殉道于该处。他亦可能到过哥林多，以至吸引到某些教会人士以他为荣，藉他的名义为招牌，成立属矶法的党派，在教会内与其他派别产生了纷争（林前一 10～17）。当然，彼得在他有生之年之行踪，新约并没有详确的交代，然而，他是否真的到过彼得前书内所指出的，信的受书人所散居的地方，即小亚细亚一带，并在那里有深入的福音工作，实在是使人怀疑的。如果他根本不会久居和事奉于该处，则何以他会贸然向该地的教会作出训示？会否问题根本是此信不是他本人所写的呢？

这一个反对当然是软弱无力的，因为在初期的教会，使徒的名声很是显赫，其中尤以保罗和彼得，更是家喻户晓。观此，哥林多教会才会以属于矶法为荣（林前一 12），使徒二人对于普世教会的关怀，是比比皆是的。例如，保罗为一所于他来说并不熟谙的耶路撒冷教会筹集捐款，旨在要解决他们的困境（林前十六 1～4；林后八～九章）；他亦向先前从未踏足过的罗马教会写了一封脍炙人口的罗马书。[52] 基于以上的分析，彼得即使未曾踏足过受书人之教会，[53]仍有足够的权威、理由和动机，使他向那一带的信众作出励志性的教诲。[54]

---

[50] Michaels, lxiii 认为此信的内容，在某些地方更似马太福音或路加的作品，多于保罗书信；Lohse, "Parenesis and Kerygma in 1 Peter," p. 40, 亦指出保罗作品中其他的重要题旨，如因信称义、教会作为基督的身体等，亦没有出现于彼得前书。

[51] Elliott, "Rehabilitation," p. 9.

[52] 虽然写信的主因包括要与罗马教会建立福音合作上的关系（罗十五 28），然而他仍有出于关怀和分享的心意，促使他致函罗马的教会（罗一 8～12）。

[53] 当然，他亦有可能曾经亲临此境，详参受书人部分的讨论。

[54] H. Koester 引用了 Ignatius 及革利免壹书为另外两个明显的例子，他们均是对其所直属的教会以外之救赎群体作出鼓励、辅导和忠言，藉此强化信徒间的合一，*Introduction to the New Testament* (Philadelphia: Fortress, 1982), 2: 294.

（六）有人认为彼得前书没有深入地论及耶稣基督生平的言行，这一个特点反映出作者对耶稣基督的生平很陌生。如果作者果真是跟随了基督足有三年半的使徒彼得，作为耶稣的近身门徒，他理应引用基督个人的警言以支持自己的言论，同时亦可提高其论点的说服力和权威性。[55] 在此，学者彼士特（Best）在经过详细的分析后，提出了数大要点，显示彼得前书如果真的是彼得的著作，其引用福音书传统的篇幅，实在是差强人意的，处处表明了此信不会是使徒彼得的作品，也不会是西拉为其代笔人。[56]

以上的推论是流于主观的，彼得前书中亦有不少与耶稣基督的救赎（如一 2～3）、受苦（二 21～25，四 1）、复活（三 21）、升天（三 22）和再来（一 7、13、20）等有关的教导。事实上，经过仔细的剖析后，学者根治（Gundry）言之凿凿地指出，此信有很多地方是回响着耶稣基督在世时的言论的，不少更反映了四福音中发生于耶稣基督与彼得之间的事件。[57] 此外，学者撒顿曼（Schattenmann）亦有力地展示，福音书中的小启示录（The Little Apocalypse），尤其是马可福音第十三章，与彼得前书的内容有紧密的关系。[58] 因此，否定彼得前书引用耶稣之言行这一个说法，是有欠中肯的。至于权威方面，如果作者是使徒彼得的话，他本是一位人所共知的教会领袖，更无需刻意借助其他人物如耶稣基督，以说服他的受众。[59]

---

[55] Kummel, *Introduction to the New Testament*, p. 424.

[56] 其中的理由兹列如下：(1)此信只展示福音书的言论，却没有触及比喻和神迹等；(2)有关耶稣的言论，此信与马可福音没有特别的关系；(3)此信是进一步发展了的福音传统，而非福音版本的原始版本；(4)有多处地方此信是应该采用福音传统的，但出人意表地却没有，又或者是转而用了旧约，参 Ernest Best, "1 Peter and the Gospel Tradition," *NTS* 16 (1969-1970), pp. 111-112. 然而，反驳以上论点的有 Robert H. Gundry, "Further Verba on Verba Christi in First Peter," *Biblica* 55(1974), pp. 211-232.

[57] Robert Gundry, "Verbi Christi in 1 Peter," *NTS* 13(1966-1967), pp. 336-350.

[58] 如二 4 起所用的"活石"和"灵宫"之比喻，与可十三 3 言及彼得正在观赏圣殿及亲耳听见耶稣对圣殿的预言有关，而五 8 之儆醒的提醒，亦与可十三 33～37 耶稣命令门徒要儆醒有接触点，参 Johannes Schattenmann, "The Little Apocalypse of the Synoptics and the First Epistle of Peter," *Today*, pp. 193-198.

[59] 米高斯提醒，否定彼得后书为彼得本人作品的其中一个原因，是因为书中有言及耶稣基督生平的经文，参彼后一 14、16；Michael, lxvi.

（七）或者有人说本书内容反映出迫害正开始蔓延到整个罗马帝国，而在初期的教会史上，对整个基督教会产生迫害的时期，便是在多米仙王之统治期（A. D. 95），[60]但彼得却早已于公元 68 年左右之前，在尼禄王手下殉道，故不可能是他的手笔。

彼得前书的内容，的确反映出教会正面对苦难，对于受书人来说，受苦是真实和具体的（尤其是四 12～19）。然而，信内并没有反映出其逼迫是由罗马政府带动和引发的。反而，所反映的是教会在一个敌挡神的世代和文化中生活的实况，而以此来提醒信徒，要将盼望寄予再来的主。在多米仙王期间，却有约翰所写的启示录，此乃以启示性文体所写成的书简，此文体的出现，是当一个在社会中弱小的群体，被大势所迫，而藉着此文体的作品来言情寄意，对被逼迫者有鼓励的作用，启示录所反映的，便是一个教会被压迫的情况，而此逼迫是与敬拜罗马君王有直接的关系的。因此，启示录便以启示象征法的写作方式，去指斥罗马政府不仁不义，俨然是一敌基督的帝国。[61]细观彼得前书，却没有这样的表达和措辞，亦没有直言逼迫是从政府而来，反而，作者却指示受书人要顺服政权和在上的君王臣宰（二 13～14），由此可见，这与多米仙王时期教会所处的政治环境是大有不同的。[62]

（八）在新约圣经中，有不少记载是与彼得的言行有关的，其中当然包括了彼得前、后书的。到了公元二世纪时，更是出现了一些书籍，如彼得的宣讲（The Preaching of Peter）、彼得行传（The Acts of Peter）及彼得福音（Kerygmata Petrou），鉴于此，有些学者便相信有所谓属"彼得的群体"（Petrine community）之存在，[63]以致有这么多卷以

---

[60] Eusebius，*HE* 4. 26. 9.

[61] 参张永信：《启示录注释》（香港：宣道，1990），页 28。

[62] 此外，Warden 指出，罗马政府很少直接介入远在小亚细亚各地省市的事情，故此，彼得前书，甚至启示录所反映的社会宗教情况，并不一定能反映国家对基督教的政策，反而是各地方性、个别的情况，按此了解，我们不能肯定此两本书是在多米仙王逼迫基督教时写成的；Duane Warden，"Imperial Persecution And the Dating of 1 Peter And Revelation,"*JETS* 34（June 1991），pp. 203 - 212.

[63] 为"community"及"school"下定义的，可参 James Blevin，"Introduction to 1 Peter,"*RevExp* 79(1982)，pp. 402 - 403，p. 412，n. 8，10 及一位德国学人 Marion Soards，其见解可参 G. R. Young，*Was There a Petrine Community? An Examination of First and Second Century Documents Ascribed to Simon Peter*（Ann Arbor：University Microfilms International，1987），p. 3，fn. 8.

彼得名义出现的作品，⑭彼得前书便是出自这群体的。⑮ 然而，经过了对以上一系列以彼得为中心的作品的分析后，杨格（Young）所得出的结论是，今日我们所拥有的书卷，其内容反映出每一份书卷都是出自一个其所独有的处境，坐落在不同的时空之中，而非出自一个所谓属于彼得的社群。⑯

综上所论，一切反对此信是由彼得而出的理由都欠缺说服力，反而支持作者是彼得的外证和内证却是强而有力的，且看以下的分析。

(II) 支持作者为使徒彼得

(一) 外证

早期教会对彼得前书的作者即是使徒彼得，可说是异口同声，并无异议的，例如：

a. 在另一卷早期教会的书卷彼得后书第三章一节中，作者说明了彼得后书乃第二封由他发出的信，暗示了第一封信便是我们所拥有的彼得前书。诚然，有关彼得后书作者之问题是很重要的，要解决之亦不是本书所要讨论的范畴。⑰ 然而，尽管其非彼得所写，但其书的作者却以彼得自称（彼后一 1），故大有可能，彼得前书便是他所指的第一封信了。总而言之，我们所能知的正典之彼得书信只有两卷，以彼得前书为彼得后书所指的第一封信，是一个很合理的推论。

b. 本书的附录部分是一篇有关彼得生平的专文，其中显示出一个重要的事实，便是彼得在教会初期时，其在外邦信众中的地位是很显赫的，他的影响力也是深长久远的。所以，适当和有需要的时候，按着他

---

⑭ 最重要的理由，是这些作品之间有相同和不同的地方；在研究新约正典时，学者 Soards 认为，有以上特点的书卷，包括了彼得前书、彼得后书和犹大书。不过，杨格却指出，Soards 从未能充分而透彻地证明何以有一个属彼得的群体之存在，便能完满地解释在这些书卷之间存在着不同和相同之处，参 Young, ibid., p.9.

⑮ 对本书信采取后期说的学者大都有此倾向，参下文有关写作日期的讨论。

⑯ 其中有彼得启示录与彼得后书，在神学和文体上存比较明显相同的地方，但仍不足以支持有所谓"彼得的群体"之存在，参 Young, "Was There a Petrine Community?"pp. 99-232.

⑰ 详参 Bauckham, *Jude, 2 Peter*, pp.158-163.

所具备的影响力写了彼得前书给予外邦的教会,是不足为怪的事。

c. 第二世纪早期的士每拿主教坡旅甲(Polycarp),在写信给腓立比教会时,不时引用了彼得前书,以下乃一些对照:

坡旅甲之腓立比书	所引用彼得前书的经文
一 3	一 8、12
二 1	一 13、21
二 2	三 9
六 3	三 13
七 2	四 7
八 1~2	二 22、24,四 16
十二 2~3	五 5,二 12,四 14

以上的列表,显出了坡旅甲多次引用彼得前书的经文,可见这并不可能纯属偶然和巧合,乃证明了彼得前书早于坡旅甲著腓立比书之时已经面世,并且甚为此教父所尊重。

d. 早期教父兼教会的史家优西比乌(Eusebius,c. 265－c. 339)引用第二世纪中期之一个传统说法,指出彼得在他第一封书信内提及马可,此封信是写于罗马,并且在信内称罗马城为巴比伦,[68]这正好与彼得前书的内容吻合。而且优西比乌按着教父俄利根(Origen)所说的,力陈彼得确是写了这卷人所共赏的书信,也可能写了另外一卷书信。[69]

e. 第一世纪末之爱任纽(Irenaeus,c. 175－c. 195)直接引用彼得前书及说明彼得为此书的作者。[70]

f. 特土良(Tertullian)明言彼得写信给本都(Pontus)的信徒。特氏更随即引用了第二章二十及廿一节及第四章十二至十六节,作为介

---

[68] Eusebius, *HE* 2.15.2,对照彼前五 13,这传统的说法是出自帕皮亚(Papias)及亚历山大的革利免(Clement of Alexandria),*HE* 3.39.17.

[69] Eusebius, ibid., 6.14.1.

[70] Irenaeus, *Adv. Haer.* 4.9.2;5.7.2;4.16.5 (Adversys Harereses,即 Against Heresies).

绍彼得书信中所言之部分内容。⑦

g. 亚历山大的革利免间接引用彼得前书,有时更直称此书名,然后引用之。⑦

h. 早在公元第三和四世纪之时,彼得前书已在东西方教会中建立了权威和声望,并没有遇到有任何人士的反对。⑦

总括来说,彼得前书之作者,其外证是非常充分和有力的,⑦并不亚于福音书和保罗书信等新约的书卷。早期教会更没有对其真确性存有任何争论性的记载,一如古立特所说,最早有关早期教会的资料,已显示出彼得前书的真确性。⑦ 亨特(Hunter)亦回应说:"实在没有任何人士提出过而又可以成功地动摇此书关于作者的证据"。⑦

(二) 内证

a. 作者自称是使徒彼得(一 1)。

b. 此信所采用之牧人的意象(二 25,五 2),正好与约翰福音第廿一章十五至十七节耶稣对彼得要牧养主的羊之训诲吻合,可见后者大有可能成为前者之用法的素材和灵感。

c. 彼得本人的名字是石头,他亦被耶稣基督称为教会建基在其上的磐石(太十六 18)。彼得前书同样是以石头为题材,此次不是指着作者自己而言,乃是指着耶稣基督,指他为活石、房角石和磐石(参二 4、6〜8),并称受书人为活石(二 5)。

d. 彼得训示信徒要以谦卑束腰(五 5),这种表达方式可能是出自约翰福音第十三章四节,当耶稣基督被卖的前夕,他亲身以手巾束腰为门徒洗脚,藉以教导他们要彼此谦卑服侍。⑦

---

⑦ 参 *Scorpiace* p. 12.

⑦ 如 *Paed* 1.6,对照二 1〜3,3.11;3.11 对照二 18,三 8;3.12 对照一 17〜19,四 3,三 12〜13 等。

⑦ 埃及之 Bodmer Papyrus 古卷内亦有彼得前、后书和犹大书的全部。

⑦ 除了马吉安(Marcion)因为只重视保罗著作,没有将之纳入其认可的正典之列外,还有 Muratorian Fragment 亦没有记载,其原因不详,可能是因为我们今天所得的,只是原作的残篇,故名单不全。

⑦ Guthrie, *New Testament Introduction*, p. 773.

⑦ Hunter, p. 77.

⑦ 详参五 8 的注释。

e. 此书提及要小心魔鬼的工作,以免被它吞噬(五8),这正是基督在世时多次向彼得所提出的警告(路廿三24~31;太十六23),彼得自己亦在三次不认主的事上跌入魔鬼的圈套里,这种刻骨铭心的往事,自然会在当事人的作品中,即彼得前书中反映出来。

f. 基督之"登山宝训"(太五~七章)中所常说及的喜乐、祝福、受苦时要恒久忍耐,及以善行为主作见证等,亦出现于此信中(一6,二12、18起,三14,四13起)。

g. 作者对基督的救赎、受苦、复活、升天和再来均很熟稔(参上文对有关经文的列举),可见他是与耶稣基督同时生活过的门徒彼得,在此我们尤要注意彼得在三次不认主后,仍紧紧在后追随(可十四54),因此,他实在是大有可能目击耶稣被钉十字架的情形。⑦⑧

h. 在卷末,作者自称马可为自己的儿子(五13),传统亦指出彼得与马可有师徒的关系。

i. 卷内不少的措辞,是与使徒行传中彼得的言论有接触点,且看以下的列表:⑦⑨

彼得前书	使徒行传	主题
一3、21,三21	二32,三15,四10	复活
一17	十34	神是不偏待人的
一20	二23,三18	基督的死是命定的
一20	二17	末期的启示
二4	四11	基督乃头块石头
二8	一16	叛逆者的命运是命定的
二24	五30,十39	基督被钉于木头上
三18	三14~15	义者耶稣被杀
三19	二27	胜过阴间的权势

⑦⑧ Gundry, "Verbi Christi in 1 Peter," p. 347.
⑦⑨ 引自 Hillyer, p. 2.

归结而论,以上所罗列的一些内证已非常充分,解释了何以彼得前书的作者是使徒彼得的观点,在很早期时,已为教会所公认,并且在早期和中世纪教会的历史里,均没有遭受任何重大的挑战。综合了外、内证据,使我们相信使徒彼得便是本信的作者,实在是一个合理的选择和取向。

叁 写书的地点

明显是在罗马城,因为在第五章十三节提及彼得自己是在"巴比伦"地,[80]他更代表当地的教会问候受书人。罗马城被喻为巴比伦在犹太人及早期基督教的典籍中是常有出现的,[81]显示教会以罗马为教会被掳之地,一如往昔之巴比伦成为犹太人被掳之所一样。高柏特(Goppelt)指出,罗马之所以被基督徒称为巴比伦,是由于在尼禄王时对基督徒之迫害,有如往昔之巴比伦对犹太人的逼迫一样。犹太人以之为巴比伦则是因为罗马在公元 70 年时毁灭耶路撒冷,一如往日之巴比伦摧毁耶路撒冷一般。[82] 而依照传统的说法,彼得乃是在罗马城殉道的。[83] 有见及此,写信的地点在罗马看来是顺理成章的。[84]

肆 写书的日期

书中所反映的逼迫,可能是指公元 64 年尼禄王时,或是公元 95 年多米仙时,又或是约公元 110 年他雅努(Trajan,A.D. 98 – 117)时,罗

---

⑧⓪ 详参此节的注解。

⑧① 如 2 Esdras 三 1~2、28~31;2 Apocalypse of Baruch 十 1~3,十一 1,六十七 7; Sibylline Oracles 五 143、159;启十四 8 等。

⑧② 高柏特以启十七 5 为前者之根据,参 Goppelt, *Theology of the New Testament*,2;164.

⑧③ 对于这个传统作过有说服力的研究的有 Oscar Cullmann, *Peter*;*Disciple*, *Apostle*, *Martyr*,trans. Floyd V. Filson(Philadelphia;Westminster, 1962). 并参本书附录(一)——"彼得生平及有关他对早期教会影响"之专文。

⑧④ 其他的佐证有:彼得前书之内容,与从罗马而出的革利免壹书相近;罗马之外地点的教会,当时正受诺斯底主义的威胁,但彼得前书却对此字不提等。反对巴比伦是喻指罗马城的毛克礼则主张,启示录充满象征性词汇,但彼得前书则不同,故他认为幼发拉底河上的巴比伦城亦可能是发出此书的地方;参《彼得前书释义》,页 23。

马政府施加在基督徒身上的压迫。按此理解，比较值得考虑的有关本书之写作日期的建议有以下四个。

（I）公元 64 至 68 年

我们既已假设，彼得前书乃彼得所作，彼得写此书之时当然是在他死于罗马尼禄王手下之前了。早期教父罗马之革利免（Clement of Rome, A. D. 96），曾经在描写尼禄王对信徒之迫害后，列举出七位旧约的古圣如何在面对苦难和痛苦之下仍然面无惧色。接着，他便以彼得为当代教会的模范，虽然受了多次的迫害和试炼，仍然在为主作美好的见证后才离开世界（革利免壹书五 1～4、5）。继而，他又指出保罗和彼得同是在尼禄王暴政下的殉道者。[65] 布鲁斯（Bruce）强调，彼得和保罗同是在罗马城时为尼禄王所杀害，这是教会传统一致所指证的。[66] 罗宾逊（Robinson）亦指出，彼得是于公元 65 年，在尼禄王所举行的一次庆典中成为牺牲者。[67] 而事实上，约翰福音第廿一章十八至廿三节亦有可能是指着彼得的殉道而言的，[68] 既然尼禄王是在公元 68 年被杀，彼得前书定然是在该年之前成书。当然，如果西拉当真是彼得之代笔人，他亦可以在彼得死后不久才将此信完成并带给教会，但这当然不会离公元 68 年太远。[69]

---

[65] Cf. Eusebius, *HE* 2.25.7.

[66] F. F. Bruce, *New Testament History* (Garden City: Doubleday, 1980), pp. 401－402.

[67] A. T. Robinson, *Redating the New Testament* (London: SCM, 1976), p. 60；详参 A. E. Wilhelm-Hooijbergh, "The Martyrdom of Peter was Before the Fire in Rome," *Studia Biblica* (1978), III: pp. 431－433.

[68] Michaels 认为这是一个具争论性的看法，详参 lvii-lix.

[69] 主张在 68 年之前数年，作为本书写作日期的有 Reicke, pp. 73－74 (shortly before A. D. 65)；Ralph Martin, *New Testament Foundation*, 2: 334 (before A. D. 64/65)；F. F. Bruce, *Men and Movements in the Primitive Church* (Exeter: Paternoster, 1979, pp. 32－33, f. n. 39 (A. D. 64/65)；Harrison, *Introduction to the New Testament*, p. 407 (A. D. 64)；Euan Fry, "Commentaries on James, 1 and 2 Peter, and Jude," *The Bible Translater*, vol. 41 no. 3 (July 1990), p. 333 (A. D. 63)；Miller, pp. 33－42；Simon J. Kistemaker, *Peter and Jude* (New Testament Commentary) (Grand Rapids: Baker, 1987), p. 19 (A. D. 63/64). 主张在 68 年之后数年的有 W. C. van Unnik, 参 David Balch, *Let Wives be Submissive: The Domestic Code in 1 Peter* (Chico: Scholars Press, 1981), p. 12 之介绍。

　　既然下限方面是公元 68 年之前数年，在上限方面，我们亦可以从此书之内容作出推论，信中所形容的逼迫，即使不是全部发生于受书人的教会，但亦有可能是已经发生了，这与尼禄王在公元 64 年，以火焚烧罗马城之后对基督徒的逼迫颇为吻合，[90]而第四章十二节提及有火的试炼临到受书人，这一点，亦可能反映出尼禄王曾经将基督徒包扎起来，然后把他们如火炬一般燃烧。[91]　然而，这次逼迫只属地区性的（只集中于罗马城），故此信中亦没有表示出逼迫是由政府向全国的教会发动。[92]　戴维斯有此推论，在彼得写此信时，西拉明显是已在彼得身旁，西拉本来是保罗的亲密战友，如果他不与保罗在一起，反而与彼得在一处，可能是暗示保罗已经殉道了。[93]　而保罗亦是在尼禄王（公元 64 年）时，对教会施加的逼迫中殉道的。因此，此信之上限是在公元 64 年左右，亦是一个合理的推测。[94]

(II) 公元 80 年左右

　　天主教会因为要坚持使徒传授权（apostolic succession），而以彼得为第一任罗马的主教，这主张是要先假设彼得是在罗马城住上一段颇长的时间才成为罗马教会之第一任主教，威廉·蓝西（William Ramsay）一方面相信这个彼得确是在罗马住上一段颇长的时间的，但他相信彼得是不可能早于尼禄王之迫害时期便已在罗马城出现，而且彼得会在罗马城住上一段很长的时间，直到第一世纪之末期，故写彼得

---

⑨　尼禄王第一次迫害基督徒是在公元 64 年的夏天，毛克礼，页 21。

⑨　参 Barclay, *The Gospel of Matthew*, 1：112。

⑨　如约翰写启示录之政治气候，政府对教会之压迫是较为普遍的，因此，约翰在启示录中对罗马政府的批判是严厉至极的，参张永信，《启示录注释》，页 23－24；但彼得前书并没有这份酷评。

⑨　Davids, p. 10。

⑨　持相同看法的有 Selwyn, Glaze, Stibbs, Reicke 等。Goppelt 主张写作时期应在公元 64 至 90 年，成数是在此期间的开始部分居多，因为彼前四 12 暗示，所发生的逼迫是前所未有的，而且是刚开始而已，参 Goppelt, *Theology of New Testament*, 2：164。巴卓亦相仿，参 David L. Balch, "Let Wives Be Submissive," in *The Origin*, *Form and Apologetic Function of the Household Duty Code in 1 Peter*（Ann Arbor：University Microfilms International, 1976), p. 138。

前书的日期约在公元 80 年左右。⑨

米高斯(Michaels)同样认为,以公元 80 年为写作的时期,是有一定之可能性的,因为第五章十三节所提及的"巴比伦"成为形容罗马城的代号,是由于在公元 70 年耶路撒冷城和圣殿为罗马大将提多所毁,⑨犹太人才以罗马城为"巴比伦",而在公元 70 年之前,我们并没有在任何文献里发现有这样的处理手法。而任何传统,都需要时间去建立以流传于世的,⑨故此,公元 70 至 80 年之间,是一个大有可能的写书日期。⑨

以上的建议,是建基于彼得不是在尼禄王时殉道才能成立的。即是说,彼得不是在尼禄王时殉道而死,而是活到公元 80 年。在此,蓝西力陈彼得并不是如传统所说的,于公元 60 年代便殉道了。⑨虽然其理由颇具说服力,然而,要否定多位早期教父所主张的传统说法,可能需要更有力的论据和更充分的理由。毕竟,从罗马主教革利免的指证和彼得前书之内容,尤以当谈及受苦时,是来自从各方而来的压迫,这是与第一个看法所提出的处境吻合的。此外,如果彼得真的是在公元 80 年时才写此书,他理应谈及罗马的革利免,因为后者是罗马著名的主教,但此书中却对他只字不提。⑩再说,巴比伦成为了罗马城的代号,不一定需要到公元 70 年耶路撒冷被毁后才产生,因为犹太人早已散居于巴比伦地,如今亦散居于罗马地,二者早已有相同的地方,故以巴比

---

⑨ William M. Ramsay, *The Church in the Roman Empire* (London: Hodder and Stoughton, 1893), pp. 283 - 295.

⑨ 详参 F. Josephus, *Josephus*, *Complete Works*, William Whiston, trans. (Grand Rapids: Kregal, 1960), pp. 579 - 581; Martin, *New Testament Foundation*, 2: 334.

⑨ 事实上,启示录亦因同一个理由,否定了其为早于公元 70 年在尼禄王期间的作品,参张永信,《启示录注释》,页 24。

⑨ Michaels, 1xiii; 赞成在 80 年代之早期的有 Robert Garland Young, *Was There a Petrine Community? An Examination of First and Second Century Documents Ascribed to Simon Peter* (Ann Arbor: University Microfilms International, 1987), pp. 120 - 122.

⑨ Ramsay, *The Church in the Roman Empire*, pp. 282 - 288.

⑩ 至于有关喻罗马为巴比伦的问题,Moule 认为本书内所言信徒乃寄居者和客旅,已足够导致将罗马喻为巴比伦,因为信徒在罗马政权下的生活,有如往昔犹太人离开了本国被掳到巴比伦的历史事实一样,二者有类似的作用。如果这个分析成立,则此书便成了我们所知道的最早期将巴比伦喻为罗马的作品,这样,此书可说是缔造了一个早期教会的传统;另一个处理之法,可参 Goppelt, *Theology of the New Testament*, 2: 164.

伦为罗马城的代号,对犹太人来说,是一个早已存在的观念。[100] 由于彼
得前书在开始时,已带出信徒分散于各地的寄居者(一 1),与犹太人散居
于罗马地的情况一样,故作者才会以巴比伦喻罗马,亦是可以理解的事。

总括来说,这仍不失为一个有一定说服力的见解,也是福音派人士
可以接纳的,因为它仍是以彼得为此书的作者或是背后的筹划人。

(III) 第一世纪末

有一个第一世纪的末期说,如根膜(Kummel)及艾理略[102]等,均认
为本书信是在多米仙王时写成的,根膜更主张作者是一个冒彼得之名
而写作的教会中人,[103]但在此信中我们并未发觉政府对教会有大规模
的逼迫,有如在多米仙王时期所发生的一样,[104]我们已在作者问题上讨
论过此说问题之所在,在此不再赘述。

(IV) 第二世纪初

有一个后期说,为告士打(Koester)所提倡,他的主张是由于庇推
尼之总督小普林尼(Pliny the Younger,c. 112)曾写信给罗马君主,言
及其所管理之地区内对信徒的逼迫,故彼得前书之写作日期为公元
112 年左右。[105] 在普林尼的信中,他提及自己不大知道如何对付基督

---

[100] 如早于公元前一世纪的 Sibylline Oracle 3:350 - 360,已有暗示,罗马城将会如巴比伦一样
毁灭,而在此暗示基础上,后来的 Sibylline Oracle 卷五(公元二世纪的作品),更清楚地说
明罗马是被喻为巴比伦的;详参五 13 的批注。

[102] Kummel, *Introduction to the New Testament*, p. 425;Elliott, *Home*, p. 87.

[103] Kummel, ibid., p. 424.

[104] 信徒所受的困难,是从教会所处的环境和社会来的,Goppelt, *Theology of the New
Testament*, 2:162;关于此信与启示录(多米仙王时期)的写作背景之讨论,参 F. Gerald
Downing, "Pliny's Prosecutions of Christians: Revelation and 1 Peter," *JSNT* 34(1988),
pp. 105 - 123.

[105] 其时之罗马王为 Trajan,参 Koester, *Introduction to New Testament*, p. 294,相近的看法
可参 J. Knox, "Pliny and 1 Peter: A Note on 1 Pet. iv. 14 - 16 and iii. 15," *JBL* LXXII
(1953), pp. 187 - 189. 近期的有 J. D. McCaughey, "Three 'Persecution Documents' of
the New Testament," *AusBR* 17(1969), pp. 27 - 40.

徒，^⑯他的做法是先盘问疑犯是否基督徒，经过三次盘问后，对方仍坚持自己是基督徒的话，便要接受刑罚。普林尼表示，他是不能容忍基督徒那份固执和自恃的。^⑰ 在言谈之间，他更透露，基督教的运动，在庇推尼已进行了二十个年头，而且不单只是在城市，甚至是在乡间亦有不少各阶层的男女老幼信奉基督教。^⑱

　　这一个后期说，把彼得前书推迟到是第二世纪初期之作品，此说无疑是否定了作者为彼得本人，与我们在作者部分所得的结论相违。再说，普林尼之信中有两次提及对君王之敬拜，^⑲这个为政府所倡导的信仰，实为基督教所不容，因而引致从政府而来的迫害，但彼得前书对这严重的冲突却只字不提，^⑳而事实上，对于在公元 112 年，本都和庇推尼一带教会所面对的迫害我们所知的并不太多，^㉑反而早期教会文献均指向此书为彼得本人所写，凡此种种，使此说论据更显不足。

　　此外，基于另外一个理由，贝尔认为后期说是可取的。他发现彼得前书并没有强调圣灵和缺乏有深度的圣灵论，这反映第二世纪初叶的情况。^㉒ 当然，这份推论得不着其他学者们的支持。^㉓ 表面上，圣灵的工作的确是没有详细的阐论，不过，此书作者所关注的，是信徒在社会上受到压迫时所应存的态度、应持的操守和盼望，这既是作者写作的主

---

⑯ 可见官方仍没有一套法定的条例，特意去刑罚基督徒。参 Trajan 回复 Pliny 之信的内容，Epistles 10.97.

⑰ *The Letters of the Younger Pliny* (Baltimore: Penguin, 1963), pp.293 – 294.

⑱ Ibid., pp.294 – 295.

⑲ Ibid., p.294.

⑳ 彼得前书所给予读者们的印象，是一个并非由政府而发出的，而是由社会上某些人士或群体因为不满基督教而产生之压迫。参 C. F. D. Moule, "The Nature and Purpose of 1 Peter," *NTS* 3(1956 – 1957), pp.1 – 11. Kelly, pp.5 – 11.

㉑ 历史家对罗马帝王加于基督徒的迫害，其程度并没有达致共识，参 W. H. C. Frend, *Martyrdom and Persecution in the Early Church* (Garden City: Doubleday, 1967)，对比 N. Lewis & M. Reinhold, ed., *Roman Civilization: Source-book II: The Empire* (New York: Harper & Row, 1966), pp.581 – 582.

㉒ Beare, p.55. 其实，他主要将此书与《使徒传统》一书扯上关系，故将此书的写作日期尽量延迟，参页 201f.

㉓ 参 J. H. Elliott, *The Elect and the Holy* (Leidon: Brill, 1966), pp.153 – 154, 174 – 185 对彼得前书有关圣灵之分析。

旨,⑭少谈及圣灵亦是可以理解的。⑮

　　总括而论,第一个建议是最有力和问题最少的,⑯一方面,触发彼得撰写出一封有关逼迫的信,最合理的环境便是公元 64 年之时,由尼禄王在罗马城所带动开始的对基督教的逼迫,这迫害诚然并未蔓延全国,但身居罗马城的彼得,作为当代众教会的守望者,自然是有感而发出这一封语重心长的教会公函。当然,若然彼得不曾在尼禄王的迫害下殉道,反而能存活下来的话,我们亦不能否定第二个建议的可能性。观此,我们主张公元 64 年到 80 年为本书的写作期限,亦可以算是一个稳健的取向。至于其他的建议,均得不着早期教会和彼得前书内证的支持,只可算是一种个人的揣测而已。

伍　受书人

(I) 受书人的地点

　　本都(意即"海")、⑰加拉太、加帕多家、亚西亚和庇推尼是小亚细

---

⑭ 以有关道德行为,作为此书之中心思想之研究者有 L. Kline,"Ethics for the Endtime: An Exegesis of 1 Peter 4:7 – 11," *Restoration Quarterly* 7(1963), pp. 113 – 123; A. R. Jonsen, "The Moral Teaching of the First Epistle of St. Peter," *Sciences Ecclesiastiques*, 16(1964), pp. 93 – 105; J. W. Thompson, "Be Submissive to Your Master: A Study of 1 Pt 2:18 – 25," *Restoration Quarterly* 9(1966), pp. 66 – 78.

⑮ 事实上,彼得前书所提及的圣灵,与圣洁和德行关系重大。Elliott, "The Rehabilitation," p. 12.

⑯ Barclay 指出此书的内容,有两个要点是指向早期说的,先为末世论,他指出当早期教会愈来愈发觉耶稣基督之再来并不是如他们所以为的,是快要发生的事情之时,末世论便渐渐地在早期教会的神学教导上淡出,但此书仍有热切的末世论,可见此书是较早期之作。其次,书中并没有提及在初期教会后期才出现的领袖职衔,如主教(episkopos),而只提及长老,可见这反映出它是早期的作品。Barclay, p. 139. 此外,基利亦另外加上一个观察,是信中所反映的受书人,大多为第一代的初信者,这显然是教会成立不久的情况,故是早期作品的概率高于后期之作的。Kelly, p. 30.

⑰ 特土良(Tertullian)和居普良(Cyprian)曾经指出,彼得前书是以本都的信众为目的地(Tertullian, *Scorpiace*, p. 12; Cyprian, *Treatises*, pp. 36,37,39). 本都诚然可以指一个地方的信众,但亦可以是一个颇大地域的统称,更或许两位教父之意思是以本都为代表的附近一带的教会。

亚西北部的地方(一 1),[⑱]北临黑海,西临爱琴海,这一带并非罗马帝国的核心地带(参附录(二)之"受书人所居住的地方图")。戴维斯指出,这一带便是在使徒行传第十六章六至十节所言及的、圣灵禁止保罗要去作福音工作的地方。[⑲] 此处的居民颇为混杂,各种文化的民族均持守他们的传统宗教,过着放纵情欲的生活。至于教会是何时建立,确是难以鉴定。也许如同罗马教会一样,是由于使徒行传第二章所发生的五旬节圣灵的降临,不少由各处来守节的犹太人,后来信了主而回到原地建立的教会,[⑳]又或者是由保罗的同工,以保罗所事奉过的小亚细亚地方之各城市作为福音之据点,向北面发展而建立起来的教会。故此,保罗的同工西拉(五 12),便能将那一带的福音工作实况相告于彼得(参五 12),又或者是在使徒行传第十五章,最后一次提及彼得之处,即耶路撒冷大会之时(公元 50 年),直到传统所认为彼得在罗马殉道之日期(公元 64 年),其间彼得曾经过此地区,作了一些福音工作。归结而论,以上所言均属推测,教会的成立及其与作者彼得的关系至今仍然悬疑未决。然而肯定的是,作者从一些直接或间接之渠道,了解到他致信之地区某些教会的实况,所以,他能对之有一定程度的了解而作出适切之教导(如四 12~19)。

有一点是颇有趣味的,第一章一节所列出的地区次序,按希玛(Hemer)的考究,正好成为信差送信的路线。[㉑] 当然,这些地区,每一处均是颇为广阔的,大概送信者,可能便是西拉(五 12),[㉒]将信送到这些地区的某些城镇,然后由教会人士照原信抄写一至数份,再由其他信差送到区内别的地方。[㉓]

---

⑱ 约在公元前 130 年,这一带地方逐渐为罗马人所侵占,到了公元 62 年时,庇推尼和本都合并成一个省份,参艾理略,页 60 - 61。它们正确的所在地,参 C.J. Hemer, "The Address of 1 Peter," *ET* 89(1977 - 1978), pp. 239 - 242; Barclay, pp. 144 - 145 及 William L. Schutter, *Hermeneutic and Composition in 1 Peter* (Cambridge: CUP, 1985), pp. 7 - 11 之讨论。

⑲ David, p. 7.

⑳ 我们要注意,居于本都和加帕多家的人,均出现在五旬节时圣灵降临的时刻(徒二 9)。

㉑ 参 Hemer, "The Address of 1 Peter," p. 239.

㉒ 详参五 12 的批注;更有可能他是本信的代笔人。

㉓ 希玛是跟随 Hort 之看法的,参 Hemer, "The Address of 1 Peter," p. 239.

(II) 受书人的特质

对于受书人的特性的了解，有着一定的难处，因为本都、加拉太、加帕多家、亚西亚和庇推尼（一 1）是一大片土地（面积约十三万平方英里），其上住着不同种族和社会结构的居民。[124] 大体上有两大看法。

（一）他们是犹太裔信徒[125]

a. 第一章一节指出受信者为"分散"（diaspora）和"寄居"的人士，这反映出犹太人的背景，因为自从犹太人国亡家破（北国于公元前 722 年亡于亚述，南国于公元前 586 年亡于巴比伦），被掳到巴比伦后，犹太人散居各地已成为他们作为一个民族的特色，这种旅居天涯的苦境，正好是第一章十七节和第二章十一节所反映的。

b. 再者，书中之犹太意识甚为浓厚，如耶稣基督被喻为放在锡安的房角石（二 6）；而受书人是有君尊的祭司（二 9），因着神的选召，得以出黑暗入那奇妙的光明里（二 9），这是反映着以色列人在出埃及时，到了西乃山与神立约时的光景（参出十九 6）。

c. 在受书人圈子以外的，被统称为外邦人（二 12，四 3），显然是比照受书人乃犹太人。

d. 早期教父如优西比乌亦采取了此看法，相信彼得写信给散居于本都等地的犹太裔信众。[126]

（二）他们为外邦信徒[127]

a. 作者用"彼得"为名（一 1），而非用其亚兰文的"矶法"，或是希伯来文的"西门"（徒十五 14），是因为彼得本是一个希腊名字，可见作者

---

[124] 在第一世纪末期时，此地的人口约一百万，基督徒有八万左右。除了沿海一带之外，这些地方都很少受到罗马和希腊文化的影响。艾理略，页 61。

[125] 早期教父有俄利根、优西比乌持此论点。近代的有 Calvin，Bengel，Grotius，B. Weiss.

[126] *HE* 3.4.2 - 3.

[127] 如 Goppelt，Elliott；参 Brevard S. Childs，*The New Testament as Canon：An Introduction* (London：SCM，1984)，p.451.

是因着他的受众是外邦人的信徒，才有此安排。[128]

　　b. 受书人在未信主时乃"蒙昧无知"，"放纵私欲"（一 14），是随从外邦人一样"行邪淫、恶欲、醉酒、荒宴、群饮，并可恶拜偶像的事"（彼前四 3），并且其祖宗的行为是虚妄的（一 18，其他有关的经节有二 9～10、25，三 6，四 3～4）。这些描写，均适用于外邦人多于犹太人，因为尽管犹太人还没有信主，也不会有以上所列举的行为。反而是外邦人行为上的败坏，却可落到如此地步。

　　c. 作者把受书人当作犹太人一般，是有着其本身的原因的，可能是因为彼得乃一犹太信徒，这背景使他不期然取用了不少犹太人的词汇、制度和思想等来衬托出他的教训。[129]

　　虽然以上两种说法均有人主张，但较为合理的，应以外邦信徒为主，犹太裔信徒为次的组合。[130] 而外邦信众中，亦有一些是以前与犹太教有紧密接触，早已对犹太教有好感的（所谓"素常是敬畏神的人"，God-fearer），[131]甚至有些人已进了犹太教（为之 Proselyte），他们对于书中一些犹太人常用的宗教词汇定然不会感到陌生。以上关于受书人的组合这种看法，是一个最适当的选择，因为它一方面能提供受众有足够的犹太背景，以明白信中颇强的犹太人的措辞和用语，另一方面亦符合了在信中作为外邦人在没有信主之前的生活光景的描写。

　　仔细一点检视，信中所反映的有关受书人的社会阶层，包括了自由人（二 16）、为奴的（二 18～20），有不信主之丈夫的妇女（三 1～6）等。然而，信中并没有提及富有人和为主人的所应持的生活态度（二 18～三 7），故受书人可能都是社会上偏于低下阶层的人士；[132]在教会体制的层面，则有领袖如作长老的（五 1～4）及初信的（五 5），虽然有以上之诸多的不同，他们都是重生及经过洗礼的一群（一 3、23，三 21～22），可说是不同中有一致性（diversity in unity）。按此理解，彼得前书有如以弗

---

[128] Barclay，p. 145.

[129] Davids，*1 Peter*，pp. 8，9，fn. 7.

[130] Harrison，*Introduction to the New Testament*，p. 403；Kelly，pp. 2 - 4；Marshall，p. 15；Reicke，p. 72；毛克礼，页 20 - 21.

[131] 徒十 1 起所提及的百夫长哥尼流便是一个明显的例子。

[132] Reicke，p. 73.

所书一般,是一封给教会传阅的公函,如布洛斯(Brox)所言:"是给所有时代、所有教会"的一封通函。⑬

陆 写作时的环境

究竟彼得在写彼得前书之时,教会所面对的是一个怎样的政治和社会环境,以致促使作者写下这一封语重心长的信,去激励和建立受书人的众教会呢?

在回顾教会的起源时,巴勒斯坦本是基督教的发源地,十二个门徒全是巴勒斯坦的犹太人,按使徒行传的记载,自五旬节后,教会便致力于将福音向四周扩展。然而,有两大因素,使基督教的重心渐渐向西转移:

(一)巴勒斯坦毕竟是犹太教的势力,对新兴的教会造成了一定的威胁。

(二)公元 70 年,耶路撒冷城为罗马大将提多所毁,耶路撒冷之教会作为基督教的母会,亦不复存在。反而,使徒保罗在海外的福音工作却吸引了不少外邦的信众,其中包括了不少对犹太教有好感的人(如God-fearer,他们因犹太教那高尚的道德操守而在会堂中聚会,但又却步于犹太人一些拘谨的礼仪)。因此,保罗的福音工作,使基督教扩散到了帝国的各处(甚至保罗可能将福音带到了今日的西班牙,参罗十五28)。但是在这一个瑰丽的景象的背后,却存在着不少的隐忧,以一个新兴的宗教如此迅速的发展,不期然会引起存有利害冲突之人士的不满和排挤(如犹太人),社会亦会因对基督教的教义和生活方式之陌生,产生不必要的误会,例如:

(1)在守圣餐时,信徒所吃之饼代表主的身体,被别人看为食人肉的恶习(cannibalism),所饮的杯代表主的血,被指控为把孩童献祭,然后生喝其血。

---

⑬ "every possible church in every possible epoch,"引自 Childs, *The New Testament as Canon*, p. 457. Harrison 则主张此书近似加拉太书,因为它虽然指明有特定的受众,但却在地理上包括了更为广泛的地带;Harrison, *Introduction to the New Testament*, p. 394.

（2）初期教会的圣餐，常与爱筵连在一起（林前十一 17～24；犹12），这一个爱的聚会，常被误会为男女作不道德行为之场合，亲嘴之礼（the holy kiss；参五 14；林前十六 20）便成为控诉的证据。

（3）基督徒极盼望主的再来，到了那时，世界将会被火烧化净尽（彼后三 10；又徒二 19～20），这一个信念，使基督徒被看为是极端主义之"纵火者"（incendiarism），尼禄王便将此罪名加在基督徒身上，作为他自己焚烧罗马城的借口。

（4）信徒与非信徒的家人，常因着信仰的问题，产生极为紧张的磨擦，甚至有夫妻因信仰而离异之事发生，基督教便成为破坏伦常和社会人际关系的不正常的宗教了，再加上耶稣基督亦有言："……我来，并不是叫地上太平；乃是叫地上动刀兵，因为我来，是叫人与父亲生疏；女儿与母亲生疏，媳妇与婆婆生疏，人的仇敌就是自己家里的人。"（太十 34～36）这种措辞，更成为信徒遭受攻击和排挤的证据。

（5）基督教既是一神论（monotheism），其他所谓的神明均不为基督教所接纳，而基督徒所敬拜的神，是不能以任何实物、肖像和偶像代替的。观此，制造偶像且向它膜拜是万万不容的，对拜偶像蔚为风尚的外邦世界来说，基督徒这份坚持和操守，会被视为无神论者，是极为怪异的一群。

（6）罗马人敬拜地方性和传统中的神明，不敬拜这些神明的基督徒便被视为不忠于地方政府（包括国家、城市和乡村等）和反对传统，这一点，使信徒被视为"外人"（alien）（即寄居者，一 1、17）和反动派人士。渐渐地，信徒便成了与家庭和城市断绝了关系的一群。⑭

单就彼得前书所反映的，我们已深深地领悟到基督教所面对的是一个敌视的社会环境。诚然，耶稣在世时已早有预言，世人会因信徒之不属于世界而憎恨他们（约十五 19）。观此，受社会的逼迫是意料中的事（约十五 20～25）。彼得在此信中亦有相近的描写："因为往日随从外邦人的心意，行邪淫、恶欲、醉酒、荒宴、群饮，并可恶拜偶像的事，时候已经

---

⑭ 这个看法，使一 1 之"寄居的"，不单只有属灵上的意思，即信徒是世上的过客，天上才是他们真正的家；更是在实际环境上，信徒的确是被别人疏离的一群。参 Jerome H. Neyrey, "First Peter and Converts," *Bib Today* (January 1984)，p. 14.

够了。他们在这些事上见你们不与他们同奔那放荡无度的路，就以为怪，毁谤你们"（四3～4）。这便是一般当时的教外人，即外邦人对基督徒的看法。当然，犹太人亦是以谨慎自守的生活见称于当时的世界，犹太教亦是一个独一神的宗教，林立于各地的犹太会堂，更没有如外邦的多神信仰一样建造偶像，这无疑会使别人以为犹太人是无神论者，故外邦人与犹太人之间也存在着一个信仰上很大的差距而导致疏离的现象。[⑬] 然而，犹太教一直都没有遭受像基督教所承受的压力，是有以下的原因：

　　a. 犹太教出自犹太人，作为一个整全民族的信仰，在罗马帝国所主张的各民族要互相尊重他人的信仰和生活方式，以达至和平共处这一个大原则之下，犹太教得着了政府的认可和异教徒的尊重。

　　b. 犹太教历史悠久，早已为罗马帝国所承认，成为合法的宗教，得到帝国的宗教法律的保障。

　　c. 不少的犹太人在外邦人的社会里，是处于一些显要的地位，如犹太著名的历史学家约瑟夫，他在当时的社会地位是没有任何基督教人士所能比拟的，而在社会中，甚至宫廷之内，亦有外邦人的权贵皈依犹太教。[⑬]这种形势，均成为犹太教在社会上被大众接纳的利好因素。

　　反过来说，基督教的信奉者多为社会上较低下阶层的人士，[⑬]起初，外邦人以为基督教只是犹太教的一个支流，名为"拿撒勒党"（参徒廿四5），故其身份颇为含糊。未几，当基督教从犹太教正式分别出来后，作为一个新兴的宗教，其信徒是跨民族和国界的，并没有一个固定的民族可以作为基督教的代表，这刚出现于外邦社会的宗教，未能得到国家所承认而成为合法的宗教，[⑬]所以，在多次犹太人与基督教之冲突中，犹太人总是占了上风，吃亏的多是基督徒。再者，因着基督教持有一套绝对和排他的宗教观，在实行起来时，便有违各民族和宗教要互相尊重及和平共处的原则了，这份宗教之绝对论（religious absolutism）自

⑬　参 Philostratus, *Vita Apollonii* 5.33.
⑬　例如尼禄王之宫中的名演员 Aliturus 及王妃 Poppaea 均入了犹太教。参 Barclay, p.149.
⑬　我们莫忘十二个门徒之中多为渔夫和市井之徒。
⑬　事实上，尼禄王更宣布基督教为不合法的宗教（religio illicita），参 W. H. C. Frend, *The Early Church*（Philadelphia: Fortress, 1965）, pp.32-33.

然会引起其他人士之不安和反感。⑬

　　总括来说，这份反感和敌视，使基督教之信众，被外人讽为"基督徒"，⑭更为尼禄王当政之时对基督徒之迫害埋下了伏笔。在此，公元110年时之 Tacitus 指出，为了要对罗马城之大火作出解释（是尼禄王本人所作的），⑭尼禄王便嫁祸给一群腐败的人士，他们名为"基督徒"，并下令要将他们逮捕；而有很多基督徒是在聚会时被捕的，主要不是因为他们曾经纵火，而是他们对全人类的憎恨。⑭教父特土良亦有记载，尼禄王也立了法例（institutum Neronianum），将基督徒定为非法人士（outlaws）。⑭

　　按以上的了解，我们便不难明白，此信中之第二章十二节和第四章十五节所言的，正是针对以上所形容的困局。而自尼禄王对基督徒的逼迫开始，社会环境对基督教的不利，将会是越发扩大化和全面性，这个劣势，可能迫使信徒在信仰和生活上向社会的压力低头，或者是被异教文化所同化，致使信徒群体因为失去了向心力量而分崩离析。这种危机，自然催促了作者写信通知、提醒和安慰一些似乎仍未受到苦难直接打击的教会，以使他们在面对将临的逼迫时，作好充分的心理准备，⑭以能积极地适应在恶劣环境之下生活，仍不失作为主儿女的身份。⑮　由是观之，彼得前书可说是应时而生的作品了。

柒　结构、形式及体裁

　　在研究的历史上，学者对彼得前书采取了不同的观点。⑯　平心而

---

⑬ 后来到了约翰写启示录时，多米仙王正式在国内推行君王敬拜，但基督教的信仰，不容许信徒履行当时政府所崇尚的君王敬拜，信徒的口号是"耶稣是主"（腓二 11；林后四 5；启廿二 20），而非"凯撒是主"，故引致政府对教会进行了大规模的逼迫。

⑭ 更传神的译法是"基督的走狗"；参四 16；又徒十一 26，廿六 28。

⑭ 尼禄王之所以会有此行为，可能因为他酷爱建筑，故此将罗马城付诸一炬，以能重建此城。Barclay，p.147.

⑭ Tacitus，*Annals*，15.44.

⑭ Tertullian，*Ad Nationes*，vii.

⑭ Guthrie，*New Testament Introduction*，p.783.

⑮ Marshall，p.14.

⑯ 一个详细的综览，参 Martin，*Metaphor and Composition*，pp.3 - 29，277 - 284.

论,在形式上,彼得前书明显是一封书信,⑭它与新约的其他书卷有着很多共通点,且看以下的点列:

1. 与福音书则有基督的死、复活和升天;对信徒受苦的看法。
2. 与使徒行传则反映彼得的言论。
3. 与保罗书信最为明显的是"家庭的规章"。
4. 与希伯来书则有基督救恩与信徒的关系;基督的先受苦而得着神的高举及他的升天。⑭
5. 与雅各书则是对受书人的形容,均用了犹太人所用的字;⑭又同时提及在苦难中要喜乐和一些道德生活的教训。⑮
6. 与约翰壹书则同强调信徒的相交和勉励。
7. 与启示录则为经常引用旧约经文,多数是间接引用(allusion)。

(Ⅰ) 分段

一个最简单的分段,除了一般书信之卷首语(一 1～3)和结语(五 12～14)之外,便是以第一章三至十二节为全书的引言,目的是要道出基督徒的身份和存在的本质,而第一章十三节至第五章十一节便是建基于这个本质,而作出深入和适切的演绎及应用之部分。⑮ 另一个分段法表列如下:

1. 第一章一节至第二章十节
2. 第二章十一节至第四章十一节
3. 第四章十二节至第五章十四节

以上的三种分段法是基于作者在第二章十一节及第四章十二节向

---

⑭ 即使主张其为讲章的学者,亦不能否定其有此形式,Troy W. Martin, *Metaphor and Composition in 1 Peter* (SBL Dissertation Series 131, Atlanta: Scholars Press, 1992), p.42.

⑭ Michaels, lxxiii.

⑭ 前者是"散住十二个支派的"人,后者是"那分散……寄居的"。

⑮ Michaels, xliv.

⑮ David W. Kendall, "The Literary and Theological Function of 1 Peter 1: 3 - 12," *Perspectives on First Peter*, Chalres H. Talbert, ed. (Macon: Mercer University Press, 1986), pp.103 - 106.

受众作出直接的称呼:"亲爱的弟兄",作为一个介分的导引。在此,我们稍看每一段落的思想脉络,到了释经部分时将会有更详细的剖析。

第一段的中心便是信徒之所以能作为神的子民,是因着神的拣选(一 2),并且经验到父神在耶稣基督里为世人所预备的救恩(一 3),这救恩给信徒们盼望,基于信徒在世上是寄居者(一 1),有一天,他们会回归神的家而得着天上的基业,这便是救恩所带来的盼望(一 3~4)。有见及此,如今信徒即使在试炼中亦能大有信心,喜乐犹存(一 6~9)。这救恩亦是世上的众先知和天上的天使所共证的(一 10~12)。⑫ 以上这段可说是作者对全书的一个引言,并为下文部署了基础。

既有了这些基础,信徒之回应便要敬虔、圣洁和大发爱心(一 13~25)。彼得更强调了信徒与耶稣基督的关系,他用了三个意象:"婴孩和奶";"活石和灵宫";"祭司和献祭",以勾划出其关系的密切,再一次以"拣选"来强化信徒已是神的子民这个身份的确定(二 1~10)。

第二段着眼于作为神的子民在世上本是寄居者,其生活所应持的态度和人际关系。先为一般的通则(二 11~12),随之是个别情况的应用,如信徒与政府及掌权者(二 13~17);作为仆人与主人(二 18~25);作为妻子与丈夫(三 1~6);作为丈夫与妻子(三 7)。藉着端正的操守和良好之人际关系,信徒可以向世人,甚至是敌人,宣扬自己的信仰(三 8~12)。至于从敌人而来的迫害,基督之得胜成了信徒的借鉴,而神必有公平的审判(三 13~四 5)。总之,信徒生活在一个属灵的群体中(一个末世性的弥赛亚群体),必须要有爱心,恩赐服侍的相互关系。彼得以一句赞美之句作为此段的结语(四 9~11)。

第三段是有关信徒受苦之事更深入的教导,苦难是一个现存的事实,在苦难中要有心理准备(四 13),切勿失去喜乐(四 13)及要信靠信实的神(四 19),当然自己也要分外的儆醒,以免因犯罪而受苦(四 15~16)。⑬

---

⑫ 我们要注意,在文法上,由一 3~12 构成了一句很长的句子,其中有很多的形容词、分词、同位词及附属句子。有如以弗所书第一章和哥林多后书第一章一般,这种风格,与彼得前书之其他部分有显著的迥异。

⑬ 在公元 111 年时,在罗马王 Trajan 统治之下,此地的教会显然遭逢莫大的逼迫,Davids, p. 9.

在遭受苦难紧迫时,彼得特别对教会领袖的长老们作出指示,切勿在牧养的事上失职。教会中被领导的,亦要学习顺服(五 1～6),这些对信徒们之相处甚为有益的教诲,是作为一个要迎接主再来的群体所应有之预备,因为末世时,魔鬼必以诸般的苦难来折磨信徒(五 7～8),如果信徒以信心仰望神的话,他必保守他们,加力给他们,直到有一天能享受永远的荣耀(五 9～10)。总括来说,教会既是神在末世的救赎群体,自必要以神为中心,因为他是教会群体生活的本源和依归。写到此处,彼得不禁再次向神作出赞美(五 11)。最后便以问安作为此信的结束(五 12～14),作者再次重提拣选的主题(五 13),这正好与卷首所侧重的一样,实有一气呵成之势(五 13)。

在此,我们可以说,此书的行文和思想脉络是流畅的,其特点,是有如金比克(Combrink)所言,作者常将其中一个曾于上一段论述过的题旨,在下一段落中作出更为周详的发挥。因此,本书为一封完整的信函,可说是实至名归的。⑭

(II) 一致性

有些学者认为,彼得前书乃是由两封信所组合而成的,先为第一章一节到第四章十一节,后为第四章十二节到第五章十一节,然后在组合时再加上第五章十二节至十四节作为信的结语。⑮ 持以上论调的两大理由分述如下:

(一)第四章十一节明显是一个对神的赞美(doxology),而第五章十一节亦然,显示出两处均为信的末部。

(二)第四章十二节以"亲爱的弟兄"为始,表示作者是另外有一事

---

⑭ H. J. B. Combrink, "The Structure of 1 Peter," *Noetestamentica* 9(1975), p.52. 此专文对结构有更为周详的剖析。

⑮ 最早提出此看法的,乃 R. Perdelwitz,他是以研究神秘宗教之文献为进路。参 Lohse, "Parenesis and Kerygma," p.38 之简介。慕尔则认为此书为有两个形式的一封信,第一个形式(一 1～四 11,五 12～14)是向可能会面对逼迫的教会而写的,第二个(一 1～二 10,四 12～五 11)则向正在面对逼迫的信众而写的,引自 Blevins, "Introduction to 1 Peter," p.406.

件要谈,而所提及之内容,也是与前一段有重要的分别,如试验是现存的事实,而不是如第一段所显示的,只是一种神学上的理论和心理上的装备而已。[⑭] 其次,后一段落有关受苦的形容也更为深刻和猛烈,而不是点到即止。再者,第二段更以长老为主要的受书人,是第一段所没有的。

对于以上的问题我们亦有以下的观察作为反驳:

a. 如果彼得在写完第一部分后,经过一段时期再加上第二部分,才将二者组合,再加上一个结语,然后寄出给教会,这种情形是不会影响此书信的完整性和真实性的。而事实上,这是一个很有可能的推论,因为彼得前书虽然比不上罗马书或哥林多书信的冗长,但亦不是一封短笺,在写的过程当中,如果作者知道教会所受的迫害将会加剧时,则其再加上一个补记或提醒,以致语调有所改变亦是无可厚非之事。保罗之腓立比书同样有此情形(请注意,腓立比书亦与此信一样,同是狱中之书简)。

b. 第一部分与第二部分亦有很多共同点,如对信徒受苦这主题的发挥(注意第一章六、七节同样有对苦难之强烈且深刻的描绘),及信徒在属神的群体内彼此相交和相处之道(三 8～9,四 7～11 是一般性的教导,五 1～6 乃详细性的指引);第二段首之"亲爱的弟兄"之词组,亦在第二章十一节出现,而两段同有浓厚的末世性意味。[⑮] 两部分均以苦难为主旨,并且在措辞上亦有一定程度上的相近。[⑯] 凡此种种,都提醒我们要切忌过分标榜其相异之处,而忽略了其众多的共同点,有以偏概全之嫌。

c. 我们反而主张第二部分的大半是建基于第一段的,故此,信徒受苦这课题有更详尽的发挥。在受苦中,教会领袖的信心、爱心和忠心更显重要,所以,作者便在这里对教会的长老们有谆谆的训诲,这也是可以理解的。

d. 第一部分是以一个赞美颂为结束,随之是引入第二部分,保罗书信中之罗马书第十一章末与第十二章始,同样有这般的关系和形式,甚少学者会反对罗马书第十二章之后是另外独自存在的一封信,彼得

---

⑭ 或者受苦是一种可能发生之事而已,Koseter,*Introduction to New Testament*,p. 294.

⑮ 参一 4、13,二 12,四 5、7、13、17～19,五 4 等。

⑯ Harrison,*Introduction to the New Testament*,p. 400.

前书亦然。而事实上，米高斯极力主张第四章十二节至第五章十一节，乃是第四章七节至十一节的发挥。[159]

e. 我们并没有任何古抄本，可以证明这两个部分曾独自流传于世。

(III) 形式

有学者主张，整卷书信均与洗礼有关（尤以一 3～四 11）。在此，林白(Lampe)道出了问题的症结："到如今，究竟这（指此书）是一封真实的信，还是以信为名，而以洗礼的礼仪为实，仍是一个未有结果的问题。"[160]骤看之下，彼得前书内确有不少与洗礼有接触点之处，如第三章廿一节彼得引挪亚之洪水事件为喻，以作出洗礼的教导，其他的有第一章三节及廿三节之"重生"，及第二章二节之以婴孩为喻，有关信徒属灵生命的成长，都是与洗礼作为一个属灵生命开始的礼仪有关连，而早期教会的先知，是会先写好他们的启示和教导，然后才在崇拜中宣讲。[161]按此了解，德国学者彼斯克(Preisker)在修订韦达殊(Windisch，一位德国学者)之注释时，提出了一个"洗礼仪节论"，他以此书第一大段（一1～四11）为一个被记录下来的初期教会的洗礼仪节，[162]第二大段（四12～五11）则为在洗礼崇拜的终结时，向全会众所发出的一篇讲章。[163]

---

[159] Michaels，xxxix，他主张如果有不同的话，应该指在受众上，前部分为一般的受众，而后部分则对有长老的教会而设。

[160] W. H. Lampe, "Evidence in the New Testament for Early Creeds, Catechisms and Liturgy," *ET* 71(1960), p.361.

[161] 参 Lohse 之介绍，"Parenesis and Kerygma in 1 Peter," p.39.

[162] 一 3～12 为祷告之诗章；一 13～21 为一个对将洗礼者的教导；一 21～22 为洗礼之行动，在此，彼氏解释说洗礼本身在初期教会为一隐秘之礼仪，故并没有直接将其行动描写出来；接着，一 22～25 是一个洗礼的宣誓，二 1～10 为一首诗歌；随之是一篇生活性的劝导，三 13～四 7a 为一启示性宣讲，而四 7b～11c 为结束洗礼的祷告。

[163] 参 Michaels 之撮要，xxxviii；Koester 有另外一个相近的观察，但没有如此大规模，认为信中每一段均是洗礼仪节的一部分，参 Koester, *Introduction to New Testament*，p.294. 在讲章方面，以 Harnack 时开始有人以彼得前书为一篇讲章多于一封书信，详参 David L. Balch, *Let Wives Be Submissive*: *The Domestic Code in 1 Peter*（Chico: Scholars Press, 1981), p.11.

以下的一个表列,将彼斯克的理论更清楚地展示出来:

1　一 3～12　　　**序言之诗章祷文**
　　　　　　　　　　（受洗者准备要藉着洗礼,进入神的保守之中）

2　一 13～21　　　**受洗者的行检**
　　　　　　　　　　（基于旧约的经文,是以教导为本）

3　一 22～25　　　**呈献的祷告**
　　　　　　　　　　（过去时态在廿一节后大量被采用,可见洗礼
　　　　　　　　　　之举,是在廿一与廿二节之间）

4　二 1～10　　　　**回应的诗歌**

5　二 11～三 12　　**教导性的讲章**

6　三 13～四 7 上　**先知的启示**
　　　　　　　　　　（指示作神的仆人所有的新地位）

7　四 7 下～11　　　**结语**

8　四 12～19　　　**对全会众的启示**
　　　　　　　　　　（强调现今的逼迫）

9　五 1～9　　　　**对全会众之教导**

10　五 10～11　　　**对全会众之祝福**

而且学者戈克斯进一步大胆地推断,全书乃一个在复活节崇拜聚会之
礼仪,皆因全书有不少是与基督的受苦、死亡和复活有关,而"受苦"
(paschein)一字,是与逾越节(Pascha)在当时的字义上的用法有关
连,[⑭]而第二部分(四 12～五 11)乃一篇在洗礼时向全会众宣讲之讲
章,故并非一封书信。[⑮] 此两位学者的理论可说是前呼后应,如果他们

---

⑭ 这是基于他在撒狄的米利度之 Homily of the Passion 及希波律垞之 *Apostolic Consti-*
tution 对此二字的用法。

⑮ 他对第一部分之分析,与彼氏有少许迥异,详参 F. L. Cross, *1 Peter A Paschal Liturgy*
(London:Mowbray, 1954).

所说属实,则彼得前书的形式,便不是一封致众教会的书函了。[166]

以上的提议自有其吸引之处,然而却同时导致有其他难以解决之疑问。

a. 如果整卷书信为一个有关洗礼之仪节和讲章,何以会以书信的形式面世?[167]

b. 将一篇有洗礼仪节及有崇拜内容揽在一起的书信,寄给一个遥远之教会群体又有什么作用?[168]

c. 整卷书中,洗礼一字只出现于第三章廿一节,[169]按此实况,以本书为一洗礼的礼仪一说会否是言过其实? 这只是缺乏明显内文支持的一个假定而已。[170]

d. 早期教父从来没有以上述之理论去处理此书。

e. "亲爱的弟兄"此一词组,也有在保罗及其他新约之书信中出现(如林前十 14;林后七 1,十二 19;来六 9;约壹二 7,三 2、21,四 1、7、11;犹 3、17、20 等)。由此可见,这种称谓,是当时书信往来的一个对受信者常用之称呼,更证明了彼得前书乃一封不折不扣有发信者和既定受书人的教会公函。

f. 本书中所提及"受苦"之主题,主要不是用来形容如复活节时记念耶稣基督在十字架上所受的苦,而是指信徒的受苦而言。[171]

---

[166] 或如基利所言,是一篇穿上了书信形式为衣服的讲章或礼仪;Kelly, *A Commentary*, p. 20f. 对此理论表示有可能的有 A. R. C. Leaney, "1 Peter and the Passover: An Interpretation," *NTS* 10(1963 - 1964), pp. 238 - 251. 抱怀疑和批评性的参 C. F. D. Moule, "The Nature and Purpose of 1 Peter," *NTS* 3(1956 - 1957), pp. 1 - 11; P. E. Robertson, "Is 1 Peter a Sermon? *Theological Educator* 13(1982), pp. 35 - 41; T. C. G. Thorntorn, "1 Peter, A Paschal Liturgy?" *JTS* 12(1961), pp. 14 - 26; Thorntorn 的结论是,"受苦"(paschein)与"逾越节"(Pascha)二字有 word play 的关系,是要到了第二世纪末期时才出现,但却完全敛迹于第一世纪;另一主张,以此信乃教会的诗歌集,其主张及反驳参 Miller, pp. 18 - 21.

[167] Miller, p. 12.

[168] Donald Senior, "The First Letter of Peter," p. 8.

[169] 明显地提及与洗礼有关之经段为一 3~二 10;其他的经段只是间中有流露而已;Lohse, "Parenesis and Kerygma," p. 40. 他同样怀疑在一个崇拜中可以包括诗章、诗歌、训示和启示等诸多的连串活动。

[170] 参 A. F. Wall, "First Epistle of Peter," *New Bible Dictionary*, p. 977a 之讨论。

[171] 艾理略,页 60。

诚然,我们并不否定彼得会采取当时盛行之教会礼仪、讲章或诗歌等作为要表达他心迹的材料,[12]尤其是当我们考虑到他可能不甚熟悉受书人(参作者部分之讨论);他更可能引用一些大公教会所共享之材料,如教会所熟习的诗歌、洗礼的部分仪节和教材等,作为与对方建立共通点的一个部署。[13]告士打的观察是正确的,彼得前书实有如革利免壹书一样,是自由地引用教会之礼仪、讲章和辅导材料(parenesis)及旧约经段,其结果令此信弥漫着礼仪性的语言。[14]尽管如此,作者是自由地采用当时普遍流传的合宜材料,而绝非仅用礼仪性的材料作为题材,[15]更绝不会生搬硬套,或不假思索地抄袭,他是经过考虑和过滤,汇通和修改之后,认为是适合自己所要表达的,才加以采用。[16]

总括而言,学者们仍是不能提供足够的证据,以确定早期教会那些洗礼之礼仪和讲章的内容和特色。所以,标榜此书为与洗礼有关的讲章和礼仪的论调,全部均属推论;[17]反之,全书在神学观点上却反映出高度的一致性。[18]在此,基利的主张是值得考虑的:"彼得前书最后之形式,却是一份真确的往来书信"。[19]特马田(T. Martin)的结论亦很中肯:"虽然此信引用礼仪性、教导性及其他的材料,但这一切都被调整

---

⑫ 这过程可能是在不知不觉间,在作者的思维内发生,参 Martin, *New Testament Foundation*, 2:343.

⑬ 三 18～22 的一首有关基督的诗歌,与提前三 16 的那首,有极相似的地方,其切实的比较,参 Neyrey, "First Peter and Converts," p.17.

⑭ Koester, *Introduction to the New Testament*, p.295. Lohse, "Parenesis and Kerygma," p.55. 萧温则主张此信取材于四方面的数据:(1)礼仪性文献;(2)有关逼迫的片段;(3)一个雏形之教条;(4)基督的言论(verba Christi)。参 Selwyn, pp.17 - 24.

⑮ Kelly, p.19.

⑯ Davids, p.13. 贝尔之看法是介乎二者之间,他以一 3～四 11 为一篇有关洗礼时的阐论,其对象乃初信者,而这篇论述被插入于一 1～2 和四 12～五 14 之间,Beare, pp.25 - 28.

⑰ Lohse 仍然不能以彼氏的理论为有充分的证据,Lohse, "Parenesis and Kerygma," p.39. Hill 则以洗礼之讲章和礼仪为本书之暗示,但明显的却是信仰上和生活上的教导,故此,我们不应把次要的反客为主,成为主体的理论,参 David Hill, "On Suffering and Baptism in 1 Peter," *NovT* 18 (1976), pp. 181 - 189. 反对这论调的德国学者尚有 Hauck, Kasemann, Delling 等。

⑱ Senior, "The First Letter of Peter," p.8.

⑲ Kelly, pp.2,3;Kendall 主张,愈来愈多学者接受此书为一封真实的信件,"The Literary and Theological Function of 1 Peter 1:3 - 12," *Perspectives on First Peter*, Charles H. Talbert, ed. (Macon: Mercer University, 1986), p.103.

以迎合一书信式的环境"。⑱ 因此,以此书为一封出自使徒之真实的信,无疑应该成为我们研究此卷书的主流进路。⑱

(Ⅳ) 体裁

整体而言,彼得前书委实有如新约其他大部分书卷一样,是一封致教会的信,先有一般性的问安(一 1～2),继而是感恩(一 3～13),在完成要写信的内容后,便是一个总结(五 8～11),然后是结束的问候(五 12～14 上)及祝福(五 14 下),这是一个显而易见的部署。

然而,米高斯并不满意于这么简单的观察,他主张此信应属于所谓的"致散居之以色列人的一封启示性书信"(an apocalyptic diaspora letter to Israel)。⑱ 他先介绍,犹太人常有一种正式的信件,是向散居耶路撒冷以外,特别是亚述、巴比伦和埃及之犹太人发出的(如耶廿九 4～23;2 Apoc. Bar. 78～87;马加比贰书一 1～10),而此书与雅各书便是两封同样体裁的书函,是向相信弥赛亚之犹太人(messianic Jews),即基督徒而写的,基督徒不单是被神拣选,而且如昔日之犹太人一样,因放逐而散居各地,米氏更将此书与一卷启示性文献巴录启示录贰书(2 Apoc. Baruch)作对照,发现二者有很多相同的句法和用语。⑱ 继而,米氏将他所认为的"启示性"意涵作出界定,他主张此书所谓的启示性,并不是如巴录启示录贰书一样,藉着鹰之翅膀将有关末世之启示展露(2 Apoc. Bar. 78～87),也不是如启示录一般,有复活的基督,藉着异象将末世性的信息显露,乃是一篇充满恩典之信息,将在末期耶稣基督显现时所给予信徒的恩惠(一 13),如今可以让信徒浅尝。⑱

对于米氏的提议,我们可以欣赏的地方很多,例如这番理论显出了

---

⑱ Martin, *Metaphor and Composition in 1 Peter*, p.78.

⑱ Martin, *New Testament Foundation*, 2;343.

⑱ Michaels, xlvi.

⑱ Ibid., xlviii.

⑱ Ibid., xlviii–xlix.

他正视本书是充满了末世性意味之书卷，使我们不至于忽视这个重要的课题。在此，我们对他整个理论的反应有二：

（一）我们赞成此信很富末世性（eschatological），[185]但却不一定是启示性的（apocalyptic）。因为以一般学者对启示性文体的了解，此书中实在缺乏了一些很重要的启示性文体所应具有的特色，如采用象征和意象（symbols and imageries）、天使和灵界生物的出现、善恶争持的两元性、[186]数字的代表性和异象等。[187]有见及此，我们很怀疑彼得前书可否被称为富启示性的书卷。

（二）戴维斯对"致散居之以色列人的一封启示性书信"是否可以独立成为一个有自己特色的体裁表示怀疑，[188]而事实上，我们在形式上已言及此信与保罗书信有很多相近的地方，而上文亦已指出其与新约其他的书信一样，有着一定的书信格式。由此可见，以之为新约其中一封致众教会的公函，是一个较为自然的取向。

在此，我们发现彼得前书充满了命令语调的训示，慕尔顿观察到，从第一章十三节开始到第五章十二节，共有廿八处带命令的字眼，散布于全段中。[189]而明显地，此信的特点，是以分词作命令语态用，这种充满命令语调的信件，我们可以将之归类为劝导文体（paraenesis）的书信，而劝导文体的其他特点，亦包括了采用一些具劝导性的词汇，[190]及

---

[185] 对于此书有末世论方面的特色，参 J. R. Ramsey, "Eschatology in 1 Peter 3:17," *NTS* 13 (1966 – 1967): pp. 394 – 401. E. G. Selwyn, "Eschatology in 1 Peter," in *The Background of the NT and its Eschatology*, W. D. Davies & D. Daube, ed. (Cambridge: Cambridge University, 1956), pp. 394 – 401.

[186] Elliott 主张此书中有浓厚的启示性二元论（apocalyptic dualism），但我们并未发觉，这书的二元论是如其他典型之启示性作品一样地鲜明，参 J. H. Elliott, *Home for the Homeless*, *A Sociological Exegesis of 1 Peter*, *Its Situation and Strategy* (Philadelphia: Fortress, 1981), pp. 63, 65, 69, 121, 128, 193 – 195 等。

[187] 有关此文体的起因和体裁上的特色，参张永信，《启示录注释》，页 320 – 330；亦有以 temporal and spatial axes 去了解启示性文体，并且以之去研究彼得前书的，参 R. L. Webb, "The Apocalyptic Perspective in First Peter," Th. M. Thesis, Regent College, 1986).

[188] Davids, p. 14.

[189] James H. Moulton, *A Grammar of New Testament Greek* (Edinburgh: T & T Clark, 1906), p. 174.

[190] 如 *parakaleō*, *epimartyreō*, *stērizō* 等，这些字都出现于彼得前书，参二 11，五 1、10、12。

以对比主题(antithesis)的论述去劝勉受众,[⑲]目的是要产生鼓励的作用。以上的特点常出现于彼得前书中。[⑫]

(V) 取材

虽然我们不能完全确定本书是直接取材自福音书,抑或是作者本人的亲身经历,但正如在作者部分所讨论的,其内容实有取材于有关耶稣基督在世的言论。[⑬]　其次,本书亦有取材于旧约圣经,当中包括了直接和间接的引用。最后,早期教会流行的教导材料亦为本书作者所采用。当中有教义性、生活道德性和一些可能是诗歌的材料(如一 3～5,二 22～25,三 18～22 及五 5～9)。[⑲]　其中尤以第三章十八节和廿二节最为明显,杜尔顿(Dalton)主张此二节其实是一首基督的诗歌,参以下形式所显示的:

> (因)基督也曾一次为罪受苦,
> 　　就是义的代替不义的,
> 　　为要引我们到神面前。
> 　　按着肉体说他被治死;
> 　　按着灵性说他复活了;
> 　　耶稣已经进入天堂,
> 　　在神的右边,
> 　　众天使和有权柄、并有能力的,
> 　　都服从了他。

杜氏更主张,这是一个认信式的诗章,是用在初期教会的崇拜聚会

---

⑲　彼得前书一 14～15,二 1～2 等,都属于对比主题。

⑫　详参 Troy Marin, *Metaphor and Composition in 1 Peter* (Atlanta: Scholars Press, 1992), pp. 85 - 102.

⑬　如一 4 对照路十二 33;一 13 对照路十二 35;一 22 对照约十三 34～35;三 14 对照太五 10, Marshall, p. 20.

⑲　Ibid., p. 21. 详细的分析参本书的解经部分:一 3～5,二 22～25,三 18～22 及五 5～9。

中,而第三章十九到廿一节则是一段插语,是一个有洗礼意义的教导。⑮
以上的一个实例,表明了彼得前书的确是多方面取材的,亦足见其内容
的丰富,我们切忌妄然为此书的取材定型,否则便犯了以偏概全的
毛病。

捌　写作的目的

在讨论本书的目的和宗旨时,首先,我们要处理一个颇具争论性、而
又富趣味和创意的问题。这问题是环绕着由巴卓(Balch)和艾理略所提
出的一个以社会学的原理去看此书写作目的之理论,有关此二人的理论
的异同,可参本书"家规的使用"一文。我们暂时集中讨论巴卓的见解,
以作举一反三之用。巴卓相信彼得前书写作的目的,是要缓和教会和社
会之间所存在着的紧张气氛,以下是对巴氏理论的介绍和评审。

(Ⅰ) 问题的所在

巴卓是一个研究社会学的新约学者,他极力主张,我们应该以人类
学(anthropology)和社会学中所提及的文化移入(acculturation)之原
理去看此书的目的,因为惟有这样,我们才更能明白彼得前书的社会环
境。巴氏提出,在此书来说,基督教正与希腊的文化接触,并因要接受
罗马之社会价值,以至与犹太传统,甚至与早期耶稣运动之主要的价值
观冲突,衍生了紧张的局面,形成了早期基督教的身份(identity)和持
续性(continuity)的危机。⑯
巴氏之论点,是以希腊罗马文化的政治和社会学家亚理士多德
(Aristotle)为起点。⑰ 亚氏主张,在社会和家庭之中,凡作主人的要管

⑮ William J. Dalton, *Christ's Proclamation to the Spirits: A Study of 1 Peter 3:18-4:6*, *Analecta Biblica 23*(Rome: Pontifical Biblical Institute, 1964), p.97;详参三 19~21 的批注部分。
⑯ Ibid.
⑰ 参 Balch, *Let Wives be Submissive*, pp.26-63; E.S. Fiorenza, *In Memory of Her*(New York: Crossroad, 1983), pp.255-256.

治奴仆、丈夫管治妻子、父管治子等。^⑱ 这种在家庭里存有的等级之和谐(hierarchical harmony),俨然构成了城市和国家之安定的重要基石,并且保证了社会上的秩序及民生。^⑲

再者,罗马政要和哲学家同样发现,亚氏的理论,对于急速扩张且版图辽阔的罗马帝国来说,实在是很受用的。因为无可否认,一个被牢牢地管治的社会,起码不会对国家和社会的安定构成威胁。反之,任何外来的宗教,对这套社会和信仰之价值观有显著的差异和批评时,便被视为是对罗马政权的一种威胁。例如,当罗马与埃及的安东尼和其女王姬奥柏提(Cleopatra)对峙时,埃及那份对夫妇关系是平起平坐的一套家庭观念,被罗马政府视为对其政权的威胁,故此,罗马政府铁定要铲除埃及的政权。^⑳ 基于以上的原因,不少外来的宗教,均有其护教者(apologists),以澄清其信仰的立场,表白他们并非破坏社会的秩序和不满罗马的政权,犹太教的有约瑟夫,基督教的有新约书信中之"家庭的规章",因为律例中常强调要顺服在上的和接受他们的管治。

巴卓重申,当人类学者研究抗文化这个现象时,在接受文化的群体中(receiving culture),对给予文化的一方(donor culture)之中的众多文化的内容,不会无条件地接受对方一切的文化习俗,而是选择性地接受的,即对其价值体系有选择性地适应。^㉑ 换而言之,有一些外来文化将会被接受,^㉒但有些却遭受拒绝。^㉓ 巴卓甚至举出美国之门诺文化(Mennonite culture)和底特律之墨西哥裔家庭等作为例证。^㉔ 而彼得

---

⑱ 希腊人相信神祇的家庭和皇家及社会上各家庭均有密切的关连,因为后者是反映着前者的,参 Senior,"The First Letter of Peter,"p. 10.

⑲ 参 Aristotle,*Politics* 1.21 - 2;1.5.1;Dionysius of Halicarnassus,*Roman Antiquities* 2.24.2 - 2.27.6.

⑳ Balch,"Hellenization/acculturation,"p. 82.

㉑ Ibid.,p. 86,fn. 42.

㉒ 所谓 systemic linkage,为要与其他文化有接触和互相依靠。

㉓ 所谓 boundary maintenance,为要维持某文化的独特性。

㉔ Balch,"Hellenization/Acculturation,"pp. 86 - 89,fn. 44;引自 J. Howard Kauffman,"Boundary Maintenance and Cultural Assimilation of Contemporary Mennonites,"*Mennonite Quarterly Review* 51(1977),pp. 227 - 240.

前书的作者既是一位讲希腊文之犹太基督徒，他写信给住在希腊罗马
文化中间的、散居各地的信徒，一方面希望能维持自己的传统，但亦受
着显性文化（dominant culture），即希腊罗马文化之压力，自然要在可
能范围内，参与当地社会和文化，[205]以免受到对方的疏离和敌视，而彼
得前书中的"家庭的规章"，便是要与当时之异教文化建立起一些能融
和异教文化的接触点。[206]

　　为了不要让罗马政府以基督徒为破坏社会和谐的不良分子，此书
强调要"寻求和睦，一心追赶"（三 11），而作者更要求信了主的妻子，顺
服异教的丈夫，信主的奴仆要服从异教的主人，旨在要维持在希腊罗马
文化的家庭中的和谐。尽管信徒有两个家，一为灵宫（二 5），一为属地
的，即是座落于罗马世界的家；但信徒对于二者都应该尽力去建立一个
和平及和谐的良好气氛。[207]

　　当然，作者这样做，有违传统的犹太人之价值观和初期基督教的信
念。因为早于耶稣基督在世时，他已极大地提高了妇女的社会地位，[208]
在此，彼得前书的论调，令史怀哲（Edward Schweizer）认为此书，尤其
是"家庭的规章"，至终将必造成基督教被异教所同化（paganization）。[209]
不过，巴卓却认为这一个同化的危机并不重要，因为基督教身份的主要
象征，是基督的故事（christological story），即有关基督的传言
（mythos），而非社会群体的情意（ethos）。[210] 他更以犹太教之事迹为例
证，指出犹太人的圣城、圣殿、祭司体系甚至大卫王朝均可以荡然无存，
但是耶和华神曾拯救他们出埃及的故事，则常被传诵，成了家喻户晓的

---

[205] 参 John J. Collins, *Between Athens and Jerusalem. Jewish Identity in the Hellenistic Diaspora* (New York: Crossroad, 1983), p. 129, 对犹太人在散居之地有类似情形而作的剖析。

[206] 即是所谓建立 systemic linkage.

[207] Balch, "Hellenization/Acculturation," pp. 94 - 95. 更详细之解说，参 Balch, *Let Wives be Submissive*, pp. 123 - 131.

[208] 参 J. Jeremias, *Jerusalem in the Time of Jesus* (Philadelphia: Fortress, 1949), p. 374. Fiorenza, *In Memory of Her*, p. 147.

[209] Schweizer, "Weltlichkeit," pp. 407, 410. 引自 Balch, "Hellenization/Acculturation," p. 97.

[210] Balch, ibid., p. 100. 持相同之看法的有 Larry Shinn, *Two Sacred Worlds. Experience and Structure in the World's Religions* (Nashville: Abingdon, 1977)之第三及四章。

故事,这便成了犹太人在面对危机时仍然得到身份之确定的重要机制。基督教亦然,在重温基督之死和复活之故事时,信徒便可以重新确定自己的身份。[21]

(II) 问题的响应

在明白巴卓的基本推论和分析后,我们有以下粗略的评检:

(一)明显地,巴氏是过分标榜彼得前书为一封指示信徒如何与罗马文化协调和汇通之信。当然,我们不能否定,彼得前书中有强调信徒要藉着善行,去感化异教社会对之的批评(如二 12),这样,信徒要注意当时社会的道德标准,因为社会人士会以这样的标准去衡量信徒的操行的。然而问题之所在,便是这并非彼得前书中家庭规章出现的主要原因。巴卓看重此经段在应用上的历史先例(以亚理士多德的理论为此律例的本源),却忽略了作者采用这经段时的意旨。我们要明白,在大部分的时间上,作者均不会是不假思索地抄袭,或是搬字过纸,他是有自己的宗旨,并按着整体的宗旨而刻意地选用适合的材料,其间一定有作出编修,从而撰写出信中的每个个别的段落,并段落和段落之间的铺排,这个过程,当然包括了"家庭的规章"在内。在此我们可以说,巴卓之方法论,实犯了以偏概全之毛病,因为他漠视了以整卷书的意旨作为解释"家庭的规章"之进路,反而只执着于"家庭的规章",作为了解全书的中心思想。

(二)巴氏大部分时间都着眼于书中所叮嘱的、与外人交往及建立和谐关系的部分,但却忽略了那些不要与世俗为伍、不随伙为恶的忠言,也漠视了那些强调信徒乃独特的一群之经段(如一 13~17,二 1~3、8~10、11~12、16,三 2、10、16,四 2、7~11、15,五 8 等)。而正因为信徒不随从外邦人那种放纵私欲的败行,才引致他们被排挤和遭受逼迫。

(三)彼得前书之作者表示,书中之"家庭的规章",并非一定如巴氏言词凿凿地主张,是取材于亚理士多德的理论。因为作者表明,妻子

---

[21] Balch,ibid.,pp. 100 - 101.

顺服丈夫,是有着旧约的先例为指引的(三 5～6)。[212]

(四)细观"家庭的规章"及信徒对社会和政府的反应,其目的并不如巴氏所坚持,是为了要维持与外人有和谐的关系,以缓和一个紧张的气氛和对融入异教社会的一个训示。诚然,这可以是其中的一些目的,在此,里克(Reicke)指出,受书人身处的社会,正弥漫着富有的主人和贫穷的工人、本地人与罗马政府的政治手段的冲突。因此,彼得所言的"家庭的规章",是要针对这个社会的问题,要求信徒不要随伙作乱,反而要对在上的有忠心。[213] 无论如何,我们要强调的是,达至和谐之终极目的,并非能与希腊罗马之文化融和,以剔除罗马政府对基督教的戒心,其真正的目的列举如下:

a. 藉此荣耀神(一 7)。

b. 是为了主(二 13)。

c. 行善可以堵住无知人士的口(二 15)。

d. 因着基督也是在不平等下受苦,作为基督徒,应同有此心志(二 21)。

e. 这是一份信心的功课(一 7,二 22,四 19,五 10)。

f. 受苦使人更为圣洁(三 1)。

g. 藉着顺服,妻子可以感化丈夫归主(三 1;并参二 9 下及三 15)。这一点,与巴氏的理论可说是背道而驰,因为这不单不是旨在叫家庭和谐,乃是因着背后的一个基督教极为重要的使命:"宣扬那召你们出黑暗入奇妙光明者的美德"(二 9),并且要使自己的家人归主。[214]

h. 丈夫要敬重妻子,这可以使他们的祷告没有阻碍(三 7)。

i. 神必在审判之日子为信徒主持公道(二 12,四 17,五 6)。

---

[212] 最少,这一点告诉我们,作者在采用当时流行于教会的传统材料时,是经过修饰以符合他写信时的环境的,Lohse, "Parenesis and Kerygma," p. 44.

[213] Reicke, pp. 72-73.

[214] 参林前七 16。这一点,便成为艾理略极力反对巴卓之理论的因由,他指出,与不信者交往的目的,并不是要与他们混和(Social assimilation);J. H. Elliott, "1 Peter, Its Situation and Strategy: A Discussion with David Balch," in *Perspective on First Peter*, Charles H. Talbert, ed. (Macon: Mercer University, 1986), p. 72. 反而保罗倒提及有关和睦的题旨,参林前七 15。

（五）巴氏主张基督教在身份之确定上，主要落在信仰的传言上（mythos），即基督的故事，而非社会群体的情意上（ethos）。这种二分法颇难令人接受，因为基督在世时亦花了不少时间教导信徒生活方式和道德操守，"登山宝训"便是其中一个明显的例子。新约的书卷不少是在解释教义之后，随之作出对信徒实际生活的教导，二者是相辅相成的。保罗书信之罗马书、歌罗西书和以弗所书等，都是一些显而易见的实例，而彼得前书亦多番强调，信徒既是属神的子民，便要过一个与此身份相配合的生活方式，切忌回到过往还没有信主时的生活光景。由此观之，在整个基督教运动来说，教义和德行是不可分割的。在此，鲁斯说得好，彼得前书之道德性教导，其基本、终极的因由，都是以基督为中心的（christological）。⑳

再者，这些实际生活教导之目的，要达至两个目标。首先，在消极上，是要信徒知道，在一个不属神的社会中生活，应该如何保持自己的圣洁，而不至回到以前为外邦异教徒时那种放纵情欲的光景。其次，在积极上，是要争取外邦人的好感，以使他们同样肯接受和得着基督教的信仰，过一个如信徒的有崇高道德标准的生活，这便是所谓基督教改变文化的理论（Christianity transforms culture）。㉑

当然，巴卓的理论亦非完全乏善足陈，其对研究彼得前书的贡献列举如下：

a. 巴氏使我们注意此书之"家庭的规章"之可能出处，便是亚理士多德有关这方面的教导，从而引导我们注意此律对罗马政府和周围社会之重要性，这一点，无疑提高了我们对这经段的注意和明白其可能的用意。

_____

⑳ 例如，基督受苦成为信徒在生活上受苦的借鉴（二 21，四 1），这一点，正与公元第二世纪教会神学所强调基督之"降卑"（hupomenein）受苦吻合，Lohse，"Parenesis and Kerygma," pp. 57 - 58，fn. 110.

㉑ 因此，对彼得前书之文化观，更合宜的解读应是社会参与（social involvement），而非社会同化（social assimilation）。当然，在任何文化中，我们可以在其中找到三方面不同性质的事物和习俗：一为与基督教对立的，这当然不能为基督教所接纳；二是属于中性的，这些事物是可以与基督教并存的；三为对基督教有利的，这当然可以为基督教所采用。因此，任何研究基督教与文化的接触时，均应顾及以上的三个层面。

b. 家庭的和谐，的确是任何国家、社会甚至教会的基本支柱，家庭关系的破裂，对任何群体均会构成严重的威胁，对昔日罗马帝国是这样，对今日的社会和教会亦然。事实上，早期教会甚至将家庭成员相处之道应用在教会圣工人员及信众之上，衍生了"教会的规章"。[217]

c. 以社会学的观点为研究新约文献的进路，是一种颇有趣味和颇有创意的方式。事实上，此书的确可以给我们对第一世纪中、后期的小亚细亚教会在当时社会上的实况多一分了解。[218]

d. 巴卓提出了一个作为属神群体常要注意的问题，就是一方面作为神的子民，圣洁蒙爱的一群人，要维持其独特性，有别于世俗社会的颓风败俗。但同时，亦要注意在尽可能的情况下，与世人认同，以至能达到筑桥的作用，使福音能在各国各族文化中广传。再者，不论任何文化，总有一些是中性的、或有利于基督徒信仰的风俗习惯，在这种情况下，融和是可能的。

一言以蔽之，以社会学去看基督教之运动，固然有其可取之处，例如使我们对当日基督教作为一个新兴的宗教，其与各地社会所产生的矛盾和冲突有更深入的了解。然而，新约书卷之众作者在着墨时，其基本意旨并不是要提供一套社会学的原理或是应用的法则，乃是有其神学性和教牧性的用意。因此，如果以社会学的观点去研究新约之书卷，包括此书在内，便必须要以神学为宗，社会学为辅助，才是正确的进路。如果如同巴卓所主张的，以社会学为本，神学为次，则无疑是有喧宾夺主之虞，造成作者之作品与其写作的原委分割，恶果可能把个人的臆测注入经文之内，所产生的研经结果必定流于牵强。[219]

此外，亦有学者主张，经文中所提及的有关顺服之教导，旨在支持

---

[217] 参提前二 8～15，六 1～2；多二 1～10；革利免壹书一 3，廿一 6～9；坡旅甲书四 1～六 1；及坡旅甲之腓立比书四 2～六 3。David E. Aune, *The New Testament in Its Literary Environment*（Philadelphia: Westminister, 1987），p.196.

[218] 这方面，在 Elliott 之 *A Home for the Homeless* 一书中有强而有力的发挥。

[219] 且看 Marshall 对 Elliott 那一套比较合乎情理的，同样以社会学来了解本书之方法的批评，*1 Peter*，p. 24. 同样，一个更为中肯的类似的理论是 Goppelt, *Theology of New Testament Theology*，2：pp. 161 - 178.

希腊罗马社会之主要组织,如父系家庭、奴仆制度及国家的军权。[20] 这是一个近似巴氏,但却较为温和的论调。然而,"顺服"(hupotasso)一字,经狄克曼(Dijkman)检视之后,显出其在新约的用法,有一个重要的作用,便是神的子民应当顺服某人是因为这样作便是顺服神。例如,顺服掌权的是因为他是神所使用的工具(罗十三 1、3;彼前二 13 起),故此,顺服他便是顺服神了。这个基督徒的顺服观,无疑与犹太人的相仿,即凡是反对在上的,便是反对神了,所产生的恶果,不单招致在上者而来的刑罚,更将会受到神的审判。[21] 按此理解,以上这种有关此书的写作宗旨的提议,仍然是欠缺全面性的。

(Ⅲ) 本书的宗旨

基督教作为一个新兴、而又"不合法"的宗教,在外邦人的社会中自然会蒙受压力。但基督教对基督的全然尽忠,是不能与受希腊文化影响的外邦人的信仰和恶行苟同的。毕竟,基督教并非如昆兰社团一样,是避世隐居的一个群体。基督徒有一个普世的使命,是要藉着他们崇高的生活方式领人归主,从而荣耀神(二 12,三 2),[22]故此,他们要积极地与别人相处交往,在整个过程中,遭受误会、排斥和毁谤是在所难免,亦是意料中的事。[23]

按此了解,我们发现全书充满了安慰和励志的话,旨在要当时的读者能在一个不利的环境下,仍然不忘自己乃神所拣选、是圣洁且是静候主再来的一个富于末世性的弥赛亚群体。因为不利的环境和多方的压力,足使信徒意志消沉和萎靡不振,变成了退缩避世之人,甚至走上回头之路(一 13~14),所以,作者强调了信徒是独特的一群,是与世人迥然不同的。正因如此,属神的群体与非属神的群体在交往上知道如何

---

[20] W. Munro, *Authority in Paul and Peter* (SNRSup 45, Cambridge: CUP, 1983), p. 2.

[21] J. H. L. Dijkman, "1 Peter: A Later Pastoral Stratum?" *NTS* 33(1987), pp. 267 – 268.

[22] 这是一个明显的,作为基督徒的宣教使命:信徒的善行是传福音的要素。Marshall, p. 27.

[23] 参四 4,外邦人称信徒为"基督徒"一字(四 16),是一个外邦人讽刺信徒之名词。

处己处人是至为重要的。[24] 作者提醒当时的受众,藉着神的选召(二 9)和对复活主的信念(一 21),并且藉着重生(一 3)、洗礼(三 21)、为主受苦和过圣洁的生活(一 15),他们的身份得到确定,能继续维持群体的内聚力(一 22),[25]进而对这举步维艰的社会有切实的委身。

总括来说,真正的信仰,一定会涉及试炼和受苦,藉着彼得前书那种充满励志性的慰藉之言,使在苦难之中的信徒得以抖擞精神,满有活泼的盼望,欣然踏上信仰的不归路。

玖　本书的主旨

彼得前书共有一百零五节,内中的教训,委实句句精要,字字珠玑。在主旨上,我们可以约略分成两大范围,即神学性的教导和生活性的教导,以之检视本书的各个主题。然而,这两个范围是互不排斥的,更是互为相依、甚难分开而论的。此书反映作者在这两大领域中自由地穿梭往返,编织成一封充满教导性的书简。[26] 以下的讨论将会鲜明地反映出这个特点。

(I) 神学上的教导

(一) 神观

本书一开始便以一个三位一体的公式,向受众问安:"就是照父神的先见被拣选,藉着圣灵得成圣洁,以致顺服耶稣基督,又蒙他血所洒的人。愿恩惠平安多多地加给你们。"神是创造主,因此他是信实可靠的。信徒虽然在如火的试炼中受苦,但对神的信心切不可有丝毫动摇(四 19)。神又是父神,表示他不单只是耶稣基督的父,亦是众信徒之父;因此,他的怜悯,成了信徒全人得救的盼望(一 3~4),也是信徒过

---

[24] 因此,此书所给予读者的印象是作为基督徒所应存有的委身和操守,而非如何顺畅地被外邦文化所接纳。而即使"家庭的规章"的确有这个暗示(并非明言),但却绝对不是整体的宗旨。

[25] 类似的分析,参 Elliott, *A Home for the Homeless*, pp. 57 – 58.

[26] Harrison, *Introduction to the New Testament*, p. 396.

敬畏神之生活的原动力(一17)。神又是审判人的主(一17,四5),无论活人死人,信主者和非信者(四17～18),都要在他面前交账。这成了信徒对神要至死忠心的基础;信徒不单惟独敬拜他,更要以忍耐的态度对待异教徒,因为在审判的时候,自有公正的判决,信徒不用立时作出报复的行动;更何况神也是圣洁的神(一15),信徒生活亦务要圣洁(一15～16)。从长远的角度看,面对这样的一位神,信徒正确的响应是全然地信靠顺服他(一21,三18)。

至于父神与耶稣基督的关系,最明显的,便是基督的救赎工作,本来在父神创世以先,他已经有了美好的安排,到了末世才向教会彰显出来(一20)。此书尤为强调是父神使耶稣从死里复活(一3、21,三22)。而耶稣基督在世受苦之时,亦将自己交托给父神(二23),读者们作为基督的跟随者,亦可以这份信心去渡过苦难的日子。总之,父神藉着耶稣基督,为在世是寄居者的信徒们之救恩创始成终。信徒要对神有充分的盼望,静候神最终的拯救,是为彼得前书最为突出的教导。

(二) 基督论

彼得指出耶稣基督如同旧约被献为祭的羔羊,是无有瑕疵的(一19),更是无罪的(二22)。他也是以赛亚先知所预言的那受苦的忠仆,使信徒因之得生(二22～25)。[227] 无疑地,他的死和受苦是此信的重点。[228] 不过,却是同时对比着他的复活和得荣耀(一3、21,三18～22)。[229] 在此,基督之受苦,作为被钉死的前奏,是有以下的作用:

a. 首先这是要表明他的死是真实的,故亦产生了救赎的功效(二22起)。此一功效的重点,是为信徒建立一个渠道,使他们能回归于神,能归到"你们灵魂的牧人监督了"(二25)。再者,他的死要成为信徒委身于神及立志跟随基督到底的动力(二21),他在复活之后,被形

---

[227] 这是一个颇为显明的主题,在经文对照上如赛五十三9对二22;赛五十三6对二25;赛五十三4、5、12对二24以及赛五十三7对一19。

[228] "受苦"一字在本书出现十一次,有四次是在二21～25经段中;R. B. Zuck, ed. *A Biblical Theology of the New Testament* (Chicago: Moody, 1994), p.422.

[229] Goppelt指出一18～21,二21～25,三18～22为三段基督神学的公式(Christological formulas),参Goppelt, *Theology of the New Testament*, 2: pp.176-177.

容为曾经向监狱里的灵传道(四6,三18起),[20]大概这是要表示复活的基督向邪恶的灵宣示其得胜的能力及审判,他委实完全得胜了死亡,这一个教导,旨在安慰面对由黑暗势力而来之迫害的信徒,[21]让他们坚信,邪恶的力量是不能得胜信徒的(参太十六18),[22]故信徒不用惧怕。

b. 基督的受苦和死亡,另一方面是要成为一个榜样(四1起),使受苦的信徒们得着鼓励,得着充足的心理装备,面对苦难和逼迫而无惧,并且能从苦尽甘来的基督身上得着盼望,明白将来当主再来时,他们同样会得着升高(五6),同时亦会获得如主一样的荣耀(四13)。[23]

c. 承接上一点,父神在有关耶稣基督的启示上,其受苦、钉死、复活和升天固然重要,但更大而又决定性的启示,却是当基督的再来之时。[24]

继而,作者提醒受众,如今基督诚然是教会的主,也是圣徒之"房角石",信徒要对他尊敬有加(二6~7,三15)。他的再来,既然是肯定的和具决定性的,教会的领袖如长老们,必须要有甘心乐意的事奉,才能作众人的榜样。他们的牧养工作,一定会得到再来的基督作为牧长的奖赏(五1~4)。再者,即使苦难是逼近眉睫,信徒仍然可以心中释然而大有喜乐,因为他们正是如他们的主一样在世受苦(四13)。当耶稣基督再来时,信徒便能得着不能朽坏、不能玷污、不能衰残,存留在天

---

[20] 详参其批注(三18;四16起)。

[21] 彼得前书这个具争论性的言论,主要是解答当时有些人对在耶稣基督之前未能听闻福音之人,其命运将会如何呢? 彼得前书却指出他们并不是完全没有盼望的,甚至是败坏如挪亚时代的人,神并没有忘记对他们的拯救,因此,读者们可以将他们的命运(得救与否),放在满有恩典和慈怜的神之手中。Ibid.,2;pp. 177 - 178.

[22] W.J. Dalton, *Christ's Procalmation to the Spirits: A Study of 1 Peter 3:18 - 4:6, Analecta Biblica 23* (Rome: Pontifical Biblical Institute, 1965); R. T. France, "Exegesis in Practice: Two Samples," in *New Testament Interpretation*, I. H. Marshall, ed. (Exeter: Peternoster, 1977), pp. 251 - 281.

[23] 关于本信中所论及受苦的主题,参 G.E. Eirk, "Endurance in Suffering in 1 Peter," *BSac* 138(1981), pp. 46 - 56.

[24] 以上的教导,使彼得前书弥漫了末世性的色彩(eschatological color),有关彼得前书之末世观,参 J. R. Michaels, "Eschatology in 1 Peter 3:17," *NTS* 13(1966 - 1967), pp. 394 - 401; R. Russell, "Eschatology and Ethics in 1 Peter," *EQ* 47(1975), pp. 78 - 84.

上的基业（一 4），因着神的保守，信徒必定能得着这个基业的（一 5）。再说，在经历诸多试炼之后，信徒的信心被坚固了，便如精金一样，在耶稣基督显现时，得着所赐给信徒的嘉许、荣耀和尊贵（一 7）。总括而言，信徒要以谨慎和专一的心志，以迎接基督的再来（一 13）。

（三）圣灵论

虽然此书对圣灵并没有很仔细的形容和论述，这正好反映出初期教会对有关圣灵的教义还是属于雏型的。圣灵使信徒成圣（一 2），这当然是指信徒在神面前的地位，是全然成圣的。他们也是蒙神拣选与世人分别出来的一群，这并不是因信徒自己的作为，乃是神藉着圣灵的作为。圣灵亦是"基督的灵"（一 11），这是因为他是受基督差遣，并且是为基督所见证的（参约十六 7～14）。这灵在众先知心中动工，使他们能预言基督将会受苦的事实（一 10～11）。[25] 同时，使徒亦是受到从"天上差来的圣灵"所引导，向受书人传道（一 12 下），这大概是指在五旬节时圣灵降临在众使徒的身上，使他们大有能力地开始了普世传福音的壮举（徒二 1～4）。在那震憾性的一刻，彼得紧靠着圣灵，宣讲了有关耶稣为基督的信息，感动了当时的听众，致使一日之内有三千人受洗归主（徒二 14～41）。观此，这从天上而来的圣灵，当然为本书的作者彼得所念念不忘。

还有，信徒因主的名而受到羞辱亦是有福的，因为有"神荣耀的灵"常与他们同在（四 14），一如符类福音所记，在面对敌人的辱骂时，圣灵会与信徒同在（太十六 19；可十三 11；路十二 11～12），而毁谤他们的便是毁谤圣灵（四 14）。[26] 至于圣灵被形容为"荣耀的灵"，是因为基督再来时，神的荣耀将完全被显露。但如今，信徒亦能因着神的灵的同在，浅尝神的荣耀。[27] 事实上，信徒亦应以此为荣，因为当主再来时，他们必能得着莫大的赏赐（太五 11～12）。

---

[25] 二 22～24 间接地引用了赛五十三 3～6 有关以赛亚先知预言的基督，作为耶和华忠仆之受苦的事实，也可算是先知受基督之灵所引导而作出预言的一个例子。

[26] Michaels, lxxv.

[27] 参四 14 的批注。

一言以蔽之,三位一体的神均参与了拯救信徒的行动。这份拯救,是从历史的过去(从旧约的众先知开始),贯穿现在,直到耶稣基督的再来。作者这样部署,无疑要为面对重重苦难的信徒们,给予最强而肯定的保证:他们必能在有生之年安度危难,直到见主面时,登上那荣耀的彼岸。

(四) 教会论

诚然,"教会"一字从没有在本书出现过,然而,书中却蕴含了很多教会观的教导,以使教会论成为本书的焦点。[28]首先,教会是以耶稣基督为大牧人(二 25,五 1～4),惟有他是值得教会(包括领袖们)信靠的。作领袖的,更要以他为主,因为当他再来时,便是交账和论功行赏的日子。再者,教会在今世所受的苦难,亦是神所定的意旨。但最重要的,是藉着苦难,教会愿意与基督认同,与他一同受苦(四 1、12、13,五 1),经历教会的主所经历过的,从而得着由神而来的福祉。教会中的个别成员,其价值是肯定的,他们都是经过"重生"的人(一 3、23,二 2),成了神的子民(二 10)和儿女(一 14)。信徒们皆以神为父(一 3、23,二 2),成了神的子民(二 10)和儿女(一 14)。信徒们皆以神为父(一 2、3、17),意味着他们共同组成了一个属神的大家庭(二 5,四 17),并以弟兄姊妹相称(二 17,五 9 及二 18～五 5 的"家庭的规章")。

在重生之后,信徒不应因而自满自足,停滞不前,反而要如婴孩一样,因有丰足的食物供应而生命成长(二 2)。这滋润属灵生命的食物,便是神的话语(一 23)。因此,不单信徒的重生有赖神的道理,即福音的信息(一 24),信徒的成圣生活,亦要靠赖神那永存的道理。信徒务要嫉恶如仇,摒弃过往犯罪的生活(二 1、11),委身神的真理,心中爱慕之,以达至灵命的成长。

总而论之,教会的本质表明了她是一个独特的群体,俨然是一个富于末世性的弥赛亚群体(eschatological messianic community),因为惟独教会,才是被拣选的族类,是有君尊的祭司、圣洁的国度和属神的

---

[28] Marshall,p. 27.

子民(二 9)。而事实上,教会被喻作神的殿,是承接了旧约以色列人作为神子民之尊贵的身份(二 4~8、10)。观此,教会与世人迥然不同,因为她是一个暂时存留在世上寄居的群体(一 1),然而,作为祭司的群体,教会的使命是双重的:敬拜神及宣扬神(二 9)。[23] 按此了解,教会是属神的,但亦是入世的。在根本上,她是一个敬拜的群体。在外延上,她的使命是要向世人,包括逼迫教会的人,宣召神救赎的美意。这使命的达成,有赖信徒们作顺服的儿女,甘心并恒忍地达成神在他们身上的意旨(详细的论述下文自有交代),直到见主的时候。

(II) 生活性的教导

彼得前书对于生活性的教导,是出自一个有需要的环境,在前文有关此信受书人所处的环境之论述中,我们已有提及,受信者多为一群外邦的信徒。活在一个大多数为异教徒的社会中,信徒们自然被从他们而来的压力所包围(四 2~4)。教会的使命,便成了这一群没有地理上之家园和政治上的保障之人士所带动的属灵复兴运动。然而,一如上文所言,这群没有家园、有如客旅的陌生人(一 1),却是被神所拣选的和圣洁的一群,即使他们在世上流离失所,但却是堂堂正正的神家里的人(二 10)。[24]

为了要践行信仰,信徒备受苦待是意料中的事。在这个环境中,对于所产生的各项问题,彼得前书之作者有以下的指示:

(一)信徒切莫忘记他们已是重生的人。在此,作者特别重视对比他们在重生之前和重生之后那种巨大的改变:

a. 由没有希望到有真正的盼望的(一 21)。

b. 由不洁到圣洁(一 18,四 3)。

c. 由为奴到自由(一 18)。

d. 由朽坏到不朽坏(一 4、23)。

---

[23] 详参二 4~10 批注。

[24] 有关这方面基本之讨论可参 R. E. Brown et al., *Peter in the New Testament: A Collaborative Assessment by Protestant and Roman Catholic Scholars* (Minneapolis: Augsburg, 1973). 专文可参 W. B. Thompson & J. H. Elliott, "Peter in the New Testament: Old Theme, New Views," *America* 130(1974), pp. 53-54.

　　e.　由忽略到知道(一 14)。

　　f.　由肉体到灵(四 6)。

　　g.　由死到生(一 3)。

　　h.　由不顺服到顺服(一 2、22)。

　　i.　由非神子民到神子民(二 10)。

　　j.　由未蒙怜悯到蒙怜悯(二 10)。

　　这些改变,成了信徒正确生活的基础和导引。

　　(二) 信徒的生活是充满信心和盼望的(一 3),这是基于神对他们的计划,已经藉着耶稣基督的死和复活显明出来(一 21)。既然神已在基督里呼召了信徒(一 15),给予信徒新生命和盼望,这意味着信徒的生命要成为圣洁。因此,信徒需要归向基督这"房角石",以至能建立一个神真正的祭司和圣洁的子民的国度(二 1～10)。

　　(三) 信徒需要有自律的心(一 13),并且常常行善(doing good;二 15,三 17,四 19),[21]虽然行善(即不与外邦人同流合污地过放纵情欲的生活)会引来外邦人的不满,认为基督徒是不合群的(四 3 起),[22]这样的理解,会使外邦人以为基督教可能影响各民族间相处的和谐,而希腊的哲理却强调宇宙间的和谐和条理。所以,外邦人对这新兴的基督教投以怀疑甚至敌视的眼光是在所难免的。[23]尽管如此,信徒仍不能放弃择善而固执之的态度,尤以在艰难困苦之中。诚然,信徒受苦并不为他们赚取功德,而他们受苦亦非因自己犯罪而招致神的审判,乃是藉着苦难中的坚信,信徒能表明他们正在遵行神的旨意(四 19)。[24]这种有德性之圣洁生活方式,比起为真道激烈地争辩将会更为有效地吸引外邦人,以致神得着荣耀(一 18,二 11、16,三 1)。[25]所以,即使信徒受了无理的对待,他们仍要以温柔和忍耐的心态及语调去面对(三 8～17)。

---

[21] 这正好是应用了耶稣基督在"登山宝训"中的训言:信徒是世上的盐和光(太五 8～11)。

[22] 外邦人的这一心态,亦同样是他们看有高度道德性生活之犹太人的眼光,参 Philostratus, *Vita Apollonii* 5.33 的描写。

[23] Goppelt, *Theology of the New Testament*, 2:p.163.参"写作的目的"部分的讨论。

[24] 更具体的,是信徒要学效受苦的基督,这是在受苦中神对信徒的意旨。

[25] 有主张彼得前书乃警告信徒切莫加入颠覆罗马的政治活动,参 Reicke, p.22.但从彼得前书的内文看来,这并不是一个显著的因素。

（四）承接上一点，即使信徒有了美好的操守，就算仍要受苦，这并非是出人意料的（四 12）。首先，神掌管人类历史，尤其是信徒受苦的际遇，因为信徒如今所面对的苦难，他们的主耶稣基督早已亲身尝过。观此，基督受苦的意义，亦可以代入成为信徒受苦的意义（四 1 起）。换而言之，基督之受苦，诠释了信徒受苦的经验。其次，人如果是为了自己所犯的罪而受苦，可说是罪有应得，不足为怪；由此反映出非为己罪而受苦，即为主的名而受苦，却能分享主的一份荣耀，这反而是信徒的一项权利。观此，信徒反倒要喜乐才是（四 13）。

（五）为了更实际地教导信徒如何与人相处，作者列举了多个重要的关系，并加以发挥，作具体的应用，如对国家权柄的顺服、"为奴的"和"为主的"关系，夫妇之间的相处等（二 13～三 10），这便是有名的"家庭的规章"了。

（六）信徒是客旅，是寄居者（二 11），因为这世界是今世的，信徒所盼望的，乃是主再来时的荣耀。尽管如此，信徒并不是心灵颠沛流离、没有平安的一群，因为他们有神作为他们灵魂的牧人（二 25）。

（七）因着基督的受苦，信徒可以过脱离罪恶、圣洁和充满爱的生活，这份爱包括了爱神、彼此相爱（四 7～11），甚至是爱仇敌。当然此信并没有明显地指出信徒要爱仇敌，但当中所要求的，信徒要对敌人温柔、谦卑和不以恶报恶的心态，也有异曲同工的作用（参二 12～13、15～17、18～20，三 1～4、8～9、14～16）。在教会内，包括长老和信徒们，不单要甘心地尽忠职守（五 1～4），亦要彼此谦卑服侍（三 8，五 5）。当然，在一切之先，信徒要信靠那位大能之神，因为惟有他才能保守他们，脱离仇敌魔鬼的指掌（五 7～10）。

(Ⅲ) 总结

整体而言，此书堪称一封"盼望的书简"（参一 3、13、21，三 5、15）。㉖

㉖ 克拉克（Clark）主张此书有三大题旨：洗礼、逼迫和盼望。W. K. Lowther Clark, "1 Peter," in *the Concise Bible Commentary* (London: Society for Promotion of Christian Knowledge，1952)；Brox 亦然，参 Childs, *The New Testament as Canon*, p. 456 的介绍。

这盼望的源头,并非来自不切实际的幻想,又或者是盲目地相信万事总会有解决的一天,也不是因为充满了自信心而生的信念,乃是基于神在基督里为信徒所预备的。基督已经战胜死亡,凡信靠他、以他为救主的人,都可以分享到从他而出的那份胜利之荣耀。这胜利并不表示信徒在世上可以免于受苦,乃是三位一体的神在任何恶劣环境中的同在和保守。如此,便保证了信徒们在任何环境之下,均有胜利的盼望。这样,信徒便能轻看世上的苦难,忍耐等候那荣耀一刻的来临。

注释

壹　引言
（一 1～2）

1 耶稣基督的使徒彼得写信给那分散在本都、加拉太、加帕多家、亚西亚、庇推尼寄居的，

2 就是照父神的先见被拣选，藉着圣灵得成圣洁，以致顺服耶稣基督，又蒙他血所洒的人。愿恩惠、平安多多地加给你们。

　　本书起首的问安语，与当时一般希腊信件的格式一样：甲致乙，问安。惟比较雅各书第一章一节、使徒行传第十五章廿三节和第廿三章廿六节的问安语，本书则使用了较长的格式，而非较短的"请……的安"。① 在当时的信件中，一般在问安语之后是向神明的谢恩，随着是祝福读者的祷告。但本书在起首时，并没有为读者祷告的话。正如初期教会书信一样，新约的作者往往随意地将旧有的格式作出弹性的更改，这种情形亦可见于保罗的书信中。② 本书的问安语也可能受旧约经文的影响（参但四 1，六 25）。③

　　彼得在此信开首的问安语中，清楚地说明了收信的神子民群体的身份，是"在散住中蒙拣选的寄居者"（一 1～2），这称呼与这书信结语的"在巴比伦与你们同蒙拣选的教会"（五 13）有首尾呼应之效，亦勾划出这书信重要的主题：蒙拣选和寄居者。④

----

① *Charein*.

② 但我们无需要如 Beare，p. 73 和 Best，p. 69 等假设，彼得在此是受保罗的影响。Goppelt，p. 62 持完全相反的看法，认为这里的问安语，与保罗书信的问安的公式有明显的分别。

③ 狄奥多田（第二世纪的一位犹太皈依者）在翻译希伯来文但以理书第四章一节和第六章廿五节中的词组为希腊文的时候，所用的字眼与这里彼得所用的完全一样。同时亦见于革利免壹书、坡旅甲致腓立比的信、坡旅甲殉道记和加玛列的信件之中。参 D. E. Aune，*The New Testament in Its Literary Environment*（Philadelphia：Westminster，1987），p. 185.

④ Martin，*Metaphor*，pp. 44－45，144. 他认为"散住"是全书统摄性的主题，但并不富有说服力。参 Michaels，p. 311.

一1上 "耶稣基督的使徒彼得" 作者表明自己是彼得。他的希伯来名字是"西门"（徒十五 14；彼后一 1）。"彼得"这名字，是他的亚兰文名字"矶法"对等的希腊文字。此名字是耶稣给西门所起的（可三 16；太三 18；约一 42；参加二 11），意即"磐石"。有人认为作者使用这原来是亚兰文的名字，是因为读者均是犹太信徒而非外邦信徒。但更可能的是因为这是当时在操希腊语的教会中，最为人熟悉的名字。

彼得的职分是"耶稣基督的使徒"，这表明信并非朋友之间私人的信件，而是耶稣基督的使徒向教会所说，是带着权柄的书简。彼得这样自称，不像保罗，需要因着自己的权柄和职分备受质疑而申辩，或是要向个别的教会推荐自己。彼得的地位和权柄，为初期的教会所公认，从没有人怀疑过他的权柄。⑤ 他与初期教会的使徒一样，承担起耶稣托付予他们建立基督教会独特的责任（太十六 18～19；可一 16～17，三 14～16；约廿一 15～19）。此处作者自称为使徒，说明了他与读者之间所存在独特的关系。⑥

一1下 "写信给那分散在本都、加拉太、加帕多家、亚西亚、庇推尼寄居的" 作者描述读者比描述自己更为详细，这可能反映作者主要的关注是读者的身份。这种详细描述读者的方式，在新约其他的书信中，只见于罗马书（一 6～7）和哥林多前书（一 1～2）。

〔吕〕及〔现〕比较能将原文中各词出现的次序表现出来。〔吕〕："写信给蒙拣选的散侨，寄居在本都……"；〔现〕："我写信给上帝所选的子民：那些因避难散居在本都……"（亦参〔思〕）。这里最好翻译作"蒙拣选的人，就是散住在……的寄居者"。⑦ 第一章一节下列举了他们所"散居"的地方，而第二节则以三句介词词组，说明他们如何成为蒙拣选的子民和散住的寄居者。

"寄居的" 神的子民是"寄居者"的意思在旧约中已可见到。亚伯拉罕蒙神呼召，应许予他后裔和地土，但他仍是被称为在异乡的寄居者

---

⑤ 参本书附录（一）关于彼得生平的专文。

⑥ Martin, *Metaphor*, pp. 43, 47.

⑦ 将"蒙拣选"和"寄居"两字看为是 appositive. *diaspora* 则是 genitive of place. 但参 S. E. Porter, *Idioms of the Greek New Testament* (Sheffield: JSOT, 1992), p. 93 将之看为 genitive of origin.

(创廿三 4;参来十一 9、13),他这遭遇,正是他的后裔,即神子民经历的缩影:以信心顺服回应神的呼召,在世上过寄居的生活,等候应许最终的实现;⑧他虽然是生活在迦南这片土地上(创十七 8),但这片土地并非他生命的根源,他存着盼望,以信心活在其中。在出埃及记第六章四节,当耶和华向摩西宣告他曾向列祖应许赐给他们地土时,就描述列祖是寄居的(参诗卅九 13[12],一〇五 8～13;代上廿九 15)。事实上,寄居于异邦是创世记一个重要的主题。⑨ 摩西在米甸时亦被称为是作寄居的(出二 22)。除此之外,以色列人在埃及人压制底下,亦被形容为是寄居者(出廿二 21,廿三 9;利十九 33～34;申十 19,十六 11～12,廿三 9,廿四 17～18、19～22;参创十五 13)。此词带给他们的回忆,并不是愉快的。当他们在迦南地落地生根时,他们再不这样称呼自己,而用于在他们中间的非以色列人身上(如申一 16,十 18～19,十六 11、14,廿四 14、17,廿六 11～13,廿七 19)。作为寄居者,他们寄人篱下,既非土生土长的公民,亦非完全是外邦客,常怀着异乡的情怀。

　　在希伯来人的观念中,寄居者是来自另一个民族、城市、地区,或国家的人,他们像是游牧民族,常渴望能找到一片乐土,一块水草丰美的地方,一个幽深华茂的世界。但他们既没有原居地的人民所享有的社会保障或权利,在其他人的辖管之下,他们虽有某些权利和法律上的地位,但却有别于当地的原居民。在旧约圣经中,在以色列寄居的外邦人虽与以色列民在不少地方能享有相当的利益(参利廿五 6;民卅五 15;申一 16,廿四 17),并且与以色列民一样,在同一个司法或礼仪法之下,但他们仍未能享有作为一个一般公民在社会中所有的权利,可参与以色列人的崇拜和节期(出二十 10;利十六 29;民九 14,十五 14;申十六 11,廿九 11;结四十七 21～23)。寄居者往往与一些无权无位的人,如

---

⑧ Van Develder, *The Biblical Journey of Faith* (Philadelphia: Fortress, 1988), p. 24.

⑨ 参 D. A. Garrett, *Rethinking Genesis: The Sources and Authorship of the First Book of the Pentateuch* (Grand Rapids: Baker, 1991), esp. chapter 12: "Memories of a Wandering people," pp. 233 - 237,作者在综合创世记这卷书的目的及内容时说:"创世记是一本写出一个寄居群体的回忆的书。在这本书中,这群体的成员想起他们从一开始已是寄居者和化外人。同时,是这一卷书给予他们期望:有朝一日他们会有自己的居所,不再是寄居者"(p. 236)。

奴仆、贫穷人、寡妇、外人和孤儿等并列,并且受到保护(出廿二 21,廿三 9;申廿四 14、19;利十九 10,廿三 22)。

到了以色列被掳的时期,以赛亚先知就曾将以色列人在埃及为客旅的遭遇,来形容他们被掳之后的生活(赛五十二 4～5)。以西结书中亦有应许以色列人得以归回时说,神将以色列人从所寄居的地方领出来(二十 38)。

产生寄居者的原因众多,可能是由于逃避追杀(如摩西;出二 14～22)、饥荒(如路得;得一 1)、战祸(如摩押人于以色列民之中;赛十六 1～5)及其他政治和社会的动荡(如代下十五 9;耶四十二 15～17、22等)。总而言之,有些是自愿的成为寄居者,亦有些是被迫的。这些人离开他们的原居地,去寻找一个可能新的和更适合他们生活的社会环境。这些"新移民"往往被他们所移居之处的原居民所猜疑或排斥,认为他们只会制造麻烦,或是他们因为自己的期望不能实现或难以实现,终会对所移居地的环境感到不满。

这些寄居者的生活,往往受到诸多的限制,包括结亲的对象、赖以维生的工作、拥有及继承土地、结社及投票等权利。再加上他们要缴交较昂贵的税项和供奉。他们是被剥夺政治权利的一群。

在旧约中,"寄居"一词,除了是指社会中某一群人之外,亦带有神学和属灵的意义。利未记第廿五章廿三节下,就指出以色列人在神面前的生活(代上廿九 14～15),就是神的子民在地上的生活方式,好像"客旅和寄居"一样,这亦是他们先祖的生活经历。诗篇第卅九篇十二节有类似的描述,整首诗篇均描述人生的短促及诗人所经历的沧桑。作为客旅,神成为他们唯一的依靠(参诗一一九 19、54)。

在旧约时代,在社会中的寄居者往往集结起来,建立一些守望相助的群体,一起敬拜及参与其他社群活动。这种情况与基督徒在一个外邦人的社会中所面对的景况十分相似。他们因被神所拣选而成为一家,在地上往往因为他们是基督徒而遭社会歧视,这正是彼得写此书的目的,叫他们能在百般的社会压力之下,仍以信心站立得稳,在这信徒的群体中,彼此扶助。

"寄居者"这字在彼得前书的第二大段的开始时再度出现,与另一字"客旅"并列(二 11;参来十一 13)。⑩ 虽然在希腊的文献中,"客旅"一词与"寄居者"不同之处,在于"客旅"表达了他们的法律地位,⑪但彼得似乎没有严格地将两字的意思区分开,正如在七十士译本中的用法一样,将"寄居"和"客旅"两词一并地使用(创廿三 4;诗卅九 12),同是表示一群在异乡旅居的人。⑫ 信徒却非迷途的过客,面对眼前的处境混乱不安。他们好像生活在殖民区的移民一样,但他们真正的身份是神的子民。⑬

　　艾理略从社会学着眼,认为读者作为"客旅"正是面对社会的冲击,并且指出读者在成为基督徒之前,从社会分析的角度去看,他们的社会地位已是客旅。⑭ 他们是生活在异乡的人,当成为基督徒,使之与社会之间的隔阂越发严重。但这观点得不到大部分学者的接受。或许更正确的理解,就如尼里(Neyrey)所指出,基督的信仰将一个人放在一个全新的社群之中,使人对身处的世界有全新的诠释。⑮ 就好像在中国文化中,不同地方的种族,拜不同的神明,当一个人拜另一个神,可能只是多拜一位神,并不需要否定以前所供奉的,因此不一定会带来冲突。但信奉基督则全然不同,他们要远离外邦的神明,亦因为这些神明是与他们的家庭宗族有密切的关系,便构成一定的冲突。这些信徒自觉是

---

⑩ 寄居者是 *parepideēmos*,客旅是 *paroikos*.

⑪ 参 J. H. Elliott, *A Home for the Homeless* (Mineapolis: Fortress, 1990), pp. 24 - 37 和 M. Chin, "A Heavenly Home for the Homeless: Aliens and Strangers in 1 Peter," *TynB* 42(1991) pp. 96 - 112. Chin 正确地指出,Elliott(如 *Home*, p. 42)认为"客旅"和"寄居"这两词,在当代只有社会和政治性意思,而没有宇宙性/属灵意思,是忽略及错解了七十士译本这字的用法,Chin 发现不只七十士译本中这词有此含意,在 Philo、希伯来书及后来初期教会教父的著作中,这含意是相当明显的,详请参其专文全文。Elliott 的观点,使他全然忽视了神圣约子民这观念在彼得前书中之重要性,因为他认为他们在信主之前的社会地位已经是寄居者。

⑫ 来十一 13 节则用 *xenoi* 和 *parepidemoi* 及弗二 19 则用 *xenoi* 和 *paroikoi*,前者的用法与彼得前书的用法相近,唯一可能的分别是,彼得意会到作为客旅的社会意义,而希伯来书则是更象征性地使用这观念。以弗所书那段经文则表明信徒相对于神的家不是外人和客旅。

⑬ W. C. van Unnik, "Christianity According to 1 Peter," *ExpT* 68(1956 - 1957), p. 82 所用的比较。

⑭ 但亦有接受这样的理解者,如 V. Steuernagel, "An Exiled Community as a Mission Community," *EvRev* 10(1986), p. 12; J. R. Slaughter, "The Importance of Literary Argument for Understanding 1 Peter," *BibSac* 152(1995), pp. 77 - 78;可参上面两注。

⑮ J. H. Neyrey, "First Peter and Converts," *BibToday*(1984), pp. 13 - 15.

神圣约的子民,生活在一个不信的环境之中,因价值观念的不同,往往
与他们所生活的家庭和社会发生磨擦。但这些冲击对他们来说,可以
发挥积极的作用,因为这样会迫使他们格外地意识到自己在神面前特
殊的身份和地位。亦使这群被社会所排斥的神的子民,当聚集在神的
家中,格外的感觉温暖和得到安慰。新约中神的子民感觉到自身的处
境,好像散住寄居的以色列人一样,这大概是彼得前书和希伯来书使用
"寄居者"这类比的原因,当然有别于以色列人,新约中神的子民的家乡
不在这地上,而是那永存的城邑(来十三 14)。⑯

   "散住" "散住"这字是犹太人用来形容那些自从以色列人被掳之
后散居于巴勒斯坦以外的犹太殖民。在新约时代,特别是指那些在罗
马帝国的管治下,在波斯和西班牙之间的希腊城市中所居住的犹太
人。⑰ 在七十士译本中这字出现过十二次之多(如申廿八 25,三十 3～
4;尼一 8～9;诗一四七 2),这字表明那些侨居于他方、而盼望返回故土
的人,在救恩的日子来临的时候,他们会被召聚起来。在新约中也以这
意思出现过(参约七 35,十一 32;亦参徒八 4,十一 19)。但对于基督徒
来说,他们的家乡并非在这地上,而是神应许给予他的子民所要带来的
新的秩序,就是那属天的家乡(参来十一 13～16,十三 14;弗二 19;腓
三 20)。这里"散住"一字在原文中是没有冠词的,这似乎意味着这些
散居者包括犹太人和外邦人。如此这字便有一个崭新的属灵意义,指
凡生活在这世界中分散于各地的基督徒,他们的家乡并非在这地上,但
他们期望终有一天会回到那属天的家乡去。⑱ 地上流放的生活是短暂

---

⑯ W. A. Meeks, *The Origins of Christian Morality* (New Haven & London: Yale University
   Press, 1993), pp. 47 - 48,51.

⑰ *diaspora*, Goppelt, p. 64; *idem*, *Theology*, 2. 165; K. L. Schmidt, *TDNT*, II: 98 - 99.
   H. Koester, *Introduction*, 1. 223 根据约瑟夫的记载(*Ant*. 12. 149)指出在公元前 200
   年,在西小亚细亚地区有大约二千个犹太家庭聚居,到第一世纪中叶,其人口已差不多有
   十万。当时犹太人在罗马城的人口约有四至六万。总计起来,当时散居于罗马和波斯世
   界的犹太人约有二百万。参 Davids, p. 46.

⑱ 大部分的学者均接受这看法。但 W. C. van Unnik, "Diaspora' and 'Church' in the First
   Centuries of Christian History," in *Sparsa: The Collected Essays of W. C. van Unnik*,
   part 3 (Leiden: Brill, 1983), pp. 95 - 105 有力地指出这字在初期教父的著作中均与审判
   有关,而且都按字面而非象征性理解,但彼得前书可以说是例外的情况。另一方面,
   Martin, *Metaphor*, pp. 144 - 152 却完全忽视了这方面的事实,将整卷书信建基于这字象
   征性的用法上,以这象征作为全卷书管制性的暗喻。

的,正如以色列人在被掳时期盼望早日回归,信徒期望神的应许最终的
实现,就是那有福的盼望之来临。这种象征性用法,与第五章十三节作
者所用"在巴比伦"(即在被掳之地)相对照:在巴比伦同蒙拣选的向在
小亚细亚散住的问安。⑲这字不单是强化"寄居者"的意思,⑳因为寄居
者有在所移居的地方落地生根的倾向,而是表明信徒是生活于末世之
中,他们永久的居所不在这地上,神为他们存留在天上,将来他们必得
享这应许(一 3~5)。因此他们人生的方向并非取决于现今世界,而是
由将来那位应许予他们的神所决定的。㉑

作者开始这书信时,已将他以后在这书信中所会发挥的主题清
楚表明:基督徒生活在一个不是归属于他们的环境中,并且会招来这
世界的歧视,甚至排斥。基督徒的群体是散居于各处的小群,等候将
来末日被招聚起来。在地上种种似乎不如意的情况之下,信徒要谨
记我们不是属于这世界,我们是属于神,但我们在这世上却是神的见
证人。

"蒙拣选"㉒　基督徒的分散并非因为神的审判,而因为他们是被
拣选,从这世界中分别了出来。他们是"蒙拣选者"(二 9,五 13)。这字
根源于旧约,以色列民是神所拣选的神的子民(例如:出十九 3~7;代
上十六 13;诗八十九 3;赛六十五 9、15、22)。正如旧约以色列民是蒙
神拣选而成为神的子民,新约的信徒亦享有作为神的子民的身份和权
利(参二 4~10)。他们因着那位蒙拣选的基督(二 4、6),成为"被拣选
的族类,是有君尊的祭司,是圣洁的国度,是属神的子民"(二 9),这是
用作描述旧约以色列民的(出十九 6;赛四十三 20~21)。在本书卷末,
彼得带给读者从另一群体的问安时说:"在巴比伦与你们同蒙拣选的教
会问你们安"。基督徒作为新约中神的子民,是神所关顾和保守的一

---

⑲ Michaels, p. 311;亦参 Martin, *Metaphor*, pp. 144 - 146.
⑳ Grudem, p. 49.
㉑ D. E. Hiebert, "Designation of the Readers in 1 Peter 1:1 - 2," *BibSac* 137(1980),
p. 67.
㉒ *eklektois* 这字是一个 verbal adjective,但它亦可用作名词。若是单独使用冠词,则明显是
作名词用(太廿四 22;提后二 10 等),但在没有冠词的情形下,也可以作名词用。因此这里
很可能是用作名词的。正如〔思〕、〔现〕和〔当〕的翻译(Michaels, p. 7)。

群。在彼得前书中,拣选这主题有坚固和鼓励那些置身苦难中的信徒的作用。[23] 虽然作为神的子民有特别的权利,亦同时赋予了他们义务、责任和使命,正如孟斯(Mounce)所言:"拣选包括了责任和交代……拣选为要完成神的目的,而不是为那些蒙拣选者个人的享受。"[24]将蒙拣选者看为是散住的寄居者,在新约亦见于使徒行传(七5~6、29,十三17)及希伯来书(十一8起)。[25]

以下三个词分别说出了读者之身份的三个方面:他们是"蒙拣选的"——是神在他永恒之中的计划和心意,是神所爱的群体,神并赐予他们众多的恩典和权利;他们是"寄居的"——在这世界中只是短暂停留,亦往往在社会中是没办法享有公民权利的;他们是"散住的"——终有一天会回到那"永存的家乡",全然地享受那应许给予神的子民的福分。"蒙拣选的"说明了神的子民与神的关系;"寄居的"和"散住的"表明了信徒与地上社会的关系。前者说明他们是蒙神所爱的,后者表明他们往往是受社会歧视的。因为他们蒙神拣选,使他们成为寄居的和散住的;他们在这地上永找不到安身立命之所,因为他们的生活有了新的目标和方向,与这世界截然不同。他们是以神的应许作定位的一群。[26] 从另一角度去看,他们之所以是散住的寄居者,不是因为神不顾念他们,正因为他们是蒙神拣选的,[27]体会自己在这世上只是过客,是末世蒙拣选的圣徒所应有的醒悟。彼得要教导信徒作为过客,在这寄居的地方所应有的生活方式(一17~18,二11~12,四3~4)。

这封信的目的地,是"本都、加拉太、加帕多家、亚西亚、庇推尼",[28]位于托鲁斯山脉(Taurus Mountains)北部的罗马省份,表明这是封循

---

[23] Elliott,p. 73.

[24] Mounce,p. 8.

[25] Goppelt,pp. 69 - 70 指出这种观念亦存在于爱色尼群体的自我认知中;关于拣选 *eklektos* 之研究,参 *EDNT*,1:417 - 419.

[26] 参 Selwyn,p. 118;Michaels,pp. 6 - 7;Furnish,"Elect Sojourners," p. 4.

[27] Best,p. 70;Michaels,p. 7.

[28] 这里使用 genitive case,是 genitive of place,大概要指生活在这些地方的信徒,另一可能是 genitive of apposition,指散住的地方。

回的信件。㉙ 读者是分散于小亚细亚五个罗马省份的信徒。本都和庇
推尼原属同一省份,在这里却是分开的。

　　一2上　"就是照父神的先见被拣选,藉着圣灵得成圣洁,以致顺
服耶稣基督,又蒙他血所洒的人"　原文由三个介词词组所组成,如
〔吕〕(1)"照父上帝所预知",(2)"靠灵之圣化",(3)"而听从耶稣基督、
受他血洒的"。这三个词组引申出了作者在第一章一节下有关读者的
身份,㉚分别说明这身份的由来、得着这身份的方法和目标。㉛ 这三方
面也是本书的重要主题。

　　"照父上帝所预知"〔吕〕　在此处称神为"父"是十分合适的,因为
这样表明神对他的子民特别的关系和爱顾。"父神"可能反映初期教会
礼仪上的用法,亦用于书信作问安语。㉜ 神是万有的创造者、历史的
主,亦是新事物的创造者。在旧约中,"拣选"、"造成"(赛四十三 20～
21)、"召出"(何十一 1)、"领出"(何二 14～15)、"认识"(摩三 2)均是与
神的拣选有关的词汇,表明神与以色列民立约,与她之间独特的关系
(创十八 19;耶一 5;何十三 5)。在保罗书信中,神的预知不单表明神
恩惠的拣选,而是在人对神认知以前就立定,亦说明在创世以先已确立
的了(罗八 29～30;参弗一 4;提后一 9)。在彼得前书中,这字的另一
处出现在第二章廿一节,基督是在创世之先,为神所预知的,为要在这
末世成为人类的救赎。彼得要指出读者之所以是神的子民,并非是偶
然或漫无目的的,而是全出自神永恒的旨意,从开始已经立定,这神旨
在历史中的实现掌管和引导着整个历史的进程:过去、现在和将来。他

㉙ 这里所述省份的次序有点儿特别,可能是拿着这循回书信的使者将信件由罗马经海路到
　 达小亚细亚北岸的 Amisus,然后绕一个圈到各省份,这样的旅程亦可见于约瑟夫的记载
　 中(*Ant*. 16.21-3)。

㉚ Michaels, p.10; Grudem, pp.50-51; Hiebert, "1 Peter 1:1-2," pp.70-71.另一可能
　 是将这三个介词子句作为解释拣选,如 Elliott, p.73, Kistemaker, p.35; Goppelt, p.70;
　 Marshall, p.31.但在彼得前书中,一 17 提及在世寄居的日子应如何生活时,与耶稣基督
　 的救赎有关;四 2 提及在世度余下的光阴时,亦将之与基督肉身受苦这救赎(四 1)的事件
　 作为信徒生活行事之基础,因此信徒作为寄居者这身份,同时与基督的救赎有关,所以一
　 2 不应只用作解释"拣选"。

㉛ Furnish, "Elect Sojourners," p.5; Selwyn, p.119 称这三方面为神向人所展现三个"时
　 刻"(moments)的救赎行动。三个 genitive 均是 subjective genitive or genitive of author.

㉜ Goppelt, p.72.

们未来最终的归宿,已由这位掌管万有的主宰所确定。

　　"藉着圣灵得成圣洁"　信徒"得成圣洁"是神主动的行动,是他将人从这世界中分别出来,将他们招聚在一起成为神子民的群体,归向他并服侍他。因此是神的拣选及其果效的实际执行。③ 这些得以成就是藉着㉞圣灵的工作(参帖后二 13;林前六 11),是透过福音的宣讲(一12),使人得以相信基督。这里所说的,是信徒地位上的成圣,归于基督。㉟ 有学者认为,这词组正是表达信徒在洗礼中归入基督,并且将他们分别出来服侍神。㊱ 在新约中,成圣不只是在地位上的,亦会表现于实际的生活中(参罗六 19、22;林前一 30;提前二 15),在彼得前书中,虽然没有直接地讲及圣灵在信徒生命中不断的工作,但在第二章四至十节中,当作者描述信徒的生活时,就将"属灵的"("灵祭""灵宫")和"圣洁的"("圣洁的祭司""圣洁的国度")两个形容词紧密地放在一起,表明这因圣灵而得以成圣的神的子民,是要过圣洁的生活。正如第一章十五至十六节彼得勉励读者的话:"那召你们的既是圣洁,你们在一切所行的事上也要圣洁。因为经上记着说:'你们要圣洁,因为我是圣洁的。'"(参一 22)。

　　"而听从耶稣基督,又蒙他血所洒的人" 〔新〕的翻译,更为贴合原文:"因而㊲顺服,并且被耶稣基督的血洒过的人"㊳将"顺服"与"血洒"

㉝ Marshall,p. 31 fn.

㉞ en,instrumental use;参三 18,不带有如 Selwyn,p. 119 所认为的 locative sense。

㉟ 这里所用的字眼,与帖后二 13 的"圣灵成圣的工作"完全一样,即 en hagiasmoō pneumatos,参冯荫坤,《帖撒罗尼迦后书》,页 262;"灵"是指圣灵,非人的灵,尤其是这三词组分别将父、灵、子三位一体在救赎计划中的角色表明出来。

㊱ Selwyn,p. 119;Best,p. 71;Furnish,"Elect Sojourners,"p. 5;Davids,p. 48.

㊲ eis 在这里指结果过于目的,参 NIDNTT,3:1186 - 1187 有关这介词这两种用法的讨论,这两者往往难以清楚划分,因为结果可以是预备的目的。

㊳ 在原文中,"耶稣基督"可以只是用作形容"血",或"顺服"和"血"。若是形容"顺服"和"血",则在原文中的"耶稣基督"此 genitive,便身兼两种不同的用法,前者为 objective genitive,后者则为 possessive genitive(这里不可能是 subjective genitive,如 Hillyer,p. 30)。这种做法极不自然,如〔和〕〔吕〕〔当〕〔思〕〔现〕,曾立华,页 9;杨东川,页 135。另一方面,是将两者看为均是属于耶稣基督的,"耶稣基督的顺服和耶稣基督的血洒",如 Kelly,p. 10. 但这种做法,却与文理中讨论神子民的身份不相符。较合理的看法,是将"耶稣基督"只联于后者,"顺服"一词则是独立地使用。〔新〕、Hiebert,"1 Peter 1:1 - 2,"p. 72f;Michaels,p. 11;Kistemaker,p. 38;梁家麟,页 11。

以此次序并列,在旧约中有相似的用法。出埃及记第廿四章五至八节
(参民十九 9、13、20~21)就将顺服和血洒连在一起。㊴ 因此十分可能
"顺服"和"血洒"是表达一个观念的两个方面。根据出埃及记第廿四
章,在神与以色列民立约的情节中,先是以色列民承诺遵守圣约中的要
求(出廿四 3),然后摩西将血洒在百姓的身上(出廿四 6~8)。㊵ 新约
的确立,不再使用牲畜的血,而是基督的血成为神和人之间立约的凭据
(参可十四 24),使人得以脱离过往的罪(参一 18~19),进入圣约之中,
成为神立约的子民。"蒙他血所洒"的意思即"将一个人带进基督死亡
领域的影响之下,使他与那死了的〔基督〕连成一致"。㊶ 而所立的约,
亦要求人顺服到底,矢志不渝。㊷ 这里的顺服,一方面是指从外邦信仰
皈依福音,以致顺服这福音(罗一 5,十 6,十六 26),另一方面我们不应
以为这里只是说明起初的相信,亦同时包括履行此约所要求的顺服的
责任。㊸ 基督立约的血(参来九 18~21,十二 24)是人得以顺服,并与
神之关系相联无间的唯一依靠。㊹ 这是神的拣选和使神的子民成圣所
要达成的目的。㊺ 记载于出埃及记中发生在以色列民身上的事,在新
的时代成就在新约的信徒身上。㊻

㊴ 在旧约中,"血洒"是用于立约(出廿四 3~8)、祭司的膏立(出廿九 21;利八 30),及长大麻
风的病人痊愈后的洁净之礼。

㊵ 这种"历史的重演"(re-enactment of history),亦可参尼九 1~十一 3。

㊶ Goppelt,p.75.

㊷ Beare,p.51;Michaels,pp.11 - 12,53;Davids,p.49.

㊸ Best,p.71;Clowney,p.35 认为这里只是说明开始时的顺服福音,但正如 Grudem,p.52
指出,没有任何清楚的例证足以说明 hypakoeē 是单指起初的顺服真道。

㊹ Beare,p.51;Stibbs,p.73;Grudem,pp.54 - 55;Hiebert,"1 Peter 1:1 - 2,"p.73.

㊺ F. H. Agnew, "1 Peter 1:2 - An Alternative Translation," CBQ 45(1983), pp.68 - 73 认
为 eis 不应看为目的或结果(结果是目的的实现),而应视为是做成目的或结果的原因。但
正如他自己也得承认,这介词在彼得前书中出现过 42 次之多,无一次是作为原因的用
法。但 eis 是否可用作原因,是十分值得怀疑的(参 NIDNTT,3:1187),这并非此介词的
最自然用法。参 Davids,p.49 n.10,但 Davids 似乎误解了 Agnew 的看法。

㊻ 特别参 J. W. Pryor,"First Peter and the New Covenant(1)," pp.2 - 3,说明这节经文立
约的背景,并与出埃及记第廿四章及 1QS 第三章平行的地方,亦参 Goppelt,p.74.
Idem.,pp.71 - 72 指出类似的公式,可见在爱色尼人在重申圣约的节令中(1QS 1:16 - 3:
12)。这立约的背景,与一 18~19 和二 5~10 之关系密切。注意出埃及记第廿四章的血
之使用和第廿五章开始描述会幕的建造。亦参出廿九 20~21 祭司透过血洒的(转下页)

　　此处表明作为蒙神拣选的神子民群体的独特的身份,其本源是来自父神在永恒中恩典的旨意。其执行乃是藉着圣灵将他们分别为圣(参一 11～12,四 14),其最终的结果是要建立一种立约的关系:叫神的子民坚守与神之间的约中的要求,靠赖基督的血,得以顺服神的心意而行事。这蒙拣选神子民的群体,在地上为寄居者,可能好像没有为他们带来什么地上的权利和尊荣,但这神子民群体的尊严,是基于他们的由来,是出自三一真神永恒的心意。㊼

　　一 2 下 "愿恩惠平安多多的加给你们" 这问安语比当时一般的长,在旧约中类似的话可见于但以理书第四章一节和第六章廿六节:㊽ "愿你们大享平安"。在保罗的书信中,均使用"恩惠"和"平安"作为问安语(参启一 4)。有可能当彼得写这书信前,这种问候的方式,在教会圈子中,已相当的通行。这两词全面地综合了神在基督耶稣里赐予信徒的一切福气。"恩典"并非当时希腊或希伯来信件中常用的问安语,㊾本书第一章十节即指出这恩典是神在基督耶稣里救赎的恩惠,包括了在基督里的宽恕、慈爱和怜悯,是神无条件白白的赐予。"平安"是希伯来人常用来问安的话,是神赐予他子民的礼物,指生活在一种健全的状态之中,有时候甚至可与得到救赎同义。㊿ 对新约的基督徒来说,此字涵括了神与人之间的和好(弗二 14～17;罗五 1、10)、人内心的平

　　(接上页)礼仪分别出来事奉神。属灵的圣殿和祭司的服侍亦记载于彼前二 4～10。亦参 W. D. Kirkpatrick, "The Theology of First Peter," *Southern Journal of Theology* 25 (1982), p. 77. W. C. van Unnik, "Christianity According to 1 Peter," *ExpT* 68(1956 – 1957), p. 81 指出当时外邦人要皈依成为犹太教徒时,亦需要行类似出埃及记第廿四章的仪式,同时在彼得前书中可找到其他类似犹太人归服者的用词,参二 5 的"来到",二 9"出黑暗入光明"。参该处之注释。

㊼ Best,p. 72 指出这里我们开始见到三一神的教义,参太廿八 19;林前十二 4～6;林后十三 14;弗四 4～6;帖后二 13～14。但不是如 Selwyn,p. 249 的看法,说这里假设了三一神的教义。亦参 Hillyer, p. 26;W. D. Kirkpatrick, "The Theology of First Peter," *Southwestern Journal of Theology* 25(1982), pp. 70 – 73.

㊽ 特别参狄奥多田(约第二世纪)的旧约希腊文译文。

㊾ 这可能是希腊文"恩惠"(*charis*)及"问安"(*charein*)的字,这两字原文的读音十分相似。但并不肯定这是否使用"恩典"一词的由来。参 W. G. Doty, *Letters in Primitive Christianity* (Philadelphia:Fortress, 1973), p. 29.

㊿ *eirēnē*, v. Rad, *TDNT*, II:405 – 405;*TLNT*, 1:424 – 438;*EDNT*, 1:394 – 397;参诗卅七 11,七十二 7,这祝福与弥赛亚的年代有关。

静(罗十五 13；腓四 6～7)、人与人之间彼此的和好(罗十四 17；弗二14～17，四 3；彼前三 11)。这平安是透过神在基督耶稣里的恩典而带给信徒的。"多多的加给你们"一语，曾用于犹太和早期教会的书信之中(参犹 2；彼后一 2)，⑪神是恩典和平安的赐予者。⑫ "这祈愿是代祷；更甚：有力的应许、祝福"。⑬

　　"寄居"一词在初期教会的著作中是常见的。⑭ 例如在革利免致哥林多教会的书信，即革利免壹书卷首的问安语中(在"罗马寄居的神的教会致在哥林多作寄居的神的教会")；坡旅甲致腓立比的书信的卷首问安语中("在士每拿寄居神的教会致在腓路曼林〔Philomelium〕寄居的神的教会和所有各处作寄居的圣而公之教会")。根据教会史的鼻祖优西比乌的记载(《教会历史》5，24.14；5，18.9)，初期教父爱任纽和亚波罗纽均称基督教会为"寄居的"。后来"寄居"更用作表达某地方的"教区"。尤为值得思想的，是第二世纪的教父丢格那妥书第五章中，对基督徒有以下的描述：

　　　　因为不可以凭他基督徒的国籍或方言或习惯，将他们与其他人分别出来……纵然他们一样生活在希腊和外族的城邑，正如各人有不同的际遇，他们亦跟随那国家在衣着、食物和其他日常生活中的风俗，但同时他们表现出令我们赞叹和独特的生活方式。他们生活在自己的国家，却只犹如过客(*paroikoi*)；作为公民，他们与他人分享一切，但他们亦如同外人(*xenoi*)般承担一切。所有异地皆是他们的故土；然而他们土生土长之地，是他们作客之所。……他们在地上过日子，但却好像天上的公民。他们奉公守法，同时他们的生活是超越了律法；他们爱所有的人，却遭人逼迫；他们

---

⑪ 有关其他当代使用这问安方式的书信，参 Bauchkam, *Jude and 2 Peter*, pp. 20, 166 认为这种问安方式，在犹大书、彼得前书和后书中出现，反映这形式可能在当时罗马教会中已相当普及。

⑫ *plēthyntheiē* 一字是 divine passive, voluntative optative.

⑬ Goppelt, p. 76.

⑭ 正如 Michaels, p. 8 所指出，不单因为这字在七十士译本中出现了 33 次之多，亦因为信徒深切体会他们作为寄居者这身份之重要。

不为人所知,甚至定罪;他们被杀害,但却死去活来;他们贫穷,但却使许多人得到富足;他们凡物缺乏,但却事事丰富;他们不被尊重,但在羞辱中却得着荣耀;他们被中伤,但终得平反;他们被咒诅,却祝福;他们被凌辱,却以尊重回报凌辱;他们作善事,但却被当作坏人受罚。当受罚的时候,他们如得生命般的喜乐;他们被当作外人(*xenoi*)看待,遭犹太人攻击;但那些憎恨他们的人,却无法合理解释他们的憎恨。

贰　蒙神拣选及怜悯 得以成圣的子民 （一 3～二 10）

自从学者哈纳克（Harnack）提出第一章三节至第五章十一节是一篇讲章，再配上前言和后记，作为书信流传的观点以来，类似的假设随之陆续登场。主要分两方面的发展，其中一个方向，是强调彼得前书乃是一篇讲章，另一个方向，则是强调彼得前书原本所使用的生活状况（*Sitz im Leben*），认为是用于某种教会的礼仪之中。这两个类型的假设之间，也有密切的关系。

贝度维斯（Perdelwitz）就将第一章三节至四章十一节看为洗礼时的讲章。自此开始，便不断有学者认为这段落是在原本的文献之中，其余的则是后来附加的。韦达殊、斯特达（Streeter）、贝尔及彼斯克等学者均接受这种看法。如彼斯克就认为彼得前书是在罗马教会中洗礼的仪节中使用的，第一章三节至第四章十一节是仪式程序的各部分，第四章十二节至第五章十一节则是向全会众所讲的讲章。戈克斯和连尼（Leaney）更进一步地将以上的假设加以引申，认为这卷书不是用在一般性的洗礼仪式之中，而是用于复活节的洗礼。彼士利慕利（Beasley-Murray）的说法则较为审慎，认为这段经文反映初期教会洗礼前的指导，彼得使用这些资料，是因为在这些地区中因教会福音工作的推展，有一群初接受基督的信徒，以至这段经文所有的教训，与保罗洗礼神学的教训相似。[1] 但这些对这卷书在当时的生活状况的构想，均缺乏说服力。他们不能解释为何这些所谓礼仪的程序全无标题；为何在教会中有流传这些程序的需要；又怎么可以在本书写成之前，已发展出如此复杂和固定的礼仪程序。他们大都将第四章十二节开始看为非本书原著的部分，这样割裂全卷书的完整性，是绝不必要的。况且在使徒行传，从

---

[1] Beasley-Murray，*Baptism*，p. 256f.

没有记载类似这些学者所说的在洗礼之前的讲道,甚至在公元三世纪之前亦没有发现任何这样的文献。[2] 这祷告的内容,有不少主题与洗礼有关,但我们不能因此就确定这是一篇洗礼之前所用的讲章,或原来只局限在这种情况之下使用,因为一个人记念自己蒙受神恩、得以重生、仰望救恩成就之乐,是可以在任何的景况之下向神献上感谢和祝颂的。[3]

有不少学者注意到这祷文与以弗所书的祷文有相似的地方,他们都确认神的慈悲(彼前一3;弗一7),信徒被视作神的儿女(彼前一3;弗一5),及基督徒生命的目标是神得着荣耀和称赞(彼前一7;弗一6、12、14)。第一章三至五节亦与提多书第三章四至七节有平行的地方。[4]

本段内由第一章三至十二节是彼得为受书人能蒙神怜悯得着拯救作出的祝祷,而此祝祷与保罗的书信有不少相似的地方,它勾划出整卷书信的写作目的及一些重要的课题。[5] 这祝祷为解释整卷彼得前书提供了所需的背景。[6] 按其内容,我们可以将这段经文分为三小段,其主旨是要帮助读者体认他们作为神的子民所领受的这救赎恩典之价值的浩大,他们是何等有福气的人。[7] 整段的主题环绕着基督徒救恩盼望的本质和内容。

(I) 祝颂:因盼望而欣喜的救恩(一3～5)

3　愿颂赞归与我们主耶稣基督的父神,他曾照自己的大怜悯,藉耶稣

---

[2] 特别参 J. D. G. Dunn,*Unity and Diversity in the New Testament:An Inquiry into the Character of Earliest Christianity* (London:SCM,1990),pp. 143 – 145 精湛的分析。

[3] P. T. O'Brien, "Ephesians I:An Unusual Introduction to a New Testament Letter," *NTS* 25(1978 – 79),p. 510 对以弗所书开首的祷告在这方面的看法,同样适合应用在这里。

[4] Hill, "1 Peter 2:5," p. 49.

[5] 有关保罗书信开首祝祷的作用,请参 Paul Schubert,*The Form and Function of the Pauline Thanksgiving* (BZNW 20;Berlin:Alfred Töpelmann,1939),pp. 37,180;S. K. Stowers,*Letter Writing in Greco-Roman Antiquity* (Philadelphia:Westminster,1986),p. 22 等。

[6] D. W. Kendall, "The Literary and Theological Function of 1 Peter I. 3 – 12," in *Perspectives on First Peter*,chapter 6;Martin,*Metaphor*,pp. 51 – 52.

[7] 参 Reicke,p. 79.

基督从死里复活，重生了我们，叫我们有活泼的盼望，

4 可以得着不能朽坏、不能玷污、不能衰残、为你们存留在天上的基业，

5 你们这因信蒙神能力保守的人，必能得着所预备、到末世要显现的救恩。

一 3 上 "愿颂赞归与我们主耶稣基督的父神" 彼得以当时书信中常有的向神祝颂的话作为开始。⑧ 正如在保罗的书信中，开始时的感恩祷告是全卷书信的引言，当中包含了一些在该书信中会处理的题旨，这里似乎彼得亦用类似的方式，一些重要的主题如苦难、盼望均是本书重要的题旨。⑨ 这种祝颂，在旧约中很常见（如创九 26，廿四 27；出十八 10；撒上廿五 32；撒下十八 28；诗六十八 19 下，七十二 18，一四四 1）；也可见于犹太教的礼仪及昆兰文献之中。这种形式，亦为保罗所沿用（林后一 3；弗一 3；参路一 68）。在七十士译本中，"愿颂赞归与主神"共出现过十二次；"愿颂赞归与主"共十一次，"愿颂赞归与神"共十三次。在这些颂文中，往往将这位受歌颂的神与另一事物一起描述：如"主你的神"（撒下十八 28）、"主我的神"（诗一〇三 1）、"主闪的神"（创九 26）、"我的主亚伯拉罕的主神"（创廿四 27）、"以色列的主神"（撒上廿五 32；王上一 48，八 15 等）和"真理的神"（以斯得拉壹书四 40）。这种描述是要表明神在以色列人的历史中启示了他的行事和旨意。⑩

在新约中，"主"一词已用在耶稣基督的身上（参徒二 36；罗十 9～10；林前八 6，十二 3，十六 22 等）。⑪ 这位配得赞颂的神，也是以"主耶稣基督的父"的方式向人启示他自己的那一位。⑫ 这是新约中神的子

---

⑧ 参 A. Deissmann, *Light from the Ancient East*, pp. 148–169. 这种格式亦可见于新约保罗的书信中，林后一 3～11；弗一 3～12 等。

⑨ Marshall, p.33.

⑩ Furnish, "Elect Sojourners," p.7, n.29；Beare, p.55.

⑪ 有关初期教会如何使用"主"（*kyrios*）这称号于耶稣身上的一个简要说明，参 I. H. Marshall, "Jesus as Lord: The Development of the Concept," in *Eschatology and the New Testament*, ed. W.H. Gloer. Essays in Honor of G.R. Beasley-Murray（Peabody: Hendrickson, 1988）, pp.129–145.

⑫ *ho theos kai patēr* 只用一个冠词，*kai* 作 epexegetical use："神即主耶稣基督的父"（Sharp's Rule）。

民对神独特的体验。称神为父这种做法，并非只在犹太人的祝颂中可见。正如保罗在哥林多后书和以弗所书中所作的，彼得修改了传统犹太人祝颂的话，以适应外邦人的基督徒群体。

第一章三节至五节说明基督徒颂赞神的原因：藉着神恩惠的作为，他们得蒙拯救，并且神为他们保守着他们所要承继的永远的救恩。

一 3 中 "他曾照自己的大怜悯，藉耶稣基督从死里复活，重生了我们" "怜悯"一词说明神的拣选之恩（参二 10，五 10；罗九 1～十一 1），神向他的子民所显出立约的恩情，[13]叫外邦人也得以纳入神子民的群体之中。神的拣选正是第一章一至二节中的一个主题，表明这是外邦人得以成为神的子民之本。正如以弗所书第二章四至五节所说："然而神既有丰富的怜悯，因他爱我们的大爱，当我们死在过犯中的时候，便叫我们与基督一同活过来"（参罗十一 30～31）。这说明在救恩这件事情上，全是发自神丰厚的怜悯。

"重生"这字汇不是来自旧约的，但在当时希腊和神秘的宗教中，这观念则较为常见。在旧约中，以色列人作为神子民的群体被称为神的儿子（出四 22；申卅二 6；何十一 1），亦为神"生"的子民，提供了这观念在旧约的根源。至于新约使用这观念时，到底是藉着旧约，还是来自希腊的背景，学者仍然争论不休。[14] 彼得使用这字的由来，极有可能是源于耶稣（虽然在约三 3、5 节使用了另一种表达方式："从水和圣灵生的"；〔和〕："重生"）[15]，但其意义与这里所说的"重生"没有分别。初期教会也使用这词来描述一个人皈依基督这极端的改变，是十分适当的

---

⑬ 这反映旧约中希伯来文立约关系的字汇 hesed，在七十士译本中用了希腊文"怜悯"（eleo）一字。在〔和〕中很多译作"慈爱"。

⑭ anagennaō，参 Kelly，pp. 48－50；晚近学者对这观念乃出自希腊背景均表示怀疑，参 F. Buüchsel，*TDNT*，I：674－675；*EDNT*，I：76－77；G. E. Okeke，"ANAGENESIS (Rebirth) in the New Testament，"*Africa Theological Journal* 117（1988），pp. 89－90；Michaels，p. 17f. 有关这观念与巴勒斯坦拉比犹太教和昆兰群体的关系，请参 Goppelt，pp. 81－83।

⑮ gennananōtēen；参 Gundry，"'verba Christi' in 1 Peter：Their Implications Concerning the Authorship of 1 Peter and the Authenticity of the Gospel Tradition，"*NTS* 13（1967），pp. 338－339；Okeke，"ANAGENESIS，" pp. 90－93।

(参约三 5、7;多三 5～7;雅一 18;约壹一 13),[16]在这里亦表明外邦人如何可以成为神子民群体的一部分。彼得是唯一用"重生"来描述神子民"诞生"的新约作者。在彼得前书,这字另一次出现在第一章廿三节。

有学者认为这字同样是指基督徒的洗礼(参三 21)。提多书第三章五至七节与彼得前书这段经文有不少相似的地方,很像部分在洗礼仪节中所说的话。纵然如此,正如上文曾讨论,这里的文理与洗礼未必有直接的关系,[17]基督徒得以重生,并非是因为经过洗礼(无疑这个信徒生命中重要的事件对他们有重大的意义),洗礼只是表明这仪式背后属灵的事实,就是人藉着基督从死人中[18]复活,使人得着新的生命。信徒可以从这新的出生而有新的生命,乃是因为基督死而复活的生命(参罗六 3～11)。[19]若这里所言是与洗礼有关的话,就是作者使用洗礼的语言,为要提醒读者洗礼所象征的重生对他们信主之后的意义(参多三 5)。[20]基督徒得以重生,并非因为经过洗礼,也不因为他能洗心革面,而是全赖神的怜悯,将他的爱子耶稣基督白白赐予我们。[21]

一 3 下　"叫我们有活泼的盼望"　"叫我们有活泼的盼望","可以得着……天上的基业"和"必能得着到末世要显现的救恩"均说明藉耶稣的复活所带给信徒的新生命,给予信徒三方面对未来的保证。[22]

重生只是救赎历程的开始,神的子民仍不断仰望救恩在将来最终完全的实现。信徒是生在盼望之中。这盼望并非只是人的愿望,因为

---

[16] 保罗所用类似的概念,参林后五 17;加六 15;参弗二 10;西三 9～11。

[17] 认为这里是指基督徒洗礼的有 Selwyn, p. 123;Cranfield, p. 30;Bo Reicke, p. 79;Furnish, "Elect Sojourners," p. 7;Goppelt, p. 80ff.;梁家麟,页 13。

[18] nekrōn 指死人而非死亡,死亡应是 thanatos.

[19] "基督的"复活可看为 objective genitive:即"神叫他从死里复活",或是 subjective genitive:"他复活过来"。任何一种理解均不会影响这里的意思。但因为在一 3 中,父神作为那位使人重生的,是处于主动的角色,因此这里以前者的理解较为一致。

[20] T. C. G. Thornton, "1 Peter, A Paschal Liturgy?" *JTS* 12(1961), p. 25;R. E. Glaze, "Introduction to 1 Peter," *The Theological Educator* 13(1982), pp. 36 - 37;Meeks, *Origin*, pp. 92 - 93.

[21] 有学者认为"藉耶稣基督从死里复活"这词组,是形容"活泼的盼望"。但更合乎文理的看法,是将这词组看为是得重生的根据;参 Hort, p. 35;Cranfield, p. 30;Kelly, p. 18;Michaels, p. 19.

[22] Michaels, p. 19;参 Goppelt, pp. 79 - 80;Beare, p. 56.

人的愿望会成为泡影，令人失望。但这盼望却是不会幻灭的，是"活泼的"，因为是植根于耶稣的复活；"活泼"表示有活力、有生气，是永不会死亡的，是透过基督从死人中复活而带来的（二 4），[23]是死亡所不能抹去，是永不落空、肯定会实现的（参一 23）；而且并非属于这短暂不肯定的世界，这是基督徒的盼望的独特处。对于生活在恶劣环境之下，特别在众叛亲离及经历逼迫之下的一群，或是知道将要面临苦难的群体来说，这是十分重要的。惟有一个永不言灭的盼望，才可使他们坚忍刚毅地面对苦难的熬炼。[24] 盼望是这卷书的重要主题，虽然作者并没有时常使用这字，但这观念却交织于字里行间，基督徒的生命是朝向这盼望的。这盼望是建基于耶稣的复活（过去），仰望基督的显现（将来），以致使神的子民晓得在今世应如何生活（现在）。这更好的未来要穿透今世，并且不断地塑造现在，正如基督的复活正不断塑造信徒现今的生活，并将信徒引向救恩终极的完成。[25]

　　一 4 　"可以得着不能朽坏、不能玷污、不能衰残、为你们存留在天上的基业" 此节进一步说明这盼望的特质和内容。[26] 这盼望的内涵是"基业"。[27] "基业"一字在七十士译本中出现差不多有二百次。这观念源于旧约，神曾应许亚伯拉罕迦南地为他的"基业"（创十二 7），此处强调这地业最终并非属于人的，神才是这地业真正的主人，是神要赐予人永久拥有的。这地业的应许成为以色列人的盼望（申卅四 4；书一 2、6）。在某种程度上，以色列人进入迦南地定居，可以说是神对亚伯拉罕地业应许的实现，但这实现并没有竭尽了所应许的（参来四 1～11）。到了以色列人被掳时期，耶和华再次对以色列人重申赐给他们地业的应许（特别参结卅六至卅七章，四十五 1，四十七 13～14，四十八 29；赛四十九 8）。逐渐地，以色列人对这基业的盼望，从物质的理解转到超

㉓ 与三 21 比较，那里只说耶稣基督复活，没有了"从死人中"这词组，反映作者可能故意地将这词组加上，以强调这盼望是与死亡相对的。参 Michaels, p. 19.

㉔ Grudem, p. 56 主张"活泼"这分词带有"会成长"之意，正如生命是会成长的一样。但"成长"并非作者在此处的关注。

㉕ D. D. Kendall, "On Christian Hope: 1 Peter 1:3-9," *Interpretation* 41(1987), p. 67.

㉖ Bigg, p. 48 认为基业说明了盼望的目的。

㉗ Selwyn, p. 124；Kelly, p. 50；Blum, p. 220.

乎物质的(如诗十六 5,七十三 26),甚而神自己是他们的基业(申十 9;诗七十三 26)。耶稣来到,他说明这基业就是神的国(可十二 7),并门徒将要承受地土(太五 5、10);耶稣将旧约所言的地业包含在神国这概念之中,新约其他作者也有同样的理解(林前六 9,十五 50;加五 21;弗五 5;雅二 5)。此外,新约中神的子民因着耶稣的救恩所要得着应许的基业,包括有永生(太十九 29;可十 17;路十 25,十八 18;多三 7)、救恩(来一 14)、祝福(来十二 17;彼前三 9)、所应许的(来六 12,十 36)等。㉘

　　这里所用"基业"一字,是指神应许他的子民将来要承受的。㉙ 作者用了三个反面的形容词,描述这应许的基业与旧约以色列人所盼望的地土有何不同之处。这基业是不能朽坏、不能玷污、不能衰残的。"不能朽坏"指这基业有属天的素质,与地上一切会毁坏的成为对比(参三 4 以形容词出现)。死亡和腐败均不能将它消毁的,㉚他们从不朽坏的种子而生(一 23),亦要得不能朽坏的基业。"玷污"一字,在新约中只在这里出现。这字大概是指道德和属灵上的玷污(参来七 26,十三 4;雅一 27;启廿一 27)。㉛ 这基业是不能玷污的,是为着那些圣洁的神的子民。它同时也是"不能衰残的",㉜地上的一切如花一样,是会衰残的,经年日而失去其美容,最终衰败死亡(一 24,用同一字;参太六 19~20);这基业却是常存的,永不褪色的。作者用这三个形容词,大概因为

㉘　*klēronomia*,参 Foerster,*TDNT*,III:776 - 785;*NIDNTT*,2:296 - 300.

㉙　R. H. Gundry,"'Verba Christi'in 1 Peter: Their Implications Concerning the Authorship of 1 Peter and the Authenticity of the Gospel Tradition,"*NTS* 13(1966 - 1967),p.337;E. Best,"1 Peter and the Gospel Tradition,"*NTS* 16(1969 - 1970),pp.103 - 104同时指出这里彼得对"不朽坏"的理解,可能反映耶稣在路十二 33 所言"朽坏"和"不朽坏"的财宝的对比:现今的世界是朽坏的,而将来的世界是不朽坏的。虽然路加福音中所用的是"财宝"而非"基业",但作为将来的奖赏,其意义是相似的。

㉚　*aphthartons*;林前十五 52 指出,复活的人同样是不能朽坏的,因为是属于那属灵/属天世界的;参 Harder,*TDNT*,IX:104 - 105.这字于三 4 以形容词的方式出现,作"长久"〔和〕。Barclay,p.173;Hillyer,p.36 注意到这字同字根动词 *phtheirō* 常用作土地被敌人所侵吞,不能朽坏带有不能被掠夺的意思。

㉛　*amiantos*,参 Hauck,*TDNT*,IV:647.

㉜　*amarantos*;又可作"永恒的、不凋谢的",黄锡木,页 58;同样在新约只在此出现,参所罗门智慧书六 12,用作形容智慧。

这三字均押头韵，^㉝其意思则大致相同，说明这基业是死亡所不能毁坏，邪恶所不能触及，时间所不能摧残的。"是永恒、纯洁和艳丽的"，^㉞绝对不受人间政治、经济、社会及人事等变迁所动摇。

神自己已为他的选民将这基业"存留"^㉟在天上，这基业已经存在并且如今仍保留在那里。"存留"一字在这里，可能有"保留"一些事物，使之不至受损或受骚扰"的意思。^㊱ 在圣经中，"天"是神的居所，是他的王权现在彰显的地方，也是蒙福之处。保罗亦曾说过"那给你们存在天上的盼望"（西一 5）。这与耶稣所说关于承受天国，不无相似的地方："你们这蒙我父赐福的，可来承受那创世以来为你们所预备的国"（太廿五 34；参可十 40；太廿 23）。惟有存留在天上，才确保这基业不会被夺去和消灭。这存留在天上的，终会在历史中显现出来。总而言之，既得神为他的选民存留基业在天上，这基业必是固若金汤。这基业是"为你们"，^㊲即得着重生者而存留的，是父神所应许他的儿子的。^㊳

一 5 "你们这因信蒙神能力保守的人，必能得着所预备到末世要显现的救恩" 注意这里从原来第三至四节祝颂的第一人称，转变为第二人称。第四节可视为从第一人称的宣认转到第二人称的宣讲——直述语（kerymatic-indicative），这种格式亦可见于以弗所书第一章三至十四节。但正式的宣讲——命令（kerymatic-imperative）则从第一章十三节开始。

神既然担保这基业永远存留，那么谁可以担保信徒能得着这基业呢？当神的子民面对各样的苦难和逼迫，在这些争战中，有谁能保证自己可以永不失脚？作者指出，惟有神才能不断地保守^㊴他们，叫他们能

㉝ 这三个形容词，均以希腊文的头一个字母 a- 作为开始。

㉞ Beare，p. 58.

㉟ *teteremenen*：intensive perfect passive participle.

㊱ BAGD，p. 815；在彼得后书和犹大书；*terein* 一字则用于那些不虔敬的被"拘留"至最终审判之日（犹 6；彼后二 4、9），同时有审判为他们"存留"（犹 13；彼后二 17）。

㊲ 这里用 *eis hymas* 而不用 *hymin*，虽然在含意上两者是极其相近，但可能作者要强调这是存留起来的最终目的，是为"你们"。参 *NIDNTT*，3：1186. 有关 *eis* 的这种用法；但亦有可能这是当时的一种倾向，是渐次多用介词，少用 dative case. 参 MHT，3：129‐130.

㊳ D. G. Miller，"Deliverance and Destiny," *Int* 9（1955），p. 417.

㊴ *phrouroumenous*，现在式，有继续进行的意思。

得着最终的救恩。"保守"一词是军事上的用语,在新约中用作"护卫城池"(林后十一32),意即"保护免受危难",在这里与"存留"一字成相关语。在地上寄居的神的子民是不断地和邪恶争战的,神并没有将他的子民从这战场上挪去,他们会被重重的危险包围,并且受到多方不断的攻击,但神的子民却并非自力求存的面对这一切的险阻;他们是在神的看守和庇护之下,这是他们争战得胜的唯一把握。当然全然的得胜仍有待将来最终的实现。神的能力已在基督的复活和圣灵的工作中显露出来。[40] 神子民的生活行事最终不是受今世的文化和社会所决定,而是由神的应许,就是那活泼的盼望所确立。[41]

　　这种保守是透过信徒的信心而达成的。并非藉着信,人才得到神能力的保守,而是神的能力是使信徒对神的信靠及忠诚能坚固到底的动力和支撑的力量(参五7～9)。[42] 这种从神而来的大能,对应从人而来的忠信。[43] 这里所言的信并非只是理智上的认同,而是对神的约的忠贞。在彼得前书中,"救恩"一词均指未来要显现的救恩(一9～10,二2)。这卷书对救恩的强调点,并非是从将来的审判中得着释放,而是得着将临的荣耀为赏赐(参三7,五4、10),[44]就是神的子民得以享受神为他们所保留在天上的基业。"显现"一字狭义来说,是将一些已存在的事物展现出来,而不是使这显现之物存在。正如那存留在天上的基业一样,这救恩已存在,但仍未能看见,直等神所定的日子临到,他要将这救恩显露出来。这日子就是"末世",彼得在这里的用法,并非一般性的泛指一个时期(比较一20),而是指神将救恩带来的最后的那时刻,是耶稣基督显现的时候(一7、13;参罗八18～25;腓三20～21;西三4;约壹三2)。[45] 这日

---

[40] Goppelt, p. 87.

[41] Kendall, "On Christian Hope," p. 68.

[42] Grudem,p. 59;Furnish, "Elect Sojourners," p. 9;杨东川,页141。

[43] Hort, pp. 37 - 38.

[44] *sōtēria*, W. Foerster, *TDNT*, VI: 995.

[45] Hort,p. 39 认为这里可能是指"在极难之时",亦参 D. C. Parker, "The Eschatology of 1 Peter," *BTB* 24(1987), p. 28,这句的意思便为:这基业是为你们存留在天上的,但现在已是属于你们的了。但彼前一13明显将"显现"一字看为是将来才发生的,况且 *eskatos* 一字这样的用法在新约中亦极少见于其他文献中。

子已经"临近"（参四 5、7，五 10），救恩在这末世随时会显现。⑯ 这里强调了末世的紧迫性。在神主动的保守和神的子民以诚信坚守圣约下，到基督来临之时，神的子民便得享在天上为他们存留的基业，分受这圆满的救恩。届时神的子民将会享受到那生命的丰满和荣耀，并与神永远的同在。

有学者将这种末世观称之为"纵的末世观/终末论"（Vertical Eschatology），即在神的旨意中，他已将那最终的救恩存留在天，这救恩不但不受历史中所发生的任何事件所影响，并且等待在历史终结时神会将之显现出来。所谓"横的末世观/终末论"则是两个时代（今世和来世）的末世观念，末世已藉基督第一次的来临引进至今世，整个人类历史仍等候着基督的再来，即来世的临到。对神的子民来说，盼望是一种客观的存有，而非主观的愿望；是已经存在，是确实可靠而非偶发的，绝对不会有失落以致令人失望的可能性。⑰

(II) 经受考验的信心（一 6～9）

6　因此，你们是大有喜乐。但如今，在百般的试炼中暂时忧愁，

7　叫你们的信心既被试验，就比那被火试验仍然能坏的金子更显宝贵，可以在耶稣基督显现的时候得着称赞、荣耀、尊贵。

8　你们虽然没有见过他，却是爱他。如今虽不得看见，却因信他就有说不出来、满有荣光的大喜乐，

9　并且得着你们信心的果效，就是灵魂的救恩。

将来荣耀的结局的确带给信徒无限的欣喜。然而，这种仰望将来神救恩最终完全实现的信，会经历现在地上的生活的考验。彼得在第六节下至八节上的两个"有喜乐"的动词的中间，将本书一个重要的主题勾划出来，就是信心要经过试验（一 6 上～7）和信心取代了眼见（一

---

⑯ 随着 *hetoimēn* 这形容词的 infinitive 是 substantive modifier，D - M, pp. 219 - 220. 整句词组"预备在末世要显现"用作形容"救恩"的。

⑰ 参 E. E. Ellis, "Biblical Interpretation in the New Testament Church," in *Mikra*, ed. M. J. Mulder（Philadelphia：Fortress, 1988），pp. 710 - 712.

8 上)。⑱

有学者认为,第六节将苦难这可能性引进来,而第四章十二节起则将苦难看为是已经发生在他们中间,因此将整卷书信分为两大部分(一3~四11和四12~五14),视两部分是在不同的时间写成,后来才编辑成彼得前书的。但不论是全书的词汇、风格、主题等都显示全书是统一的,不容将之分割(参绪论)。我们可以说,彼得在这里是原则性地说明:苦难的来临,并不能夺去信徒因盼望而有的喜乐。反而是这盼望,使信徒能因面对苦难,信心经历试验显出其真实,因得着奖赏而加倍的喜乐。在第四章十二节之前,其实亦不乏读者确是正在面对苦难的证据(如二12、18~20,三9、13~17,四1)。

一6上 "因此,你们是大有喜乐" 这里的"因此"究竟所指何事,历来皆有争论。原文的"此"⑲可作阳性或中性。从文法的角度来看,不可能是指上文中一些阴性的字,如"盼望"⑳、"救恩"。若视作阳性,则有两个可能性:(1)指上文的"末世"是喜乐的对象或"末世"是喜乐之时,后者似较为可能,因为喜乐的对象通常是一件大事;㉑(2)指第一章三节的"父神"。㉒ 但这不大可能,因为第一章三节与这里相距太远。若视作中性,即将 ho (1)看为"因此"。㉓ 总括来说,有两种解释比较可能,一是如〔吕〕的译文:"在这种情形之下",即在末世基督来临时带来给信徒救恩这情景之下;另一可能是正如大部分中文译本的译法:"因

---

⑱ 我们不应好像 Michaels, p. 26 将一6下~8 上看为是插语,因为将来基督再临这盼望带给信徒的喜乐,正是现今信徒的信心经历试验而能坚忍的原因。

⑲ hō.

⑳ 正如 Davids, p. 54.

㉑ 当然这里的 en 与 en kairō eschatō 的 en 同是时间性的用法,持这种观点的有 Selwyn, p. 126; Bigg, p. 103; Michaels, p. 27; Goppelt, p. 89; Perkins, p. 31; T. Martin, "The Present Indicative in the Eschatological Statement of 1 Peter 1:6,8," JBL 111(1992), pp. 309 - 310.

㉒ Hort, p. 40.

㉓ 参 BDF § 219[2];持这见解的有 Beare, p. 60; Kelly, p. 53; Best, p. 77; Elliott, p. 75; Blum, p. 220; Kistemaker, p. 46; Mounce, p. 13; J. L. de Viller, "Joy in Suffering in 1 Peter," Noet 9(1975), p. 71; du Toit, "1 Peter 1:3 - 13," p. 63ff. esp. 6;参 Davids, pp. 54 - 55.

此",所指是上文第三至五节所说的关乎重生、基业、盼望、基督的将临等,这些均是信徒可以大有喜乐的原因。但若是采取第一种的看法,则"大有喜乐"便要视为是将来式的,[54]即到那时便会大有喜乐。这便会与这字在第一章八节的另一次出现的用法有别(参注释)。因此较为可能的,仍是将第一章三至五节中所述的一切看为信徒现今可以喜乐的原因,他们亦能为此向父神献上颂赞。

此节的另一个问题是,"大有喜乐"这动词究竟是命令语,还是直述语。前者就正如〔新〕的译文:"你们要喜乐"(参〔现〕〔当〕〔思〕〔吕〕旁注),后者则如〔和〕〔吕〕的译法。接受是命令语的原因,一般因为若是直述语法,则会引起疑问,彼得何以知道读者在苦难中仍然是喜乐的呢?况且,耶稣也曾教导信徒在患难中要喜乐(太五 12),在彼得前书以后的经文中,也有劝勉信徒要喜乐(四 13;参雅一 2)。但这种看法,忽视了彼得在此并非说在苦难中有喜乐,而是当信徒经历神的救恩和想到那将临的盼望时,喜乐必定油然而生,这是信徒正常生活的一部分。在彼得前书中当使用直述语时,所牵涉的都是基督徒真实经验的一部分:他们"洁净了",并蒙了"重生"(一 22~23);他们爱耶稣(一 8);他们被建造成为灵宫(二 5);与过往的生活一刀两断(四 4)。经历苦难而喜乐,却不是**所有**基督徒**真实**的经验。[55] 另一方面,在新约中,并没有"因着苦难而**要**喜乐"这种说法。不赞成这动词为命令语的理由还有:(1)在此用命令语,则不符合当时信件的格式,打断了书信颂赞这部分;(2)劝勉的部分要从第一章十三节才正式的开始;[56](3)再加上作者在使用命令语的动词时,均使用过去不定时态的,而非现在式;[57](4)在第一章八节,这动词再次出现,相当肯定那里的用法是直述语,[58]作者

---

[54] 将来式并非原本的经文,如 Selwyn, p. 259 的主张不正确。另参 Selwyn, pp. 258 - 259 "Additional Note C," Michaels, p. 28; G. Krodel, "First Peter," in *Hebrews*, *James*, *1 and 2 Peter*, *Jude*, *Revelation* (Proclamation Commentaries; Philadelphia: Fortress, 1977), pp. 60 - 61; Martin, "Present Indicative," pp. 310 - 312 均认为一 6、8 的"喜乐"这现在式应看为是将来式的使用,参 BDF §323.

[55] Michaels, p. 27;参 Reicke, p. 80; E. Beyreuther, *NIDNTT*, 2:354.

[56] 以 *dio*,"所以"作为开始。Best, p. 77.

[57] 参一 13: *elpisate*;一 15: *genēthēte*;一 17: *anastraphēte*.

[58] 它与八节上的直述语气动词 *agapate* 相连。Michaels, p. 28.

在这短短的两节之间，以不同的语气，表达同一意义相同的动词，是不大可能的。[59]

这里所说的喜乐，并非一般的快乐，乃因神将救恩带给人而有的喜乐，一种雀跃欢腾（路一 47，十 21；徒二 46，十六 34；犹 24；启十九 7）。原文"喜乐"这字[60]没有在保罗的书信中出现过，但在旧约七十士译本中则经常出现，表达朝拜者对神的怜悯而生的雀跃欢腾，是一种感恩的喜乐。因此这种喜乐是对神为他的子民所预备要显现之救恩的自然反应。这喜乐是神的子民现今所拥有的，也是信徒正常生活的一部分。因为这末世将显现的救恩将要应验，并且神的子民是正在经历这最终救恩实现的过程之中。[61]　当然在基督显现之时，这喜乐会是最圆满的喜乐（四 13）。

一 6 下　"但如今，在百般的试炼中暂时忧愁"　神的子民实在是有喜乐的原因的，虽然[62]在现实的生活中，神的子民仍然会暂时[63]经历

---

[59]　其他支持直述语气的学者有 Beare，p.60；Cranfield，p.40；Grudem，p.61；Viller，"Joy in Suffering," p.72；Furnish，"Elect Sojourners," p.9 with n. 41；Blum，pp.220‑221；Kistemaker，p.47；du Toit，"1 Peter 1；3‑13," p.70f.；Davids，pp.55,56.在劝勉的话这体裁下，直述语气的句子同样可以发挥劝勉的作用。

[60]　agalliasthe.

[61]　正如在旧约的敬拜之中，他们因着经历神的拯救和帮助，而深感雀跃和欣喜（参七十士译本诗五十 14，九十五〔九十六〕11～12，九十六〔九十七〕1、8，一二五 2、5～6 等），这种欣喜亦见于神的子民享用主餐之时（徒二 46），这主餐遥遥指将来在天上弥赛亚的筵席。参 R. Bultmann，TDNT，I：19‑21；Davids，p.55.

[62]　原文中并无"但"字，若将 lypēthentes 看为是 concessive sense，则译为"虽然"〔思〕〔现〕〔当〕或"然而"〔新〕较为适合，亦参 Michaels，p.28.这条件句属于第一类，表明条件子句所言者是发生的事实或假设是事实。Selwyn，p.127 将这里的分词看作 causal 和 temporal，意即信徒因为经历苦难之痛仍旧喜乐。但要注意在新约中，信徒受苦而经历喜乐，不是直接的，而是为着苦难所带来的结果及将来要得着的赏赐而喜乐（参四 12；太五 12）。参 Beare，p.60；Grudem，p.62，n.1.

[63]　注意 oligon 可用作表明时间，亦可用作表明忧愁的程度。后者是说义人在今世所要承受试炼之苦楚，若与将来从神所领受的奖赏作比较，便显得微不足道；这是在犹太教的著作中常见的思想，如所罗门智慧书三 5，十二 2，十三 6，十六 3 等。这观念在新约亦可见到，如罗八；林后四。但这里应该是前者的用法，指要受试炼困苦时间的短暂，因为随着的"现今"（arti）一字，表明作者的关注是在时间上的，箴廿四 34。这亦与一 5 的"所预备"要显现的救恩相呼应，表明末世的紧迫性。Michaels，p.28；Goppelt，p.89.

试炼而忧伤，这是有其必须性的。[64] 为什么有这种经历试炼的需要呢？这是因为神认为有必要；在神主权的掌管之下，认为信徒需要经历试炼（参三17按神的旨意），这也是在神末世救恩计划之内的。[65] 苦难是神的子民生活在地上不可逃避的现实，这同样是犹太智慧文学中一个常见的主题。[66] 耶稣亦需要经历苦难完成神旨（可八31；路廿二37；约十二34）。耶稣也曾警告说："在那些日子，必有灾难"（可十三7；参但二28；启一1，四1，廿二6）。这也是保罗提醒路司得、以哥念、安提阿等东方教会的话："我们进入神的国，必须经历许多艰难"。或保罗向提摩太说："凡立志在基督耶稣里敬虔度日的，也都要受逼迫"。这里所说的试炼，相信是指读者所面对从社会而来的逼迫，正如第四章十二节所指的"火炼的试验"。信徒所面对的试炼是多样的，"百般"字面的意思为"多种色彩的"，意即不同形式的，在第四章十节，彼得同样用这字描述神的恩赐，可说是一种平行。试炼可以是来自社会的排斥、经济的迫害，或身体的受刑。[67] 彼得是说明一件在神子民的情感上可见的"矛盾"：又喜乐、又忧愁。[68] 这两种的经历，是今世正常基督徒生活的一部分，面对目前的苦难叫人悲叹，但转向神为他的子民所预备要显现的救

---

[64] 原文是"现在若有这样需要暂时忧愁"，这"需要"（*ei dion*）是因为在神的计划中，信徒要在末世的时候，面对苦难的威胁（四12）。在福音书中，亦说明耶稣所受的苦难是必须的（可八31；路十七25，廿四7、26；约三14，十二34；徒三21，十七3）。耶稣亦曾警告说某些事必须先发生，然后末期才来到，其中包括苦难（可十三7）。有关彼得前书神的主权及护理的主题，特别参 R. P. Martin, "The Theology of Jude, 1 Peter, and 2 Peter," in *The Theology of the Letters of James, Peters and Jude* (Cambridge: CUP, 1994), p. 105.

[65] Goppelt, p. 89.

[66] 参所罗门智慧书三4～6；传道经二1、5；箴十七3，廿七21。

[67] Selwyn, p. 129 认为这里的用字，受马加比时期的故事所影响；马加比的殉道是面对不同形式的折磨（参马加比肆书十五8、21，十六4，十七7，十八21），希伯来书的作者就曾以马加比的殉难英雄作为有信心的见证人。另参雅一。亦参 Furnish, "Elect Sojourner," p. 9.

[68] Selwyn, p. 127 认为彼得在这里指出读者刚经历苦难而忧伤。但很难想象彼得是指凡他所写的各地方的读者是同一时间之内经历苦难，除非有全国性的迫害，但这并非针对的情况，参绪论。从文法的角度来看，因为分词主要并非表达时间性，这里是表示过去或现在，要由当时的文理所决定。Porter, *Verbal Aspect*, p. 381 指出，当分词是放在主要动词之后时，有倾向指分词的行动，与主要动词同时间或之后发生。在这里，"忧愁"这分词是在"需要"这现在式的主要动词之后，这两者是同时发生的；根据以上的注释，"喜乐"和"需要"是在同一时间中进行的，因此"忧愁"和"喜乐"亦是同时发生的事。参 Robertson, *Grammar*, p. 1113.

恩,便叫他们得着安慰,而且可以经历欢愉和喜乐。试炼可以使人跌倒失败,正如第五章八节所指的,亦可以带来信心的确定,正如这里所示的。

　　一 7 上　"叫你们的信心既被试验,就比那被火试验仍然能坏的金子更显宝贵"　第七节说明为何神的子民有经历试炼的需要。信徒经历苦难并非徒然的,是有目的和结果的:表明信心的价值。"信心经过试验"这词组,在雅各书第一章三节亦原原本本的出现过。但在那里的意思,是将"试验"当作名词使用,即苦难是信心得以炼净的工具,强调了试验这个过程。⑥ 在这里,彼得所强调的,是经历试验后的结果:即信心的精纯确实。⑦〔现〕正确地将这句的意思译出来:"这种经历无非要证明你们的确有坚定的信心。"这种经历过试验而有的确实的信心,是神所珍贵的,价值不菲。

　　这里的信,是指人的信靠和顺服(参一 3),并对神的忠心。神确实是值得信任的。神视确实的信为宝贵,因为神喜悦人的信靠。彼得使用金子这种贵重、被当时的人认为是最能耐的金属,和这信心作暗喻。这里所用的都是提炼和试验金属常用的词汇。⑦ 金子⑦和信心若要成为贵重之物,在经历上均有相似的地方,就是要经过火的试验。在旧约中,亦有说明人需要经历试验,如诗篇第六十六篇十节:"神啊,你曾试验我们,熬炼我们,如熬炼银子一样"(参箴十七 3;玛三 3)。彼得在本书以后亦讲及信徒经历重重如火的试炼(四 11)。金子要经过火的提炼,才可以将杂质除去,使之更纯净;照样,神子民的信心亦需经历苦难的磨炼煎熬,使之更臻完美,将所有不纯净的动机清除,使肤浅幼稚的信变得成熟和稳重。但这里的重点,正如上文所说,并非试验的过程,而是指金子虽是贵重,但仍是可以朽坏的,因为它是属于这会朽坏的世界(参一 18)。但确实的信心,是历劫不灭的,就正如为信徒所存留在

⑥　Deissmann,p. 86ff.;BDF §263(2).

⑦　因此将 *dokimion* 看作 articular adjective 用作 abstract substantive;Deissmann,*Biblical Studies*,p. 260f.;W. Grundmann,*TDNT*,II:259.因此〔吕〕〔思〕〔当〕〔现〕等译本的翻译会更为准确。

⑦　有关这种比方的运用,参诗十二 6;箴廿七 21。

⑦　金子是当时极贵价的金属,用作金融买卖的标准。圣经中多次提及这种金属(共 385 次)。

天上的基业一样,是永远长存的,亦是属天的(参林前十三 13)。这种
忠诚的信心,比在地上世人所最贵重的金银宝贵得多(〔吕〕);[73]神要看
的,并非信徒所拥有的,而是他们对神的态度,是否能证明他们是属于
神的,是神忠心的子民。苦难的作用,亦在于此,能将神的子民最宝贵
的信心证明出来。当信徒明白为义受苦的目的和意义的时候,便不为
苦难所困惑了。

　　一 7 下　"可以在耶稣基督显现的时候,得着称赞、荣耀、尊贵"
在原文中,"得着"这动词的表语,可以是"比金子更显宝贵"[74]或"称赞、
荣耀、尊贵"。前者的意思即:"确实的信心得着是比信心更显宝贵";后
者的意思是:"确实的信心得着称赞、荣耀、尊贵为结果"。虽然在文法
上两者均可能,但根据在原文中字序的排列,"得着"这动词直接置于
"称赞、荣耀、尊贵"之前,因此后者是比较合适的解释,亦是大部分中、
英文译本所采纳的。"得着"这字在这里的用法,与彼得后书第三章十
四节极其相似,表示在经历考验后应有的结果。苦难的试炼指向末世
的评断和赏赐。

　　"称赞、荣耀、尊贵"可以用作人向神所献上的颂赞,亦可看为是神
对人的推崇。在这里,因为上文是讨论盼望所带给信徒的喜乐,因此,
应该是指后者。"称赞、荣耀、尊贵"原是神所独有,表明神的伟大和尊
严;神将荣耀赐予子(一 21,四 11),到基督再临的时候,信徒便得以分
享这份荣耀。[75] 在现世,信徒不需为自己的称赞、荣耀、尊贵,寻求人的
认可。神子民最应该关注的,是他们是否在神的眼中蒙悦纳;到末世基
督降临之时,能够得着神的称赞、荣耀、尊贵(参罗二 7、10、29;林前四
5;腓一 11;来二 7、9;彼前五 4)。"称赞"指认定他们是属于神的,[76]"荣
耀"指他们参与于神的本性,"尊贵"指他们被神所接纳,使他们不致蒙

---

[73] *polytimoteron*;直译"极多"。

[74] 持这看法的有如 Hort,p. 42;Selwyn,p. 130;Kelly,p. 54.

[75] Michaels,p. 31 虽然接受这里主要的作用是鼓励信徒,因此是指神会给他忠仆的嘉许,但
却认为不可全然否定这里同样是要表明神是那位配得称赞、荣耀、尊贵的。他说:"在神得
称赞时,人便得称赞;在神得荣耀时,人便得荣耀;在神得尊贵时,人便得尊贵"。亦参 Hort,
pp. 43 - 44.

[76] *epainos*,Preisker,*TDNT*,II;587 - 588;*EDNT*,2;16 - 17.

羞受辱，正如耶稣是尊贵的房角石(二7)。在今世信徒可能被藐视、遭排挤，但那些有确实信心的人，在最后审判的时候，必能得到平反及神的嘉许。"称赞、荣耀、尊贵"并非信徒在今世为自己从世人面前所追求的；反之，惟有忠于神，在神面前得蒙悦纳的属神的子民，这些便属于他们，终有一天，他们可以得享这一切。

　　"在"这介词可理解为时间性，即"当"，亦可理解为"藉着"。"基督耶稣显现"这词组在新约中曾几次出现，如哥林多前书第一章七节；帖撒罗尼迦后书第一章七节；除了这里以外，在彼得前书中又出现两次，分别为第一章十三节和第四章十三节。⑦ 基督的显现是大有荣耀的显现，经历苦难的信徒亦可以分享这份荣耀(四13，五1)。因此神的子民应专心等候这日子的来临(一13)。⑱ 神是天天不断地保守属他的子民，叫他们不致失脚，叫他们能挺身昂首的面对明天，不论明天是如何的阴霾满布，仍是满心的期待，仰望黎明的来临，就是在艰难的日子完结，荣耀的显现，以致在现今艰难的日子中，仍可满有喜乐，歌唱称颂我们的神(一3)。

　　再者，根度(Kendall)认为，作者在此段中说明基督徒的盼望有两个十分重要的作用，然后在这卷书中再阐释此两者的作用：⑲第一，是基督徒的盼望使他们的生活与非基督徒的生活和世界的价值大异其趣；这分野更进一步地使基督徒与非基督徒之间产生疏离，这疏离亦同时制造了冲突和矛盾。第二，基督徒的盼望同时使他们得着面对这敌对世界所需的喜乐、信心和能力。这活泼的盼望亦是信徒能生活于其中的盼望，是永不会叫人失望的盼望。

　　一8　"你们虽然没有见过他，却是爱他；如今虽不得看见，却因信他就有说不出来、满有荣光的大喜乐"　这位将要显现的基督，除了彼得和其他第一代的信徒亲眼见过外，当时的读者大部分都没有见过⑳

---

⑦ 有关这"启示"(apokalysis)一字，尤其是保罗书信中的用法，参冯荫坤，《帖撒罗尼迦后书注释》，页84-86。"耶稣基督"这 genitive 是 objective genitive.
⑱ NIDNTT，3：316.
⑲ Kendall, "1 Peter 1：3-9," p.67.
⑳ idontes，concessive participle.

这位肉身的耶稣。[31] 彼得在这里使用"你们"（在原文中处于强调位置）强调了这是当时信徒的普遍经验。[32] 但彼得却申明，这并不影响他们与基督现在的关系：信徒可以与基督不断保持着爱的关系。信徒对基督的爱是建基于基督向他们所显出的爱，这是对神透过耶稣基督与他的子民所建立的新约所应有的响应（参可十二 30）。在旧约中亦有同样的要求（申六 4～5）。这种爱并非基于眼见的。"如今"这助动词提醒我们上文所述：如今神的子民是落在百般的试炼之中而忧愁，这时刻也是他们不能亲眼见到耶稣的时候。[33] 但这并不代表他们比不上第一代曾见过耶稣的门徒。信徒是凭信心不凭眼见，这思想在新约中常有出现（参约二十 24～29；罗八 24～25；林后五 7；来十一 1、27）。[34] 希腊文介词与动词"相信"一并的使用在古典希腊文和七十士译本中都没

---

[31] Gundry, "Verba Christi," pp. 337 – 338 认为彼得这里是受约二十 29 所影响，他认为彼得前书有关"重生"（一 3）及藉着神的道而得重生等均是受约翰福音所影响（约三 3、7）；但 Best, "Gospel Tradition," p. 98 则不以为然，认为这里提及第二代的信徒没有机会看见肉身的基督这说法，是十分自然的。Best 否定彼得在这书信中反映任何约翰福音的传统教导，参 ibid., pp. 89 – 99. 但参 Gundry 的反驳，R. H. Gundry, "Further *Verba on Verba Christi* in First Peter," *Biblica* 55 (1974), pp. 211 – 232；亦参 M. C. Tenny, "Some Possible Parallels Between 1 Peter and John," in *New Dimensions in New Testament Study*, eds. R. N. Longenecker & M. C. Tenny (Grand Rapids: Zondervan, 1973), pp. 370 – 377.

[32] Selwyn, p. 131 和 Kelly, pp. 56 – 57 均认为这里彼得是强调他作使徒是耶稣肉身的见证，亦是表明此书的作者是使徒之一的证明。但相信这里作者的用意并非如此，他只是说明当时信徒的一般经验。参 Michaels, p. 32.

[33] 在一 8 上所用的"没有见过"这词组，在原文中是 *ouk idontes*，分词的时式是过去不定式；在一 8 下的"不得看见"则是 *mē horontes*，分词是现在式。前者是有点特别的，因为通常 *ou* 只是用于直述语气的句子，在彼得前书另外一次出现在二 10. Michaels, p. 33 则建议这种转变，是要加强时间性的分别；前者是指一件普遍的事实，后者则是针对读者所面对逼迫的景况。Kistemaker, p. 52 则认为前者是要表明一件历史事实，后者是表明现今的情形；亦参 Goppelt, p. 93. 但这可能是过分强调了希腊文时式的时间性一面。根据 D-M, p. 264, 在蒲草纸的文献中，在分词之前使用 *ou* 是经常出现的情况，作为表达一件历史的事实，即第二代的信徒根本没有看见过肉身的基督。而"不得看见"则使用 *mē*，因为那里所言的看不见是现今假设了的情况，分词的过去不定时态作 summary aorist. 参 Hort, p. 45；Robertson, *Grammar*, p. 1138.

[34] 在原文句子结构中，两句的关系子句是平行的：(1) *on ouk idontes agapate* (2) *eis hon pisteuontes de agalliasthe* 这两个平行句中，"不得看见"是平行"相信"，"爱"是平行"喜乐"的。反映这是两组平行的经验：不得看见而相信，爱而喜乐。

有。⑧ 在新约中,约翰的著作则经常使用这结构,有卅七次之多。这结构在新约另出现了八次,这里是其中一次。这种结构表明这相信并非只是在理智上对基督的接纳或认同,而是一种对基督的信赖和委身,⑧ 正如爱并非只是一种情感上的依附。但他们这种不凭眼见的信靠方式,将有一天会改变过来,当基督显现的时候,他们又将会见到他。⑧ 神子民在这期间仍能不断忠心委身并信靠(现在式)基督,是来自神的保守(一 5),他们对基督的爱正是植根于此。⑧ 这信是蒙神所悦纳,并且会有成果的(一 9)。彼得将爱与信和盼望相连(参一 21～22;比较林前十三 13;帖前一 3,五 8),神的子民怀着信、望和爱过这地上寄居的日子。

　　“喜乐”一词与“爱”是平行的,因此不可能指未来的喜乐。正如现今信徒在患难之中能坚定相信,与基督建立爱的关系,同样喜乐亦是现今可以经历到的。⑧ 原文中“相信”和“喜乐”都是现在式的,表明正如相信是不断的,同样得喜乐亦是不断的。在信徒的生命中洋溢着喜乐之情,不能自禁。有别于第一章六节的描述,这里“喜乐”这个动词,用了“说不出来、满有荣光的喜乐”去形容。⑨ “说不出来”一字,在新约中只在这里出现,这喜乐是超过人的笔墨所能形容,是难以言喻,从内心深处涌流出来的。⑨ 这喜乐也是满有荣光的。⑨ 彼得在其他四处地方用到“荣耀”这个形容词时,均指人透过他们的言语或行为荣耀神(二 12,四 11、14、16)。人荣耀神,正因为神是极有荣耀的那位(一 7、21,四 13～14,五 1、4、10)。亦是他将荣耀加于他的圣民身上。正如顾登

---

⑧ 这结构可能是仿真希伯来文 *heʾeminbᵉ*.

⑧ *pisteuō*,*NIDNTT*,3:1213.

⑧ 参林前十三 12:“我们如今(*arti*)仿佛对着镜子观看,模糊不清;到那时,就要面对面了”。亦表达出“现今”和“将来”的对比。

⑧ Furnish,“Elect,”p.10.

⑧ 参一 6 注释;有别于 Selwyn, pp.258-259; Michaels, p.34; Krodel, pp.60-61.

⑨ 在原文中,先是出现了“喜乐”这动词,再加上“喜乐”的名词(dative case)。

⑨ *aneklaletos*;黄锡木,页 588;Beare,p.63 和 Selwyn,p.131,分别指出这里与林前二 9(引用赛六十四 4)所描述的情况相似:神为他的子民所预备的,是难以明言的,带有奥秘的成分。

⑨ *dedoxasmenē*;完成式分词。

(Grudem)所言,这喜乐是"与属天的荣耀相溶合,并且仍保持着这荣耀所发的光辉";这喜乐是"因神自己的同在而带来的结果,这喜乐甚至如今已有属天的特质。这是一种在天堂境界的属天的喜乐,在现今与那看不见的基督之团契中经历得到"。⑬

一9 "并且得着你们信心的果效,就是灵魂的救恩" 在原文中,这节并非独立的句子,而是连于第八节的主要动词"喜乐"。彼得用了一个现在式分词子句。有些中文译本将这分词译作得喜乐的理由:"因为你们领受了你们信心的结果,就是你们灵魂之得救"〔吕〕(参〔思〕和〔现〕)。这种译法,在文法上是可以的。⑭ 但有关喜乐的因由,事实上在第一章五至六节中已有清楚的交代,在这里再次重复,便成赘述。而且个人的得救,能否作为"说不出来满有荣光的大喜乐"的原因,亦成疑问。⑮ 因此,这分词可能是指向未来的。⑯〔和〕在这里的翻译,是较其他的译本合适。

"得着"这字,多用作接受工价或奖赏,在彼得前书中出现了两次,另一次在第五章四节:"必得那永不衰残的荣耀冠冕"。信徒的信心所带来给他们最终的果效或结局,⑰信心的未来是救恩。在第五节,只是一般性的讲述救恩的显现,并未说明这救恩的对象;在这里,则确切的说明这救恩是"〔你们〕灵魂的救恩"。"灵魂"一字在此书中只在第二章十一节中以单数的方式出现,其余的则像这里一样,以复数的方式出现(一22:"心"〔和〕,二25,三20,四19),表达一群特定的人或他们的生命(正如太十六25~26;来十39),⑱这里所指的不只是肉身的生命,亦

---

⑬ Grudem, p. 66.

⑭ 将这分词看为 causal use,持这论点的有 Kelly, p. 58.

⑮ Hort, p. 58;Grudem, p. 67.

⑯ Porter, *Verbal Aspect*, pp. 387 - 388. 当然另一可能性,是将这分词子句看作与得喜乐同时间所发生的事实;concomitant fact, expressing attendant circumstances,参 Hort, p. 47;Grudem, p. 67. 但喜乐若是现在的事实,除非我们接受 p. 67 的看法,认为这里作者是要表明一个渐进得着全备救恩的祝福的过程。但彼得在这卷书中有否这观念,亦是疑问,况且这与文理格格不入。

⑰ *telos* 末世审判的日子,在彼得前书中亦称为"万物的结局(*telos*)",并"那不信从神福音的人,将有何等的结局(*telos*)"。参罗六21~22,十4。

⑱ Michaels, p. 36 指出这里的"灵魂"一字之没有冠词,是受犹太人智慧书的影响,指一群特定的人,即蒙拣选的或义人。

是超越肉身死亡以后的生命,是人在神面前的存在;是整个人本质的转
变,得着救赎。再一次,作者把将来得救的荣耀与现今的经历相提并
论,表明未来要显现的救恩对现今信徒生活的重要。

　　基督徒的生命是朝向未来的,他们不断仰望那将救恩带来的神。
但这种对来世的强调,并未否定对今世的责任。基督的再来成为信徒
生命中重要的动力,叫他们坚忍地面对苦难,积极地承担今世的责任,
由第二章十一节起,作者教导信徒如何在今世的社会中发挥积极的作
用。强调未来不但不会否定今生,而是惟有对未来的肯定,信徒才可以
肯定今生的意义,承担现世的使命。

(III) 从神启示,由神成就的救恩(一 10~12)

10 论到这救恩,那预先说你们要得恩典的众先知早已详细地寻求考察,
11 就是考察在他们心里基督的灵,预先证明基督受苦难,后来得荣耀,
是指着什么时候,并怎样的时候。
12 他们得了启示,知道他们所传讲的一切事,不是为自己,乃是为你
们。那靠着从天上差来的圣灵传福音给你们的人,现在将这些事报
给你们;天使也愿意详细察看这些事。

　　在这段经文中,作者主要的目的,是要阐明上文所说灵魂救恩启示
的历史渊源及其超越性,让读者更深体会基督耶稣所成就的这救恩之
浩大。彼得最后以此段作为感恩和鼓励的终结,是最适合不过的了。
第一章十三节开始,便是本书正式劝勉的部分。

　　一 10 "论到这救恩,那预先说你们要得恩典的众先知早已详细
地寻求考察" 首句"论到这救恩"可以说是此段经文的标题,⑨承接了
第一章五和九节所讲的救恩,这已在第一章三至十三节中出现了三次
之多,在每一分段中出现一次(一 5、9、10)。说明在颂赞中,救恩是何
等重要的主题。

---

⑨ Ibid. , p.39.

作者将"预先说"[100]与第十二节福音的宣讲("传福音")相关连。[101]
这里所说的众先知,大部分学者认为只是指旧约的先知,有学者则认为
只是指新约当代的先知,[102]亦有学者认为应包括以上两者。[103] 指称是新
约先知或最少包括新约先知的论据主要如下:(1)这里所说的众先知
"详细的寻求考察",似乎意味着他们在圣经经文中作了苦心的探索,而
这并非旧约先知的特性;(2)下文所述的"基督的灵"更适合用于新约的
先知身上;(3)"众先知"一字在原文中是没有冠词的,意味着这是一群
为读者的群体所熟悉的先知,而非特别指那些旧约的先知;(4)下文第
十一节所述"基督受苦"可译作"为基督受苦",特别是"受苦"一字在原
文中是复数的,[104]即信徒要为基督受苦难。但这些论点出现甚多困难,
首先是新约先知的首要工作,并非"详细的寻求考察"旧约的经书或从
基督的灵而来的启示。更困难的是,寻求考察的内容是信徒要为基督
受苦,这与新约所描述新约先知的工作和信息内容截然不同。[105] 另一
方面,第二和第三点的论据并不太有力,因为基督的灵或受膏者的灵
〔吕〕亦同样可用于旧约先知身上(参以下的注释);而众先知一字没有
冠词,并不一定有任何特殊的意义,可能只是作者的风格使然,亦可能
是作者在强调先知的工作特质,而非先知的身份。[106] 以上所述,足以排
除这里是包括新约先知的看法。在使徒行传中,屡次记载彼得引述旧
约先知如何为基督作见证(二 16、25、30、34,三 13、18、21,四 11、25,十
43)。

---

[100] *prophē teuein*,参可七 6;太十一 13;犹 14,指事情发生以先已说出来,参 G. Friedrich,
TDNT,VI:828f.

[101] Goppelt,p.95.

[102] D. Warden,"The Prophets of 1 Pet 1:10 - 12," *Restoration Quarterly* 31(1989),pp.1 -
12.

[103] Selwyn,pp.134,259 - 268.反对这里包括基督徒先知的学者众多,如 Kelly,pp.58 - 59;
Best,pp.83 - 84;Michaels,p.41;Goppelt,p.95.

[104] 将介词 *eis* 看为是目的的用法,若 *peri tēs eis hymas charistos* 这词组中的 *eis* 可译作"为
着",*eis Christos pathēmata* 亦可译成"为着基督的苦难"。

[105] 有关新约先知的工作和信息内容,请参 W. Grudem,*The Gift of Prophecy in the New
Testament and Today* (East:Kingsway,1988),pp.135 - 146,149 - 166,171 - 179.

[106] 参如 Zerwick,*Biblical Greek*,§171.

　　"详细的寻求考察"在原文是两个希腊文的词,[107]如〔思〕的译法:
"寻求过,考察过"。这两个复合词的意思大致相同,这可以从下文第十
一节中只用了"考察"[108]一字综合这两个词可见。这两个词发挥了双声
迭韵的效果。[109] 这两词在七十士译本诗篇一百一十八〔一百一十九〕篇
第二节中出现:"寻求他的见证的人是有福的:他们必一心考察他"(照
七十士译本直译;亦参 22、33、34、45、56、69、94、100、115、129、145、155
节等)。在旧约次经马加比壹书第九章廿六节中,这两词再一次同时出
现,但并非是用在经书之上。前者在新约中可用作寻求神(徒十五 17;
罗三 11;来十一 6),而后者在新约中只有在这里出现过。他们都表达
主动地努力去寻找一些事物。这种努力和殷勤的探究,是一种敬虔的
表现。[110] 这些先知预言"你们"要得着恩典。这里的"你们"与先知成了
对比。"为着你们"[111]在第一章廿五节再次出现,说明福音已传给了"你
们"。有学者认为,这里是与以弗所书第二章十一至第三章六节所讲的
信息相似,表明外邦人如何被纳为神的子民(参徒十一 23)。[112] 无论这
是否作者的原意,新约中神的子民所领受的救恩,并非为着旧约的先
知,而是属于彼得这书信的读者。正如耶稣曾这样说:"我实在告诉你
们,从前有许多先知和义人,要看你们所看的,却没有看见;要听你们所
听的,却没有听见。"(太十三 17;参路十 24,廿四 25~26)。先知但以
理是其中一个最明显的例子,他得着异象,但却不明白内中的意思(但
八 27,十二 8)。
　　在新约中,"恩典"一字有不同的用法,主要是说到恩惠的爱或神向
人施予他所不配的恩惠。这里则是说明神恩慈的结果,[113]其意思与上
文所说的救恩无异。[114] 这恩典不单是神子民现在可以领受得到,是他

---

[107] *exezetesan kai exēreunēsan*,两个均是复合词(compound word)。

[108] *eraunotes* 虽与以上两字不同,但与"考察"一字同字根;请参下文注释。

[109] Beare,p. 64.

[110] Michaels,p. 40.

[111] *eis hymas*.

[112] Hort,p. 49.

[113] Arichea,"God or Christ?" p. 415f.

[114] H. Conzelmann,*TDNT*,IX;399 n. 219;Michaels,p. 41.

们作为神的子民的明证（参一 2，二 19，在原文中"可喜爱"实为"恩典"），是信徒在今生赖以事奉的能力（四 10，五 10），是包括在神于这救恩中所赐予他子民的；也是神的子民所期待的、当基督显现的时候所带给他们最终的救恩。

一 11 "就是考察在他们心里基督的灵，预先证明基督受苦难，后来得荣耀，是指着什么时候，并怎样的时候" 这句经文不单在文法结构关系上，且在个别词汇的意思上，均相当复杂。首先是在原文的次序中，"指着什么时候，并怎样的时候"⑮在分词"考察"之后。"考察"这分词是连于上文第十节的"详细的寻求考察"，进一步的说明考察的目的或方式。紧随的介词词组的作用就是在此。⑯ 更贴合原文的翻译为："他们努力寻求考察，就是考察是谁并在什么时候，基督的灵在他们中间所指出的，就是预言基督受苦难，后来得荣耀"。⑰

"考察"一字在新约中出现六次，另一个同字根的字可见于第十节。这字在七十士译本中用作搜寻对象（创卅一 35）、搜查屋子（王上二十 6），也用于寻索智慧及辨识（箴二 4），还可用于探索经文的意思（参上文；亦参约五 39，七 52）；神和他的思想往往是测不透的（次经犹底特书八 14；参申廿九 29）。这里所说的考察，不单指查考圣经，因为下文已经说明，考察的内容是基督的灵所启示的资料；当然也包括以前的经书。并且他们既得了启示，知道实现之年期还未到，暗示他们亦曾对其所处的时代环境作出考察，看是否在他们有生之年所预言的得以实现。⑱ "在什么时候，并怎样的时候"可以有不同的译法，如〔现〕旁注："是指谁，会在什么时候来"（参〔吕〕旁注〔2〕）。此句在原文中可以有两种不同的理解，

---

⑮ *eis tina hē poion kairon.*

⑯ Telic or modal participle.

⑰ 在原文中，"指示"（*edēlou*）一字在这介词词组之后，因此从句法的角度去看，这介词词组可连于"指示"，而不连于"考察"。"指示"一字在新约和七十士译本中均没有以介词表明所证明的内容，只有随着 dative case 表明向什么人证明；而"考察"一字，在新约虽然没有用过以介词表明所考察的目的，但在七十士译本中，却有这种结构（参创卅一 33）。Michaels, p. 41 指出，这介词虽然在这里并不是必须的，其作用就好像一 1 的两个复合词一样，以介词强调众先知考究之认真程度。

⑱ Grudem, pp. 68 – 69.

一是将〔在什么〕(*tis*)和"怎样"(*poios*)同作形容"时候"一词,[19]另一种可能是将它看为是独立的阳性的代名词,即"是谁".[20] 支持前者的论据,主要是来自上下文,认为弥赛亚的身份,并非彼得在此的关注。并且视"在什么"和"并怎样"基本上同义,[21]只是一种文学上的修饰。但这却难以解释在原文中这两个字之间的连接词为何是"或是"。因此有学者认为,"在怎样的时候"是用作解释和普遍化了"在什么时候",亦即"在什么时候,〔至少〕在怎样的时候".[22] 找出那时候的征兆。[23] 但顾登正确地指出,*poios* 一字在新约四次与时间的词汇一起出现时,均用作"什么"而不是"怎样"(太廿四 42:"那一天",太廿四 43:"几更天";路十二 39:"什么时候";启三 3:"几时");在圣经以外的文献中,也没有一处地方指这字可译作"怎样"的。另一方面他又指出,*tis* 一字在新约出现了五百五十二次,亦没有一次是用作询问时间的。这表明在第一世纪,他们问及何时的时候是用 *poios* 而非 *tis*。[24] 不只是弥赛亚的受苦和得荣耀是先知们的关注,谁是弥赛亚亦是先知们所期望知道的。因此,这里会接纳第二种解释,即"是谁,并什么时候"(参 RSV,NASV,NRS)。[25] "时候"一字在第一章五节已出现过,指神拯救的时候,包括将来基督再临之时。

　　"预先证明"一字是过去未完时态,表示基督的灵不断地表明出来

---

[19] 赞成这论点的有 MHT,4:129;Hort,p. 51;Bigg,p. 107;Beare,p. 65;Cranfield,p. 43;Best,p. 81;Michaels,p. 41;Davids,p. 61;Kistemaker,p. 53. 并大部分中文译本正文。

[20] 虽然 *tis* 一字亦可以当作中性,将之译作"什么",但若是如此,整句便显得意思不明了。

[21] BAGD,pp. 684,819. BDF § 298[2]虽然认为 *tina* 多是用作代名词,而 *poion* 则是用作形容词,但他却将这两字看为指同一件事,即"什么时候"。特别参 Porter,*Idioms*,p. 137 c. nn. 1,2 的分析。

[22] Michaels,p. 42;这种理解是将 *hē* 看为是 conjunctive,而非 disjunctive;亦参 Schutter,*Hermeneutic*,p. 106.

[23] 参 Hort,p. 65.

[24] Grudem,pp. 74 - 75;晚近支持这看法的研究,参 G. D. Kilpatrick,"1 Peter 1:11 TINA POION KAIPON,"*NovT* 28(1986),pp. 91 - 92;Hillyer,pp. 39f.,41f. 反对这看法者认为有关基督的身份并非在这文理中所讨论的。但彼得前书对基督论阐释之多,反映彼得对基督身份及工作的注重。

[25] 参第十二节有关 *hoti* 的解释,对这里所选择的理解,有进一步的支持:弥赛亚是谁和他于何时来临,在初期教会中,均是重要的课题。

的,表达了启示的过程,但这启示却没有全然的完成。这种用法,与希伯来书第九章八节相似:圣灵藉着"头一层帐幕"和旧约赎罪祭的礼仪"表明……进入至圣所的路还未显明。"先知们仍不断地搜寻,直至"得了启示"。[126] 但他们得启示所知道的,在他们当代这些还未实现,还要等待将来的年代。这种"指示"是透过"基督的灵"在先知的中间工作。这里出现的困难是基督若是指耶稣,在先知的时代,耶稣还没有完成救恩,何来"基督的灵"? 学者对"基督的灵"有以下各种不同的解释:(1)有认为这里是表达基督即那灵(参三 19);[127](2)为基督作见证的灵,亦即神的灵(参四 14;启十九 10);[128](3)圣灵(参一 2、12;彼后一 21),在旧约中,先知是受圣灵感动而说话的(撒下廿三 2;赛六十一 1);(4)属灵体先存的基督(参林前十 4;来十一 26)。[129] 以上前三者均可见于彼得前书中。其实以上各解释均不是彼此排斥的。对彼得来说,基督来临这事实,使他清楚地看到在旧约的先知身上所工作的灵,[130]其活动的焦点是为预言那将要来的基督是谁,并在什么时候来,同时基督也是受这灵所感的。[131] 因此这灵亦称为"被膏者之灵"〔吕〕、"弥赛亚的灵"或"基督的灵"。[132] 在初期教会中,神的灵、圣灵、主的灵、他儿子的灵、基督的灵、耶稣的灵是可以交互使用的(参罗八 9〔新约中唯一另一处使用"基督的灵"的地方〕;林后三 17;腓一 19;徒十六 7;加四 6)。但第一种解释所遇到的困难,是"基督的那灵"这观念,是用在超升了的基督身上,而非在道成肉身前的基督。并且第一和第四个解释同样面对圣经

---

[126] *apekalyphthē*, aorist tense.

[127] 将 *Christou* 的 genitive case 看作 appositional. 如 Bigg, p. 109;P. J. Achtemeier, "Suffering Servant and Suffering Christ in 1 Peter," in *The Future of Christology: Essays in Honor of L. E. Keck*, eds. A. J. Malherbe and W. A. Meeks (Minneapolis: Fortress, 1993), p. 182.

[128] objective genitive;如 Davids, p. 62.

[129] 如 Kelly, p. 60;Best, p. 81.

[130] J. D. G. Dunn, *Christology in the Making* (London: SCM, 1980), p. 159f.; R. P. Martin, "1 Peter," in *The Theology of the Letters of James, Peter, and Jude* (Cambridge: CUP, 1994), p. 117f.

[131] Beare, p. 65f.; Dunn, *Christology in the Making*, p. 160.

[132] 弥赛亚和基督的意思均为受膏者;弥赛亚乃希伯来文音译,基督乃希腊文音译。

中从没有称基督为"基督的灵"的难题。⑬ 因此若说这是要说明基督于旧约时代已存在,充其量只是间接的暗示,并不能绝对的肯定。⑭

众先知所考察的,是基督的灵在先知中间所指示,预先所证明的。这里不一定有基督的灵在先知心里工作的意思,而是基督的灵是与这些先知同在,在他们中间工作。⑮ 在原文中"指示"一字是主要的动词,而"预先证明"是分词。"预先证明"一字在七十士译本中未出现过,在新约中亦只有在这里出现,意即"在〔将会成就〕事实发生之前见证或宣告"。⑯ 所预先证明的内容是"为着基督"的,这与第十节所说的恩典是"为着你们"互相呼应。恩典和荣耀已为基督徒预备妥当,而苦难则为基督而存留。并且把这两个"为着"(eis)看为是"示意救恩的方法和目的之背后神那主权性的旨意"。⑰ "为着"这介词的用法,就好像所有格的用法一样。⑱ 基督受苦难,然后神叫他从死里复活得着荣耀,是初期教会的信念,同时他们亦认为这些是在旧约中已经预言了的(参徒二23～36)。⑲ 萧温认为,这里是指信徒为基督受苦,即"在基督路上的苦难",是缺乏说服力的。⑳ 一方面在新约中,从来没有以这种方式去表达像基督一般的苦难,当时的读者不会这样理解这句话。"苦难"一字,在原文中虽是复数,但这并不能成为这是信徒所受多种苦难的证据,因为在新约中,除了希伯来书第二章九节中这字是以单数出现外,其余的

---

⑬ Grudem, p. 69, n. 1.

⑭ 正如当我们说,国父孙中山先生曾在香港就读医科,这并不代表他在就读医科时已是国父,这是从我们现今的角度来阐释他昔日的情况。

⑮ en autois 可理解为"在他们心里"(in them)或"在他们中间"(among them),而后者在此较为适合,Michaels, p. 44.

⑯ promartyromai, Strathmann, TDNT, IV:512.

⑰ Michaels, p. 44;参 Hort, p. 54; Best, p. 81.

⑱ BAGD, p. 229f.; A. Oepke, TDNT, II: 434. W. L. Webb, "The Apocalyptic Perspective in First Peter," Th. M. thesis, Regent College, Vancouver, B. C., Canada, 1986, p. 122 认为,ei 的用法是时间性的,即直至基督在末世时所经历的苦难,但将"基督"解作"基督来临的时候",似乎将其意思推广得太尽。

⑲ Kelly, p. 62.

⑳ Selwyn, pp. 136, 263;支持他的看法的有 Warden, "Prophets of Peter," p. 6; Dunn, Christology in the Making, p. 159. Schutter, Hermeneutic, p. 112 则不愿在这两者中作出明确的选择,但却倾向于接受 Selwyn 的看法。他认为连彼得本人亦可能要作这"证明"的功夫。

十五次均以复数出现,特别是彼得前书第四章十三和第五章一节中,明
显是指基督的苦难,但也是以复数出现(参二 21~25,三 18)。况且,这
里所说的"后来"⑭必然是指在受苦之后便有荣耀;但若将之视为是信
徒的受苦和后来得荣耀,则与第四章十四节有所矛盾,那里说神荣耀的
灵,已临在那些受苦的信徒身上。⑭ 因此,最合适的,仍是将这里首要
的意思看为"基督注定要受的苦难";当然基督徒亦同样注定是要面对
苦难(三 17,四 12~19)。⑭

　　苦难之后是荣耀。"荣耀"一字,在原文中也是复数的,更合适地用
于基督身上,过于在神子民的身上。复数有将抽象的名词更为具体的
作用。⑭ 米高斯进一步指出,在彼得前书中与"后来得荣耀"的观念最
有关联的,莫过于那召神子民出黑暗入奇妙光明之神的"美德",⑭极有
可能彼得是要表明一连串荣耀的事件:基督的复活(一 3,三 21)、升天
(三 22)、"传道给那些在监狱里的灵听"(三 19)、坐在父神的右边(三
22)、将来大有权能的回来(一 7、13,四 13,五 4),⑭并由他所带来国度
的荣耀。⑭ 应验在基督身上的这受苦/得荣耀的经历,这救赎得以成就
的两个阶段,对在苦难中的信徒是饶有意义的,⑭这方式同样是神的子
民在今世所会经历到的(五 12~16;参二 21~25,五 1~4)。⑭ 有关基

---

⑭ *meta tauta*,直译应为"这些之后"。

⑭ Grudem, p. 70.

⑭ 这里可能反映在当时末世言论中有关"弥赛亚灾劫"(Messianic Woes)的题旨(参但十二 1
　~2;并启十二 1~2),这是说在万物复兴之前所要经历的苦难,这些灾难包括自然灾害和
　社会解体,就如地震、火山爆发、奇特的天象、自然生态的变异和旱灾、疾病、战争、文化崩
　溃等。因此这里确是可以将基督作一个体和神子民作一群体相提并论,但群体的理解在
　此仍应看为次要。参 Schutter, *Hermeneutic*, pp. 107 - 108. Webb, "The Apocalyptic
　Perspective in First Peter," p. 117ff. 认为这同样是一 3~9 和四 12~19 信徒在基督再临
　前要经历苦难之背景。

⑭ BDF § 142;Michaels, p. 45. 但 Selwyn, p. 264 则认为这是 distributive plural。复数的
　"荣耀",在新约只出现过三次,另两次在彼得后书第一章和犹大书,均是指"有尊荣的",可
　能是指天使。因此很难从其他的参考中知道这里使用复数的原因。

⑯ *tas akretas*,有关"荣耀"和"美德"与被召的关系,参彼后二 9。

⑯ 参 Best, p. 81f.;Michaels, p. 45;Blum, p. 222;Kistemaker, p. 54;Hillyer, p. 42.

⑭ Grudem, p. 69.

⑭ Dalton, *NJBC*, p. 304.

⑭ 参 Schutter, *Hermeneutic*, p. 123.

督的受苦会在第二章廿一至廿五节再次引申,有关基督的得胜则见于第三章十六至廿一节,这两段是本书卷中有关基督论的最重要经文。

　　一12上　"他们得了启示,知道他们所传讲的一切事,不是为自己,乃是为你们"　这些先知们的努力,并没有白费。神将他的旨意,向先知们启示。⁽¹⁴⁹⁾这从神而来的启示,正与上文第十一节所载,与他们所考察的有关:"基督受苦难,后来得荣耀,在什么人身上,在什么时候"(参〔吕〕旁注)。他们所得到的启示是,他们所等待的那位和那时间还没到来。这种说法,在旧约已有暗示(如民廿四17;申十八15;哈二1～3),并且成为犹太天启观念中的主题(如以诺壹书一2)。先知所预言与弥赛亚有关的事情,还需一段时间才得以实现。有关先知所预言的,是为着后来新约神的子民这观念,在福音书中已可见(如太十三17;路十24;约八56,十二41),保罗书信中也十分普遍(罗四23～24,十五4;林前九9～10,十11)。在使徒行传的记录中,亦提及彼得曾讲说诗篇第十六篇八至十一节,大卫指着耶稣而说的话(徒二25～36)。但彼得在这里所说的独特之处,在于这些先知们从启示中知道这些事并非是为他们自己,而是为将来的某世代某些人的。"传讲"一字在原文中是"服侍",〔和小字〕亦参〔吕〕:"所作服事的工";〔新〕:"效力"(参四10～11;徒六2),⁽¹⁵⁰⁾这些先知是神的仆人,他们不断地在这些事上服侍(imperfect tense)后来新约的神子民。这里"服侍"一字的用法,和第四章十节的用法一样,是为一个群体而作出个人的贡献。新约的信徒透过这些先知所说的话,仍然不断地受益;他们的贡献,并不因为应许

⁽¹⁴⁹⁾ *apeklyphthē* 为被动语,神是那位启示者;参 BDF §130(1),p.76.但这种启示是直接从神而来,还是间接地透过天使(如但九20～27,十二5～13)。"启示"一字,在新约和七十士译本中,均没有与任何子句相连,以表达启示的内容,而且这也不是古典希腊文的语法;参 Michaels,p.46.最可能的解释是,正如 J. H. L. Dijkman, "*hoti* as an Introductory Formula to Catechetical References in 1 Peter," in *South African Perspective on the New Testament*, ed. J. H. Petzer & J. Hartin (Leiden: E. J. Brill, 1986), pp. 26 - 70 指出(他并未引用这段作为例子加以说明),*hoti* 在彼得前书中是要引出一些在新约其他书信中已常见的资料,而且内容带有十分强烈的犹太色彩,可能是源于犹太人的教会而得到使徒权柄的认可的。

⁽¹⁵⁰⁾ *diekonoun* 所事奉之物为 accusative case,这结构并不太普遍,参 BAGD, p. 184(2),参提后一18。

已经实现而结束,他们所传讲的,成为这新约中神子民群体的信仰的重要部分。这"一切的事"⑩一方面是指上文的"基督受苦难,后来得荣耀",也指第一章十二节中的"这些事"(*ha*)和十二节下的"这些事"(*ha*)。⑱

我们可以意译这节的意思如下:在先知之中基督的灵指示他们有关弥赛亚受苦和后来得荣耀这事;先知们寻求考察这些关乎弥赛亚的事是指着谁,并在什么时候;在考察的过程中,他们得着启示,知道这些将临于弥赛亚身上的事,并不是在他们的那时代,也不是直接为着他们的。

一 12 中 "那靠着从天上差来的圣灵传福音给你们的人,现在将这些事报给你们" 在原文的次序中,"现在将这些事报给你们"是排在先的。"报给"一字与"传福音"基本上是同义的,均宣告那应许的基督已经来到。⑭"基督受苦难"和"后来得荣耀"正是初期教会的使徒和传福音者所带给小亚细亚的彼得的读者,并他们所领受的福音。⑮ 他们并非只从旧约的先知身上得知这些事,而是在他们当代("现在")⑯有人已将这好消息清楚地向他们宣讲。新约传福音者⑰"现在"的宣布与旧约先知的年代显然是有时间上的对比(参路二 29~31;弗三 5);也是

---

⑩ *auta*,这字的作用可视作形容紧随的"这些事",亦可以看作真正的代名词。后者是这里所接受的理解。因为前者的理解使其意义难明:"他们所效力的,并不是为自己,这本身是藉着他们传福音给你们的那些事"。

⑱ Kistemaker,p. 57.

⑭ "报给"一字的希腊文为 *anangellō*,"传福音"则为 *eungelizō*,参 *TDNT*,I,64;但 Hort,p. 59则认为"报给"所指的宣布,不只限于福音的内容,亦包括了福音所蕴含神的心意和盼望。"传福音"在此书只在此处出现,四 17 则用另一个同字根的名词 *euangelion*.

⑮ Michaels,p. 46;Kistemaker,p. 56.

⑯ *nyn* 这助语词在彼得前书中经常与 aorist passive 的动词一处使用;参二 10、25,三 21。这字带出了一个新的形势,因此有"现在,相对之下"的含意。Hillyer,p. 42.

⑰ 这里所说的"传福音者"(*hoi euangelisasmenoi*)一字,可能是受以赛亚书第四十章九节(参彼前一 25)、第五十二章七节、第五十三章一节或诗篇第六十八篇十一节的影响。这字在原文的串法,有别于以弗所书第四章十一节中"传福音的人"(*hoi euangelistai*;亦参徒廿一 8;提后四 5),但在含义上则甚相似。惟在此处说明了所传福音的对象("你们")。将传福音的对象以直接受格(accusative)紧随着"传福音"(*euangelizesthai*)一字的这种结构,在七十士译本中并未有见到,但在路加的写作中常见(路三 18;徒八 25、40,十四 21,十六 10;参加一 9);但更常见的是所传讲的内容是直接受格,而对象是间接受格(dative)。彼得在使用这字上,似甚有弹性,参一 25,四 6。

现今这新约救恩已完成的年代,与先前的年代之间的对比。[⑱] 这也是
另一个支持将第一章十一节中那些"考察在他们心里基督的灵"看作旧
约先知这看法。传福音者所指的不单是使徒,并包括了新约时代所有
的传道者。这些传道者并非靠赖自己的能力将这信息向人报明,而是
依靠那启示的圣灵。[⑲] 这圣灵是由神所差来,[⑯]是带有使命而来的;而
且他来自天上。"从天上来"一方面是要表明圣灵的来源:是从神的居
所、耶稣王权彰显的所在(参三 22),是超越人的控制或影响的;另一方
面亦表明圣灵加力给传福音者,叫他们所宣讲的信息,同样是来自天
上,是属天的信息,亦是来自神的启示,因此是有绝对权柄的。[⑯] 这从
天上而来的灵同时亦是圣洁的灵(参赛六十三 10～11),是源于圣洁的
神,亦是使人得以成圣(一 2),并且使人继续成圣的灵(参一 15～16)。
这圣灵当然与之前所说的基督的灵同属一灵,但彼得并没有直接的说
明,在不同的时代,神的灵有不同的工作方式。

　　一 12 下 "天使也愿意详细察看这些事" 在"天使"一字的前面
并没有冠词,像第十节"先知"一样。这里并非指某些特定的天使,可能
亦带有"甚至"〔新〕或"连"〔思〕的意思,意即甚至天使这等崇高的灵,[⑯]
已经侍立在神面前尊崇神的灵(来十二 22;启四)。在犹太启示文献的
以诺书中(以诺壹书十六 3;以诺贰书廿四 3)和新约(如可十三 31;弗
三 10;启一 1,十 1 起、8～9,十四 6 起,十七 1)均记载天使将神的奥秘
向人揭示。米高斯准确地指出:"天使通晓事情之多这事实,甚而他们
也不知道的事情,更叫人感觉惊讶。"[⑯]神为他的子民所预备这伟大的
救恩,实是超过人和天使所通晓明白的。

---

⑱ Stähin, *TDNT*, IV:1118;Hort, p.59;这种用法,在新约中并非不普遍:如罗五 11,七 6,
　　十一 30、31,十六 26;弗二 13,三 5;西一 21、26;提后一 10。

⑲ 这里"圣灵"一字在原文中 dative case,其用法并不全是 instrumental use,不然圣灵便成为
　　传道者的工具,任其主使。这种 dative,应是表明事情发生的情况和方式('accompanying
　　circumstances and manner,' BDF §198),参 Michaels, p.47;Achtemeier, "Suffering
　　Servant," p.183, n.50. Hort, p.61 则认为与 dia with genitive 的用法相似。

⑯ *apostalenti*, divine passive;Zerwick, p.76.

⑯ 参 H. Traub, *TDNT*, V:531.

⑯ Zerwick, p.55;*idem*., *GAGNT*, p.704;Hort, p.62.

⑯ Michaels, p.48.

　　"愿意"亦可译成"切愿"〔吕〕或"切望"〔思〕,这字亦是耶稣在马太福音第十三章十七节中向门徒说:"从前有许多先知和义人,要看你们所看的……";天使和耶稣所讲的这些先知和义人一样,切望明白这救恩的奥秘。[⑯] 在原文中,这里"详细察看"所用的字眼,与上文第十、十一节中所用的字不同。这字的含意,有时是指屈身观看、凝视、或窥察(参雅一 25;路廿四 12;约二十 5、11),[⑮]亦可能蕴含愿意不怕麻烦,为要看得清楚的意思;[⑯]在这里选用这字,可能是要表达天使从天上向下观看救恩藉着基督在地上得以完成,即福音的内容。[⑰] 同样的动词可参以诺壹书第九章一节,四位天使长米加勒、乌利尔、拉斐耳和加百列从天上观看地上世人所犯的暴行;[⑱]这字的其他同字根的动词[⑲]也在七十士译本中出现过,用作神在天上观看地上人的作为(申廿六 15;诗十四 2,五十三 2,一〇二 19;哀三 50;参出十四 24)。这里表明连天使也有这种细察地上所成就的救恩的渴望,正如米高斯所说:"彼得所强调的,并非他们(指天使)的活动或权柄,而是他们对所发生的事情所具浓厚的兴趣,并他们的能力和知识的局限。"[⑳]这里"切愿"和"察看"都是现在式的,说明天使的关注是不断的,并非短暂的兴趣。

　　在新约其他的地方,亦有表明天使对人的救恩的兴趣:天使为罪人悔改而喜乐(路十五 10);他们观看耶稣在地上所作的事(提前三 16);当救恩最终得以完成的时候,他们欢喜的讴歌颂赞(启五 11～14)。在希伯来书第一章中,用了相当长的篇幅描述基督的身份和地位是远超过天使的,圣经并没有记载救恩是为他们的(参来二 16)。反之,他们从教会得知这救恩(弗三 10),并且他们是服役的灵,是为神子民效力的。根度总结说:"简而言之,基于神在基督耶稣里的作为,这蒙救赎群体不只是位于救赎历史的顶峰,亦是宇宙舞台救赎剧目的高潮,甚至天

[⑭] 这动词用现在式,意味着天使仍渴望知道神救恩的计划,但亦未能全然知道。

[⑮] 黄锡木,页 589。

[⑯] Blum, p. 222.

[⑰] Hort, p. 62；Michaels, p. 49；亦参 Achtemeier, "Suffering Servant," pp. 184 - 185.

[⑱] Fitzmyer, p. 904 指出这里的写照就如透过窗户窥看。

[⑲] *parakyptein*, *diakyptein*, *ekkyptein*, *katakyptein*.

[⑳] Michaels, p. 49.

使也被这拯救恩典的奇妙所吸引。"⑰

　　从另一角度去看,第一章三至十二节亦反映第一章二节父、子和圣灵三方面的工作:⑫

　　一 3～5　　　父神是信徒得新生命的源头

　　一 6～9　　　耶稣基督的显现

　　一 10～12　　圣灵的工作

　　信徒所承受的救恩是三一神恩惠之工作,这恩典是宝贵而浩大的,我们能在其中欢喜快乐。基督徒盼望的基础就在于此,并不受任何历史偶发的事情所影响,而是建基于神已完成的救恩,是立定而永不改变的。在今世虽然信徒因经历苦难而忧愁,这既是信心经历考验的时候,也作为神子民身份的明证。梁家麟将彼得在这段的信息精确地说明:"这喜乐不独是由于我们确认将来必然得到永生,以及各样奖赏;也是因为对未来的确实盼望,让我们的视线超逾了此生。一切都是末世性的,都可以从永恒的眼光里重新被估量;事实上,是将来诠释了我们的现在。我们喜乐欢笑,并在欢笑中轻蔑了现实世界里的苦难,也嘲弄了那企图播弄我们的命运。"⑬

(IV) 蒙神拣选子民新生活的形态:圣洁的生活 (一 13～二 10)

　　在此段中,第一章三至十二节是直述语的段落,而第一章十三至第二章二十节则转为命令语,这是基督徒存在和生活的两方面,直述语的段落说明了信徒在神面前的身份、所享有的权利和恩典;命令语的段落则说明作为神子民这身份的信徒所应有的生活。前者说明神子民与神的新关系,后者则说明这关系会呈现的新生活方式。这种直述语/命令

---

⑪　Kendall, "1 Peter 1:3 - 12," p. 107.

⑫　Elliott, p. 74;参 O. S. Brook, *The Drama of Decision: Baptism in the New Testament* (Peabody: Hendrickson, 1987), pp. 144 - 147; du Toit "1 Peter 1:3 - 13," p. 69.

⑬　梁家麟,页 16。

语的表达方式,同样见于保罗的书信中。⑭

　　这段经文的主旨是作为神拣选的子民,他们要过圣洁的生活。第一章十四至十六节和第二章九节均重复了拣选和圣洁这两个重要的题旨,在此整段中形成首尾呼应(*inclusio*)。"拣选"在第一章二十节、第二章四节和六节都与基督有关,第二章九节则用在信徒身上,拣选使读者从"算不得子民"成为"神的子民"。同时,第一章十四至十六节引用利未记第十九章二节作为神子民要与过往的生活断绝,过圣洁生活的基础。第一章十七至廿一节说明圣洁生活所应有的三种态度:"敬畏"、"信靠"和"盼望"。第一章廿二至廿五节再加上第四种态度:"爱"。第二章一至三节重提圣洁生活应有的表现,尤其是要除去有碍于"爱"的行为,亦说明圣洁生活背后的动力是来自神的道。第二章四至九节则是这一大段落的总结:他们是神拣选的子民,享有他人所没有的权利,也带给他们不可忘却的责任,就是过圣洁的生活。⑮

(i) 神子民道德生活的表现(一)(一 13～21)

13　所以要约束你们的心,谨慎自守,专心盼望耶稣基督显现的时候所带来给你们的恩。

14　你们既作顺命的儿女,就不要效法从前蒙昧无知的时候那放纵私欲的样子。

15　那召你们的既是圣洁,你们在一切所行的事上也要圣洁。

16　因为经上记着说:"你们要圣洁,因为我是圣洁的。"

---

⑭　特别参 Goppelt, p. 103ff. 说明阐释这两方面为何同样重要。亦参 Kendall, "1 Peter 1:3 - 12," pp. 104 - 105. 有关这段经文的格式问题,Schutter, *Hermeneutic and Composition in 1 Peter* (WUZNT 2. 30; Tübingen: J. C. B. Mohr, 1989), pp. 91 - 93 认为是属于犹太人的讲道式解经(homiletic midrash),但 Martin, *Metaphor*, p. 19, n. 53 正确地指出 Schutter 未有清楚地界定这格式组成的分析。Martin, *Metaphor*, pp. 85 - 134 则认为这里的格式是教导性言词(paraenesis)。

⑮　Schutter, *Hermeneutic*, p. 52 认为这段经文说明神圣洁的呼召,但 Martin, *Metaphor*, pp. 161 - 162 正确地指出,呼召是过往已发生的事,这呼召使读者成为神的子民,这里并不是呼召他们成为圣洁,而是作为神的子民,他们的特性就是圣洁。

17 你们既称那不偏待人、按各人行为审判人的主为父,就当存敬畏的心度你们在世寄居的日子,

18 知道你们得赎,脱去你们祖宗所传流虚妄的行为,不是凭着能坏的金银等物,

19 乃是凭着基督的宝血,如同无瑕疵、无玷污的羔羊之血。

20 基督在创世以前是预先被神知道的,却在这末世才为你们显现。

21 你们也因着他,信那叫他从死里复活、又给他荣耀的神,叫你们的信心和盼望都在于神。

　　此段也可分成两个小段:圣洁和敬畏(一 13～17)及其基础(一 18～21)。

　　有学者认为,这里所用的,与逾越节的预表有关,正如路加福音第廿二章十六节和哥林多前书第五章七至八节所载。[16] 这与客旅的主题是互相配合的。[17] 第一章十三与廿一节首尾呼应,以“盼望”为架构,即末世的来临成为神的子民过圣洁生活的原动力;第一章十三至十七节说明盼望基督显现的人(一 13),在道德生活上的两种表现,就是圣洁的生活(一 14～16)及敬畏神(一 17)。圣洁和敬畏这两方面的表现,是来自基督为他们所成就的救赎。基督一方面是那贵重的赎价(一 18～19),另一方面说明这赎价有效地成就救赎(一 20～21),并且已在神的子民身上得以成就,他们亦怀着最终得赎的盼望,去过地上的生活。

　　一 13 “所以要约束你们的心,谨慎自守,专心盼望耶稣基督显现的时候所带来给你们的恩” 此处第十三节的“所以”,是直接引申自上文第三至十二节彼得所阐释有关神子民领受福音所带来给他们的身份和盼望。这些神子民所享受的独有权利,同样为他们带来道德上的责任。正如第三节所言,作者强调盼望之重要。神将活泼的盼望这重大的权利赐予他的子民,因而他们第一个或甚而首要的责任,是要专心地盼望。在原文中“盼望”是这节的主要动词。

　　从第一章十三节至第四章十一节,出现了一连串过去不定时态的命

---

⑯　如 Reicke,p. 83.

⑰　参 Davids,p. 66;亦注意 Michaels,p. 52f.

令语法动词:"要……"(一15)、"当……度……"(一17)、"当……相爱"
(一22)、"就要爱慕……"(二2)、"要顺服……"(二13)、"务要尊敬……"
(二17)等;对比第四章十二节之后所用的现在式的命令语法动词。这并
非说,在前一段没有现在式的命令语法动词(如二17:"亲爱……敬
畏……尊敬……"),而后一段并非没有过去不定时态的命令语法动词
(如五2)。其原因不必因为这两段是来自不同的手笔(参绪论),可能因
为第一章十三至第四章十一节是对信徒所发出的一般性的命令,因此使
用过去不定时态的命令语句;但第四章十二节之后是指一些实际上发生
在他们中间的逼迫,而现在式命令语句更能表达这种紧迫性。[⑰]

　　"约束"原意为"束腰",指东方人日常所穿的长袍往往需要拉起来
束在腰间的带上,以免妨碍走动(出十二11;王上十八46;王下四29,
九1),在圣经中亦不时作比喻式的使用(参箴卅一17;耶一17;路十二
35;弗六14等),表示整装待发,有迅即行动之意,与闲懒怠惰、敷衍散
漫相反。彼得这里的说法,很可能是受耶稣言论的影响。[⑲]路加福音
第十二章卅五节也记载耶稣教导门徒要腰里束上带子,预备等候人子
的到来。在这里,彼得同样呼吁读者要预备自己等候基督的显现(参四
7)。[⑱]

　　信徒要"约束自己的心","心"[⑱]原意为"思想""心思""理解"。保
罗在以弗所书第四章十八节指外邦人的"心地"昏昧,指他们在属灵和
道德的理解上均是扭曲了的。这里所指的,不单是逻辑的理性,更重要
的是属灵和道德上的理性。[⑱]彼得这里的用字,亦同样可能是受福音

[⑰]　Porter, *Verbal Aspect*, p. 359. Robinson, *Grammar*, p. 856(参 MHT, 4:128)则认为彼
　　得比较喜欢使用过去不定时态的命令语法动词,是他自己个人风格的问题,并没有任何特
　　别的原因。但参 Porter, *Verbal Aspect*, p. 351. 这里 aorist 的用法大概是 ingressive,表达
　　进入一种与过往不同的行为方式(BDF §337[1])或是在基督降临之前所应作的(BDF
　　§337[2];MHT, 3:77)。

[⑲]　Best, "Gospel Traditions," pp. 104–105;Gundry, "Verba Christi," p. 339; *idem*,
　　"Further," p. 224.

[⑱]　在路十二35及出十二11〔七十士译本〕均使用 perfect participles(完成式分词),而在彼前
　　一13则使用分词,前者强调应有的状况,后者与主要命令语态的动词"盼望"相连,带有立
　　即行动之意。

[⑱]　*dianoia*.

[⑱]　J. Belm, *TDNT*, IV:966;参 Best, p. 84;Kelly, p. 65f.

书所影响(可十二 30；太廿二 37；路十 27)。[13]

"谨慎自守"这分词可以说是进一步的解释"约束你们的心",[14]但更加可能的是,"约束自己的心"是"盼望"之前的行动,而"谨慎自守"是与"盼望"同时发生的行动。[15] 在原文中"专心盼望"的"专心"这助动词,因为位于"谨慎自守"和"盼望"之间,因此可用作形容分词"谨慎自守",亦可连于主要动词"盼望"。正如贺特(Hort)指出,一般来说,在原文中以"-os"为结尾的助动词,是在他所形容的动词之后,而非之前。正如在第一章廿二节"切实〔地〕相爱",第二章十九节"冤屈地忍受苦楚"(原文直译);除非冠词是置于分词之前,则助动词同样会置于分词之前(一 17,四 5),因此,这里应作"专心谨慎自守"。[16] 但支持"专心盼望"的,亦大不乏人。[17] 又因此助动词在新约中只在这里出现,因此相当难作决定。[18] 但比较之下,第一种解释在彼得前书中的支持较强,亦是笔者所接受的解释。

"谨慎自守"这字在新约中出现了五次(帖前五 6；提后四 5；彼前一13,四 7,五 8),单是在彼得前书就出现了三次。这字的原意是不受酒精所影响(参帖前五 6～8),但在新约则泛指谨慎和儆醒,有全神贯注的意思。[19] 信徒在盼望基督再临这事上,要排除在思想上一切错谬的

---

[13] Michaels, p. 54. Michaels 更指出彼得将路十二 35 及出十二 11(七十士译本)这动词原为描述状态的 perfect participles(完成式分词)转变为在这里表达迫切实时行动的 aorist participle(过去不定式分词),亦将这字的前缀 peri- 转为 ana-,可能是要加强这急切的效果。亦参 Gundry, "Verba Christi," p. 339；Best, "Gospel Tradition," p. 104.

[14] 正如 Michaels, p. 55.

[15] "约束"是在主要动词之前的 aorist participle(过去不定式分词),这文法结构,表明这分词是在主要动词之前的行动。而"谨慎自守"则是 present participle(现在分词),在这里大概是与主要动词同时有的行动,参 Porter, *Verbal Aspect*, pp. 380 - 385。虽然将这三者看为是接连发生的行动是可以的(参 ibid., p. 383),但在这里不大合适。亦参 Grudem, p. 76.

[16] G. Delling, *TDNT*, VIII：74 - 75；Hort, p. 65；Michaels, p. 55；参 Beare, pp. 69 - 70。第二章廿三节的情况则属例外,因为要将"审判"这分词和"活人死人"放在一起,所以助动词置于分词之后。

[17] Selwyn, p. 140；Kelly, p. 58f.；Grudem, p. 76；Kistemaker, p. 62；Davids, p. 65；Goppelt, p. 107.

[18] Best, p. 85 就认为是难以确定的。

[19] 这字与另一字 gregorein("儆醒")在五 8 同时出现,若与可十四 38；太廿六 41 和西四 2 作比较,则可知这两词汇的意思相似。参 Michaels, p. 55.

异端,洞悉真正的现实;在道德上排除任何个人的私欲和放纵。信徒要专心的谨慎自守,即要全心全意的,强调了这种行事态度的重要性。

"盼望"是彼得前书中一连串的过去不定时态命令语法动词的第一个。动词"盼望"随着介词"在"[190]这种结构,可能是受七十士译本的影响(参七十士译本诗四 6〔5〕,六十九 31〔六十八 4〕,一一一 7〔一二一7〕,一一七 9〔一一八 9〕),"在"这介词所指的,是盼望的根据和对象。[191]这里动词的盼望是指一种"忍耐的期待"(参罗八 24~25;林前十五19),有"信靠"的意思(彼前三 5;参腓二 19;提前四 10,五 5 等),满有信心地相信神将会成就他的应许、施行他的救赎。[192] 这种"盼望"正如第十三节上半节所描述的那种有高度警觉性及严阵以待的心态。在道德上的要求就如以下第十四至十七节中所指出的:有圣洁的生活(14至 16 节),并且对神常存敬畏(17 节)。

基督徒所盼望的内容并非一种梦想或理想,世人此类的期盼往往都会落空,基督徒所盼望的内容是绝对可靠的,并不受任何历史中可能的因素所影响,因此是足以成为信徒盼望的基础(参路六 34,廿三 8;腓二 19、23)。所盼望的内容是耶稣基督显现的时候所带给信徒的恩典。基督显现的时候是指基督的荣耀彰显之日,亦是神的荣耀向普天下彰显之时(参一 5)。"恩典"一词正如在第一章二节和十节的用法一样,是客观地存在的,几乎与"救恩"完全同义。[193] 这恩典是在末日时才赐予信徒的,并非现今的经历。但这在末世要显现的恩典会直接影响生活在今世的信徒,在面对今世种种困苦与患难的良药,是仰望这日子来临所带给信徒的恩典。作者在本书结语时再次提醒信徒"这恩是神的真恩"(五 12)。当然这恩典是来自那赐恩典的神,因此最终的盼望是

---

[190] 希腊文:*epi*.

[191] Hort,p.66;BAGD,p.252;Michaels,p.55;Bigg,pp.112-113.

[192] E. Hoffmann,*NIDNTT*,2;244 指出,彼得劝勉信徒所作的盼望,是在"对未来作出任何计算的基本否定,是谦卑的承认我们在知识上的限制,并将我们的意愿顺服在神所指定给予我们那生活奋斗的要求上"的背景之下而作的。

[193] Best,p.85;Kelly,p.66.

在于神(一 21)。这里"带给"⑭这分词是现在式的,却是将来的用法,⑮指神将会带给众圣徒的礼物:使他们得以从审判中得释放,并且得着那属天的基业(一 3～12)。⑯

　　一 14　"你们既作顺命的儿女,就不要效法从前蒙昧无知的时候那放纵私欲的样子"　彼得以正反的方式说明从这盼望而来的生活是怎样的。⑰

　　"顺命的儿女"⑱指这些人的特性是他们的顺服,⑲他们是属于神并且顺服神的子民(参一 2 注释),而不是说他们要成为顺命的儿女。"顺服"在这书信中是一重要的主题:顺服神的旨意是信徒圣洁的标准(参一 2、22,三 6、15,四 2、19)。"顺命的儿女"这种表达方式,亦可能与作者使用"神的家"(四 17)比作神子民的群体相关,神是这家之父(一17),⑳是他使读者得以重生(一 3)。

　　作为"顺命的儿女",消极来说,他们先要摒弃过往那种不服于神的

---

⑭　*pheromenen*,现在式被动语。Beare, p.70 认为这字是中间语态,意即"移动":指整个创造移向末日的来临。但这种说法忽视了随着的 dative of advantage 是指信徒。而且正如本章第四、五和十二节中的分词均是被动语,表明神是那主动者,参 Zerwick, p.76.

⑮　BDF §323;Michaels, p.56;Davids, p.66.但 Selwyn, p.140 指出在这里使用将来式分词是不可能的。赞同他的有 Kelly, p.67;Parker, "Eschatology of 1 Peter," p.29.若将之看为是现在进行的用法,则可视作从神而来不断的恩典,承托着信徒不断的成长,直到基督荣耀归来的日子临到,Hillyer, p.46.

⑯　K. Weiss, *TDNT*, IX:58.

⑰　有学者认为这段经文反映作者是受弗二 1～3 所影响。

⑱　*tekna hypakoēs* 这字可能是受希伯来语法的 genitive construct 所影响,MHT, 1:129;Zerwick, p.16;C. F. D. Moule, "The Nature and Purpose of 1 Peter," *NTS* 3(1956－1957), p.6;新约的其他例子,参帖前五 5"光明和白昼之子",弗二 2"悖逆之子"。这用法是 genitive of description/quality,而非 objective genitive,如 Beare, p.71.

⑲　在原文中"顺命的儿女"之前有这 relative adverb,其作用是要描述他们实际的特性,BAGD, p.898(III, 1a).另一可能的理解,是将之看为 causal;"因为你们是……",参 BDF §453[2];Thurén, *Rhetorical Strategy*, p.26 c. n.20.这里不是作为 comparative particle(如 Porter, *Idioms*, p.217),信徒并非与顺命的儿女作比较,信徒就是顺命的儿女。注意彼得十分喜欢使用这种表达方式,有 27 次之多,大部分在二 10 之后。Goppelt, p.110, n.30 认为一 19,二 2、11～12、16,三 7,四 10～11、16 中的用法同样是 causal,在以后遇到这字时再讨论。

⑳　在当时的家庭制度中,作为父亲在家中有绝对的权力。所有家庭中的成员和产业均属于他,参二 13 起有关"家规"的解释。

生活方式。"效法……样子"在原文中是一个字,这在新约只出现了两次,⑳另一次在罗马书第十二章二节:"不要**效法**这个世界",指不要仿效私欲所要求的生活方式。"从前"是指他们尚未接受福音之前。这字在原文中是助动词而非形容词,可知作者所要对比的并非以前的邪情私欲和现在的善的欲望,而是他们从前效法对比现在不再效法。⑳"私欲"一字之前在原文中并没有"放纵"一词。全句直译便为"就不要〔好像〕从前效法蒙昧无知的时候私欲的样子"。"私欲"在新约中常与"肉体的""心中的"相连,合起来指"邪情私欲"。这里却并非单是性欲,而是泛指所有满足个人欲望的追求,包括在金钱、权力和享乐上的。⑳ 这是作者常用的字(二11,四2~3;参彼后一4,二10、18,三3),均带有负面的意义。彼得形容那个时候,他们是"蒙昧无知的",并非主要是指他们在理智上的缺欠,而是他们在道德和灵性上,均有所偏差,当然最终的原因是他们不将神当作神(罗一21)。在那时候,他们因为与神隔绝,没有从神而来的启迪,因此在道德和灵性上均显得无知,以至对自己及对神均有错误的判断(参徒十七30;弗四17~18)。⑳ 而且这些私欲是永远不能满足人的,也是没有指望的(弗二12)。这些私欲在实际的情况下究竟是指什么,可参第四章三节。

　　但这些因着基督到来而带来的新的纪元,要将这不服于神的方式改变过来。从前效法私欲而行的要因基督的救恩而改变。但信徒既仍活在今世,则仍有堕入从前他们所有的不良生活方式和习惯的危险。

---

⑳ *syschēmatizomenoi*, imperatival participle(命令式分词)。这大概是彼得前书所用众多命令式分词的首次出现, D. Daube, "Appended Note: Participle and Imperative in 1 Peter," in Selwyn, pp. 467 - 488. 他认为这种用法,是受闪族语法的影响,因为在闪族语法中,分词可用作命令语。参 MHT, 1:181;Selwyn, p. 141. 这种现象不只在彼得前书出现,亦见于新约其他地方,特别是罗马书。但不少学者对这种解释表示怀疑,参如 Martin, *Metaphor*, pp. 90 - 92. 亦有认为在希腊语中,分词独立地作为命令使用,有足够文献的支持,不需要如 Daube 所作的解释。参如 Robertson, *Grammar*, pp. 944 - 946;Turner, *Syntax*, p.343;Zerwick, *Biblical Greek*, pp. 129 - 130;BDF § 468;Porter, *Idioms*, pp. 185 - 186.

⑳ *proteron*;参 Michaels, pp. 57 - 58.

⑳ Michaels, p. 57.

⑳ *agnoia* 这字基本上与二 15 的 *agnosia* 同义,R. Bultmann, *TDNT*, I:118f. 彼得曾以此责备犹太人(徒三 17)。

一 15　"那召你们的既是圣洁,你们在一切所行的事上也要圣洁"

在原文中,"既是"一词原是放在"那召你们的……"这词组之前的连接词,可译作"但是"(参〔吕〕〔思〕),上文第十四节是消极地要避免的,第十五节则表明积极的行动。"从前蒙昧无知的时候"的生活是没有指望,也没有神的(参弗二 12),但如今信徒是以神作为他们的依皈,以神作为他们效法的模样;神自己的本性要成为信徒行为的标准及指引。将神的本性作为神命令的基础,是在旧约和新约中一贯的做法。在旧约的观念中,"圣洁"主要并非人所拥有或所能达至的,而是全属乎神,那以色列的圣者的。神是绝对的纯洁和不为罪恶所玷污的。

神是圣洁的(参赛六 3;何十一 9),他是"圣者"[205](亦参约壹二 20)。圣洁是从神而出至普及万千(出十五 11),全地都当知道耶和华是圣洁的(赛六 1～3),全世界都当显露神的本性,耶和华亦会显出他圣洁的本性(利十 3)。神与人立约正是神圣洁的一种独特的表达,以色列民要成为圣洁的神的子民。因此神是以色列的圣者(在以赛亚书出现了三十次之多;参诗七十一 22;耶五十 29 等)。圣洁用在神子民的身上,指他们要分别出来,一方面是分别出来奉献给神,另一方面是从这世代的罪恶中分别出来,当然这两者是不可分开的,因为"神和罪之间并无接触点"。[206]因此神的子民要圣洁不只是抽象的分别,而是在道德上与罪分离,为要过忠于神的生活。在旧约中,对祭司来说,洁净是代表礼仪上合宜及维持其分别出来的;对先知来说,圣洁是与社会公义不可分开的;对文士来说,圣洁则是与个人操守和道德行为不可分开的。[207] 神为他的子民所作的表明了他自己的圣洁(民二十 13);亦因为神是圣洁的,他的子民也要圣洁(利十一 44)。这圣洁的观念,牢固地系于与神立约的关系之上。

在彼得前书中,圣洁(一 2、14～20,二 4～10,三 5、15)和洁净(一 22)这观念是用以定义神子民群体所应有的独特的性质和生活的。在当代如昆兰社团、法利赛人等犹太教的群体,均自认为是独一圣洁神的

[205]　希腊文 *ho hagios*.
[206]　Best,p.86.
[207]　有关这方面的观念,请特别参 J. G. Gammie, *Holiness in Israel* (Overtures to Biblical Theology;Philadelphia:Fortress,1989).

子民。[208] "圣洁"的确是神的子民与其他人分别的所在。作为朝圣的神的子民，亦作为客旅，他们要效法神的圣洁，与这邪恶的世代分别出来，不但与圣洁的神站在同一阵线，亦将自己献上事奉神，等候基督的显现。这是他们被圣洁的神呼召（二 21，三 9）所应有的生活方式。"一切所行的事上"意指"生活上每一方面"。[209] "你们"在原文中是强调的。[210]这里的动词"要"，[211]并非说他们尚未圣洁，要变得圣洁；[212]他们事实上已是圣洁的国度（二 9）。而是指他们要将圣洁的生命显示出来，[213]让圣洁成为他们的标志。[214]

一 16 "因为经上记着说：'你们要圣洁，因为我是圣洁的'" 彼得继而引用利未记第十九章二节（参利十一 44～45，二十 7）作为支持他第十五节的论据。[215]这是彼得在这书中首次直接引用的旧约经文。这经文是所谓的"圣洁法典"（holiness code）。这法典是用作提醒以色列人蒙召，是要成为一个圣洁的国度（出十九 6）。彼得无疑是取用这旧约的观念，应用在新约神子民的群体身上（二 9）；他们都好像以色列人一样，以色列人蒙召离开埃及（利十一 44～45），并且从外族中分别出来（利二十 26）；新约的信徒所经历的，是有如以色列人出埃及一样，蒙神的拯救，并与神立约，成为圣约的子民，脱离外邦不道德的生活。[216]神子民的生活是要回应神圣洁生活的呼召，这是新约的一个重要的课题（弗四 22～24；西三 9～10；帖前四 2～4、7，五 23～24；约壹三 3）。神的子民需要圣洁，是建基于他们与神立约的关系之上，这关系确立了他

---

[208] Elliott, p.79.

[209] *anastrophē* 这字在彼前一 15、18，二 12，三 1、2、16 中共出现了 6 次，新约的其他地方亦可见于彼后二 7，三 11；雅三 13；加一 13；弗四 22；提前四 12；来十三 7 等。其同字根的名词则在一 17 出现，在新约其他地方出现约 7 次。M-M 注意到这字在碑文中往往与"客旅"和"寄居者"一起出现。

[210] *autoi*, emphatic.

[211] *genethete*，与 *este* 并不一样。可译作"成为"。

[212] 亦不必将之看为 ingressive aorist.

[213] Hort, p.71；Beare, p.73.

[214] Michaels, p.59.

[215] 引文与七十士译本此段经文完全一样。

[216] Goppelt, *Theology*, 2. pp. 165–166；G. L. Green, "The Use of Old Testament for Christian Ethics in 1 Peter," *TynBul* 41(1990), p.285.

们的身份,由这身份而引申出符合这身份应有的生活。[217] 正如第一章二节所提及的要顺服,这是立约子民的本分。这里"要"这动词,在原文中虽为将来式,但当作为现在式命令语态使用。[218] "在此段中,日常生活成圣的呼吁,适当地放在盼望那恩典(13 节)的呼吁和在审判者面前要惧怕的呼吁之间,因为圣洁包含了两者"。[219]

一 17 上　"你们既称那不偏待人、按各人行为审判人的主为父"面对将来要显现的恩而心存盼望,和面对将来要显出的审判而心存敬畏,成为信徒生活在地上显出善行的动力。在第十七节,彼得指出,在盼望中信徒应有另一方面的态度,就是敬畏神(参二 17)。注意在原文中,"父"一字是放在较前的位置,这节经文的重点,是读者称神为父这事实,过于他是那审判者(原文中并没有"主"字)。[220] 这位神是信徒的父是一件肯定的事实,[221]彼得在本书信一开始的时候已称神为父(一 2),而且神的子民是蒙了重生的,与这位神有特殊的关系;这种关系乃是神是他们的父。

"称"[222]这动词并非只是称呼某人的名号,若对象是神,则有求告的意思。[223] 在新约中,当用在信徒"称"神或基督的名时,多是指在祷告中的求告(徒二 21,七 59,九 14、21;罗十 12~13;林前一 2;提后二 22等)。神的子民可以随时随地,并且经常地求告(现在式)这位父神,这是他们所享的独特权利。[224] 注意这里在原文中并没有"主"一字,在彼得前书中,"主"字除了出现在引用旧约经文之上及第三章六节用在亚

---

[217] Shaw, *Pilgrim*, p. 208.

[218] Zerwick, *Biblical Greek*, p. 94.

[219] Goppelt, p. 111.

[220] Michaels, p. 60;在此处不应如 Hort, p. 72f. 视 *patera* 与 *tōn... krinonta* 为 double accusative,而应视 *patera* 为 predicate,Moule, *Idiom*, p. 35. 亦即是说,神作为父是信徒敬畏的原因。

[221] *kai ei*, first class conditional,假设的部分是事实。注意在之前是,BDF 认为这与单是在新约时期与古典时期一样,并无任何的分别。但 Martin, *Metaphor*, p. 171 则认为有更重语气的作用,以表达若然其 protasis 出现的话,apodosis 必定会发生。

[222] *epikaleisthe*, middle voice.

[223] BAGD, p. 294.

[224] 在新约中,只有在这里用"称为父",可见在当时并非一种定型的公式,在七十士译本出现于诗八十八 27;亦参耶三 19。Goppelt, pp. 112 - 113.

伯拉罕身上之外,全部均用在基督身上。

在旧约的圣经中,除了将神称为父与地上的父作为对比之外(诗一〇三13;箴三12),甚少单独称神为父,只有十五次。神是父乃是相对于他与他的子民的关系(申卅二6;赛六十三16,六十四8;耶三19;玛一6,二10),或与以色列民的父之关系而言的(撒下七14;诗八十九26~27等),[26]只是一种象征性的用法,往往是用于表达神与以色列民之间立约的关系。[26]在犹太教中(特别是希腊化的犹太教),渐次较多使用这称号,[27]但在祷告中呼求神作为"父"则十分鲜有。[28]彼得在这里的用词是反映耶稣在祷告中称神为"阿爸"(亚兰文;参可十四36;路十一2)。[29]彼得与保罗一样(参加四6;罗八15),将求告神为父这作为子民基本的权利,看为这新约群体的特质。

正如一些学者所指出,[30]在第十六节彼得引述完利未记第十九章二节之后,继续阐释第三节:"你们各人都当孝敬父母,也要守我的安息日,我是耶和华你们的神"。除了"各人"一字在七十士译本中的相同之外,"孝敬"和这里的"敬畏"是同字根的字。彼得可能藉此指出既然孝敬父母是孩子理所当然的责任,对神作为我们的父就更是如此。[31]"行为"一字是单数的,说明这个人外在整体的行为表现和他一生所走的路。[32]

这位信徒所求告的父、所敬畏的神,同时也是万物的审判者(参诗九十四2;徒十42;罗三6)。[33]在第四章十七节,彼得更指出,审判是从神的家开始的。各人一生的所作所为(参诗六十二12;箴廿四12),不论是否神的

---

[25]　O. Hofius, *NIDNTT*, 1:617.

[26]　特别参 F.C. Fensham, "Father and Son as Terminology for Treaty and Covenant," in *Near Eastern Studies in Honor of W. F. Albright*, ed. H. Goedicke (Baltimore & London: Johns Hopkins, 1971), pp.121 – 135.

[27]　G. Shrenk, *TDNT*, V: 978ff.

[28]　详参 O. Hofius, *NIDNTT*, 1:615,618; J. Jeremias, *New Testament Theology: The Proclamation of Jesus*, pp.63 – 67; G. Shrenk, *TDNT*, 5:984f.

[29]　O. Hofius, *NIDNTT*, 1:621.

[30]　Selwyn, p.142f. ; Michaels, p.61.

[31]　Michaels, p.61.

[32]　Goppelt, p.113.

[33]　作者使用了分词(*krinonta*)表达神为审判者,而不是用名词。

子民,均要向这位最终的审判者交代,他是那位审判活人死人的主(四 5)。㉔

　　"不偏待人"在原文中是助动词,这词在新约只在此出现,是从希伯来文"接受〔人的〕面、"尊敬〔人的〕面或"知道〔人的〕面"演化过来的。神是一位不徇情面的神(申十 17;代下十九 7;伯卅四 19;诗八十二 1～4)。㉕保罗在他的书信中使用的另一个类似的字㉖(罗二 11;弗六 9;西三 25;启二十 12～13,廿二 12;参雅二 1)说明神是不会偏待犹太人或外邦人的(参徒十 34,语出彼得的口)。这里所指的不偏待,是指神在他的子民和非他的子民之间所施行的审判,并不会因为神的子民是蒙神所拣选而可以免受审判(参四 17)。神的子民固然有莫大的权利,但这不会成为他们不顺服神的借口。

　　一 17 下 "就当存敬畏的心,度你们在世寄居的日子" "存敬畏的心"此词组是放在这条件句的结论句(apodosis)最前的位置,有强调的作用,在此书中出现了三次,其余两次分别在第三章二节和十六节。正如波尔斯(Balz)指出,敬畏、圣洁和祷告,是那些从过往的私欲中得着释放的人所有的标志。㉗敬畏神并且顺服他是神的子民一切生活行动的基础(参徒九 31;彼前二 17)。对神的态度使神的子民在今世中得到定位,不至堕落到这俗情的世界中而不自拔,亦使信徒有勇气面对所有的危难。敬畏神是一种对自己的不自恃不自夸、怕开罪神的态度和生活。"度"㉘这动词与第十五节的"行事"是同字根的词,有"生活、行事"之意。"敬畏"的生活是在神严肃审判的面前(一 17 上)和他所作成的救赎的恩典之下(一 18～21)度过的。㉙"日子"即第四章二至三节中

㉔ Best,p.87f.认为这里所用"行为"(egron)一字使用单数,在新约是不寻常的,可能并非单指一个人外在的行为,而是指他整个一生。

㉕ 这几段经文在描述神的不偏待人这方面,各有不同的重点。申十 17 强调神不偏待人,所以神的子民应看顾那些孤儿、寡妇及作客和寄居的;代下十九 7 指出神不偏待人是地上审判者的模范;伯卅四 19 则强调神会为约伯伸冤;诗八十二 1～4 则将神的不偏待与外邦神祇的偏私作对比。特别参 J. M. Bassler, *Divine Impartiality*:*Paul and a Theological Axiom*(SBLDS 59;Chico:Scholars Press,1979),pp.7-17.

㉖ 彼得在这里所用的字是 *aprosōpolemptos*,在新约其他地方所用的字是 *aprosōpolemphia*.

㉗ H. Balz,*TDNT*,IX:216.

㉘ *anastraphēte*;Hort,p.74;Beare,p.76 均认为这字是用于与人相处的生活。但这里并没有这般明确地指是这方面。参一 15 的注释。

㉙ H. Balz,*TDNT*,IX:216.

所说的"在世余下的光阴"。

— 18 "知道你们得赎,脱去你们祖宗所传流虚妄的行为,不是凭着能坏的金银等物" 由本节开始,至第廿一节,可以标题为圣洁生活的基础。这段经文强调了神子民圣洁生活的基础,作为信徒在这方面不断长进的鼓励。

"知道……"[20]在原文这分词词组在保罗的书信中经常见到。这种分词子句的用法有二:一是向提供读者理由支持以上的命令(如林前十五 58;弗六 8~9;西三 24,四 1);另一种是作为引申作者本身的教训或见证(如罗五 3,六 9;林后一 7,四 14,五 6;加二 16)。[21] 这里的用法是前者,表明信徒在盼望中要有圣洁的生活和敬畏的态度(一 13~17),[22]是因为他们已认识的信念。

作者要提醒读者的内容,是初期教会所公认的,有教义、教理,或礼仪中所用的材料。[23] 第一章十八至廿一节的内容是属于初期教会中传统的教训,而且似乎其中所提及的内容,是超过作者论述的需要用以支持第一章十三至十七节的论点。

"得赎"一字可以有不同的理解。在圣经以外,这字是用在奴隶得着释放,需将赎价给予神祇;又用于战犯得释,要付上赎金。[24] 在当时罗马的习俗中,奴隶要得着释放需到庙堂向神明献上金钱,这尊荣的神明便会将这人从他的主人手中买赎回来,他便成为那神祇的奴隶,但在社会中却为自由人。彼得前书第二章十六节中所述:"你们虽是自由的……总要作神的仆人"可能就是反映这种做法。[25]

---

[20] *eidotes hoti*.

[21] Michaels,p.63.

[22] Michaels,p.63;Davids,p.82f.

[23] 大部分学者都接纳这看法。Hort,p.75 认为以下的话是基督教信仰的基本要道;亦参 Kelly,p.72,Kijkman,"*hoti*,"p.26f.,Michaels,p.63.但正如 Michaels,p.63 所指出,这并不是因为 *eidote hoti* 已成为当时一种确定引进教理的公式,而是因为其内容。

[24] F. Büchsel,*TDNT*,IV:349.

[25] Michaels,p.63f.另一个可能是,正如 W.C. van Unnik,"The Redemption in 1 Peter 1:18–19 and the Problem of the First Epistle of Peter," in *Sparsa Collecta:The Collected Essays of W.C. van Unnik*,Part two(NovTSup 30;Leiden:E.J. Brill,1980),pp.37–48 中所提议的,这段经文的背景是外邦人皈依犹太教所要行的仪式:洗礼、割礼 (转下页)

　　在旧约中,有用作为对象的得赎,由亲属(利廿五 26、33、48～49)或非亲属(出十三 12～13;民十八 15～17)将之赎回,因此"得赎"也同样意味着需要付上赎价。另一个可能,是完全没有宗教意味的用法,同样译作"赎"、"释放"(参〔现〕)或"拯救",[26]但却没有以赎价买回来的意思,这在七十士译本中是相当常见的用法(正如出六 6;赛四十四 22～23,五十一 10～11;申七 8),亦可见于新约路加福音第廿四章廿一节。就如在出埃及的事件中,神是以色列的拯救者,但这并不代表神是以逾越节的羔羊作为赎价将以色列人买赎回来,宰杀羔羊只是当时相应的情形,而非赎价本身。[27]

　　提多书第二章十四节:"他为我们舍了自己,要赎我们脱离一切罪恶,又洁净我们,特作自己的子民,热心为善。"经文描述耶稣的舍身,与我们得赎之密切关系,并且是与第二章十二节的"除去不敬虔的心,和世俗的情欲"相和应的。这段经文与彼得前书此处所述的,在背景上甚为相似。这段经文固然是基于诗篇一百三十篇八节,[28]但相信和彼得前书这段经文一样,同样是受福音书有关耶稣的死之解释所影响,特别是马可福音第十章四十五节(参太二十 28)。[29] 在字眼上,彼得前书这段经文与七十士译本的以赛亚书第五十二章(五十三)三节有相同的地方:"你们是无价被卖的,也必无银被赎"。[30] 亦有学者认为,在当时犹太人的观念中,义人受苦往往有赎价的意味,因此是救赎性的。[31]

　　要从以上各种不同的背景中作出选择是不容易的,或许我们应接受如马竭尔所说的,不必要从其中选择一个作为"得赎"这观念的独特

(接上页)和献祭。当外邦人要成为基督徒时,他们除了受洗外,亦要透过献祭,但这祭并非一般羔羊的血,而是基督的血。但这说法缺乏其他经文的支持。参 Reicke, p.85f. 和 Davids, p.73, n.7 对这看法的批评。

[26] 参 BAGD, p.482.

[27] Unnik, "1 Peter 1:18 - 19," pp.40 - 41.

[28] F. Büchsel, *TDNT*, IV:351 并 n.14.

[29] 参 Michaels, pp.63 - 64; Goppelt, p.115f.

[30] *lytrōthēsesthe. eprathēte kai ou meta argyriou.*

[31] F. Büchsel, *TDNT*, IV:341; D. W. Kennard, "Petrine Redemption: Its Meaning and Extent," *JETS* 30(1987), p.400.

背景,这些背景均存在于新约中使用"得赎"这观念。[62] 新约使用这观念,是要强调转变主人,及被赎的人得到新的自由。例如彼得后书第二章一节就称基督为"买他们的主"(参犹 4)。从表面去看,这段经文似乎是对比两种不同的"赎金",但有学者却指出,所要付上的赎价在文法上应为所有格(genitive)[63]或以"价 + 所有格"[64]。但"金银"和"羔羊"在此均是间接受格(dative)。[65] 再加上在第一章十九节描述这血是"无瑕疵无玷污的羔羊之血",明显反映旧约献祭的背景,这血是比金银等物更为宝贵的。因此十分可能这里所用的,是献祭所用的言语,正如七十士译本中有关献祭之例时所用的(参出卅四 20;利十九 20;民十八 15),并将之与赎价的观念两者并合起来。[66] 这里亦强调这赎价之珍贵和价高。[67]

　　这里"行为"[68]一字即生活方式。读者过往还未相信基督之前那种顺从今世风俗的生活方式和他们信基督之后所应有的生活方式,成了强烈的对比(一 15、17)。作者用两个形容词描述过往的生活方式:这种生活是"虚妄的"。[69] 这字原意是"不真实"或"虚空",在圣经中往往是用作形容偶像的(七十士译本利十七 7;耶二 5,八 19;徒十四 15;参罗一 21;弗四 17)。凡不是以真神作为生活引导的人,否定神在他们生

---

[62] I. H. Marshall, "The Development of the concept of Redemption in the New Testament," in *Reconciliation and Hope: New Testament Essays on Atonement and Eschatology*, FS to L. Morris, ed. R. J. Banks (Grand Rapids: Eerdmans, 1974), pp. 158 – 159; Davids, p. 73.

[63] genitive of value;或如赛五十二 3 加上 *meta* 这介词。

[64] times + genitive,参 Unnik, "1 Peter 1: 18 – 19," p. 40 引用 A. Deissmann 所提供有关买赎契约的证据。亦参 A. Deissmann, *Light from the Ancient East* (New York: Harper), pp. 328, 333.

[65] dative of instrument or manner.

[66] L. Morris, *The Apostolic Preaching of the Cross* (Grand Rapids: Eerdmans, 1965), p. 39, n. 1; Michaels, p. 65;参 Marshall, "Redemption," p. 160f.

[67] 参来二 9、10、14、18;特别参来四 15。

[68] *anastrophē*,与一 15 的"所行的事"在原文中为同一字。

[69] *mataias* descriptive genitive. 这字和"祖宗所传流"(*patroparadotou*)都是同受一个冠词的,参 BDF §269(5).

命中地位的,最终只是虚幻,并且会落在神的审判之下。㉖

　　另一方面,这种生活亦是"祖宗所传流"的。这字在七十士译本和新约中均没有出现过。在希腊的著作中,这字的意思是指由先祖所遗留下来的传统(参〔新〕:"祖先传下";〔当〕:"传统"),其含意往往是正面和肯定的。但彼得在这里指出不单是个人在生活上需要有约束,过圣洁的生活,而且对这些外邦人所珍贵的传统文化,同样是他们所需要摒弃的。由这些传统文化所呈现出来的整体生活方式,与基督徒群体所应有的生活方式大相径庭,而往往这种过往他们所承袭的生活方式,会成为信徒过圣洁自守生活的拦阻。云恩力克(van Unnik)就指出作者将"虚妄"和"祖宗所传流"的一并使用,是要指出"这种先前的生活不单是在一种蒙昧无知和放荡淫逸的状况之下,就算它的所谓过人及受人爱戴之处,亦同样是虚无和空洞的"。㉖ 信徒是从这过往的传统之中被赎过来,现今的得赎,是将来承受荣耀的基础,亦是他们得以过成圣生活的根据。

　　一 19　"乃是凭着基督的宝血,如同无瑕疵、无玷污的羔羊之血"
　　"不是……乃是……"是要对比这两种赎价的分别,"金银等物"虽在一般人眼中看为贵重,但这些不单是可以朽坏的(一 7;参雅五 1～5;太六 19～20),是属于今世的、物质的,而且断不能将人从虚妄和祖宗所传流的生活方式中拯救出来,不能使人在道德和灵性上得到释放,只能使人益发沉溺于其中(参申廿九 17～18;但五 23),更不能使人得赎(参赛五十二 3)。

　　根据原文各字排列的次序,第一章十九节亦可以如〔吕〕(参 NIV)的翻译:"乃是用宝贵的血、无瑕疵无玷污的羔羊、基督的血。"但根据第三章七节类似的结构("妻子如同软弱的器皿"),〔和〕(亦参〔新〕〔现〕〔当〕)的翻译,更为合适,表明基督是那"无瑕疵无玷污之羔羊","血"一

㉖　参 O. Bauternfeind, *TDNT*, IV:522; E. Tiedtke, *NIDNTT*, 1:552; C. Brown, *NIDNTT*, 3:200.
㉖　W. C. van Unnik, "The Critique of Paganism in 1 Peter 1:18," in *Neotestamentica et Semitica*. FS for Matthew Black, ed. E. E. Ellis & M. Wilcox (Edinburgh: T. & T. Clark, 1969), p.65.

字是连于基督。㉖㉒ "基督" 一词被置于这句的最后,原因是要与第二十和廿一节衔接;那里是要说明这基督是被拣选和显现出来的。㉖㉓

　　"宝血" 这词组可能是间接受诗篇第七十二篇十四节的影响:"他们的血在他眼中看为宝贵"。"血" 代表着基督将其生命舍弃。㉖㉔ 在第一章二节,彼得已提及基督的血,在那里的强调点是立约的血。但这里形容这血是无瑕疵无玷污的羔羊之血,明显是指献祭时牺牲的血(参来九～十;启七 14,十二 11 "羔羊的血")。这血是 "宝贵的",因为是神所拣选和珍贵的(二 4、6)。㉖㉕ 成就救赎的方式,乃是藉着耶稣的宝血。

　　"羔羊" 一字在七十士译本出现过九十六次之多,其中不下八十五次是指将羔羊献上为祭(七十一次用于燔祭),经常与除罪有关。在新约多次的将基督看为是 "神的羔羊"(约一 29、36;启五 6、13 等)。㉖㉖ 如前所述,这段落的经文,部分取材于以色列人出埃及的事件,这里所指的羔羊,采用了逾越节的羔羊作为象征(参林前五 7)。出埃及记第十二章五节说明逾越节所用的羔羊是要无残疾的。㉖㉗ 这里的用字可能反映希伯来原文,这字在七十士译本其他的地方有译作 "无瑕疵",㉖㉘ 用作宗教和道德上的无瑕疵,而且经常用于身体上的无瑕疵,以致适合于宗教礼仪的用途(如出廿九 1;利一 3,四 3,五 15;结四十三 22～23 等)。但在新约这字同样是用在宗教和道德生活上的无瑕疵(如弗一 4,五 27;腓二 15;西一 22;犹 24;启十四 5),因此与新约的强调相符合,这里同样是指在道德和宗教上的完美无瑕的(参来九 14)。㉖㉙ 另一个形容词

㉖㉒ Goppelt, p. 110, n. 30 认为 *hōs* 字是 causal. 但在 ibid., pp. 115 – 116, 他却将 *hōs* 看为 comparative particle. 这里应为后者。

㉖㉓ Hort, p. 76;参 Michaels, p. 66; Kistemaker, p. 70.

㉖㉔ 有关 "血" 在旧约及新约中的意义和有关的争辩,请参 Morris, *Apostolic Preaching of the Cross*, pp. 112 – 128.

㉖㉕ Michaels, p. 65.

㉖㉖ 虽然在启示录中用作 "羔羊" 的是一个不同的希腊文的字,但其意一样,参 P. Whale, "The Lamb of John: Some Myths about the Vocabulary of the Johannine Literature," *JBL* 106(1987), pp. 289 – 295.

㉖㉗ 在七十士译本中所用的字眼是 *probaton teleion*,与彼得前书所用的有别。

㉖㉘ *emomos* 希腊文 "瑕疵"(*momos*)一字与希伯来文的 "残疾"(*mum*)在字音上十分相近。Hort, p. 77; Michaels, p. 65f.

㉖㉙ F. Hauck, *TDNT*, IV:831; Hort, p. 77; Michaels, p. 66; Davids, p. 73.

"无玷污"在七十士译本并未出现过,在新约则经常用于道德上(参彼后三 14;雅一 27;提前六 14)。[20] 只有神儿子无玷污的血才可以处理罪的问题(来九 11～14),并为罪人付上赎价。基督的外在或内在,均是完全无瑕疵的。

彼得要说明他们要过圣洁敬虔生活的基础,并非因为要服膺于严苛的规条,而因为基督曾为他的子民付上了重大的代价,这是神的子民要向基督所施的恩惠作出适当的响应。另一方面,"如同……羔羊"这词组,可能是受以赛亚书第五十三章七节所影响,表明基督是那受苦的耶和华的仆人,在第二章廿二节起,彼得又再引用以赛亚书这表象,来描述基督的受苦。

一 20 "基督在创世以前,是预先被神知道的,却在这末世才为你们显现" "在……却"这结构,将这节的两段话紧密地连在一起,而且有对比的意味:"预先被知道"与"显现"、"在创世以前"与"在这末世"形成两对的对比。"预先知道"[21]与第二节的"先见"为同一字,在第二节所描述的是信徒(参罗八 29,十一 2;弗一 4),而这里则是指基督被预先知道。在原文这字是被动语,正如第一章四节的"存留"一字一样,说明神为他子民所要作成的事。神的预知表明了他的旨意和目的:神定意要透过基督完成救赎的工作(参上节)。是他拣选基督成为房角石(二 4、6)。"在创世以前"这词组在新约曾多次出现(弗一 4:信徒的蒙拣选;约十七 24:父神对子的爱;参帖后二 13;提后一 9),[22]所表达有关神的预知和拣选,是旧约所没有的,只在较后期的犹太教著作中看到。这表明了神的旨意,是不受历史的偶然性所影响,他的决定出自他的本性,全属乎神主权性的恩典,非取决于人的善行。[23]

"显现"这分词是与"预先知道"成对比的,并且表明在这显现,即基

---

[20] BAGD,p.117 则认为这里应是按字面理解,即在身体上的。

[21] *proginōskein*,passive participle(被动语态分词)。

[22] *pro katabolēs kosmou* 直译的意思是"在世界根基之前"。"根基"一字是由同字根的动词而来的,其动词的意思是"放下"。引申作"撒种""立下根基"。"根基"这名词,就是从"立下根基"这意思而来的。参 F. Hauck,*TDNT*,III:620f. *apo katabolēs* 的意思可以是"从创世以来",参 H. Sasse,*TDNT*,3:885 n.62.

[23] A. T. Lincoln,*Ephesians*(WBC 42;Dallas:Word,1990),pp.23-24.

督在成为肉身之前,基督已经存在,而是等待显现的时候来到。^⑳ 神永恒的计划透过基督的来临,在末世中显现出来,是初期教会的一个重要传统教义(参罗十六 25～26;林前二 7;弗三 9;西一 26;多一 2～3)。这里彼得所说的显现,并非指基督最终的显现(一 7、13),而是基督第一次的来到,完成救赎之功。有别于第一章五节的"末世"^⑳(在原文这两处有不同的写法),这里所指的末世,是救赎第一阶段的应验的时刻,对比于"创世之前",这里末世是指现在新约的时代(参罗十六 26)。正如〔吕〕将这词组翻译为"诸时期的末后",而基督的显现是在历史中众多时期之最后一个时期(参来一 2,九 26)。^⑳

"为你们"^⑳这介词词组与第一章四节下的"为你们"^⑳在原文虽然不同,但在意义上则极相同。米高斯注意到这两处的介词词组均用在传统教义的材料和具体应用在读者身上之间的转接,并且这个"你们"的身份,是由随着的分词子句带出来的。^⑳ 作者强调神的子民在神的计划中的地位,他们得以成为神的子民,得称神为父,全因基督为他们所作成的,神为他们所预备的救赎和他们所享有的权利,是支持他们过圣洁生活的重要动力。

一 21 上 "你们也因着他,信那叫他从死里复活、又给他荣耀的神""因着他"可译为"藉着他"(参〔现〕〔吕〕〔新〕)。^⑳正如上面所述,这节经文的结构,与第一章五节有相似的地方。在第一章五节的"你们",指那些"因信蒙神能力保守的人";此处的"你们",是指那些"信那叫他从死里复活"的人,更清楚地说明了信心的本质和内容。^⑳ 在第

---

⑳ Kelly, p. 76;Best, p. 91;Michaels, p. 67;Hillyer, p. 52.

⑳ *en kairō eschatō*.

⑳ 有关 *chronoi* 这字如此的用法,参徒十七 30。Hort, p. 81;Mounce, p. 21;Dalton, *NJBC*, p. 304;Michaels, p. 68;Kistemaker, p. 67. 这词组可能是来自七十士译本 *ep'eschatou tōn hēmerōn*;参民廿四;耶廿三,廿五;但十 14。亦参 G. Kittel, *TDNT* II; 697f.

⑳ *di'hymas*.

⑳ *eis hymas*.

⑳ Michaels, p. 68.

⑳ 这里的 *dia* with accusative 应为 agency,而非 causal.

⑳ Ibid.

一章八节使用的是介词与动词"相信",这里的"相信"却是形容词,在新约并没有以这方式在其他地方出现过。这里"相信"一字的用法是主动的意味,即"信靠",而非被动意味的,即"可靠、生发信心"。㉒彼得称读者为"有信心的人",㉓即信徒。而紧随的介词词组,则清楚说明他们所相信的对象:神,那位叫基督从死里复活和给他荣耀的神。这成为了他们的身份,他们是生活在这种状态之中。㉔他们之可以脱离往祖宗所传流虚妄的生活,是藉着基督(一19),藉着他曾为信徒所成就救赎的工作,使我们过一种信靠神的生活方式。在新约中,除了藉着耶稣基督,不然不可能信靠神。在原文的排列中,"藉着他"是放在强调的位置,这介词词组解释了作者所说在末世显现出来的意思,因此也说明基督如何是"为你们"(一20)。㉕

有学者认为,这里是反映约翰福音第十四章一、六节耶稣向门徒所说的话:"你们信神"(十四1)及"若不藉着我,㉖没有人能到父那里去"。㉗但"信神"及"到父那里去"不可看为意思相同。㉘惟在使徒行传所载彼得的话语中,倒有相似之处(徒三16):"正是他所赐㉙的信心"。

信徒如何"藉着他"而得以信靠神?是因为基督从死里复活(一3,三21),这是神的工作。"神叫基督从死里复活"是在使徒行传记载彼得的讲道中常出现的重要主题(徒三15,四10,五30,十40),在保罗的

㉒ BAGD,p.665(2);Selwyn,p.146f.;Michaels,p.68;Grudem,p.21.Cranfield,p.56则认为这两种意义均存在,但他这观点并不具说服力。

㉓ *pistoi*;参徒十45;提前四12。

㉔ 参 M. J. Harris,*NIDNTT*,3:1213.

㉕ 在原文中,"藉着他"是 *di'autou*,而"为你们"是 *di'hēmas*,这两句词组介词相同,虽用法有别,但作者是要透过这两词组相关的地方,说明神透过基督的工作为信徒成就的救恩。Michaels,p.69.

㉖ *di'autou*.

㉗ 详参 R. H. Gundry,"'Verba Christi' in 1 Peter: Their Implications Concerning the Authorship of 1 Peter and the Authenticity of the Gospel Tradition," *NTS* 16(1969－1970),pp.339－340;*idem*.,"Further 'Verba' on 'Verba Christi' in First Peter," *Bib* 55(1982),pp.214－215 的讨论。

㉘ *Idem*,p.214;E. Best,"1 Peter and the Gospel Tradition," *NTS* 13(1969－1970),pp.96－97.

㉙ 原文"他所赐"为 *di'autou*.

讲道中亦可看到(徒十三 30、37;参廿六 8),这主题在保罗的书信中也多次出现(罗四 24,八 11;林前六 14,十五 15;林后四 14;加一 1;弗一29;西二 12;帖前一 10),表明耶稣的复活、升天及坐在父神的右边是神给他荣耀(参腓二 9~11)。神"给他的荣耀"的说法,只有在约翰福音第十七章廿二节出现过。较常见的说法,是神荣耀耶稣,这荣耀是与耶稣在地上的工作、钉于十架或复活有关的(路廿四 26、46;徒三 13)。"荣耀"是这卷书独特的词汇,一共出现了十次之多。彼得将基督的受苦和得荣耀连结起来(一 11,四 13,五 1),也将信徒的受苦和得荣耀连结起来(一 7;参四 14)。因此,这里彼得特别使用这种形式表达基督从死里复活和神给他荣耀,可能是要表明在审判的时候,信徒亦要从神得着荣耀(一 7,五 4)。[290]这给予基督的荣耀,也是信徒等待着将要显现的荣耀(四 13,五 1)。

　　一 21 下 **"叫你们的信心和盼望都在于神"** 学者对这句话与上文的关系,有各种不同的理解。有认为这是第一章十八至廿一节的总结:他们得赎,是要他们在现今有对神的信心和盼望,等候那天上的基业。[291]有学者认为,这里是说明上文基督"为你们显现"的结果;[292]亦有学者认为这是说明信徒现今信靠神的经历,是神将基督复活过来赐他荣耀已定下的目的。[293]但因这里并非直述语,而使用了不定式语法,应该不是指事情的结局。因此以上首两个解释似乎不大可能。这句子表达目的或希望达成的结果,而并不只是结果。[294]但最后的一个解释,又未免过分局限在上节的经文,没有注意到这句子与第一章十三节首尾呼应的重要,而且作者重复上文"信……神"难免给人一种累赘的感觉。"在于神"放在这句子的最后,这样做强调了信心和盼望

---

[290] Hort, p. 85; Davids, p. 75; Goppelt, p. 120.

[291] Cranfield, p. 57.

[292] Hort, p. 85.

[293] Michaels, p. 70.

[294] 〔现〕及〔当〕将之译作原因——"因此",这译法不大准确;其他大部分中文及英文译本则译作目的。参 BDF § 391(3); Selwyn, pp. 147-148; W.J. Dalton, "'So that Your Faith May Also be Your Hope in God'," in *Reconciliation and Hope*, FS to L.L. Morris, ed. R.J. Banks (Grand Rapids: Eerdmans, 1974), p. 272; Michaels, p. 70. 亦参 Porter, *Idioms*, pp. 234-235.

的对象。㉕ 并且事实上，在第一章十三至廿一节这段落中，神是主要的角色：他是圣洁的（一 15）、他是不偏待人按各人行为审判人的（一17）、他是叫基督从死里复活又给他荣耀的；基督也是按照神的预知在历史中显现的（一 20～21 上）。因此，可以将这句子看为将第一章十三至廿一节整段综合起来，成为作者劝勉他们的目的，亦是这段话语的高潮。㉖

这句子有另一种译法："叫你们的信心也是㉗对神的盼望"（RSVmg），因为在盼望一字之前并没有冠词，但这无疑是将信心等同于盼望。㉘ 虽然这两者确实关系密切，而且这里"信心和盼望"只用了一个冠词，但充其量我们只可以说它们是表达同一事物的两方面，㉙在新约这个字并没有完全的等同。

(ii) 神子民道德生活的表现（二）（一 22～25）：彼此相爱（一 22～23）及其基础（一 24～25）

22 你们既因顺从真理，洁净了自己的心，以致爱弟兄没有虚假，就当从心里彼此切实相爱。
23 你们蒙了重生，不是由于能坏的种子，乃是由于不能坏的种子，是藉着神活泼常存的道。
24 因为凡有血气的，尽都如草；他的美荣都像草上的花。草必枯干，花必凋谢；
25 惟有主的道是永存的。所传给你们的福音就是这道。

蒙召成为神子民的另一生活表现，是这群体之间的彼此相爱。圣

㉕ 参 Davids，p. 75，n. 15.

㉖ 参 Dalton，"'So That'，"p. 272f.

㉗ *kai*，adjunctive use.

㉘ 接受这两者是同义的有 R. Bultmann，*TDNT*，VI：208；Davids，p. 75，n. 15. 在新约中，*kai* 之后加上 nominative，再加上 *eimi* 或 *ginomai*，只在这里出现过。参 Grudem，p. 86，n. 2.

㉙ Kelly，p. 78.

洁、敬畏及彼此相爱,说明了属神的子民个人的私德,与神的关系和与群体的关系,这三者是不可分割的。第一章廿二至廿三节说明彼此相爱是得洁净必然有的表现,其基础则是在于那使人得救的道(一 24)。

一 22 "你们既因顺从真理,洁净了自己的心,以致爱弟兄没有虚假,就当从心里彼此切实相爱" "洁净了自己的心"在原文中是在句子之首的。"洁净"一字,与第廿三节的"蒙了重生"同为完成时态的分词,同是表示这是过往已经发生而成为现今的状态,形成一种永久的状况。有学者认为,这是指信徒受洗之时,[300]但更可能的,是指上文所述他们之得赎,是因为他们藉着耶稣的救赎(一 13~21),亦正如在第一章二节中所论"藉着圣灵得成圣洁,以致顺服耶稣基督,又蒙他血所洒":"得成圣洁"、"顺服"正是这里所用的字眼。因此这里是指他们已是蒙神藉耶稣的宝血所救赎的神的子民,洗礼充其量只是这属灵现实的外在象征。[301]这两个分词成为神子民群体的成员"当从心里彼此切实相爱"的理由。[302]有学者更进一步指出,这两个分词说明了同一事件的两方面:洁净表明从旧的生活方式中得到释放;重生表明向新的生活方式的开放。"顺服"说明了这是人的行动;"蒙了重生"说明这是神的恩赐。[303]

"洁净了自己的心"这词组,反映了七十士译本耶利米书第六章十六节的用语。[304]有学者认为,马太福音第十一章廿九节所载耶稣的言论亦同样引用这段经文,[305]而彼得则引用耶稣在这里的教训以劝勉信徒。这里与马太福音第十一章廿九节平行的地方说明进到耶稣那里便可以得到洁净。

"洁净"这字在历代志上、下这两卷书中相当被普遍使用,意即"合用于宗教礼仪上所要求的状态",是用在礼仪上的洁净(如民卅一 23;

---

[300] Selwyn, p. 149; Beare, p. 83; Cranfield, p. 57; Kelly, p. 78f.; Best, p. 92; J. Piper, "Hope as the Motivation of Love: 1 Peter 3:9 - 12," *NTS* 26(1980), p. 214; Davids, p. 76.

[301] 参 Hort, p. 87; Hillyer, p. 54.

[302] Causal participles.

[303] Piper, "Love," p. 214.

[304] 这里是: *Tas psychas hymōn hēgnikotes*, 耶六 16: *ai heurēsete hagnismon tais psychais hymōn* 希伯来文原为"心里必得安息"([和])。

[305] Gundry, "'Verba Christi' in 1 Peter," pp. 338 - 340; Michaels, p. 74.

出十九 10；书三 5；亦参徒廿一 24、26，廿四 18)。⑥ 在新约，这字只出现了三次(其余两次在雅四 8；约壹三 3)，指在道德上的圣洁。⑦ 这种洁净是真正的爱所必须有的，若非将一切的嫉妒和邪情除去，爱是不可能的。

"自己的心"这词组直译应为"你们的魂"(参〔思〕)。正如在七十士译本中的用法一样，是指"你们的生命"。⑧ 这是本书作者惯用的字眼(参二 25，四 19；亦参一 9，三 20)。作者使用这字眼，不单因为在耶利米书第六章十六节中使用它，更是强调了要在这生命中彰显神的救赎所带给他子民群体的圣洁，这圣洁必会在信徒日常的生活中显露出来(参一 15)。

这得以圣洁，是从顺服真理而来的，亦是顺服真理的结果。⑨ 有认为"真理"是指耶稣基督的福音，亦有人认为是涵括了基督教在教义和生活上的教训，⑩但从这节与下节经文的平行来看，"真理"与"道"是指同一件事，而这道就是"所传给你们的福音"。⑪ 这真理是与"从前蒙昧无知……放纵私欲的样子"(一 14)和"祖宗所传流虚妄的行为"(一 18)相对立的。

"以致……"这词组说明了这洁净所应有的结果或得以洁净之后的具体表现。⑫ "爱弟兄"在原文是一个复合词。⑬ 在犹太人的群体中，他们常以"兄弟"或"姊妹"相称群体中的成员(参利十九 17；申十五 3、7、12；徒一 15～16，二 29，三 17)。这字在七十士译本中主要是血统上的

---

⑥ *agnizō*，Hauck，*TDNT*，I：123，*EDNT*，pp. 16 - 20.

⑦ 因此有学者认为这里所指的，并非在地位上的洁净，而是生活上的洁净，因此，便会与其主要动词一样，同是命令语。但这一方面难以解释这字与"蒙了重生"之平行，另一方面，亦在解释这完成时态上有困难。虽然将"洁净"这完成时态分词看为是现在的用法，并非不可能，但将其平行的"蒙了重生"看作现在的用法，则极之困难。

⑧ 这里不赞成 Grudem，p. 88 和 Hillyer，p. 54 的看法，认为是指人内在和属灵的本性。

⑨ 参 Hort，p. 87.

⑩ Grudem，p. 88.

⑪ 参加五 7；罗十 16；帖后一 8；不顺从真道即不信。参一 2 的解释。

⑫ Grudem，p. 90；Schutter，*Hermeneutic*，p. 54.

⑬ *philadelphia*；有关其他同字根的复合词，参冯荫坤，《帖撒罗尼迦前书注释》，pp. 323 - 324，页注 142。

弟兄关系，㉞但亦有用作立约群体中兄弟友爱的团契关系。㉟ 在新约出现的六次，均是指在神子民群体中的"兄弟之爱"〔思〕（除这里之外，有罗十二10；帖前四9；来十三1；彼后一7〔两次〕）。这兄弟之爱是神子民群体的特性（来十三1），然亦需要继续不断的存养扩充。这段经文与帖撒罗尼迦前书第四章三至九节有相似的地方：他们蒙召得成圣洁，是与他们中间常存兄弟之爱不可分开的。圣洁生活在群体中必然会有表现，这表现乃是以爱相系于这群体中，互相的建立。圣洁对群体生活是必须的，没有圣洁，便不可能以基督徒的方式去彼此相爱。彼得在第二章十七节和第三章八节中再次重复彼此相爱的重要。这爱是一种"没有虚假"的爱。"没有虚假"这字原文字面的意思为"没有假冒"，是指一种"不假装"〔吕〕、"真实无伪"〔思〕。在新约屡次将这形容词用于基督徒所应有的德性之上，包括爱（罗十二9；林后六6）、信心（提前一5；提后一5）和智慧（雅三17）。这种爱是全不自私、全无虚假的；并且是与真理相符的爱，是由基督福音所引发属乎真理的爱。

　　"从心里"再一次的强调这爱是从内在而发出的，并非只是外表的规条，是真挚的爱。因此这字的意思基本上与"没有虚假"同义，表明真诚的兄弟间的情谊。这种彼此相爱的生活方式，是与第二章一节所说的出于"一切的恶毒、诡诈、并假善、嫉妒，和一切毁谤的话"相对立的。㊱"彼此相爱"是耶稣赐给门徒的新命令（约十三34～35，十五12、17），也包含在使徒宣讲信息的一部分（约壹一7），是神儿女群体所应有的特征（约壹三11、23，四7、11～12；约贰5），在保罗的书信中亦有强调的（帖前三12，四9；帖后一3；罗十二10，十三8），指在神子民群体之间的爱。"彼此相爱"是这句子的主要动词，正如第一章十三、十五和十七节的动词一样，均表达神的子民在这寄居的生活直至末日之前所应有的生活行为。㊲"切实"这助动词是这句子的重点。㊳ 在新约中，这字曾用于祷告上（徒十二5，廿六7）。彼得在第四章八节亦使用这字形

㉞ 马加比肆书九23，十3、15，十三19、27。

㉟ 马加比壹书十二10、17。参 H. F. von Soden，*TDNT*，I：146.

㊱ U. Wilkens，*TDNT*，VIII：571.

㊲ ingressive aorist.

㊳ Michaels，p. 75.

容他们之间所应有的爱:"最要紧的是彼此切实相爱",这是"万物的结局近了"的时候,信徒所应有的态度。这字和它同字根的字可以指在情感上的热烈、殷切和热忱(参七十士译本珥一14;拿三8);亦可以有伸展性的意思。[319] 正如一个运动员的肌肉所具有的伸展性和持久力一样,这字表明爱是要有坚忍力的,是面对一切的困难仍坚持不放弃的。[320] 这助动词与动词"彼此相爱"配合起来,似乎强调了后者的意思。[321] 爱并非只是一种短暂即灭的情感,而是具有韧力,不被任何恶劣的环境所动摇的。甚至有学者认为第廿三至廿五节实际上是在引申和解释"切实"这字的意义。[322]

一23 "你们蒙了重生,不是由于能坏的种子,乃是由于不能坏的种子,是藉着神活泼常存的道" 这节经文讲述了另一个与第一章廿二节上半节平行的论据,以支持神的子民要彼此相爱。[323] 透过顺服而得洁净,是从人的反应这角度去看,而蒙了重生则是从创造者之恩这角度去看。[324] "蒙了重生"这字使读者想起第一章三节作者所说神"藉着耶稣基督从死里复活重生了我们,叫我们有活泼的盼望"。这里彼得再次提及重生,可能是要说明这新的生命给予信徒彼此相爱的能力,但这种理解不能说明彼得为何要对比"能朽坏"和"不能朽坏"。另一种可能,是彼得想说明信徒之间的团契关系在本质上是永恒的,因此他们就更要学习彼此相爱。[325] 但在新约中,并没有用过这论点作为信徒必须彼此相爱的原因,亦缺乏上下文的支持。因此较为可能的是米高斯的建议,他认为,作为在第廿一节所说"盼望在于神"引发对这新生命所带来的盼望作更深一层的反省。彼得在这里对重生的经历之描述,与他在第十八至十九节中阐释救赎有相似的地方,就是他使用了"不是……乃

---

[319] 参 BAGD,p. 245;Hort,p. 90f.;Cranfield,p. 57.

[320] Cranfield,p. 57f.

[321] Hort,pp. 91,93;Michaels,p. 76;Cranfield,p. 57f.;Best,p. 94.

[322] Hort,p. 93;Michaels,p. 76.

[323] Best,p. 94;Grudem,p. 90;特别参 Cranfield,p. 58.

[324] Goppelt,p. 126.

[325] Grudem,p. 92.

是"这种方式说明"能朽坏"和"不能朽坏"之间的对比。[26] 这种藉着不能朽坏的基督之血所成就的救赎，为读者带来一个不能朽坏的新的生命，彼此相爱是这种生命的特性。

"种子"这字原本的意思为"撒种"，后引申为所撒出之物："种子"；及后再引申为"出生"。[27] 这字在新约只在这里出现，[28]在这里同样可以理解为(1)种子；[29](2)撒种；[30](3)出生。[31] "由于"是有别于下一句的"藉着"，因此"道"不是与这里译作的"种子"一字平行的。"由于"这介词是表达这新生命的本源；因此，(2)和(3)的解释是较为适合。但"朽坏或不朽坏的撒种"这说法是相当奇怪的，最恰当的应为第三个解释。"不能朽坏"这形容词之前已用过形容"天上的基业"，表明这基业有属天的素质，是不会经历腐化或毁坏的(一 4)。基督的宝血亦同样不是属于可朽坏的范畴(一 18～19)。同样这里亦要说明这种新的生命是由神而来，有属天的素质。得着这种新生命的途径，是藉着"神的道"。

从文法的角度来看，"活泼"和"常存"这两分词，可以用作形容"神"(参但六 20、26)，[32]亦可以形容"道"(赛四十 6～8；参来四)；[33]也有学者认为这两个分词是用在神和道的身上。[34] 支持第一种看法的学者，认为"永活的神"这词组在圣经中经常的出现(徒十四 15；帖前一 9；来九14)，以对比真神与外邦的偶像。这里说明这道是源自那"活泼常存"的神；再加上第廿一节极强调神的重要性，这里的重点亦是在神的身上。支持第二种看法的，则认为这句子中"活泼常存"是与这节的上半句的"不能朽坏"平行的，"道"亦与"种子"平行；因此相当自然的视"活泼常

[26] Michaels，p. 76.

[27] sproa，S. Schulz，TDNT，VII；537；BAGD，p. 763.

[28] 在新约中使用另一个较常见译作"种子"的字是 sperma，有 44 次之多(如太十三 24、27，十三 37～38；路一 55；徒三 25，七 5～6)。

[29] Hort，p. 91；Beare，p. 85f.；Best，p. 94；Grudem，p. 90；Goppelt，p. 126.

[30] Michaels，p. 76.

[31] 参 Selwyn，p. 150.

[32] Hort，p. 90；Michaels，p. 76f.

[33] 大部分的中英文译本；Selwyn，p. 151；Best，p. 95；Kelly，p. 80；Grudem，p. 90；Goppelt，p. 127；Fitzmyer，JBC，p. 905；Dalton，NJBC，p. 304.

[34] Beare，p. 86.

存"是形容"道"的。况且下文引用以赛亚书第四十章六至八节这经文清楚说明"主的道是永存的",均强调神的道在人生命中之永存,以对比人生命的脆弱。[35] 而且将"神"放在形容他的两个分词中间,是相当不自然的写法。[36] 当然我们亦不应过分的将神和从他而出的道分割,正如希伯来书第四章十二节谈到神的道,而第十三节即转到神的身上一样,这两者几乎是二而一的。

这道是"活泼常存"的,是永不会失效和落空的,亦充满了创造的能力,能不断改造信众群体的素质,使之更臻完美。这道是从神而来的。[37]

一24～25上 "因为凡有血气的,尽都如草;他的美荣都像草上的花。草必枯干,花必凋谢;惟有主的道是永存的" 这里是引用以赛亚书第四十章[38]六至八节,"因为"在此并非全是用作说明原因,而是有连接词的作用,[39]类似这种引用旧约的公式,在之前第一章十六节亦使用过,在那里是一较长的公式:"因为经上记着说"。类似的公式亦见于第二章六节。彼得引用这段旧约的经文是要支持及解说他在第廿三节所表达的思想。这里所引用的与七十士译本的经文十分相似。[40] 在以赛亚书中,这段经文是描述以色列国当时所经历的审判,对比他们将要承受的复兴。而彼得则将这经文分别应用在不信的人身上和在新约中神

---

[35] Dalton,*NJBC*,p.304.

[36] 特别参 E. A. LaVerdiere,"A Grammatical Ambiguity in 1 Pet. 1.23," *CBQ* 36(1974),pp.89-94.

[37] *theou*,subjective genitive.

[38] 以赛亚书这章经文,常被新约宣讲者所引用:太三3;可一3;路一68,二25、30～31,三4～5;约一23,十11,十一40;徒十七29,廿八28;罗十一34;林前二16;雅一10～11;启一5,十八6,廿二12。

[39] BDF §456(1);这种引用旧约经文的公式,保罗并未用过,特别参 E. E. Ellis, *Paul's Use of the Old Testament* (Grand Rapids:Baker,1957),esp. Appendix II:"Texts of Old Testament Citations," pp.156-185.

[40] 这里引用的经文,主要与七十士译有两处不同的地方:首先是在"草上的花"之前加上"像"这字;另一处是"他的"(*autēs*),在七十士译本中,是"人的"(*anthrōpou*)一字。彼得这里的引用,则是与希伯来原文相符。这里与七十士译本一样,遗漏了"因为耶和华的气吹在其上"这句在希伯来原文中有的句子。这里与七十士译本的差异,可能并非出自作者的修改,而是出于他所引用的异文版本。参 Hort,pp.93-94;Michaels,p.77.第三处不同的地方,是将原本"神的道"读作"主的道",参上文注释。

子民的身上，读者因相信基督的福音而承受了新的生命。在新约，雅
各书第一章十至十一节亦曾引用这段经文，描述富足人所面对人生
的现实。他们的人生是短促的，当他们正为自己的生活而忙碌工作
时，死亡会突然的临到，将他的生命连同他一切所拥有的，眨眼间全
然夺去。

彼得引用这段经文，为要将人存在[41]的虚渺和短暂，对比透过永存
的道而来的新生命。而重点则落在使神的子民有这新生命的神的道身
上。第廿五节可以说是解释上文第廿三节的"能坏的种子"。这里所用
的，是一幅在巴勒斯坦地方常见的景象，白头翁和一些樱草属的植物，
早上在野地灿烂地开花；但当太阳高挂，在烈日之下，这些小花便会枯
萎凋谢；到傍晚日落时，这些花虽曾经一度拥有过的艳丽美容已不存
在。"他的美容"可能指当时的人所向往的生活方式，那种外在的吸引
及繁荣。[42]"枯干"指植物的汁被榨干，"凋谢"指枯萎。[43]这里比喻式的
说明这浮华世梦的短暂和虚幻（参一 18），这些"美容"或荣耀，转瞬即
逝。[44]"美容"一字原文为"荣耀"，这正好与作者在本书表明信徒正等
候那永远的荣耀成了强烈的对比（参一 7、8，四 13，五 1、4）。这正好间
接地宣判了对这俗情世界的审断，彼得会在其后更清楚地说明这世界
所要面对的审判（二 8，三 16～17，四 17～18，五 5～6）。当时世界中所
夸耀的一切繁华，将会烟消云散。

作者选了另一个有别于第廿三节译作"道"的希腊文字。[45]这字与
第一章廿五节下所用的"道"字一样。不论是哪一个希腊文的字，其最
重要的特性是"真理"（参一 22），[46]而这两字的含义是无甚分别的。[47]
这里的引用有别于七十士译本，原本"神的道"现在此读作"主的道"。

---

[41] *pasa sarx* 泛指"人类"，即"所有人"，BAGD，p.743(3).

[42] Michaels，p.78.

[43] 这句原本为 *exēranthē ho chortos kai to anthos exepesen.* 这句的两个动词均是以 *ek* 作为
开始，而且都同是 gnomic aorist.

[44] 参诗九十 5～6，一〇三 13～14；伯十四 1～2；赛五十一 12。

[45] 二十三节是 *logos*，此处则是 *rhēma.*

[46] Procksch，*TDNT*，IV：93.

[47] Hort，pp.96-97；Kittel，*TDNT*，IV：116f.

这有可能是作者故意的修改，[48]亦有可能只是作者引自不同的异文。但值得注意的是这句子在七十士译本中是与以赛亚书第四十章三节平行的，在那里所用的是"主"字，而在希伯来原文中，没有引用第四十章七节中那部分："因为耶和华的气吹在其上"，"耶和华"在七十士译本应会译成"主"。姑且勿论为何这里作者使用"主的道"而非"神的道"是出自什么史源，这里的"主"肯定是指基督（参二 4）。[49]"主的道"[50]一词组在新约的另一处出现，见于使徒行传第十一章十六节，那里是复述耶稣在地上所讲的，因此相当有可能这里所指的"主的道"，是指耶稣曾讲过的信息。[51]正如耶稣在福音书中说过："天地要废去，我的话却不能废去"（可十三 31；太廿四 35；路廿一 33）。[52]但耶稣所讲的和初期教会所传讲的，同是福音的内容，因此第一章廿五节下说这福音就是那道。这表明耶稣的言论在初期教会中崇高的地位，在彼得的眼中尤甚。

　　一 25 下　"所传给你们的福音就是这道"　这里"传……福音"是动词。在新约中，"福音"这名词共出现七十六次。[53]这字在新约的用法，可能是受旧约以赛亚书的影响，七十士译本以赛亚书第四章九节的"报好信息"就是使用这希腊文的字（参赛五十二 7，六十 6，六十一 1），[54]那里所讲述神在历史的介入，带给人类喜乐、和平和救恩。保罗亦使用这名词"福音"和动词"传福音"指基督教信仰核心的内容，并这信息的宣讲。[55]

　　因此，彼得在这里虽然没有直接的引用以赛亚书第四十章九节，但亦有可能是受其影响。透过传福音之人的宣讲，他们得以顺从这福音

---

[48] Kelly，p. 81.

[49] Schutter，*Hermeneutic*，p. 127 认为"主"字具有双重意思，一方面指神，又同时指基督。

[50] *rhēma kyriou*.

[51] *kyriou*，subjective genitive.

[52] Michaels，p. 79；参 Kittel，*TDNT*，IV：115.

[53] 马太福音（4 次）；马可福音（8 次）；使徒行传（2 次）；保罗书信（60 次）；彼得前书（1 次，即在四 17）；启示录（1 次）。

[54] 亦注意保罗在罗十 15 引用赛五十二 7 在传福音的使者身上；路四 17～18 记载耶稣引用赛六十一 1 应用在自己的身上（参路七 22；太十一 5）。

[55] 这信息的内容在林前十五 1～5 中有清楚的说明，就是基督的受死、埋葬和复活（参罗一 3～4）。

（参四 15），就是永活神的道；并且因此得着新的生命，成为神的子民。

在原文中"给你们"[58]这介词词组放于本段最末的位置，是要强调本书在第一章中一个重要的主题："为着你们"（参一 4、10、20、25）；[59]并且作者不断地重复"你们"这代名词（一 7、9、12、13、14、15、17、18、21、22），[58]为的是要让读者确认他们的身份，并这身份所赋予他们的义务和权利。[59]

(iii) 生命成长的动力：神恩惠的道（二 1～3）

1 所以，你们既除去一切的恶毒、诡诈并假善、嫉妒和一切毁谤的话，

2 就要爱慕那纯净的灵奶，像才生的婴孩爱慕奶一样，叫你们因此渐长，以致得救。

3 你们若尝过主恩的滋味，就必如此。

第二章首三节应看为是第一章和第二章之间的转接段落。[60] 上文阐释彼此相爱的生命是新生命的表现，这里则说明彼此相爱的生命是靠着神的道而来的生命，要如何存养扩充，神的儿女要防避些什么以致可以彼此相爱（二 1），[60]并且这生命需要靠赖神的道不断地成长（二 2），以此期待最终得救的来临。

另一方面，有学者视第二章一至十节为一个整体，认为整段是洗礼的教理，因为一方面这里开始时讲论信徒新的生命，而"才生的婴孩"亦十分适合用在洗礼的新葡（即刚入教者的传统叫法——编者注）身上。[60] 但正

---

[58] *eis hymas*.

[59] 在一 4、10、25 所用的是 *hymas*，在一 20 所用的是 *di'hymas*.

[58] 在一 7、9、13、14、17、18、21、22 所用的是 *hymōn*；在一 12、13 所用的是 *hymin*；在一 12、15 所用的是 *hymas*.

[59] Michaels，p.80.

[60] Selwyn，p.153；Hort，p.97；Beare，p.87；Cranfield，p.59.

[60] Hort，p.98；Beare，p.87；Marshall，p.62；Grudem，p.93；Goppelt，p.128. Kistemaker，p.79 则将此段与上文的圣洁主题相连，但他在上文讨论二 1 所言的罪恶时，仍以信徒相爱为讨论的基础。

[60] A. Vanhoye, *Old Testament Priests and the New Priest According to the New Testament*, trans. J.B. Orchard (Petersham：St. Bede's Publications，1986)，pp.243－244；Kelly，p.83.

如在本书前段已讨论过，这观点未必全然可靠。尤其是在彼得前书的首部分（一3～二10），没有直接清楚地论及洗礼，洗礼只在第三章廿一节才出现。第二章四至十节说明这群有生命的信徒因基督的缘故被纳入成为一个群体，以及这群体的特性和功用。以下是从第一章廿二节起的思路发展：他们蒙了重生、他们应彼此相爱、他们应除去罪恶，和他们要成长，最终的结果是这整个群体得以巩固。⑱

　　二1　"所以，你们既除去一切的恶毒、诡诈并假善、嫉妒和一切毁谤的话"　"所以"将这段连于上文第一章廿二至廿三节信徒得蒙洁净及重生，以致在神子民的群体中过彼此相爱的生活。"除去"这分词的行动，应看为是在"渴慕"之先。⑱ 虽然如此，这里不应如〔和〕和〔吕〕译作直述语句，而应译为命令语句，正如其主要动词"渴慕"一样，但〔新〕〔现〕〔思〕等译本将这里译为："你们要除去……"却又反映不出"除去"是在"渴慕"之先。我们可以视"除去"和"渴慕"是信徒成圣生活成长中的两个必须有的步骤，"除去"亦说明了如何"渴慕"。⑱ "除去"这字是用作表达将旧有的衣服除掉，在新约中借用作除掉旧的生活方式（罗十三12；西三8～9；弗四22～23、25；来十二1；雅一21；参徒七58），这里正如雅各书第一章廿一节的用法一样，将这属于洗礼的用词应用在信徒的生活上，⑱同

---

⑱　Best，p.96. Michaels，p.49 有类似的理解，二1～3 是成长的暗喻，二4～10 则是建筑的暗喻，这两者有密切关系，并且由强调个人至强调群体。

⑱　从句法来看，二1是二2的子句。有关子句中不定时态分词与其主要动词之间在时间上的关系，请参 Burton，*Moods and Tenses*，§§ pp.139‑141，144，146；BDF § p.339；Robertson，*Grammar*，pp.858‑864；MHT，3；79‑80；Zerwick，*Biblical Greek*，pp.87‑90；Moule，*Idiom Book*，p.100；D. Daube，"Participle and Imperative in 1 Peter，" in Selwyn，pp.467‑488；B.M. Fanning，*Verbal Aspect in New Testament Greek*（Oxford：Clarendon，1990），p.413. 一般而言，放于主要动词之前的过去不定时态分词，是指发生于动词之前的，而置于主要动词之后的，则视为同时或之后发生的，参 Porter，*Verbal Aspect*，p.381. 同时彼前一14的劝勉以反面的方式说不要怎样行事为人，然后一15起才说要怎样行事为人，亦肯定这样的理解。亦参 Best，p.96. 因此 Marshall，p.63 认为二1是提供了二2的命令得以完成的条件，从这角度去看是正确的。这里过去不定式的用法是 ingressive。

⑱　Modal participle，但亦带有命令的意味，参 Marshall，p.63；Schweizer，"Priesthood，" pp.287‑288.

⑱　J. Francis，"'Like Newborn Babes'-The Image of the Child in 1 Peter 2：2‑3，" in JSNTSS 30（Sheffield Academic Press，1980），p.111.

时表明洗礼所表达属灵的现实,要不断在信徒生命中反映出来。㊲ 因此,在成长的过程中,消极来说是要"除去",积极来说是要"渴慕"。㊳

　　这里列举出要除去的邪恶,是他们成为基督徒以先所有生活的表现。这名单是当时希腊和犹太教的社会在道德的教导中所用到的。㊴ 这一连串的邪恶名单,首两个和最后一个有"一切"这形容词,首两个为单数的字,后三个则为复数的字。"一切的恶毒"指对别人造成伤害的行为。㊵ "一切"指各式各样的。㊶ "一切的诡诈"指以欺骗的手段待人,以达到个人的目的,谋一己之私的。㊷ "诡诈"㊸一字在彼得前书出现了三次,其余两次在第二章廿二节和第三章十节。在第二章廿二节是与"犯罪"一字平行,在第三章十节则是与"恶言"平行。这种表现是与上文第一章廿二节所说的真理不相符的,亦会摧毁群体之间的信任和相爱。身处一个对信徒不友善的社会中,信徒更需团结一起,因此,对以上那些破坏群体的邪恶,更要尽可能除去(参雅五9)。

　　随着三个复数的字"假善""嫉妒"及"毁谤的话"是以上两种罪恶的表现,㊴上文亦提及"虚假"(一22),是真诚相爱的敌人,显示表里不一或两副面孔,外面良善而内心恶毒,亦是诡诈不真诚的一种表现,一个假善

㊲　参一3有关"重生"的注释。

㊳　Best, p. 97 指出,除去罪和在美善中成长在实际情形中是不断进行的过程。亦参 Marshall, p. 63.

㊴　Best, p. 96; Kelly, pp. 83 – 84.

㊵　Kelly, p. 83; Beare, p. 87; Cranfield, p. 60; Michaels, p. 86 认为这里 kakian 是泛指一切外邦人所行的邪恶,亦包括以下所述四种邪恶。但这里接受 Hort, p. 98; W. Grundmann, TDNT, III:484; Best, p. 97; Davids, p. 80; Goppelt, p. 128; W. Grundmann, TDNT, III:482 – 484 认为这里所针对的邪恶是与人相处有关的。在尼禄逼迫基督徒的时期,他们往往被指控为"愤世嫉俗",可能与这里彼得所针对的有关; Tacitus, trans. Michael Grand, The Annals of Imperial Rome (Middlesex: Penguin Books, 1973), 15. 44, p. 365: "尼禄将那些自认为基督徒的人拘捕,并凭他们所提供的数据,大批其他的人士因而被定罪——不是因为他们是政治骚动者,而是因为他们的反社会倾向"。

㊶　pasan 及 panta Hort, pp. 98 – 99.

㊷　Cranfield, p. 60; Grudem, p. 93; Goppelt, p. 128.

㊸　耶稣和保罗的对头均以这种行径对待他们(参可十四1;太廿六4;徒十三10)。是真理的相反(林后十二16;帖前二3;参林后四2,六4~6)。Danker, p. 97 认为这里反映何四2先知对当时祭司的批评,以对比以下彼得进而说明新约信徒作为祭司的特性。

㊴　Kelly, p. 83; Goppelt, p. 128;亦参 Michaels, p. 86. Selwyn, p. 153 则认为这里"假善"和"嫉妒",因为没有了"一切"这形容词,是要说明以下所述是新一类的罪恶。

的人伪装成一个与本身不符的角色。在新约中常在旧人生活特性的行列中出现(罗一 29;加五 21、26;腓一 15;提前六 4;多三 3)。"嫉妒"是内心占有的骄傲,强烈要求得到不属于自己的。"一切毁谤的话"可以是"嫉妒"的一种表现,⑯指凡伤害或刻意伤害他人名誉地位的话,这是外邦人对基督徒的做法(二 12,三 16;雅四 11),但信徒不可这样彼此相待。

　　二 2　"就要爱慕那纯净的灵奶,像才生的婴孩爱慕奶一样,叫你们因此渐长,以致得救"　这里以正面的方式说明神的子民如何经历救恩的丰盛,是要好像才生的婴孩一样。"才生的婴孩"指哺乳的婴孩,在犹太人中可能有两至三年的期间。⑯　有学者认为这里作者所用的是明喻而非暗喻,亦即是说,这里所针对的读者,实际上是才生的婴孩或刚受洗的信徒。⑰但这里不一定是从重生这说法引申出来的,⑱"重生"和"才生的婴孩"可以是两个不同但相关的概念,⑲相关点是"神的家"。这里所针对的读者,并不局限于初信基督的人身上,"除去"和"渴慕"是对所有信徒的劝勉,所有的信徒都要好像才生的婴孩一样渴慕这奶。而且正如以上曾交待,第二章一至二节若是针对第一章廿二节信徒的彼此相爱,则这里并没有理由只是对初信的人而说的。⑳　这暗喻的重点在说明如同婴孩对母乳那强烈天然的渴求。㉛

---

⑮　Michaels,p.86.

⑯　Hort,p.100.原文为两个字,"才生"(*artigennētos*)和"婴孩"(*brephos*). *brephos* 一字原意为"胎儿",后用作初生婴孩或小孩。Beare,p.88.

⑰　Beare,p.88;Best,p.97;Davids,p.80;Fitzmyer,p.365;Dalton,p.905.亦参 Reicke,pp.89-90.

⑱　因此 Schweizer,"Priesthood,"p.288 认为信徒不需要追求渴慕,因为才生的婴孩就必然会渴慕,但这是将重生和才生的婴孩这两个相关但亦不同的比方混为一个所致。

⑲　Francis,"Like Newborn Babes,"p.113;亦参 Michaels,p.86;Grudem,p.94;Goppelt,p.128.

⑳　特别参 Grudem,p.94,n.1.

㉛　Michaels,p.86.在林前三 1～2 和来五 13 都以奶比喻初信者应该熟练基本的教导,亦将奶对比他们长大之后可以吃的干粮,但在这里并没有这种对比。以"奶"作为属灵上喂养可见于犹太教的著作(如 1QS 9:35-36),这里彼得大概不是取材于当时的神秘宗教,有关这方面的背景,参 H. Schlier,*TDNT*,I:646-647.

　　"渴慕"[82]是第一章一和二节的主要动词,这是一个强烈的字眼,[83]说明作为神的儿女(参一 14"顺命的儿女")所应有的渴求,是有别于这世界所渴求的。所渴慕的,是"纯净的灵奶"。这奶支持并滋养婴孩的生命。[84]这种渴慕不是一种劳碌的工作,而是一种喜悦的寻求。[85]

　　　这奶是"纯正的","纯正"是与第二章一节"诡诈"一字的相反词,[86]是指没有诡诈和假冒的、纯真和可靠的、[87]耶稣所说的一切话(二 22)。这奶亦是"属灵的",[88]学者对"属灵的"这形容词有颇多争论,这形容词字面的意思是"属于道或理由",可引申作"合理的"或作"象征性的",正如这字在新约另一次的出现是在罗马书第十二章一节,〔和〕译作"理所当然"的敬拜(〔和〕作"事奉")。因而引申作"属灵的",有别于字面或物质上的理解,[89]表明这里所说的奶只是一种暗喻。但有学者指出,若只是为了表示这里并非物质的奶,未免有点多此一举,不然我们便要在"才生的婴孩"、"出生"(一 23)等之前全部加上"属灵的"的形容词了![90]而且第二章五节用到"灵宫"是"属灵的"时,却是用了另一个形容词。[92]

---

[82] *epipothēsate*;这过去不定式动词的用法是 ingressive. 有学者如 K. R. Snodgrass, "1 Peter II. 1 - 10: Its Formation and Literary Affinities," *NTS* 24(1977), p. 97; Elliott, *Elect and Holy*, pp. 200 - 201, 215 - 217 认为这是全书最主要的命令,是信徒主动需要做的事。但这种看法缺乏足够的支持,没有一个命令能涵括其他所有命令。

[83] 参七十士译本诗四十二 1,一一九 174,如鹿渴慕溪水、渴慕耶和华的救恩;亦参腓一 8,二 26;提后一 4。

[84] 在新约中,亦曾两次用这比方说明信徒需要灵奶作为维持生命的滋养,在这两次,均与干粮作对比,说明属灵生命所需不同的食粮,反映不同的成熟阶段。但彼得前书这里并没有这种比较的含意,参 Schlier, *TDNT*, I:646; Hort, p. 99. 有关以"母乳"作为属灵滋养带来生命这图画在当时的其他背景,请参 Goppelt, pp. 129 - 130; Davids, p. 82;在拉比文献中的用法,请参 Francis, "Like Newborn Babes," p. 112。

[85] Barclay, p. 192.

[86] "诡诈"是 *dolon*,而"纯正"是 *adolon*.

[87] 参 Goppelt, p. 131, n. 48. 在这里亦可能有被稀释过的奶,在当时商人往往以这种方法牟利;参 Davids, p. 82, n. 10.

[88] 希腊文: *logikos*. 在七十士译本中从未有出现过。

[89] 正如 RSVmg 的翻译,参 LSJ.

[90] 正如 Selwyn, Beare, Best, Michaels, Grudem, Goppelt, BAGD, M- M, G. Kittel, *TDNT*, IV:142 等的理解。

[91] D. G. McCartney, "*logikos* in 1 Peter 2,2," *ZNW* 82(1991), p. 130.

[92] 希腊文: *pneumatikos*.

但若将之译为"纯正话语的奶"[⑱]却又缺乏支持。因此我们认为这形容词的使用,是要与上文第一章廿二至廿三节所说"藉着神的道"连成相关语,表明这里所说的奶即神的道,[⑲]或这奶是"道质"的。顾登有力地列出支持这奶是神的道的六个理由:[⑳](1)这是此段之前三节经文(一23～25)所提及的重点,因此在这里毋须再行介绍;(2)神的道是"活的"(一 23),不只可以产生生命(一 23),而且亦赐予生命、滋养和支持生命,使信徒能成长以致得救(二 2);(3)神的道是属灵的滋养,在圣经其他的地方也有提及,这应为彼得所熟悉的;(4)旧约以神的道为纯洁的这观念,应为他们所熟悉(七十士译本,诗十一 7〔十二 6〕,十八 8〔十九7〕,一一八〔一一九〕9),正好配合这里将奶形容为"纯正";(5)要渴慕神的道亦是旧约的观念(七十士译本,诗一一九〔一一八〕20、131);(6)阅读或聆听神的道是一个吸收信息的过程,这过程正好平行喝奶进入身体这活动。信徒不但是因神的道而得到属灵的出生,亦要靠神的道而成长,这不只是我们应该行的,亦是我们实际的需要。这神的道一方面是"合理的",消极方面是能叫人不受人的情欲所困(参二 1),积极方面是叫人得以持守真道。[㉑]

"除去"和"渴慕"的目的,是要"成长",[㉒]彼得建基于重生这图象之上,说明信徒就好像才生的婴孩一样,逐渐地成长。这里强调了信徒成

[⑱] 参 NASV. McCarthney,"*logikos* in 1 Peter 2,2,"似乎亦倾向于这理解。

[⑲] 有学者认为,这里所指的,是圣餐中信徒所用的饼和酒,如 Beare,p. 116. 亦有学者认为这里广泛地指神的慈爱、恩典或生命,如 Hort,pp. 101 - 102,103 - 104;Cranfield,p. 61;Michaels,pp. 88 - 89;Minear,"The House of Living Stones,"p. 246. 持以上解释者,多将此节与二 3 密切相连,前者将"尝主恩"看作是用圣餐,参下文讨论。他们都忽视了这里与上文的紧密关系。

[⑳] Grudem,pp. 95 - 96;参 Marshall,p. 64;Kistemaker,p. 81;Schweizer,"Priesthood,"p. 288;Hillyer,p. 57. Goppelt,p. 131 认为这是出自神的道和灵所带来的滋养。

[㉑] Hort,pp. 100 - 102.

[㉒] 这字在新约可用作在身量上(路一 80,二 40)和属灵上:可以指信心的成长(林后十 15),在善事上的成长(西一 10),在凡事上长进(弗四 14)及在恩典和对我们主的认识上成长(彼后三 18)。F. W. Danker,"1 Peter 1:24 - 2:17—A Consolatory Pericope,"*ZNW* 58(1967),p. 95 认为这里得滋养和成长等,是受出埃及记的影响(出一 7),这是可能的,但却难以肯定。

长的过程,这成长是藉着不断认定神的道("因此")而来的,[39]冲破一切
过程中的艰难(参五 10)。而得救就是末世要显现的救恩(一 5;[39]参一
7、9),是这成长过程中最终的方向和目标。[40] 缺乏喂养,成长是不可能
的。正如米高斯指出:"救恩不是一种从外而来、最后一分钟的拯救
行动,而是在基督徒里面和中间所发动,整个过程适当的时候最终完
成的。"[40]

二 3 "你们若尝过主恩的滋味,就必如此" 更好的译法应为:
"因为[40]你们尝过主是美善的"(参一 17;及〔新〕),将此句看为是"渴慕"
的原因。亦有认为"主是美善的"是直接引自诗篇第卅四篇八节(七十
士译本诗卅三 9),如〔思〕。[40] 但这里可能不是直接的引用,却是受这段
经文的影响。[40] 这首感恩的诗篇正好成为作者表达我们在神那里所得
的确据:神对那些坚持到底的人必定会拯救他们脱离危难。[40]

---

[39] *en autō*;"此"指"灵奶",即神的道。另一可能是指"基督",或许这里是故意含糊,基督与
神的道是不可分开的,H. J. B. Combrink, "The Structure of 1 Peter," *Noet* 9(1975),
p. 38.

[39] *eis sōtērian*,此词组在彼得前书中出现了两次,一 5 是另外一次。

[40] Grudem, p. 96 认为这里的救恩指成熟,但这解释缺乏有力的支持,*sōtēria* 在新约中从来
没有这样的使用。参 Michaels, p. 91.

[40] Michaels, p. 91.

[40] 正如一 17 的情况,这里属于第一类条件句,将 *ei* 看为 causal use,译作"因为"(如〔新〕);参
太六 30;罗六 8 等,BAGD, p. 219.

[40] 但 UBS 的经文及其他不少英文译本均没有这样做。

[40] 在七十士译本诗卅三 9 原文为:*geusasthe kai idete hoti chrēstors ho kyrios*,译出来是:
"〔你们〕要尝和看见主是美善的。"在彼得前书则没有了"和看见",并且"尝过"是不定时态
直述语,而在诗篇则是不定时态的命令语,同时是置于第一类的条件句之中。这里没有使
用"看见",极可能是因为上文用了"灵奶",在此便不易使用"看见",只有"尝"才是适合这
比喻的;Michaels, p. 90. Michaels, p. 90 亦同时注意到 *geuesthai* 跟着使用 *hoti* 及引述
句子是相当少有的。Goppelt, p. 132 认为彼得在这里所写的,是他想起整首的诗篇,在二
4,希腊文为:*pros hon proserchomenoi*;七十士译本诗卅三 6 是非常相似的。*proselthate
pros auton*. 彼得三 10~12 则是引用七十士译本诗卅三 13~17。在彼得前书其他地方可
反映这首诗篇之影响的有:诗卅四 22 的"救赎"一字亦见于一 18;诗卅四 7、9"当敬畏神"
见于一 17,二 17;诗卅四 19"义人多有苦难"见于一 6,四 12;诗卅四 1 赞美神见于彼前四
11。这诗篇亦是常被新约引用的,如诗卅四 8 反映在来六 4~5;诗卅四 10 在路一 53,六
24~25;诗卅四 13 在雅一 26;诗卅四 15 在约九 31;诗卅四 19 在林后一 5、提后三 11;诗卅
四 20 在约十九 36。

[40] Goppelt, p. 132.

　　"尝"这动词指过去已发生的事,当他们"蒙了重生"、得了洁净的时候(一 22～23)。这动词象征性地表达亲身经历过(参来六 4～5)。[406] 这反映初期教会的信仰,认为在神的道中我们可以遇见我们的主(参西三 16;弗三 17)。"主"在诗篇中是指耶和华,但在此则指基督,下文清楚地说明了这点。"美善"一字在圣经以外的文献中亦有用在神明身上,意即"慈悲、仁爱",[407]在新约也有这样对神的描述(路六 35;罗二 4),这说明为何〔和〕译作"主恩",及〔现〕译为"主的恩慈"。

　　信徒何曾经历主是美善慈悲的呢? 就是当他们蒙了重生,经历神的拯救。原文"美善"一字与"基督"一字串法和字音均十分相似,因此这里亦可能是语带双关:神的美善和慈悲透过耶稣基督彰显出来。[408] 有学者认为这里与第二章五节(在原文中是第四节)的"来到"一字连起来,要说明这经历是在信众的群体中一次又一次地透过洗礼和圣餐这两个礼仪而体会到,因为"来到"是有崇拜的意味。[409] 但大概我们不应将这经历局限于这两个礼仪,更重要的是礼仪背后所表达的属灵的现实,就是信徒得蒙拯救的经历。[410]

　　这经历如何成为信徒渴慕灵奶——神的道——的理由? 是神那活泼的道使信徒得以重生(一 23),这神的道亦即"主的道"(一 25),一方面是指主曾宣讲的道,另一方面亦是福音之内容,是真理的本身(一 22)。藉着主的道而来的生命,同样需要主的道的滋养而成长。信徒领受主的道,即经历基督所带来的救恩,要成为他们不断渴慕主之道的动力。第二章三节将出生、成长与基督连结起来。[411]

　　马额尔在阐释这段经文时,正确地提醒我们,在讨论教会增长时,我们的重点往往放在人数的增长,容易忽视另外非常重要的两方面,就

[406] geuomai,BAGD,p. 157;Behm, TDNT,Ⅰ:675 - 676;故又可作"经验",参黄锡木,页591。

[407] chrēstors,黄锡木,页591;BAGD,p. 886,TLNT,3:511 - 516.

[408] Michaels,p. 90.

[409] 参 Davids,p. 84;Goppelt,p. 133. 他们在某种程度下接纳了这种解释。亦参 Reicke,p. 90.

[410] Michaels,p. 90.

[411] Elliott,p. 81.

是属灵上的成熟及神子民通过团契成长为一个爱的家庭。⑫

(iv) 神子民独特的身份及责任 (二 4～10)

4　主乃活石,固然是被人所弃的,却是被神所拣选、所宝贵的。

5　你们来到主面前,也就像活石,被建造成为灵宫,作圣洁的祭司,藉着耶稣基督奉献神所悦纳的灵祭。

6　因为经上说:"看哪,我把所拣选、所宝贵的房角石安放在锡安,信靠他的人必不至于羞愧。"

7　所以,他在你们信的人就为宝贵,在那不信的人有话说:"匠人所弃的石头,已作了房角的头块石头。"

8　又说:"作了绊脚的石头,跌人的磐石。"他们既不顺从,就在道理上绊跌;他们这样绊跌也是预定的。

9　惟有你们是被拣选的族类,是有君尊的祭司,是圣洁的国度,是属神的子民,要叫你们宣扬那召你们出黑暗入奇妙光明者的美德。

10　你们从前算不得子民,现在却作了神的子民;从前未曾蒙怜恤,现在却蒙了怜恤。

　　第二章一至三节为转接性的段落,这说明了为何不同学者将此段连于第一章十三至廿五节,亦有将之连于第二章四至十节。然而第一章由十三节起都以命令语的动词为主,而第二章四节开始则回复到直述语的说明。当然命令语的劝勉和直述语的说明两者是有密切关系的,直述语的说明是要表明劝勉的客观基础。

　　第二章三节将重点放在主的身上,这正是第二章四至五节的重点,信徒一起来到的就是这位主的面前。⑬ 亦因为这位主基督,使这信众的群体成为独特的一群,虽为世人所排斥,却反而说明他们乃神所拣选、所怜恤的。神的子民在此是与基督联合,因此享有极崇高的权利,

---

⑫ Marshall,pp. 61 – 62.

⑬ *hon* 这 relative pronoun(关系代名词)将以下段落与二 1～3 连接起来,参 Elliott,*Elect & Holy*,p. 1.

然亦负有极重要的责任。[414]

　　这段经文提供了彼得在此之前所说主题的旧约圣经基础,其中包括了基督蒙拣选(一 20)和信徒蒙拣选(一 1～2)成为圣洁神的子民(一15～16)。[415] 亦说明信徒如何在一个不信的社会中生活,神子民作为祭司,要在言行上见证神的荣耀(二 5、9)。[416]

　　此段与第一章尾部所说神的道有何关系呢? 有人认为这新约中神的殿是神透过其活泼常存的道,[417]即基督耶稣的福音所建成的,当旧约经文经过正确的解释便是这福音重要内容的支持。这段经文往后连于彼得在第一章十三节起勉励信徒要圣洁,往前则连于信徒应有的社会责任,这一切都在于他们与基督,就是真道的关系。[418]

　　此段在结构上,第二章一节以分词作为开始,引向一个命令语的动词(二 2 上),跟着是一个目的子句,最后道明原因,[419]即以经文作为以上所述的支持。这次序同样出现于第二章四至六节,以分词作为开始(二 4),随着是命令语动词(二 5 上),然后不定式的目的子句,最后是经文的支持。圣经的真理是行事的基础,分词说明如何实行那命令,为要达成某个目的。但彼得在表达时则以信徒身处的环境和需要作为起点,然后说明放在面前的任务,而且有特定的目标要完成,再以圣经的话语作为基础和动力。[420]

---

[414] Elliott, p.81.

[415] Elliott, *Elect & Holy*, p.219 总结他的研究说,这段经文是一 3～二 10 整段劝慰话语的高潮,阐释了彼得前书的两个思想,就是信仰群体的拣选和圣洁,亦是整卷书信所表明的基本的真理。

[416] R. Bauckham, "James, 1 and 2 Peter, Jude," in *It is Written: Scripture Citing Scripture*. Essays in Honor of Barnabas Lindars (Cambridge: Cambridge University Press, 1988), p.312.

[417] T. W. Gillespie, "House of Living Stones," *The Princeton Bulletin* 4(1983), p.170.

[418] Elliott, *Elect & Holy*, p.217.

[419] *eis*.

[420] Schweizer, "Priesthood of All Believers," p.286. 他亦指出这两段其中一点不同之处在于,二 2 所用命令语的动词是过去不定式,而二 5 则使用了现在式,表明作者思路的进展, ibid., p.287. 他同时认为二 7～10 虽然在文法结构上没有这四个步骤,但这四步骤的次序依然是存在的,不过他的解说似乎过分牵强,例如他认为二 9 之所以没有动词,是因为作者不想确实地表达直述语或命令语, ibid., p.289f.;但这两种语态 verb to be 的串法是一样的,因此其说法不成理由。我们可以说以上的一些元素在二 7～10 仍可找到。

正如布克罕（Bauckham）指出第六至十节引用旧约的经文及解释是要支持第四至五节所说明的题旨。整段可分为两部分，第一部分有关基督是活石，是第六至八节引用三段旧约经文及其解释所要处理的题目；第二部分神子民为活石，是第九至十节所引用三段旧约经文及其解释要处理的题目。因此可以将整段结构分列如下：[40]

4～5		题旨引句
4	A	耶稣是蒙拣选的石
5	B	教会是蒙拣选之神的子民
6～10		注释
6 上		引述公式
6～8	A′	蒙拣选的石
6 下～7 上		经文 1（赛廿八 16）＋ 解释
7 中～7 下		解释 ＋ 经文 2（诗一一八 22）
8 上～8 下		经文 3（赛八 14）＋ 解释
9～10	B′	蒙拣选之神的子民
9		经文 4（赛四十三 20～21）＋
		经文 5（出十九 5～6）合并，引申经文 4
10		经文 6（何二 23）意译（参何一 6,9，二 1）

在第四节的"石"一字是将第六至八节三段经文连起来的字；"拣选"和"宝贵"两字在第一段引用的经文（赛廿八 16）出现，而"所弃"这字则在第二段引用的经文（诗一一八 22）中出现。在解释经文〔1〕时，经文中的"宝贵"和"信靠"两字再度出现。第五节的"圣洁"和"祭司"两字，将这节与第九至十节连结起来。"子民"一词，将第九至十节的三段所引述的经文连系起来，因为第九节"属神的子民"这词组，包括了七十士译本以赛亚书第四十三章廿一节和七十士译本出埃及记第十九章五节"属神子民"的说法。[42] 第二章六节下至七节上使用以赛亚书第廿八章十六节，说明了对基督正面态度的情况及其结果；第二章七节下至八

[40] Bauckham, "James, 1 and 2 Peter, Jude," p. 310.
[42] Ibid., p. 311.

节引用诗篇第一百一十八篇廿二节和以赛亚书第八章十四节说明对基督负面态度情况及其结果。[43] 明显的,"蒙拣选"是将这整段贯穿起来的主题。[44]

在形式上,萧温认为这段经文是来自初期教会的诗歌,[45]但大部分学者均不赞同这看法。主要是因为这段经文缺乏初期教会诗歌的特征。[46]

彼得在此所引用的三段旧约经文,在新约其他地方曾分别引用过,兹表列如下:

	诗一一八 22	赛廿八 16	赛八 14
彼前二 6～8	正式的引用〔七十士译本〕	分别基于 MT 经文 重点在拣选和宝贵:信靠与不信靠他之别	
可十二 10	正式的引用〔七十士译本〕	——	——
太廿一 42	(与上同)	——	——
路二十 17	(与上同,但较短)		作为解释 (并加上但二 44～45)
徒四 11	意译的引用	——	——
罗九 32～33	——	基于 MT 的经文合并 重点在于"绊跌":信心和行为救法的对比	
弗二 20	——	指基督为房角石	——
林前三 11	——	指基督是根基	

以上福音书中的记载,属于耶稣的言论。使徒行传的记载则属于彼得的宣讲。

---

[43] Goppelt, pp. 144 - 145.

[44] 特别参 Elliott, *Elect & Holy*, p. 141ff.

[45] Selwyn, pp. 268 - 281. P. S. Minear, "The House of Living Stones; A Study of 1 Peter 2:4 - 12," *The Ecumenical Review*, p. 241 亦认为这看法是很可能的。

[46] 如 Elliott, *Elect and the Holy*, pp. 133 - 138; Martin, "Aspects of Worship," pp. 17 - 18; Best, "1 Peter II 4 - 10," p. 270.

在福音书中，(新)圣殿[427]或房角石，都属耶稣的言论，而且是用在耶稣个人身上；在使徒行传和书信中，[428]与昆兰社团的作品相似，将圣殿用在弥赛亚的群体身上，用"活石"代表这群体个别的成员。在新约中，只有彼得在这里一起引用了这三段经文。彼得将重点放在以赛亚书第廿八章那段经文，特别是其中拣选及荣升的主题，亦以此段经文引入其他的两段。[429]

因为罗马书的引用和彼得前书的引用有相似的地方，因此有学者认为，彼得是抄袭或借助保罗的罗马书。[430] 但基于他们的引述方式之不同，这假设之可能性极低。[431] 更可能的解释是他们均取材自共同的传统，在这传统中，以赛亚书那两段经文已连在一起使用。[432] 因此有学者认为，初期教会已流传有如旧约见证集(*testimonium*)之类文献的存在，供信徒参考，但任何固定的文献传统，均面对不同引述方式的困难，虽然这仍是可能的。[433] 所以这共同的传统，可能是初期教会口头的

---

[427] 约二 19 起；亦属于犹太人对耶稣所说的话之指控：可十四 58，十五 29。

[428] 其他有关经文，参林后五 1；来三 6。

[429] Elliott, *Elect & Holy*, p. 31.

[430] Beare, p. 95. J. W. C. Wand, *The General Epistles of St. Peter & St. Jude* (Westminster Commentary; Methuen; London, 1934), p. 19 指出，学者认为彼得前书有八处与罗马书相似，有两处关于旧约预言(二 6～8、10)，两处列出基督徒的责任(二 13～17，三 8、9、11)，一处是半礼仪性(二 5)，一处是思想上相近(四 7～11)，及其余两处是甚有疑问的(一 14～22)。

[431] 我们不能忽视他们在引述这几段经文时的相异之处，D. A. Oss, "The Interpretation of the 'Stone' passages by Peter and Paul; A Comparative Study," *JETS* 32(1989)，p. 190 指出四方面：(1)他们引用经文的长短不一；(2)他们以不同的方式将几段经文连结起来；(3)他们在不同的文理中引用这些经文；和(4)他们对这些经文在理解上亦稍有不同。亦参 Hillyer, "Rock-Stone," pp. 60 - 61；Selwyn, pp. 269 - 273；C. H. Dodd, *According to Scripture; The Substructure of Christian Theology* (London; Nisbet, 1953), pp. 41 - 43；E. E. Ellis, *Paul's Use of the Old Testament* (Grand Rapids; Baker, 1957), p. 89；J. W. Jageson, *Written Also for Our Sake; Paul and the Art of Biblical Interpretation* (Louisville; Westminster/John Knox Press, 1993), pp. 61 - 64.

[432] 参如 Bruce, "Corner Stone," p. 234；Snodgrass, "1 Peter II. 1 - 10," pp. 97 - 106；Marshall, p. 70.

[433] 参如 J. W. Jageson, *Written Also for Our Sake; Paul and the Art of Biblical Interpretation* (Louisville; Westminster/John Knox Press, 1993), p. 64. 反对见证集这假设的学者，可参如 B. Lindars, *New Testament Apologetic; The Doctrinal Significance of the Old Testament Quotations* (London; SCM, 1961), pp. 14, 23 - 24；Albert C. Sundberg, "On Testimonies," *NovT* 3(1959)，pp. 268 - 281.

传统，或取材于当代犹太教中弥赛亚是房角石的理解，[34]而耶稣的言论，启发和指导初期教会的信徒，明白所引用的旧约经文特有的基督论意义。这说明了不同作者在引述时存在的伸缩性，他们可以用这些传统中的教训，适切地应用在他们所要处理的主题。保罗在援引这些经文时，将重点放在这是绊脚的石头（对犹太人来说），但彼得却指出这基石对基督徒的积极一面的意义，信靠他的人便成为宝贵，因此彼得已从基督论转到教会论了。[35]

初期教会可能知道有关耶稣曾引用诗篇及以赛亚书的经文以表明他的身份及遭遇，他们同时亦从犹太教的传统中明白这是指向耶稣乃是犹太人所期望的弥赛亚，使保罗和彼得分别使用这些经文，支持他们对基督的看法，并应用在他们所针对的课题上。

还有一点是值得注意的，彼得在第二章六至八节引用三段旧约经文，及在第二章九至十节引用出埃及记的经文并融合以赛亚书和玛拉基书的经文，这种释经的方法，反映出犹太人米大示（midrash）式的注释。圣经是从神而来及带有权柄的，是米大示注释的假设，[36]注释者将几段经文并列，以经解经，其目的是将圣经应用在他们所面对的具体环境中。[37]但将第二章六至八节完全以基督论作解释，则是新约所独有的。

二 4～5 上　"主乃活石，固然是被人所弃的，却是被神所拣选、所

---

[34] 这三段经文中有关"石"的传统在昆兰文献中的理解，参 Hillyer，"Rock-Stone，" pp. 70 - 71，75 - 78；Ellis，*Elect & Holy*，pp. 26 - 27；Goppelt，pp. 135 - 136，138 - 139；在昆兰社团的"纪律手册"（Manual of Discipline）就形容群体的领袖为"经过试验的墙""珍贵的房角石"（1QS 8：7 - 8，并以赛廿八 16 为证），在他们的感恩诗中亦指群体的成员为"经过试验的石"建成坚固的围墙（1QH 6：26）。有关这传统在昆兰社团的解释，参 B. Gärtner，*The Temple and the Community in Qumran and the New Tesament*（Cambridge：Cambridge University Press，1965），pp. 77 - 79；在他勒目和拉比文献中的理解，参 Ellis，*Elect & Holy*，pp. 27 - 28；Hillyer，"Rock-Stone，" pp. 71 - 73。

[35] Michaels，p. 103.

[36] 特别参 Jacob Neusner，*What is Midrash?*（Philadelphia：Fortress，1987），p. 102ff. 的结语。并 Schutter，*Hermeneutic*，p. 93；Richard Longenecker，*Biblical Exegesis in the Apostolic Period*（Grand Rapids：Eerdmans，1975），pp. 202 - 204。

[37] Schutter，*Hermeneutic*，p. 98 指出这里彼得是透过米大示其中一种解经的步骤，就是透过模拟，即三段经文都有"石"这意象，因此将之串起来。

宝贵的。你们来到主面前……" 从上文"才生的婴孩"转为"石"的比方,似乎没有什么联系,但在希伯来文,"儿子"和"石"的串法是十分相近的(参太三9,七9)。㊳

　　按原文之次序重译:"你们来到他的面前,他就是活石,被人所弃,但却被神所拣选、所宝贵的。"有学者认为,"来到"这分词应被视为命令式分词(参〔吕〕〔现〕),且将第二章五节的主要动词"被建造"看为是命令语,㊴即"你们要来到他面前,……要被建造成为灵宫"。但"被建造成为灵宫"(5下)非人所能主动做成的,这是神主动的成就,㊵因此更正确的看法,是视这节承接了上文"尝过主是美善的"这事实,分词"来到"即是连于"被建造",则这两词组同样表达事实,即"被建造"应为直述语。㊶

㊳ 同样在可十二1～12(及平行经文),"子"(*habben*)与"石"('*ben*)这两个在希伯来文中相似的字为相关语,而使耶稣将"子"与"石"等同,并将园户与匠人等同,参如 Seyoon Kim, "Jesus-The Son of God, the Stone, the Son of Man, and the Servant: The Role of Zechariah in the Self-Identification of Jesus," in *Tradition and Interpretation in the New Testament: Essays in Honor of E. E. Ellis*, eds. G. F. Hawthorne & O. Betz (Grand Rapids: Eerdmans, 1987), pp. 135 and 146 n. 4. Hillyer, p. 60 以创十六2为例,撒拉将其女仆夏甲给了亚伯兰,期望从她能得儿子,在原文中的意思是"从她得以建立"(*banah*),得儿子即建立家室,所以将"儿子"和"家室"连起来十分合乎希伯来的观念。亦参 M. Black, "The Christological Use of the Old Testament in the New," *NTS* 18(1971－1972), p. 12 with n. 1,14.

㊴ 如 Bigg, Minear, "House of Living Stones," p. 241; Zerwick, *GAGNT*, p. 706; Goppelt, pp. 137,140 c. n. 28,若看为是被动语便译成"被建造"(参 RSV, NEB, *Philips*)。另一可能的翻译是将之看为中间语态,则为"建造自己",BAGD, p. 558. 但 Hort, p. 109 则认为这里不可能是中间语态,参林前三9。

㊵ Vanhoye, *Priest*, pp. 255 - 256.

㊶ Selwyn, p. 159 亦指出,在七十士译本中,第二人称被动式命令语的情况从来没有出现过。大部分的学者均认为这里是直述语,Hort, p. 109; Selwyn, p. 159; Beare, p. 93; Kelly, p. 89; Michaels, pp. 97,100; Kistemaker, pp. 86,88; Grudem, p. 98; Marshall, p. 66 c. fn. 1;参 KJV, NKJV, RV, ASV, NAB. Vanhoye, *Priest*, pp. 255 - 256 进一步指出"来到"这分词是由 relative pronoun 所引入,更使这里是命令的说法难以成立;Elliott, *Elect & Holy*, p. 16 则注意到二4～10这一整段均是直述语,对比二1～2的命令语,与一18～21,一23～25,二21～25和三18～22一样,提供了之前劝勉的依据。亦参 ibid., p. 165f. n. 2.参 Thurén, Lauri, *The Rhetorical Strategy of 1 Peter: With Special Regard to Ambiguous Expressions* (ABO: ABO Academy Press, 1990), pp. 16 - 19 综合性的分析。

　　"来到主面前"[44]这里亦有可能是受诗篇第卅四篇六节的影响,正如上文第二章三节,[45]在旧约七十士译本中常用"来到……"形容犹太人群体在聚会时进到敬拜的礼仪中(如利廿一 17、22,廿二 3;出十六 9,卅四 32;民十 3～4)。[44] 这是属神的子民带着所献的祭得以到神面前的权利。这字曾用作描述那些犹太教的皈依者。[45] 在此,以这词组描述这新约的群体,得享作为神子民的权利,得以进到神面前。[46] 在希伯来书中(来四 16,七 25,十 1、22,十一 6),这用词表明以服侍和祷告进到神的面前,作为对基督耶稣所完成救赎的响应和结果。[47] 但有别于希伯来书,这段经文中的"主"是指基督,正如上文第二章三节已说明,这是在其他地方未有过的说法。这字"来到"与下文阐释神子民的群体是"灵宫",并且他们是"圣洁的祭司",为要献上"灵祭",所用的词汇完全取材于旧约的礼仪制度。

　　信徒所事奉的对象是主基督,他是"活石"。这里的"石"并非在野

---

[44] 原文中并没有"主"一字,只是用关系代名词(relative pronoun)。*proserchomai* 在新约从来没有与介词 *pro* 一起使用,通常是使用 dative case. 参 J. Schneider, *TDNT*, II:683 - 684.

[45] Hort, p.105;Danker, "1 Peter 1:24 - 2:17," p.95;Michaels, pp.97 - 98;Hillyer, p.61.

[44] 参 J. Schneider, *TDNT*, II:683 - 684. Michaels, p.97 认为这里是宣教行动的一种总结语:"愈来愈多来到他面前",是信徒得以被建立起来的先决条件,但这种说法缺乏文理的支持,这里是强调信徒的权利。

[45] *prostēlytos* 这字在七十士译本亦有用作翻译希伯来文 *gel*("寄居者"),后来则用在犹太人的皈依者身上,参 Hort, pp.105、154 - 156.

[46] 在七十士译本诗卅四 6 的译文为:"来到他面前,并且蒙了光照",Hillyer, p.61 认为这节的下半"蒙了光照"反映于彼前二 9 的"奇妙光明者"。Beare, p.93 提议说,彼得使用这诗篇是因为"蒙了光照"在第二世纪时是用在受洗(亦参来六 4,十 32),但这似乎是将洗礼这背景"读进"这段经文中。事实上,Beare 亦体会到"被建造"若是如他所说是一个不断的过程,是与洗礼的解释难以协调的。因此这里所针对的群体的确是一个经过洗礼的群体,但却无任何确实的证据足以证明这里是洗礼前劝勉的话,参 Elliott, *Elect & Holy*, p.224. "进到"这分词是现在式的,表明不断和恒忍的关系,ibid., p.165f. n.2.

[47] 参 D. G. Peterson, "Towards a New Testament Theology of Worship," *RTR* 43(1984), p.71. Hort, p.105 注意到这字另在七十士译本中亦用在寄居者的身上,就是那些愿意皈依犹太人信仰的人。彼得亦可能在这背景下使用这字,意即小亚细亚的信徒不只是皈依于新的神的子民,更连于那启示的基督。

外或路边的石头，[48]是建筑所用的石。这石是"活石"，"活"在原文中为分词，在彼得前书中用了三次，表明这里是象征性地言说，而且这石不只是与无盼望及属于偶像的有别，[49]更重要的是其内容：基督是那从死人中复活，并且是赐予生命的那位。[50]

这石是为人所摒弃的，建筑的人认为这石是无用的，因此将之丢弃。这活石乃为世人所厌弃，不只是指犹太人。[51] 这里彼得刻意地将"匠人"转为一般性的"人"，这是一般的人对这活石所存的态度。[52] 但这态度与神对这活石的态度是完全不同的，[53]"拣选"和"宝贵"这两字都来自以赛亚书第廿八章十六节，说明这活石是从神而来，而且在神眼中[54]"如珠如宝"的，他是神所拣选的（参一 1），[55]蒙拣选者亦是宝贵的，其最终的结局亦是尊贵的（参一 7）。[56] 这两者是不可分开的。

二5 "你们来到主面前，也就像活石，被建造成为灵宫，作圣洁的祭司，藉着耶稣基督奉献神所悦纳的灵祭" "你们来到主面前"此词组原是属于上节的，请参上文之解释。信徒自己[57]同样是父神所拣选的（一 1），同时是透过耶稣基督，与他联合，成为"活石"。基督赐给他们生命，使他们在神面前是有新生命的一群（参一 3、23，二 2）。基督是活

---

[48] 若是在路边的石会用另一希腊文字 *petra*. 参林前十 4 所用的字眼是 *pneumatikē petra*. C. F. D. Moule, "Some Reflections on the 'Stone Testimonia' in Relation to the Name Peter," *NTS* 2(1955–1956)，pp. 56–59 认为这里使用"石"这题旨可能与彼得的名字是"磐石"有关，但我们得注意彼得是磐石和这里所用的石在原文中是不相同的字。

[49] Michaels, p. 98. Selwyn, p. 159 指出"活"还有能与人建立关系的意思，但这里是否有此种含意，似乎文理中并无此提示。

[50] Michaels, p. 98 指出"来到……面前"假设这石不只是活的，更是赐生命的。同样 Kistemaker, p. 85. Danker, "1 Peter 1:24–2:17," p. 94, n. 7 指赛四十 6 指出了死生的问题，这里称这石为活石，因为这给予了生命的答案（诗一一七 17，卅三 13）。

[51] *apodedokimosmenon*，完成时态分词。

[52] 在福音书和使徒行传引用这段经文时，"匠"是指"以色列的长官"（可八 31；徒四 11），在保罗的引述中，则是指不信的以色列（参罗九 33）。

[53] 注意原文 *men ... de* 的结构，表达对比。

[54] 有关 *para theon* 用作"在神眼中"、"或在神的判断之下"，亦参罗二 13；林前三 19，七 24；雅一 27。M. Harris, *NIDNTT*，3：1202. 亦参 Hort, p. 108.

[55] 参一 1 有关"拣选"的注释。

[56] Beare, p. 96.

[57] 强调代名语，*autoi*.

石,神的子民则是"好像⑱活石",因为他们是基于基督是活石而成为好像活石一样。"活"这形容词不只说明了这里所用的是象征性的说法,更指出他们的生命是连结于基督那活石的身上,复活的基督使他们有新的生命(参一 21,二 3、5)。⑲ "被建造"⑳是直述语,神是那位建造者,神的子民是一个被神所建造的群体,是透过基督那基石而建成的。因为"被建造"这动词是现在式的,因此有学者认为这里是要表明建造是一个不断的过程,并且是一个渐进的过程(参弗四 11～16;徒九 31),㉑就好像神的子民会在他里面渐长一样(二 2)。来到活石面前的信徒,同时亦成为神子民的群体的成员,这两者是不可分开的。

所建成的是一所"灵宫"。㉒ "宫"原文为"房子",这里所指的并非普通的房子或家,㉓而是圣殿。㉔ "属灵"这形容词所要表达的是不属这

⑱ hōs,这字表达了从其所像之物得到其特质,亦参一 19,二 2、11。因此这里不宜如 Minear,"House of Living Stones," p. 241 将基督是赐生命的特性,看为同样是属于神的子民。这 particle 是彼得常用的,在此卷书信中出现过 26 次之多(甚至在一 25 引用旧约的经文中),这里并非要指出耶稣与信徒之间的分别,而是表达一件事实,是由之前有关基督的事实引申出来的;Elliott, *Elect & Holy*, p. 36 c. n. 2.

⑲ J. Jeremias, *TDNT*, I;279; Elliott, *Elect & Holy*, p. 34.

⑳ oikodomeisthe;Gärtner, *Temple*, p. 74 指出这字的希伯来文 בנה 在昆兰文献中出现不多,在 4QFlor 1;6;4QpPs 37. II. 16 和 C. D. 3;19 均用在群体的建立上。另一个相似而普遍的希伯来文字 יצר 亦可见于一些重要的"圣殿"经文,同样是用作形容群体的建立(1QS 8;5,10;1QH 7;18)。

㉑ progressive present, Hort, p. 109; Beare, p. 93; Goppelt, p. 140; Grudem, p. 98.

㉒ oikos pneumatikos 可视作 predicate nominative 或 appositive. 前者是较为可能的,因为惟有他们被建造起来,这些活石才可成为"灵宫",而非他们是灵宫被建造起来,Michaels, p. 100.

㉓ Elliott, *Elect & Holy*, pp. 158 - 159,162 认为这里所指是家庭,Minear, "House of Living Stones," p. 242; Kistemaker, p. 86 亦接受此看法,亦参曾立华,页 29。但正如 Goppelt, p. 141; Kelly, p. 89 等学者正确地指出,这里所用的图像一方面与石有关,另一方面则与祭司有关,不可能是表达家庭。亦参 Michel, *TDNT*, V;129f. Marshall, p. 68 则认为 Elliott 的看法充其量只能是背景性的,这里所表达的明显是指圣殿。

㉔ oikos theou,七十士译本用作表达圣殿(如士十七 5;赛五十六 7)。J. Schattenmann, "The Little Apocalypse of the Synoptics and the First Epistle of Peter," *Theology Today*, p. 194 认为这环绕着圣殿的讨论是全卷书信反省的焦点所在,亦是全书的根基,似乎是过分的说法。但肯定的是,圣殿在犹太教中占有极重要的位置,是当时宗教活动的中心点,彼得的教导很可能是对应于当时尚在的圣殿中的活动,包括了献祭。

地上的房屋/圣殿,那种敬拜亦并非属地上的敬拜,而是不同层次的,[465]
透过耶稣基督的个人及工作而出现的,是真正的殿,[466]这殿所要求的是
真正的敬拜。神子民的群体是神在末世彰显其同在之所在。他们聚集
在一起时便是神殿的所在!

这群体(〔思〕:"一班圣洁的祭司")作为[467]"圣洁的祭司",有其独特
的目的和任务。[468]神的子民因圣灵的洁净已经得成圣洁(一2),他们有
祭司的身份,职务是奉献[469]灵祭。"纯正祭司群体的标志就是圣洁"。[470]就
如属灵圣殿一样,"属灵"这形容词,同样要表明这里所说的,并非犹太
人所献物质的祭(参林前十3~4),但却是真实的。[471]有关非物质的献
祭,在旧约诗篇和先知书中已可见(诗五十一19;何十四2,六6;弥六6
~8),那些批评献祭的经文,并非否定旧约圣殿献祭的价值,而是说明

---

[465] *pneumatikos* 一字在七十士译本中并未有出现过。Minear,"House of Living Stones,"
p. 242 认为"属灵"这形容词是要表明这宫殿是圣灵所内住,并且其特质是由圣灵去决定
的。圣灵在这建造的过程中不断地工作。亦参 Hort, pp. 105, 109 - 113;Selwyn, pp. 160,
284 - 285;C. F. D. Moule,"Sanctuary and Sacrifice in the Church in the New
Testament," *JTS* 1(1950), p. 34ff.;Gärtner, *Temple*, p. 73 c. n. 1。但这种说法,有将保
罗的说法强加在彼得身之上之嫌,因为这里并没有任何暗示与圣灵的工作有关。

[466] Gärtner, *Temple*, p. 73 c. n 1。

[467] 有版本在此漏掉了介词 *eis*,可能是受二9所影响,或因为有了这介词似乎意味着信徒仍
未是祭司,没有介词则表示"灵宫"即"圣洁的祭司",是 in apposition(参 Metzger, *Textual
Commentary*, pp. 689 - 690)。但既然这里有这介词,必然有其用意。下文的"献上……"
是 epexegetic infinitive 说明他们工作的性质,因此"圣洁的祭司"不是要说这"灵宫"的特
性,而是说明这"灵宫"的目的及功用。Elliott, *Elect & Holy*, p. 160;Vanhoye, *Priest*,
p. 260。另一方面, *hierateuma* 一字可以有两个不同的含意,可以指一群的祭司,与
strateuma 的用法相仿,亦可以作为确实性的使用,即"作祭司的职分",后者似乎更加符合
文理,但这亦不必排除其群体的含意。参 Hort, p. 110;Beare, p. 96;Marshall, p. 67 fn.

[468] *eis* 连于 *oikodomeisthe*,而不是好像 Elliott, *Elect & Holy*, p. 160, n. 2 的主张,认为是与
二9下 *eis peripoiēsin* 相仿,是连接 *oikos*.

[469] *anapherō* 这字在七十士译本用作献祭,K. Weiss, *TDNT*, IX:61;这字在新约亦见于来
七27,十三15;雅二21。

[470] L. Goppelt, trans. D. H. Madvig, *Typos* (Grand Rapids:Eerdmans, 1982), p. 153.

[471] 神悦纳这些祭并不是因为它们是属灵的,就如 Beare, p. 97 所说,因为旧约的献祭,同样
是神所悦纳,这里用"灵"这形容词只是将之与犹太人所献的祭作区分。参 Elliott, *Elect*,
p. 154ff.;E. Schweizer, *TDNT*, VI:437, n. 706. Weiss, *TDNT*, IX:61 除了接受以上
解释外,还认为这祭的内容是圣灵在信徒身上所成就的,但这是否彼得的用意则不能肯
定。Hort, p. 110 认为"属灵"有"圣洁"的含意是不必要的。

这些献祭必须有日常生活中对律法的顺服作为支持。但在两约之间，"灵祭"取代圣殿中献祭的观念开始出现。⑫ 在新约其他的地方，也有说到信徒所应献的"祭"，包括自己的生命（罗十二 1；参弗五 2），物质的供给（腓四 18），颂赞、行善和捐输（来十三 15），祷告（启八 3～4）。⑬ 彼得所指的大概是这书信中所述的所有善行，⑭包括在神子民群体中彼此服侍和相爱，并尊敬教外的人，有好的德行，及宣扬神的美德（二 9）。这些善行是向神亦是为神而献上的，纵然服侍的对象可能是人。"灵祭"是藉着耶稣基督而献上，因为这些并非能争取神接纳属于人的成就，而是透过基督所完成的救赎才得以被接受的（参来十三 16）。⑮ "奉献"一字在本书中同样用在耶稣为我们的罪"献上"自己被钉在十字架上（二 24），是他的献上叫我们的奉献得蒙接纳。不被接纳的祭是毫无意义的。

这里说明了属神子民的群体是紧紧连系于那使他们成为神子民群体的基督，这群体关系紧密，目的是要服侍神，透过基督福音的能力，使这群体在社会中成为服侍的见证，纵然可能要面对如同基督一般遭遇排斥，但这亦不妨碍他们的身份及任务，这群体对社会的责任并非系于社会对他们的态度，因其自身的存在是建基于基督身上，为要讨神的喜悦的。

这种以圣殿作神子民群体的比喻，亦可见于保罗书信。保罗用这图像说明教会，即神所救赎的子民群体，透过圣灵的洁净，成为神居住之所在。在哥林多前书第三章十六至十七节，保罗强调教会的合一和圣洁；在哥林多后书第六章十六至十八节，保罗说明哥林多教会的成员

---

⑫ 参 Gärtner，*Temple*，p. 84.

⑬ 这观念在旧约中已存在，如诗五十 13～14、23，五十一 17，一四一 2；赛一 11～17；何六 6；弥六 6～8；亦参传道书卅五 3～5。在昆兰群体中，因为他们不再参与在圣殿中的敬拜，属灵的祭的说法就更加明显（1QS 9：4－6）。有认为这里是指圣餐时所献上的祷告，后来教会认为这就好像献祭一样，但就算在初期教会中有这理解，亦并非这里彼得所要说的。

⑭ Selwyn，p. 161；Elliott，*Elect & Holy*，p. 183 c. n. 2；亦参 Bauchham，"James，1 & 2 Peter，Jude，" p. 312.

⑮ 有别于来十三 15 起，按字句出现的次序，*dia lēsou Christou* 是连于 *euprosdektous*（如 Selwyn，pp. 162－163；Goppelt，p. 143，n. 41），并非连于 *anenegkai*（如 Beare，p. 97；Elliott，*Elect & Holy*，p. 161）。

是永生神的殿，他们要与那些不洁的分别出来（林后六 17 引用赛五十二 11）。以弗所书第二章二十至廿三节描述基督是教会的房角石，是神藉着圣灵居住的所在，教会就好像圣殿，在一个正在建造的过程之中。[476] 比较起来，彼得在使用圣殿这隐喻时，其强调点在于神主动的建立这殿（神的拣选），并基督与信徒间紧密的关系。彼得以信徒整体为祭司群体，以说明其圣洁、使命和责任，与保罗的重点也稍有不同。

　　二 6～7 上　"因为经上说：看哪，我把所拣选、所宝贵的房角石安放在锡安；信靠他的人必不至于羞愧。所以，他在你们信的人就为宝贵"　这里引用的旧约经文[477]出自以赛亚书第廿八章十六节，其作用并非要说明神子民的群体是灵宫、作祭司的原因，而是说明基督是蒙拣选的房角石的基础。事实上，第二章六至八节所引用的三段经文的作用均在于此。[478]

　　彼得前书第二章六节与罗马书第五章卅三节一样，都修改了七十士译本以赛亚书第廿八章十六节开始时的字眼，[479]并将余下词组简化为"在锡安"。"安放"与第八节的"预定"是同一动词，有首尾呼应的作用，强调了神的主权。[480] "安放"一字便带有被指派、指定和拣选的

---

[476] 参如 R. Y. K. Fung, "Some Pauline Pictures of the Church," *EvQ* 53 (1981), pp. 89 – 107; P. T. O'Brien, "The Church as a Heavenly and Eschatological Entity," in *The Church in the Bible and the World*, ed. D. A. Carson (Grand Rapids: Baker, 1987), pp. 89 – 119, 307 – 311; *idem*, "Church," *DPHL*, pp. 123 – 131.

[477] *graphē* 没有冠词，指旧约圣经的整体（BAGD, p. 166），而并非指一段特定的经文。Selwyn, p. 163 认为这里没有冠词证明彼得这里并非直接援引自旧约圣经，而是引自另一些文件来源，他指出在七十士译本中这种说法不是指旧约经文。但正如彼得在本书其他场合当中引用旧约经文时（一 16 是另一次说明的引用，其他如一 24～25，二 3，三 10～12，四 8，五 5 等）均是比较含糊的，并无引述的公式，彼得并没有以任何方式说明他所引述是否出于旧约经文。参 Michaels, pp. 102 – 103. 这里"说"这动词带有"明文说"的意思（参〔吕〕），原本为 transitive verb，但在此是作 intransitive 使用，意即"it stands," *BAGD*, p. 647；参 Hort, p. 115.

[478] 因此这里的 *dioti* 并非说明原因，而是要引入支持第四至五节所提出主题的旧约经文论据，参有关此段的经文。并参 Michaels, p. 102; Goppelt, p. 134.

[479] 保罗和彼得均以 *tithēmi* 代替 *egōemballō*. 因为保罗和彼得在此使用旧约经文是如此接近，有学者则认为这证明彼得是受保罗的影响，特别是保罗的罗马书，参本段"形式与史源"之讨论。

[480] Hort, p. 126; Hillyer, "'Rock-Stone'," p. 63.

意味。⑧

以赛亚书第廿八章十六节原本是描述神警告那些耶路撒冷的领袖,他们为解救当下之困难而靠赖政治上的结盟,漠视他们理应信靠的神。神自己要好像一位建筑师一样,在锡安(耶路撒冷)⑧这地方另作新的建造,他要立下基石,这基石是他自己所拣选的。凡信靠这稳固根基的人就不致看到自己所建造的倒塌于其上。在犹太教的传统中,这段经文已含有末世的意味。⑧

这石就是房角石。有人认为这里是指建筑物的平顶石(参王下廿五 17),⑧但更好的理解,是将基督看为是那位被安放在锡安,即耶路撒冷的基石。这基石是蒙神所拣选及尊荣的。房角石在新约另一次出现是在以弗所书第二章二十节,明显是指基石而非平顶石。这石要先立定,其他的活石才可以在上面建造。

"信靠他的人"⑧指那些将自己的生命建基于基督的人,是他将应许实现在信靠他的人身上。被建造成为灵宫的那些活石与那活石的关系,就在于此。他们"必不至于羞愧",一方面是神在基督里向他们所作的应许会实现的,这样的人是蒙神所接纳和宝贵的,他们不至面对审判时所带来的羞愧。

第七节上半句的"所以"将上文所引述的经文应用到读者的身上。"他在你们信的人就为宝贵"这翻译,是将原文理解为对于相信基督的人来说,基督是宝贵的,亦被引以为荣,受信徒所敬重和尊崇:神既已为

---

⑧ Bauckham, "James, 1 & 2 Peter, Jude," p.311.

⑧ 在旧约较后期和后来的犹太教著作中,锡安与耶路撒冷同义,圣殿就是建造在锡安山上的。因此这里引用这段经文再是恰当不过的。

⑧ 不只在昆兰文献中可见,而且在犹太人的他勒目中也可见。参 Snodgrass, "1 Peter II. 1 - 10," p.100.

⑧ 如 J. Jeremias, *TDNT*, IV:274; *idem*, *TDNT*, I:792 - 793; NIV. Jeremias 指出在七十士译本和新约其他地方(如可十二 10 和徒四 11)的用法是如此,但在新约并非完全是这种用法,如弗二 20 就明显是指基石,特别参 R.J. McKelvey, "Christ the Cornerstone," *NTS* 8 (1961/1962), pp.352 - 359 有力地支持房角石＝基石这理解的论据。Kelly, p.94 则采取一个较为中间的立场,他认为在第四和七节,平顶石似乎较为合适,在第八节房角石较为合适,因为是绊跌人的石头,所以是安在地上的。这的确是另一可能的选择,但若将全部看为是房角石,也是适合的。亦参 W. Mundle, *NIDNTT*, 1:390.

⑧ 在 MT 赛廿八 16 中的"信靠"并无介词词组 *ep'autō*。这里彼得追随七十士译本的经文。

基督平反辨屈，叫他从死里复活，显明基督乃是神所宝贵的（徒四10～12）。[486] 但更正确的译法，应为"所以尊贵属于你们相信的人"，即相信的人本身，新约中神子民的群体是贵重的。[487] "属于你们"和"信的人"[488]在原文中是在强调的位置，与下句"在不信的人"成对比。"信的人"承接了第六节所引述以赛亚书所述的那些"信靠他的人"。对信靠基督的人来说，[489]他们分享于基督的尊贵，因为他们是藉着基督宝贵的血所救赎的（一9；参林前六20），并且他们是连于那贵重的活石（二6）。尊贵正是羞愧的相反，现在他们在世人眼中可能是毫无地位光彩，但他们在神眼中却为宝贵。并且在基督再临时，他们更要得着"称赞、荣耀、尊贵"（一7）。

二7中～7下 **"在那不信的人有话说：'匠人所弃的石头，已作了房角的头块石头'"** 第二章六至七节上说明以正面态度回应基督的结果，以下两节，则说明对基督采取负面态度的回应及结果。彼得以上所引的经文正面说明基督在神眼中的地位，及人应对他所存的态度，就是要依靠他。而以下所引的两段经文，是反面地说明另一种对这房角石的态度，及引致的结果。"不信的人"与上文"信的人"成为强烈的对比，可看为"针对那些不信的人有话说"。[490] 他们是那些不顺从的人，即拒绝"道理"（福音）的人（第8节），这些人没有体会到主是美善的（二3）。对比于上句，这里不只说明了信的人与不信的人对基督有的不同态度，而且由于信与不信的人对基督不同的态度，基督对于他们便有不同的

---

[486] 参英文译本：AV，RSV，NIV，NAB，JB，GNB，NRS；中文译本几乎全都接受这译法；BAGD，p.817；Cranfield，p.64；Best，p.106；Kistemaker，p.89. Porter，*Idioms*，p.106 同样认为这里的冠词是 anaphoric use，指前一节那蒙拣选和宝贵的石头。

[487] 大部分的圣经学者持此看法。Hort，pp.117-118；Bigg，p.131；Beare，p.98；Selwyn，p.164；Kelly，p.93；Goppelt，p.145；Reicke，p.92；Elliott，*Elect & Holy*，p.37；Michaels，p.104；Hillyer，p.63；Marshall，p.72.亦参 Danker，"1 Peter 1：24-2：17，"p.96.

[488] *hymin* 和 *tois pisteuousin*，按这种理解，这里的 dative case 应是 dative of advantage 而非 dative of reference；注意在原文 *hymin* 与 *tois pisteuousin* 分别置于此句的首尾，是一种强调的写法，Robertson，*Grammar*，pp.417-418；BDF §473.

[489] 信心是首二章重要的课题之一，参一5、7、9、21 使用名词"信心"，一8 则使用动词。

[490] 在原文中对比就更清楚，"信"是 *pisteuousin*、"不信"是 *apistousin*. 这里的 dative case 则是 dative of disadvantage.

作用。信的人所要承受的是不至于羞愧的，因为基督的缘故，信徒分享于他的尊贵（同是活石）；对不信的人来说，却是绊跌和羞辱。在本书信中，信与不信之间的关系，成为作者所关注的重要课题。

诗篇第一百一十八篇廿二节所描绘的图画，就好像一块用作建筑材料的石头，因为不知道如何安放在建筑物上，因此被人撇在一旁，以为是不中用的。但最后发现这是错误的，因为这石头不只可用作建筑的材料，而且是要放在建筑物中最重要的位置，整座建筑物要建基于其上。这些建筑师的判断是错误的，神的判断才是最正确的，神是那位为基督平反过来，叫他从死里复活的。这石头既成了房角的头块石头，就表明它在神的眼中是宝贵的。事实上，是神叫它成为[41]房角的头块石头。

这里所说的同样并非平顶的石头，而是房角石，这里应指在建筑物角落用以巩固房子的石头（因此可以将人绊跌）。[42] 使整座建筑物得以坚固及屹立不倒，反映根基之稳固及结构之合一。[43]

二 8　"又说：'作了绊脚的石头，跌人的磐石。'他们既不顺从，就在道理上绊跌；他们这样绊跌也是预定的"　在第二章四至五节所蕴含的信与不信的对比，在这一节中清楚地表明，亦是第六至八节最重要的主题。[44] 不同的人对基督那房角石有不同的态度，不信的人将基督看为是可弃的和绊跌的。

在犹太教的传统中，已有将以赛亚书第廿八章十六节和第八章十四节合起来。[45] 他们不约而同地在引用以赛亚书第八章十四节时，放

---

[41]　*egenēthē*，divine passive；参 BDF § 130.1；Zerwick，p. 76.

[42]　参二 6 的注释；大部分的学者均接受这解释，如 Hort，pp. 120－121；Michaels，p. 105；Goppelt，p. 145；Marshall，p. 70 fn.

[43]　T. W. Gillespie，"House of Living Stones," *Princeton Seminary Bulletin* 4（1983），p. 170.

[44]　Michaels，p. 95.

[45]　Snodgrass，"1 Peter II. 1－10," p. 99 接纳 J. Ziegler，*Untersuchungen zur Septuaginta des Buches Isaias*（Münster i. W.：Verlag der Aschdorffachen Verlagsbuchhandlung，1934），p. 95 的看法，认为七十士译本的翻译者当翻译赛八 14 节是受了赛廿八 16 的影响。这亦说明在两约中间的时间，两段经文已紧密地相连。

弃了七十士译本。(496) 七十士译本以赛亚书第八章十四节的翻译为："若你们信靠他，他便是你们的圣所；当你们遇着他，便不会以为是绊脚石，也不以为是跌人的磐石。"(497)以色列人若是有信心的，便不至面对审判，而"绊脚石"和"跌人的磐石"均带有否定的意味。但彼得和保罗则持稍为不同的看法，他肯定基督对不信的人来说，就是那绊脚石和跌人的磐石。

"不信"即拒绝顺服(498)神的心意，这心意就是神藉着基督所成就的救恩。"道理"(499)指福音的信息（参三 1，四 17），他们拒绝这福音成为神预定他们在这道理上跌倒(500)的原因（参〔新〕）。(501) 换句话说，他们的跌倒是"预定"(502)的意思是，他们的跌倒是他们拒绝顺服真道，连带他们心里刚硬的结果。(503) 除了"预定"一字是被动语的过去不定时式之外，其余都是主动语的现在式，显示不顺从和跌倒的情况仍然是持续不断的。

前文已提及第二章六节的"安放"一字与这里的"预定"一字是同字根的动词，使第六至八节形成首尾呼应。正如基督的拣选是在神的计

---

(496) Best 认为彼得是修改了赛八 14 四个名词的 case，但这里彼得和保罗一样，并没有使用七十士译本，他们所用的翻译，比七十士译本更贴合原文的意思。参 Bruce, "Corner Stone," p. 234. 有关昆兰群体如何将赛廿八章与赛八章这两段经文连结起来，请参 Schutter, *Hermeneutics*, p. 132.

(497) 赛八 14 原文是宣告耶和华自己成为以色列人绊跌的磐石，因为以色列人欠缺信心。

(498) *apeithoutes*, modal participle.

(499) 在原文中，*en logō* 这个词组是介于 *proskoptousin* 和 *apeithountes* 之间，Beare, p. 99; Goppelt, p. 147 c. n. 57; Kistemaker, p. 91 认为 *en logō* 是连于 *apeithountes* 而非连于 *proskoptousin*，因为三 1、四 17 均是以类似的方式表达："不顺从神的道"，接纳这看法的中译本有〔吕〕、〔新〕、〔思〕。但值得注意的是这两次的出现，*en logō* 这词组均是放在动词之后。因此可能彼得是故意将这词组放在这两字之间，即"在道理上绊跌，不顺从这道"。参 Hort, p. 122.

(500) Michaels, pp. 106 - 107 指出这里"跌倒"与上文三 6 下～7"羞愧"的关系是，前者是眼前不信景况的结果，后者则侧重于将来最终审判所带来的景况（参三 16）。当然这两者是有密切关系的，现在的跌倒会带来将来的羞愧，然而现在要逃避在苦难中可能面对羞愧的人，却要面对将来最终的羞愧。

(501) causal participle, Hort, p. 123; Kistemaker, p. 90. 连于主要动词 *proskoptousin*.

(502) 就如二 6 一样，其主位是神，这种用法常见于七十士译本及新约其他地方（参 C. Maurer, *TDNT*, VIII: 154 - 157）。*eis ho* ... 并非绊跌的结果（如 J. Jeremias, *TDNT*, IV: 277 n. 71 所认为），而是绊跌本身。*eis ho* ... 这词组应连于 *proskoptousin*，而非 *apeithountes*，因为这是此节主要的观念。Hort, p. 123; Best, p. 106; Mounce, p. 27.

(503) Goppelt, p. 147; Hillyer, p. 64.

划之内,不信之人的排斥亦同时是[504]在神的计划之内。所以基督救赎的使命和工作(二 6"安放")及不信之人的排斥(二 8"预定"),均在神的旨意和照管之下,并非他意料之外的事。注意彼得在第七和第八节所阐述的先后:首先是信与不信对这石的态度的对比及带来的结果,跟着是指出不信者拒绝基督,然后是他们不顺从福音真道,因而跌倒,而这跌倒亦是预定的。[505] 他们弃绝基督,成为他们被弃的原因;拒绝在其上建造的,便在其上摔碎,变成颓垣败瓦。他们的跌倒是自招灭亡。基督是唯一得救的途径,否定他就是将自己带进灭亡。

二 9　"惟有你们是被拣选的族类,是有君尊的祭司,是圣洁的国度,是属神的子民,要叫你们宣扬那召你们出黑暗入奇妙光明者的美德"　第九至十节说明了这信仰群体的特性。[506]"惟有你们"[507]是与上文第八节下所述的那类不顺从的人作对比的,亦承接了上文第七节上的"所以尊贵是属于你们的"。生活在一个大部分都是不信之人的社会中,信徒必须有清楚的定位,他们是尊贵的、神子民的身份。正如第二章四至五节一样,这里并非直接地指出这群体事奉的特性,而是他们这群体身份的独特尊荣。[508] 他们可能因为信仰的缘故,在亲族和社会中被排斥,甚至失去他们作为公民和族中成员的身份,但他们不用顾影自怜,因为他们是尊贵的,他们的命运与基督是一样的,亦是神所宝贵的。

彼得将旧约用在以色列民作为独特神子民的称谓,用在新约神子民的身上。[509] 第二章九节的用字明显是受出埃及记第十九章六节和以赛亚书第四十三章二十至廿一节的影响,"拣选的族类"和"属神的子民"首尾的两个称谓取材自以赛亚书,下文的"宣扬美德"同样见于以赛亚书同一章的廿一节;其他中间两个称谓"君尊的祭司"和"圣洁的国

---

[504]　*kai*, adverbial use.

[505]　正如 Kistemaker,p. 90 指出的。

[506]　Elliott, *Elect & Holy*, pp. 38－39.

[507]　翻译希腊文的 *mei de*。"你们"有强调的意思。*de* 在彼得前书中往往作"反之"(如一 7、8、12、20,二 10、23 等),但亦可作引出新的讨论(一 25 下,三 8,四 7、17,五 5、10)。参 D－M,p. 244.

[508]　参 J. R. Donahue,"'The Foolishness of God':New Testament Foundations for a Spirituality of the Priesthood," *Worship* 66(1992), p. 528.

[509]　Marshall,pp. 72－73 fn. 指出彼得在这里反映"新出埃及"的思想。

度"则取材于出埃及记。他们是蒙神所"拣选的族类"⑩（这称谓在新约中只在这里出现过）对应于基督是蒙拣选的房角石，他们的身份同样是蒙拣选的，亦是尊贵的。正如上文曾提及，"拣选"是第二章四至十节中最重要的主题，与第一章十五节成此大段的首尾呼应。⑪

　　新约中神的子民亦是"有君尊的祭司"，这里亦可译作"君王"和"祭司群体"，因为这似乎是出埃及记第十九章六节的原意，亦与启示录第一章六节和第五章十节的"国民"和"祭司"平行。⑫ 亦有认为应译作君尊的皇宫，但若是这个意思，"君尊"一字通常是以复数表达的。⑬ 虽然"君尊"一字甚少用作形容词，而且这字放在"祭司"之前亦与其他三个描述有异，但若将之看为是独立的名词用，则与其他三个字的描述就更不相符。因此这里接受这字作为形容词是合适的。⑭ 信徒是"有君尊的"（〔和〕〔新〕）、"王家的"（〔现〕〔吕〕）或"御用的"（〔当〕），因为他们是活在神国度掌权下的子民，有神国在他们的中间（路十七 21）。他们作为祭司已在第二章五节提及，这里所谓"君尊的"指属于王的，⑮在古时帝王有自己

---

⑩ *genos eklekton*. Goppelt，p. 148 指出 *genos*（〔和〕"族类"），*ethnos*（〔和〕"国度"）和 *laos*（〔和〕"子民"）三者的分别，在于 *genos* 指共同来源的种族（参腓三 5），*ethnos* 指有共同文化的民族，*laos* 指有共同目标的民众。

⑪ 当然这亦指向于一 1 中所勾划的全书的主题。

⑫ 参如 A. J. Bandstra，"'A Kingship and Priest'：Inaugurated Eschatology in the Apocalypse," *Calvin Theological Journal* 27(1992)，pp. 10 – 25.

⑬ Schweizer，"Priesthood," p. 291.

⑭ *basileion hierateuma*. 有学者将 *basileion* 看为是 substantive，与祭司平行，而非形容词，其意义为"王宫""王室""王权"，如 Selwyn，pp. 165 – 166；Elliott，*Elect & Holy*，pp. 149 – 154；Kelly，pp. 97 – 98；亦特别参 Best，"1 Peter II 4 – 10，" pp. 278，288 – 291. 这亦是七十士译本的用法，甚少用作形容词。在七十士译本出十九 6（亦参启一 6，五 10），这字是作名词使用，而这节经文其他的称谓之形容词，均是放在所形容的名词之后，惟有这里是在"祭司"之前。Best，"1 Peter II. 4 – 10，" pp. 290 – 291 则基于他尔根将出十九 6 这里解释为"诸王〔和〕祭司"（亦参 *idem*，pp. 107 – 108）；cf. Hort，pp. 125 – 126. 但另一方面这里的次序是受出埃及记那段经文影响，而以前"拣选的族类"和之后的"圣洁的国度"均是以两部分的方式表明其称谓，因此我们接受这里为形容词的译法，这亦是大部分中译本所采纳的译文。参 Beare，p. 104；Davids，pp. 91 – 92 c. n. 30；Goppelt，p. 149 c. n. 65；Marshall，p. 74 fn.

⑮ 伍渭文，《信徒皆有君尊祭司职份》，中国神学研究院院讯 211(1995)，p. 1，n. 1 引用 William Arnt，"A Royal Priesthood，1 Pet. 2：9," *Concordia Theological Monthly* 19 (1948)，pp. 241 – 249 的研究，指出以 *-ion* 为接尾词与 *-ikos* 的分别，前者指被拥有，后者则指本身的素质。因此这里并非指信徒具有君王的素质。亦参 Hort，p. 126.

的祭司是常见的事，这里强调了他们是服膺于神国掌权的祭司。这里的祭司一词并非指抽象的祭司制度，而是祭司的群体。祭司是服侍神，而且可以直接到达神跟前的人，因此他们可以为那些不能直接进到神面前的人献祭。在旧约的时代，祭司是只属以色列利未支派的特权，但现今所有新约的神的子民均具这种权利。因为他们都是新约的神的子民，已蒙基督的救赎（一 18 起），并且正如旧约祭司是要经过血洒一样，他们亦经过无瑕疵的羔羊，就是基督的血所洒的群体（一 2 上；参来十 22）。

艾理略认为这段经文并不能支持信徒皆为祭司的教义，这里首要的意义是神子民是蒙神所拣选，呼召成圣的群体。这看法大体是正确的。这里不是说个别信徒是祭司，⑯而是说明教会这群体是祭司的群体，献上灵祭（二 5），并宣扬神的美德，为他作见证，这是神子民群体作为祭司群体的使命。

神子民是"圣洁的国度"，或更好的译法是"圣洁的民族"（参〔新〕〔思〕），⑰他们是圣洁的，因为是被神分别出来，藉着圣灵得成圣洁的（一 2）。圣洁是这民族的特性（一 15～16；参申廿八 9）。

"属神的子民"这词组及下文的话，一方面受七十士译本以赛亚书第四十三章廿一节的影响，亦使之与玛拉基书第三章十七节看齐。⑱新约神子民是神藉着耶稣基督所买赎回来的（一 18；参徒二十 28），是神所宝贵，亦是他所眷顾的。他们是神所拥有的，不只是因为这群体的存在是在乎神，是他一直保守这群体直至审判最终得救的日子，⑲亦同

---

⑯ 单从 *hierateuma* 一字之字源难以确定这字是否可以用在个人身上，但不论在出埃及记十九 6 和新约启示录相关的经文（一 6，五 10，廿六 6）均用复数的祭司，二 9 其他三个的称谓：族类、国度和子民（*genos*, *ethnos*, *laos*），是不可以用在个人身上的。Best, "1 Peter II 4–10," pp. 286–287.

⑰ *ethnos hagion*. ethnos 指有相同风俗习惯的人。当这字在新约以复数出现时，大部分是指外邦人（如彼前二 12，四 3），但单数则指国家，亦常用以指以色列（如路七 5，廿三 2；约十一 48、50～52，十八 35；徒十 22，廿四 2、10、17，廿六 4，廿八 19）。

⑱ 彼得将七十士译本赛四十三 21 的 *hon periepoiēsamēn* 词组与七十士译本的玛三 17 或七十士译本该二 9 *eis peripoiēsin* 看齐。出十九 5 指出是从外族中分别出来属神的子民，亦因此故，他们是圣洁的（申七 6）。

⑲ Michaels, pp. 109–110 指出 *peripoiēsis* 这字在新约其他的地方出现时（帖前五 9；帖后二 14；来十 39），都带有终末得救的含意，他认为介词 *eis* 在彼前一 3～5 的用法亦是指向于那末世的救恩，这种含意是可能存在的，但不能完全肯定，尤其如果彼得在此的用词只是受到玛拉基书有关的经文所影响。

时因为这群体为神而存在。

这里四个称谓,在旧约中均是用在以色列身上的(出十九6),现在彼得则用在新约神的子民身上,他们是神的选民。[520]

强调神子民独特的身份,可以变得排他的!但彼得指出他们对于不信的世人是有责任的。"宣扬"可能是受以赛亚书第四十三章廿一节[521]或七十士译本诗篇第九篇十五节〔九14〕[522]的影响。[523]巴卓指出"宣扬"一字在七十士译本均指在崇拜中向神献上颂赞,[524]因此他的结论是这字在七十士译本中从来没有用在宣教讲道上。[525]但在犹太人的崇拜中,颂赞与见证是难以分开的,以色列的颂扬是要叫列邦得知神的作为(参二12)。[526]而且新约的倾向,是将旧约中崇拜所有的词汇,用在信徒日常生活之中,而降低了原先在礼仪背景下的意义。在我们解释第二章五节时已指出,新约祭司群体所献上的灵祭是与他们整体生活言行息息相关的,因此这里的"宣扬"亦不应只局限于敬拜场合之下的颂扬,亦适用于一般的福音宣讲上(一23,二8,三1),就是宣扬那使信徒得以重生(一23)的真道。这与上文的献上灵祭成为信徒群体见证的两方面:言与行。[527]透过这信仰群体的见证,将荣耀归于那位行奇事的神。[528]

在这里,所宣扬的内容是神的"美德",或更好的译法是"大作为"

---

[520] Michaels,p. 107 指出彼得从来没有直接地称读者为新的以色列民或新的神的子民,以取代以色列民,因此没有为读者辩护的动机。

[521] 原文为 *tas aretas mou diēgeisthai*,这里的"宣扬"一字在原文中是有别于彼得所用的 *exarreilēte*.后者有较为强调的意味,参 Elliott,*Elect & Holy*,p. 41.

[522] Beare,p. 102.在七十士译本诗九14~15,神的怜悯,透过他大能的作为而彰显出来,这是所称扬的对象。有别于赛四十三21下,这里的"宣扬"一字与此处同。

[523] *exangellein* 在新约只在此出现过。参 J. Schniewind,*TDNT*,I:69.

[524] 参七十士译本诗九15,五十五9〔五十六8〕,七十〔七十一〕15,七十二〔七十三〕28,七十八3〔七十八4〕,一〇六〔一〇七〕22,一一八〔一一九〕13、26。

[525] Balch,*Submissive*,p. 133.

[526] Michaels,p. 110;Clowney,p. 96,n. 1.

[527] Elliott 认为献上灵祭和宣扬这两者是平行的,内容相同。但这种理解没有经文结构平行的支持。这里是补充了献上灵祭这观念,祭司亦带有先知宣讲的角色,将他们与神之间特殊的关系和所有的对神的知识宣扬出来;参 J. Baehr,*TDNT*,III:37.

[528] Elliott,*Elect & Holy*,pp. 184 - 185;参 Michaels,p. 110.

(参徒二 11)。㊾ 在以赛亚书第四十三章是指神对以色列人的拯救,正如昔日神曾以大能的作为将以色列人救出埃及。这里则指神藉着耶稣基督所施行的救赎,透过基督这被拣选的活石,他们得以成为蒙拣选属神的子民。这宣扬可以是在言语上(三 15),亦可以是在行为上(二 12),表明他们成为神的子民是本乎神的救赎之恩。㊿ 他们曾依从这充满罪恶黑暗的世代而生活,但因着神透过福音的宣讲所作的呼召(一 12),得以脱离异教(一 14、18,四 3;参徒廿六 17～18)和不信(帖前五 4～5;林后六 14;弗五 8),㋘活在他的光明㋙之中。他们是神新的创造,是得以重生的。正如神曾呼召他的儿子出埃及(何十一 1),后来离开巴比伦,现今亦拯救人离开黑暗和罪恶,进入到基督耶稣启示的光中。事实上,在犹太教中,已有将光象征性地表达弥赛亚的救恩。黑暗和光明的对比,在新约比比皆是(太四 16,六 22～23;路一 79;罗二 19,十三 12;林后四 6,六 14;弗五 8、14;西一 12～13;帖前五 4～5;来六 4;约壹一 5～7;亦参赛九 1)。这种对比亦可见于下文的"从前"和"现在"。这光明是"奇妙的",㋚因为这是一个拯救的神迹。㋛

　　二 10 　"你们从前算不得子民,现在却作了神的子民;从前未曾蒙怜恤,现在却蒙了怜恤"　一方面说明了他们在种族上是外邦人,但同时又是神的子民,好像旧约的以色列民一样。彼得以此来作以上对新

㊾ *aretas* 一字指德行(如腓四 8;彼后一 5),BAGD,p. 105 (cf. LSJ,p. 238);但当用在神明身上时,则作"荣耀"(如彼后一 3;七十士译本赛四十二 8、12;哈三 3;亚六 13)或"神性能力的彰显"、"伟大的作为"(如赛四十三 21 在描述出埃及的事件时;亦参徒二 32,三 15,四 2)。参 O. Bauernfeind,*TDNT*,I:460 - 1 c. n. 19;H. - G. Link & A. Ringwald,*NIDNTT*,3:927.

㊿ Cranfield,p. 68;Steuernagel,"Exiled Community," pp. 15 - 16;Goppelt,p. 151;Schweizer,"Priesthood," pp. 292 - 293.

㋘ 亚历山大斐洛曾形容犹太教皈依者是从外邦黑暗进入光明,参 van Unnik,"Christianity According to 1 Peter," p. 81.

㋙ 在原文中是 *autou phōs autou* 这拥有代名词是在强调的位置。

㋚ 这里可能是受七十士译本诗一一八 23 用字的影响。

㋛ 正如上文有关"属神的子民"之理解中已提及,Michaels 一贯地倾向将彼得前书从将来末世的角度去诠释。Michaels,pp. 111 - 112 亦认为这里所指的光明是指基督终末显现时的荣耀。但我们认为这里并没有如此分别现在和将来的救恩,救恩是现在亦是将来把信徒从黑暗迁移至光明中,正如下文说明的,信徒现在就是神的子民,不需要等待将来基督再临时才是神的子民。

约子民身份讨论的总结。[53]

何西阿书的信息强调神的怜悯，神与以色列人的关系是以人与人相处的方式表达的，以色列这国民却因不顺服的缘故，成为"算不得子民"和"未曾蒙怜恤"，就好像何西阿淫乱的妻子及所生的儿女一样。何西阿书第二章廿三节说："素不蒙怜悯的，我必怜悯；本非我民的，我必对他说：'你是我的民'，他必说：'你是我的神'。"是要说明以色列人终会回转重归神的怀抱。但彼得在此和保罗在罗马书第九章廿五节一样，[55]当引用这段经文时，不是指以色列人的回转，而是说明外邦人同样被纳为神的子民（罗九 26 引用何一 10）。"从前"和"现在"的对比，[56]就好像上文黑暗和光明的对比一样。他们成为神怜悯的对象，成为神的子民。[58] 作者在第一章三节颂赞神的怜悯，在本书首段总结时，又重新肯定神是那位发怜悯的神。[59]

作者透过拣选这主题，说明作为新约神子民的特性和责任，并他们与基督的关系。[60] 神子民的身份不是凭借血统和民族的关系，而是系于他们与基督之间的关系。

对那些遭社会及犹太教人士所排斥的信徒来说，他们所面对的苦难与旧约以色列民经历的苦难有不同的意义。旧约以色列民因他们的不顺从和罪恶而面对被掳分散及其他的苦难，新约神的子民之所以要面对迫害，不是因为他们的犯罪不顺从，反而是因为他们顺服这真道（一 22），这是他们蒙拣选的明证！彼得将信与不信理解为顺服与不顺服，真道要求人以诚信实行出来，此中蕴含着对基督所作的抉择。[61] 这对面对逼迫的信徒来说，是莫大的安慰。[62]

不论是蒙拣选的子民或圣洁祭司，均是群体的概念，这里的重点并

---

[53] Marshall，p. 76.

[54] 保罗在罗马书的重点，是这对以色列人的应许如何吊诡性地得以应验。

[55] pote ... pote，作为外邦信徒过往及现今之对比，参弗二 11～13。亦参彼前一 6 使用 arti 和一 12、二 25 使用 nyn 作为现今基督徒的经历。

[56] 彼得在引用七十士译本何西阿书时，将"我的"省略了，因为这里的引述并非神以第一人称说的话，这使整句成为更一般性地可用在对外邦人说的话，参 Michaels，p. 112.

[58] 一 3eleos，二 10 hēleēmenoi-eleēthentes. 参 Schutter，Hermeneutic，p. 28.

[60] Elliott，Elect & Holy，p. 219.

[61] Gillespie，"House of Living Stones，" p. 171.

[62] Danker，"1 Peter 1：24－2：17，" pp. 99－100.

不在个人身上。这群体的拣选、建立和成圣，都是在这末世的救赎事件。这群体的特性在于他们有同样的源起、同样的命运和共同的生活方向。因为他们的存在，是基于他们对基督（对真道）的反应，他们的命运亦因而系在耶稣基督身上，是这活石使这群体能像活石一样连结起来，是他使这子民存在。这群体亦认同基督，基督是被人所弃的，但却是蒙神所拣选所宝贵的，同样神子民群体在地上亦经历这种被弃，但同样他们要享受神所给予的荣誉。旧约对以色列民的应许和盼望，均成就在新约这属于基督、以基督作他们大牧人（二 25）的群体的身上。[58] 新约基督的群体是经过洁净得成圣洁，并且被"重建"的圣殿和祭司群体，他们与神之间有特别的团契，这群体为神所贵重，同时亦将荣耀、尊贵献给那拣选他们的神。

[58] L. Coenen，*NIDNTT*，1；305.

叁　神子民在世作为客旅的生活（二11～四11）

　　第一章十三节至第二章十节说明了基督耶稣的救恩确立了神子民的身份、权利和义务。第二章十一节至第四章十一节则阐释作为蒙拣选成为神的子民的一般性特质，如何具体地应用在生活于小亚细亚一带地方信徒的身上，特别是他们如何生活在一个非基督教信仰的社会之中，他们应如何与这社会不同的人士交往。[①] 其中包括了第二章十三节至第三章七节"家规"的教导，第三章八至十二节则是"家规"的总结，其中特别强调信徒如何与别人相处；由第三章十三节到第四章六节，作者转而集中讨论信徒为义受苦的生活，并且以基督的复活得胜为例，鼓励面临苦难的信徒，要学效在世受苦却得荣的基督。继而，第四章七至十一节作者言简意赅地阐论信徒彼此相处之道，尤以是如何凭着恩赐，配搭事奉，切实地过彼此相爱的生活。

(I) 指引性劝勉（二11～12）

11 亲爱的弟兄啊，你们是客旅，是寄居的。我劝你们要禁戒肉体的私欲，这私欲是与灵魂争战的。

12 你们在外邦人中，应当品行端正，叫那些毁谤你们是作恶的，因看见你们的好行为，便在鉴察的日子归荣耀给神。

　　这两节经文是书信下半部简单的引言，说明以下将会讨论的内容。勾划出神的子民在世过寄居日子时的"作战策略"，[②]这段劝勉的话以

---

① 参 Kendall，"1 Peter 1:3－12，" pp. 105－106，110；Davids，p. 94；Marshall，p. 77.

② Michaels，p. 120.

动词"劝"作为开始，这种方式常见于新约书信中。③ 第十一节是消极地要他们防避，第十二节是积极地谨守基本的方向及态度。

　　二 11　"亲爱的弟兄啊，你们是客旅，是寄居的。我劝你们要禁戒肉体的私欲，这私欲是与灵魂争战的" 彼得称呼神的子民为"亲爱的"（原文没有"弟兄啊"），④引出此书信新段落的开始。这称谓不只是要说明读者是彼得所爱的，更重要的是因为他们是神所拣选的（一 1），正如第一章一节所描述的，神的子民有尊贵的身份（二 9～10），因为他们是蒙神所拣选，是他所爱的，同时他们在地上是"散居的侨民"。⑤ 在当代犹太和希腊罗马的环境中，均没有以此作称呼的，诚然是基督徒独有的称呼。⑥ 因为⑦他们这独特的身份，带给他们独特生活方式的要求。

　　这里描述神的子民是"客旅和寄居的"，⑧"寄居"一字已见于第一章一节，彼得将"客旅和寄居"放在一起亦是相当自然的，因为七十士译本诗篇第卅九篇十二节已将这两个名词放在一起（参创廿三 4；来十一 9）。彼得的目的，是要说明他们身处的景况与昔日以色列人被掳之后的情况相似。他们是"客旅"，因为他们是神所呼召在末世中生活的，他们是"寄居"的，因为仍活于具体的历史时空之中。⑨

　　彼得以第一人称劝勉读者（亦参五 1、12），他作为长老有这责任提醒他们。从消极方面，他们要"禁戒肉体的私欲"，⑩这原则可见于希腊

---

③ *parakalō*，如罗十二 1；林前一 10；帖前四 1 等。

④ 新约常以此称呼信徒，有 61 次之多，在书信中有 52 次，如罗十二 19；林前十 14；林后七 1；帖前二 8；来六 9；雅一 16，二 5；彼后三 1；犹 3；约壹二 7（保罗书信 27 次）。

⑤ Michaels，p. 115.

⑥ Goppelt，p. 155；他更指出在大部分早期基督徒的书信中，这称呼通常不会放在开始的位置，为要使其更具强调的意味。

⑦ *hōs* causal use. Goppelt，p. 110，n. 30. 不是比较性的用法，如 Michaels，p. 126.

⑧ 在原文中 *hōs paroikous kai parepidēmous* 可连于 *parakalō*，如 Kelly，pp. 102 - 103. 但理应在动词后加上"你们"（*hypas*）；因此有学者认为应连于 *apechesthai*，但正如 Goppelt，p. 155 n. 5 指出，"劝勉〔你们〕作为客旅和寄居的"（原文直译）不只提供了神子民禁戒之基础，亦承接这书上半部，成为这书第二大部分的主题，至于 H. Bietenhard，*NIDNTT*，1：690 认为，这种称呼是要说明他们的生活方式，要依照他们真正家乡的律例，则似乎并非这里的强调。

⑨ Goppelt，p. 156.

⑩ "禁戒"（*apechesthai*）是现在式，有不断继续的意味。

的伦理之中,亦为当代希腊化的基督教所接受。[11] 神子民所以要"禁戒肉体的私欲",是因为他们是神所分别出来、得成圣洁的。

"肉体的"这描述指人生在世时所有的,其程度是与生俱来的。这是第四章二节中的用法,在那里译作"在世"的,词组原文是"在肉体中",[12]他们要"在肉体中"过顺服神旨的生活。但这字用作形容词,则带有道德的意味,[13]是一种以自我中心的状况,从这角度看,则与保罗对"肉体"的看法相似。"私欲"一字彼得已在第一章十四节用过,[14]信徒已再不属于肉体的私欲,而是从其中得着释放。随从私欲的具体表现,就正如第四章三节中所说的:"邪淫、恶欲、醉酒、荒宴、群饮、并可恶拜偶像的事。"所以不应只局限在身体上所会犯的罪。[15] 彼得在这里如此的吩咐,表明这些私欲是可控制的。

"这[16]私欲是与灵魂争战的",这描述亦可见于罗马书第七章廿三节和雅各书第四章一节(参林前九 7;林后十 3;提后二 4),均不是指外来的争战,而是出自本身内在的背叛,带来自身的破坏,这争战仍不断在进行中。[17] 这里的"灵魂"一字并非指人非物质的部分,而是指人的

---

[11] 中间语态的 *apechomai* 意即"使自己与之保持距离"、"禁戒",见于柏拉图和亚理士多德的伦理著作之中,参 Goppelt,p. 156,n. 8。在新约中其他的地方亦有类似的命令,如徒十五 20、29;提前四 3,五 22。Selwyn,pp. 369 – 375 认为这字与洗礼之教理有关,但却缺乏支持。

[12] *en sarki*.

[13] 在新约中"肉体的私欲"这词组(但在原文中"肉体"一字是同字根的名词,而非形容词)另 6 次均出现于保罗书信之中,在保罗之前则未有使用过(参 E. Schweizer,*TDNT*,VII:101 n. 25),因此有不少学者认为,这里的用法应和保罗的用法一样,即人堕落的本性(如 Davids,p. 95;Hillyer,p. 75)。Hort,p. 132 认为,在肉体之前的冠词的作用,是要强调这私欲是属肉体的。希腊文中以-*ikos* 为结尾的形容词,是要强调其道德的含意,即生活在属乎肉体之中,有别于-*inos* 为结尾的字,指"由……造成的",参 Robinson,*Grammar*,p. 158. 因此虽然这字同字根的名词(*sarx*)在这书中均是道德上中性的用法(一 24,三 18,四 1、6;如 Kelly,p. 104 的看法),这里则含有德道上负面的意味。

[14] 参罗一 24,六 12;加五 13;弗二 3;雅一 14～15;彼后二 18;约壹二 16。

[15] 如 Kelly,p. 104;Michaels,p. 116. Kelly,p. 104 认为特别是在性上所犯的罪。

[16] Hort,p. 133 认为这里使用 *hai tines* 这 indefinite relative pronoun 而非 *os* 有"这本质上"的含意,参 BDF §293[4]. Kistemaker,p. 97 认为这关系代名词有说明原因的含意则无任何文法上的支持。

[17] *strateuontai*,现在式直述语。

生命，正如马可福音第八章卅五至卅七节的用法。⑱ 这些私欲会环绕信徒的生命，使他们变得软弱失败，信徒必须觉醒自己是生活在这属灵的争斗之中。沉醉于一时之乐，所带来的只有自身受损。这里所说的争战所带来的毁坏，会危及第一章九节所应许那灵魂的救恩，使他们达不到最终的目的地。⑲

二 12 "你们在外邦人中，应当品行端正，叫那些毁谤你们是作恶的，因看见你们的好行为，便在鉴察的日子归荣耀给神" 彼得从内在的生命转向外在生活的表现，从消极的排除以致积极的行动。

信徒生活在一个"外邦人"的社会中，这里的"外邦人"是象征性的用法，作"教外人"〔新〕。他们有自己的生活方式和价值观念（四 3；参一 18），与读者是神子民的身份成对比。

积极的一面，他们要有⑳好㉑的品行，"品行端正"和"好行为"是同义的。"好"这形容词在这节中出现了两次（〔和〕"端正"和"好"）。好行为是作为神的子民所生活的社会中应有的特质。神子民是散居的侨民，就正如昔日以色列被掳之后生活在外邦人中间一样，"外邦人"成为象征性地表达不认识神的人。"有好的品行"㉒是由这节开始至第三章末的重要主题，第二章十二节下称之为"好行为"，㉓第二章十五节、二十节，第三章六、十七节译作"行善"㉔，第三章十三节的"热

---

⑱ 在彼得前书中，"灵魂"一字曾多次的出现，但均是复数的（如一 9、22，二 25，三 20，四 19）。在这里使用单数可能是刻意的，以对比复数的"私欲"：众多的私欲环绕着人唯一的生活。Michaels，p. 117；亦参 Cranfield，pp. 71 - 72.

⑲ Hort，p. 134；van Unnik，"Good Works，" p. 106.

⑳ *echontes* 现在式分词，看为是命令语态分词（imperatival participle），如 Kistemaker，p. 97；Hillyer，p. 76. 另一可能，是将之连于二 11 的 *apechesthai*；Hort，pp. 131 - 132，137. 将这分词看为是 participle of result；ibid.，p. 134.

㉑ *kalēn* 这形容词放在句子的最后，远离放在句子前头的 *tēn anastrothēn*，有强调的作用，是在 predicative position.

㉒ *tēn anatrophēn kalēn*.

㉓ *kalōn ergōn*.

㉔ *agathopoiein*.

心行善"，㉕第三章二节的"贞洁的品行"，㉖第三章十六节的"好品行"。㉗ 第三章十六节所用的"好品行"和这里第二章十二节的用字是十分相似的，有首尾呼应的作用。㉘ 这些好品行，当然在神的眼中是看为圣洁的行为(一 15)，但这里的重点在于甚至外邦人亦能确认这些行为是美善的，是一种对邻舍应有的态度和行为。㉙ 彼得在这里鼓励信徒要有高尚的道德情操，以致未信的人亦可见证他们生活的独特性。

纵然信徒可能因信仰的缘故被恶意中伤㉚为"作恶的"不良分子，㉛这里所描述的，大概不是指那些要正式告上公堂那么严重的事，但却足以使人对基督徒有错误的理解。当时罗马社会常怀疑东方的教派与不道德的性行为有关。㉜ 就正如初期教会被诬告是凶杀(他们喝〔主的〕血)、乱伦(他们以兄弟姊妹相称)及吃人肉(他们吃〔主的〕身体)；他们往往被当代社会人士所猜疑及歧视。㉝ 基督徒亦太容易被认为是反社会或甚而叛国。彼得必定十分关注这方面的困难，不然他不会在讨论有关仆人及在本段的总结时，再度提出这问题(二 23，三 9)。虽是这

㉕　*tou agathou zēlōtain genēsthe*.

㉖　*hagnēn anastrophēn*.

㉗　*tēn agathēn anasstrophēn*.

㉘　*kalos* 和 *agathos* 这两字在七十士译本中已是同义的，参 W. Grundmann，*TDNT*，III：544.

㉙　Goppelt，pp.158，177－178 注意到 *kalos* 和 *agathos* 这两字用作形容美善的行为在古典希腊的传统中是常见的，而且在新约其他地方甚少使用"好行为"这方式劝勉读者(参弗六 8；参罗七 21；林后十三 7；加六 9；提前六 18；徒十四 17 所用其他类似的词汇)，彼得给犹太教及初生基督教有关行善的理念，赋予新的内容，表达信徒在这社会中适当的行为表现，成为技术性的词汇。W.C. van Unnik，"The Teaching of Good Works in 1 Peter，"*NTS* 1(1954)，pp.95－96，108 正确地指出这里反映希腊人对"行善"的看法，而非犹太人观念中的善行(集中于向贫穷人或死人所作的)。当然在基督徒来说，行善的基础是与希腊人有别的，信徒行善是因为神的呼召而非人的美善，其目的亦不同，不是要为自己的荣耀，而是要神得着荣耀。

㉚　*katalaloun* 不一定是指正式的法律指控，而是私下恶意的毁谤和流言。

㉛　*kakopoios* 这字在新约只在彼得前书出现(二 12、14，四 15)，是与"行善的"(*agathopois*)成对比的(二 14)。这字狭义可作"罪犯"，可能反映基督被诬告(参徒十六 16 起，十九 23 起)。Best，p.111.

㉜　参 Balch，*Submissive*，pp.86－87 及他所提供的资料。

㉝　或是在华人教会的历史中，女性信徒的洗礼被诬告是与牧师一起洗澡。

样,就是在他们所毁谤的事情中,㉞经过长久的观察后,㉟证明他们原先的判断是不正确的,最后信徒的好行为要成为他们的见证,㊱表明他们在社会中是良好的公民(参二 14～15),并没有危害社会公众或对社会有任何不良的影响(四 15),不应受歧视或惩罚。正如未信的丈夫观察㊲信主的妻子圣洁的行为,而改变他对妻子及其信仰的态度(三 2)。彼得期望信徒的善行,同样能发挥"宣扬那召他们出黑暗入奇妙光明者的美德"的作用,使原为不信的外邦人,能在鉴察的日子,㊳即末后审判之日,与神的子民一样向神献上颂赞。

　　"鉴察的日子"可以有三种不同的理解:(1)存在性:指今世任何的时刻,神使未信者悔改接受救恩;㊴(2)一个不确定的时刻,信徒将荣耀归予神;㊵(3)末世性:指神终末性地彰显他的大能,带来审判或救恩。㊶但"鉴察"一字在旧约有浓厚的审判背景,并且在彼得前书末世论的前

㉞ en ō 和 ek palōn ergōn 均应连于 epopeuontes. 而非 doxasōsin,亦不应看为是时间性的,即"当"或"每当",应如三 16,亦参四 4,这词组 en ō 的使用一样,"在什么事上"(罗二 1,十四 21;林后十一 12);Hort, p. 135;Selwyn, p. 170;Kelly, p. 105;Goppelt, p. 159, n. 18;Davids,p. 97, n. 10,而非指"在什么时候",因为那时间是确定的,是将来"鉴察的日子"。

㉟ epopeuontes 是现在式分词,指经过一段时间不断的观察,反省他们所见的。Hort, p. 137认为这分词及连于它的"荣耀"这不定词均是指未来的,但这是不必要的。这里并非表达现在的事实,而是好行为所要带来的结果。

㊱ ek tōn kalōn ergōn 的 ek 之用法是说明理由或原因。因此是他们经观察他们的好行为后而作出的结论。

㊲ 在三 2〔和〕译作"看见",在原文中与这里为同一动词。

㊳ 在旧约中,"鉴察的日子"亦译作"眷顾的日子/时候"(参路十九 44),指神决定性地介入人的历史中,将审判或祝福带给他的子民(赛十 3;耶六 15,八 12,十 15)。有关的旧约背景,详参 W. H. Beyer,TDNT,II;602. 在这里,彼得使用这词组是建基于赛十 3. Ibid.,p. 606ff. Hort, pp. 138 - 139 指出这里没有冠词是不确定是那时候。

㊴ Stibbs, p. 108;Reicke, p. 94;Selwyn, p. 171;Hiebert, pp. 248 - 249;Parker, "Eschatology," pp. 29 - 30;NIV.

㊵ 如 Grudem, pp. 116 - 117. 他认为彼得在这里所用的词组为 en hēmera episkopēs,在旧约和新约中并未曾出现过,因此不宜将这里所表明的时候,技术性地指那审判的时候。另参Bigg, pp. 138 - 139;Beare, p. 112.

㊶ BAGD, p. 209;M - M, p. 244;Bigg, pp. 138 - 139;Beare, p. 112;Best, p. 112;大部分英语译本。Kelly, p. 106 认为这里是在描述积极的一面,即神拯救的日子;Davids, p. 97则认为这里是描述消极的一面,即审判的日子。事实上这两方面均会在"鉴察的日子"呈现出来,正如前文所说信与不信者他们对基督不同的态度,自会带来不同的结果。

提之下,这里极可能是指基督显现时最终的审判和拯救。[42]

在旧约中,"鉴察的日子"亦译作"眷顾的日子/时候"(参路十九44[43]),指神决定性地介入人的历史中,将审判(赛十 3;耶六 15,八 12,十 15,十一 23)或祝福(赛廿三 17)带给他的子民。新约承接了旧约的用法,路加福音第一章六十八、七十八节均表明神以恩慈眷顾他的子民,而且将这眷顾的时候与基督的来临拉上直接的关系。这日子对信徒来说,是他们得着真实公正审判的时候,因此亦是他们完全得赎、献上感恩的时候,他们终可得到完全的平反辩屈。在旧约和新约中,"归荣耀给神"这词组,都用作人承认神藉着他的言语和行事启示自己。[44]这里可能一方面包括因着信徒的好行为向神献上颂赞,另一方面亦因神最终公义的审断而承认神的真实,是配得称颂的(参启十一 13)。[45]他们要有好行为的另一目的,可见于第二章十五节。正如辛尼亚(Senior)所言:"他们不是要谴责或责骂世人,反之他们要以诚敬甚而温柔对待世人,期望终有一天,世人会与基督徒一起将荣耀归于神。"[46]

这里可能反映耶稣的言论,马太福音第五章十六节耶稣教导门徒他们的光要照在人前,"叫他们看见你们的好行为,便将荣耀归给你们在天上的父"。[47]

神在地上呼召他的子民成为客旅和寄居者,并非是厌世、避世或脱离这世界,他们仍是要生活在具体的社会现实之中,而且要学习如何生活在今世的社会中。他们的"入世"并非过属世的生活,他们的"出世"是一种不同流合污的生活方式,是不被私欲所累,不为情欲所困。神子

---

[42] 参 Slaughter, "Literary Argument," pp. 83–84 n. 41.

[43] 路十九 44 用 *kairon tēs episkopēs sou*,"你眷顾的时候"(原文直译),而"时候"一字在彼得前书常有末世的意味(一 5,四 17)。

[44] Hort, p. 137; Dalton, p. 906 认为这里是基督徒好行为的见证,可以领人归主。

[45] Hort, p. 137; Michaels, p. 118.

[46] Senior, p. 7.

[47] 马太福音与此段经文在字句上有不少相同的地方:

| 太五 16 | hopōs | idōsin hymōn ta kala erga kai | doxasōsin |
| 彼前二 12 | hina | ek tōn kalōn ergōn epopteuontes | doxasōsin |

民对社会有不可放弃的责任,他们要参与去改进社会。马竭尔指出"基督徒应站在社会改革的前线"。[48] "众人以为美的事,要留心去作"(罗十二 17),因为向邻舍行善,是合乎神子民的呼召,其目的不是要显自己为义,而是叫父神得着荣耀。

(II) 顺服的生活(二 13～三 12)

第二章十三节上是由第二章十三节至第三章七节全段管制性的原则,就好像以弗所书第五章廿一节一样,[49]同时亦提供了独特的角度,说明所有的权柄只不过是神所创造的。第二章十八节、第三章一节和第三章七节所有"顺服"一字是现在命令式分词。[50] 在总结"家规"的教导时(三 8～12)引用诗篇第卅四篇的话(三 10～12)。[51]

信徒要如何面对他人的诬告? 他们自然的反应可能是退缩或采取敌视的态度,但彼得却劝勉他们要顺服及行善。第二章十三至十四节说明顺服,第二章十五节的解释,是要说明行善的重要。第二章十六至十七节呼应第二章十三节所提出的信徒在不信的社会中生活的基本原则,[52]并且更具体地说明信徒对不同的人所应有的态度。

(i) 原则:对人的顺服(二 13 上)

二 13 上　"你们为主的缘故,要顺服人的一切制度"　第二章十三节上是说明以下"家规"引言性的原则。"顺服"这动词以命令语出现,

---

[48] Gundry, "Verba Christi," p.340; Marshall, p.83.

[49] 参 J. P. Sampley, "And the Two Shall Become One Flesh": A Study of Traditions in Ephesians 5:21-33 (Cambridge: Cambridge University Press, 1971), p.117; J. J. H. Price, "Submission-Humility in 1 Peter: An Exegetical Study" (Ph. D. dissertation, Vanderbilt University, 1977), p.37.

[50] 二 13 的动词"顺服"(hypotagē te)是过去不定式命令语,而二 18 是现在命令式分词(hypotassomenoi),三 1、5 亦是一样(hypotassomenai)。参一 14 的脚注有关命令式分词的用法。

[51] Elliott, Elect & Holy, p.216, n.1; Balch, Submission, p.129.

[52] Price, "Submission-Humility," p.39 将这节看为是这"家规"的标题;Goppelt, p.182.

在新约有廿二次之多。这命令在"家规"中重复了三次（二 18，三 1、5；参五 5），说明这是信徒所应作的选择，而不是对他们的限制。"顺服"这动词与"服从"[53]有别，"服从"是信奉主基督的人对他所应有的态度（一 2、14、22）。在新约的"家规"中，常用作表达信徒对掌权者的关系（罗十三 1、5；参多三 1），妻子之于丈夫（西三 18；弗五 22、24；参多二 5）。[54] 作者将这两种不同的"忠诚"区分，是要表明对神/基督的服从是绝对的，而对人的顺服，则呈现其相对性。[55] "顺服"一字在希腊语中常用作子民臣服于君王，有时候用作妻子顺服丈夫。[56] 在新约中，这字带有因他人的缘故，放下个人的意旨和权利。[57] 在一个既定的社会文化中，是个人或群体对掌权者应有的态度。[58] 米高斯就认为，"顺服"一字应当译为"敬重"或"尊敬"。即这字与第二章十七节两次重复所用的尊敬一字无异。[59] "顺服"并不代表惟命是从。

　　"人的一切制度"这词句按原文的次序应为"一切人的制度"。"人的"这形容词在新约出现过七次，[60]这字可以有四个不同的意思：（1）指人作为创造一些对象的媒介（如〔思〕："人立的"或人为的）；[61]（2）指与动物相对的；（3）指与神相对的，属于人性的；[62]（4）指属于人类的，与人有关的。[63] 这里是指属于人类的。"制度"一字可有不同的意思，可以指：（1）创造，指神所造的（罗八 20；西一 15、23；参可十六 15）；[64]（2）权

---

[53] *hypakoē*，*hypokouein* 这字用在弗六 5 和西三 22 说明奴仆要服从主人，弗六 1 和西三 20 说明儿女要服从父母。

[54] 有关家规的用法参本书附录（二）。

[55] Michaels，p. 124.

[56] G. Delling，*TDNT*，VIII：39 - 40；Goppelt，p. 174.

[57] Ibid.，8：45.

[58] Martin，"1 Peter," p. 126.

[59] Michaels，p. 130；Slaughter，"Literary Argument," pp. 77 - 78；亦参 Goppelt，p. 174；Krodel，p. 73；Martin，"1 Peter," p. 126. Grudem，p. 119 认为"顺服"一字只适用于地位从属的关系之中，但彼前五 5 就指出信徒间要彼此顺服（弗五 21）。

[60] 除了这里之外，还有徒十七 25；林前二 13，四 3，十 13；罗六 19；雅三 7.

[61] BAGD，p. 68〔3〕；如〔当〕。

[62] Beare，p. 115.

[63] Kelly，p. 124；Michaels，p. 124.

[64] 如 Goppelt，pp. 182 - 183；Mounce，p. 33，Michaels，p. 124；J. Jeremias，*TDNT*，I：366；G. Delling，*TDNT*，VIII：41 c. n. 3，45；W. Foerster，*TDNT*，III：1034 -（转下页）

威;(3)制度,指社会架构,带有权威的意味(大部分中文译本);⑥(4)建造城市或建筑物。(2)和(3)的看法非常接近,甚至可说是相同的。第(4)种解释在这文脉中是不适当的,因此可以有的选择是在(1)(2)(3)之间。虽然用到"一切"这形容词似乎支持制度这译法,但在旧约七十士译本或新约中,并没有这样理解的先例,这种理解可能只是受罗马书第十三章有关政府权柄那段经文所影响,⑥⑥若没有那段经文,从文理和经文本身去看,这样理解是完全缺乏支持的。⑥⑦ 况且人所建立的制度又如何可以成为信徒要顺服的原因?⑥⑧ 这里亦没有如罗马书第十三章所述权柄是出于神,并且在位者是神的仆人的看法。以下彼得所用的例子,均是指不同阶层的人,如君王和在位的,并非指某种制度。⑥⑨ 这里所表达的,这些不同阶层的人都是神的创造。⑦⓪ 加上"属人类的"的用意,并非是要定义这些是人的创造或制度,对比神的创造,乃是要说明人类这创造对比其他自然界的创造。⑦① 这与首段结尾(二 17)"务要尊敬众人"的命令互相呼应。无论是"属于人作为神的创造"还是"人的制度",在要顺服掌权者这一点上基本上是相同的,唯一的分别是,作者的关注是在人与人之间的关系,还是制度架构本身。

　　"为主的缘故"说明顺服的原因或动机。"主"可以指基督,亦可以

(接上页)1035;W. Schrage, *The Ethics of the New Testament*, trans. D. E. Green (Edinburgh: T. & T. Clark, 1988), p. 279.

⑥ 如 Selwyn, p. 172;曾立华,页 39;Grudem, p. 119;BAGD, p. 456[2].

⑥⑥ 甚至有学者认为,这里彼得前书是建基于罗马书第十三章。但更可能是他们分别使用传统的资料,特别参 Selwyn, pp. 426 - 429;E. Lohse, "Parenesis and Kerygma in 1 Peter," trans. J. Steely, in *Perspectives on First Peter*, ed. C. H. Talbert (NABPR Special Studies Series No. 9; Macon: Mercer University Press, 1986), p. 43;Best, pp. 12 - 14.

⑥⑦ Beare, p. 115;Price, "Submission-Humility," p. 33.

⑥⑧ Best, p. 113. Best 接受 RSVmg 所建议的,认为这里是指神在人的事务范围中所创造的,因此地上的政权可视为神在人的事务范围中所建立的制度。但这样理解"属于人类的"这形容词未免过分牵强。Best 亦逃不出他所批评的将这里看为制度的困难。

⑥⑨ Michaels, p. 124.

⑦⓪ 如 Krodel, p. 73;Michaels, p. 124;Davids, p. 99;Price, "Submission-Humility," p. 39.

⑦① Michaels, p. 124;参 Hort, p. 139.

是神。在新约中，"主"一字通常是指基督，但在这文理中，指神亦是合适的，[72]因为他是人类的创造者，亦是人伦关系的建立者。[73] 但明显的，在"家规"的使用中，基督占有极重要的位置（西三 18、20、23；弗五 22，六 1），"主"一字在彼得前书亦一致地指基督（参一 25，二 3，三 15）。

　　人伦关系的基础是人皆神的创造（参四 17），人伦关系的基本态度是要彼此顺服，但这顺服不只是人与人之间相处所应有的规范，亦不是因为这里所说要顺服的对象是地上有权位者，而是因为这是顺从神的行动。因此彼得说"为主的缘故"，"主"是指基督，他亦在顺服上立下榜样（二 21～25）。这词组不只是表达不叫基督蒙羞，[74]更重要的是要说明惟有主基督是信徒绝对要顺从的对象，他才是终极的主宰。[75]

(ii) 对国家掌权者的顺服（二 13 下～17）

13　或是在上的君王，

14　或是君王所派罚恶赏善的臣宰。

15　因为神的旨意原是要你们行善，可以堵住那糊涂无知人的口。

16　你们虽是自由的，却不可藉着自由遮盖恶毒，总要作神的仆人。

17　务要尊敬众人，亲爱教中的弟兄，敬畏神，尊敬君王。

　　13 下～14　"或是在上的君王，或是君王所派罚恶赏善的臣宰"　有别于保罗在歌罗西书和以弗所书中所用"家规"的格式，彼得先述及信徒与地上掌权者的关系，反映读者在当时外邦的环境中，在政治上所受的压力。[76] 作者的重点亦并非制度本身，而是在这制度中行使权力的人。

　　在当时来说，"君王"可以指分封王或罗马的君王，这里无疑是指罗

---

[72] 如 Kelly，p. 109.

[73] 参 Best，p. 114.

[74] 大部分学者的看法。

[75] Davids，p. 99.

[76] Ibid.

马的君王。他在一国中掌有无上的权威("在上的"),⑦更将自己放在神明的地位,要百姓尊崇他们。"臣宰"则是地方的权柄,由君王所任命,⑧代表君王执掌地方的官员。彼拉多(太廿七 2)和腓力斯(徒廿三 24)均被称为"臣宰",〔和〕译作"巡抚"。⑲ 这里所强调的并非是一个抽象的权柄制度,而是君王透过臣宰行使管治的权力。⑳ 信徒不只需要顺服罗马的君王,就是他所派遣的臣仆,也要顺服。这不只是因为他们代表着君王,亦因为他们存在的目的,㉛是要"罚恶赏善",这亦成为他们权力范围的限制。㉜

"作恶"和"行善"是两种完全相反的行为,㉝有关"行善"这主题在第二至三章之重要性,已在第二章十二节的注释中说明。"惩罚"和"奖赏"是两种完全相反的对待。惩罚行恶的,奖赏行善的,这是社会公众的秩序得以维系之本。社会秩序对整个社会的稳定和健康来说,均是重要的。虽然这些君王和他的臣宰对社会要求的标准可能与信徒的不同,但仍是有善恶的准绳,比"无政府"的纷乱要好得多。㉞ 因此不能假设对神的顺从与对政权的顺服是必然会有冲突的。不单如此,神的子民对公众社会可以有正面的贡献,不应逃避对社会的义务,若是为着整体社会的好处,信徒应不遗余力的参与。㉟

这里所说的善行,指对社会福利之捐助。在小亚细亚的地方,常有

---

⑦ 原文 *basilei hōs hyperechonti* 可译作"掌权的君王"(BAGD),"掌权"一字强调这位份之无上权力。有关当代罗马的君主制度,可参 D. E. Aune, "Emperors, Roman," *DPHL*, pp. 233 - 235.

⑧ Robertson, *Word Pictures* (BWORKS), ad. loc.认为这里是指从神所派(*di' autou*);直译为"藉着他",将"他"视作神,这看法大概是受罗马书第十三章之理解所影响,这里明显是指上文君王所派。

⑲ 亦参太十 18;可十三 9;路廿一 12。

⑳ Price, "Submission-Humility," p. 42.

㉛ 介词 *eis* 说明目的。平行于二 11 亦使用 *hōs* 说"作为客旅和寄居的",二 14 在君王和臣宰之前的 *hōs*,均为 causal use. Goppelt, pp. 110 n. 30, 188 n. 46;BAGD, p. 898.

㉜ Price, "Submission-Humility," p. 43.圣经中亦有正面地看神子民不服从权柄的例子:出一 17;但三 13～18,六 10～24;徒四 18～20,五 27～29;来十一 23。

㉝ *kakopoiōn* 和 *agathopoiōn* 均是 objective genitive.

㉞ Davids, p. 100.

㉟ 参 Marshall, pp. 84 - 85. Goppelt, *Theology*, 2. 168 就指出 *hypostassethai* 这字的重点不是在它的 prefix *hypo*,而是在其字根的意思,即"秩序"。

一些公益者,因他们的善行使整个社会从饥荒中得着拯救,得到水的供应,建立社会的设施,如水池、更宽阔的道路、剧院和公共建筑物等的建造。⑧ 而这些公益者得到社会及政府的嘉奖,并往往将有关公益的事刻在石碑上。⑧ 亦有加以黄金的冠冕和在剧院中为其设立一个永久荣誉的座位。⑧ 甚至认为政府有责任嘉许这些对社会公益事业有所贡献的人。⑧ 因此这里所指的行善,不只是个人的德行,可能是指与公众有关的社会公益,基督徒可以赢得这种赞誉,为公众社会所嘉许,自然就可以使那些毁谤的人闭口不言(二 15)。基督徒如此便可建立其在社会上之公信力。这亦可能是罗马书第十三章三至四节的意思。⑩ 话虽如此说,但对当时处于低下阶层的基督徒群体来说,能做到如以上所说的机会甚微,⑪但彼得所用的模拟是说明基督徒对社会之责任。

　　二 15 "因为神的旨意原是要你们行善,可以堵住那糊涂无知人的口" 第十五节⑫旨在进一步说明顺服权柄这原则的理由。⑬ 第十五节可以有不同的翻译:"因为这就是⑭神的旨意,藉着你们的行善,使

---

⑧ Beare, p. 117; B. Winter, "'Seek the Welfare of the City': Social Ethics according to 1 Peter," *Themelios 13*(1988), p. 92.

⑧ 有关这些碑文的样本,可参 *idem*, "The Public Honouring of Christian Benefactors: Romans 13. 3 - 4 and 1 Peter 2. 14 - 15," *JSNT* 34(1988), pp. 88 - 90; *idem*, *Seek the Welfare of the City* (Grand Rapids: Eerdmans, 1994), pp. 26 - 33.

⑧ *idem*, "Seek the Welfare," p. 92.

⑧ Ibid., p. 91.

⑩ Winter 认为这种公益事业,同样是罗十三 3 所指的善行, Winter, "Public Honouring," pp. 92 - 93; *idem*, *Seek the Welfare of the City*, pp. 33 - 40.

⑪ Best, p. 114.

⑫ 二 13 下、二 14 均以 *hōs*(出现 2 次)说明怎样去看顺服的客体,二 16 则以 *hōs*(出现 3 次)说明如何看待顺服的主体,二 15 则处于这两组 *hōs* 句子之间。Robertson, *Word Pictures*; Hort, p. 142; Michaels, p. 127 认为这是插句,但这句不仅在整段中占有中间的位置,而且清楚地说明由二 13～二 18 这一大段中其他两个重要的主题:行善和神的旨意,因此不应看为是插句。

⑬ Michaels, p. 127 指出这亦是 *hoti* 在彼得前书其他地方的用法(三 9、18,四 17),与 *gar* 的用法相似(二 19、21、25,三 5、17,四 6)。

⑭ 可将 *houtōs* 看为回顾性(retrospective),指上文二 14 的"赏善罚恶",正如〔和〕的翻译,因此译作"原是"。但有别于三 5 这助动词的用法(这里的用法有点像形容词,参 BDF § 434 [1])。并且将行善(*agathopoiountas*)看为与旨意(*to thelēma*)同位(in apposition),如 Hort, pp. 143 - 145; Selwyn, p. 173; Beare, p. 117. 亦有认为是指上文的"顺(转下页)

那些糊涂人的无知无言以对",将"行善使他们无言以对"看为是实行神
的旨意。这里的重点在于行善,而非在"堵住……的口"。⑨ 这里"神的
旨意"这词组第一次在彼得前书出现,是这卷书另一重要的主题(三
17,四 2、19),就算是要面对受苦的厄运,行善仍是神子民唯一应作的
选择。

正如昔日耶稣曾使撒都该人无言以对(太廿二 34),信徒的善行,⑯
亦能使那些要毁谤他们的人(二 12)哑口无言(〔当〕)。这里的行善,大
概是指他们作为一个好公民所表现的顺服,⑰为当时非信徒也公认为
善者。因此所要求于信徒的,并非只是在行为上合乎法纪,单是守法并
不足够,他们要更进一步成为美好的见证。"行善"于此便带有在行为
上无可指摘,值得赞誉,表现圣洁和自守,显出美好的名声。这些表现,
就连那些外邦人也不能否认,纵然他们可能暂时顽梗地否定,终有一
天,就是那"眷顾的日子"(二 12),他们仍要俯首承认基督徒的善行是
蒙神所悦纳的。

"糊涂人"⑱在旧约箴言中常用在与神对抗的人身上,这样的人看
不见神,因此不明真理和公义。"无知"指"缺乏宗教经验"(参林前十五
34),⑲在此指那些没有基督徒的经验,⑩使他们无从理解这信仰群体的

(接上页)服",将神的旨意等同于顺服,如 Kelly, p. 110;参 Price, "Submission-Humility,"
p. 46. Grudem, p. 121 n. 1 指出 Hort 所举的例子说明这助动词在新约中均是回顾性的,
是以偏概全。亦参 BAGD, p. 598[2]. 前瞻性(prospective)的看法较可取,指二 15 下的
"堵住";不然"去堵住"这不定式与"行善"这分词之关系便显得暧昧不清了。Price,
"Submission-Humility," p. 47;Schrenk, *TDNT*, III;58-59;Bigg, 141;Goppelt, p. 186
n. 37;Michaels, p. 127;Grudem, p. 120 c. n. 1;Hillyer, p. 79.
⑮ Michaels, p. 127.
⑯ 可参在二 12 用 *ek tōn kalōn ergōn* 这词组,和在这里用 *agathopoiountas* 意义相同。
⑰ 如 Dale L. Watson, "The Implications of Christology and Eschatology for a Christian
Attitude toward the State in 1 Peter," (Ph. D. dissertation, Hartford Seminary
Foundation, 1970), p. 53;W. C. van Unnik, "A Classical Parallel to 1 Peter ii, 14 and
20," *NTS 2*(1956), p. 199;cf. Beare, pp. 116-117.
⑱ *tōn aphronōn anthrōpōn*;Michaels, p. 128 认为作者在彼得前书其他地方使用 *anthrōpos*
均含有负面的意义:二 4 指那些排斥基督的人,四 2、6 指那些人的本性,就是与神或他的
旨意对抗的欲望或标准的根源。*aphrōn* 一字七十士译本箴言中出现过 75 次之多。
⑲ BAGD, p. 12;Goppelt, p. 186;Michaels, p. 127.
⑩ Michaels, p. 127.

信仰和行事，⑩使那些糊涂人无知而无言以对。

　　"无知"本身可以不是罪恶，但由无知而引起的对信徒诸多猜疑、百般责难、无端毁谤，表明了他们的愚昧和偏见，这些均需要信徒不只用言语去解明，更重要的是藉他们的善行说明一切。

　　二 16　"你们虽是自由的，却⑩不可藉着自由遮盖恶毒，总要作神的仆人"　作者劝勉读者要作为自由人一样地顺服，⑩这里所说的自由，并非指社会或政治上的自由，而是因基督的救赎重价买回来，因而得享的自由（一 18～19；参加五 1、13；林有七 22～23；弗六 5～7），是从罪中得以释放，并且有选择行善的自由（罗六 6～7、14、17～18、20～23）。⑩ 这种自由的本质是弃恶扬善。自由太容易被人误解或误用，彼得进一步强调自由并不可以作为隐藏恶毒⑩的借口，因为神的子民的本性，就是要除去一切的恶毒（二 1）。"遮盖"一字原意为面罩或斗篷，这里象征性地表达用借口隐藏或掩饰（〔思〕〔新〕）。⑩ 有认为这里是要警告那些反抗政权的人，⑩但这里所指的恶毒是一般性的，并非指那些对抗政府的行为。⑩ 反之，真正自由的人，是神的仆人，乐意实行神的旨意。⑩ 作为神的子民，他们顺服掌权者，并非被人强迫，而是出于自由的选择。可能彼得恐怕读者中会有人以为他们既然从无知和虚妄的生活中得以自由，他们便不再受今世人伦关系所束缚，然而这种想法只会为他们带来与社会不必要的冲突，甚至是苦难。⑩

---

⑩ Michaels，p. 127.

⑩ *kai* 是 adversative sense. Michaels，p. 128.

⑩ *hōs eleutheroi*，"自由人"一字是 nominative case 而非 accusative，应将之连于二 13 的"顺服"，而非连于二 15 的"堵住"。Robertson，*Word Pictures*，ad. loc.；Hort，p. 145；Selwyn，p. 173；Kelly，p. 111；Goppelt，p. 188 c. n. 46；Michaels，p. 128.

⑩ 当代不少希腊的哲士均看到自由与服从是不可分开的。如 Seneca："自由是蕴含于服从上帝之中"。Cicero："我们作为律法的仆人，以至我们得以自由"。

⑩ *tēs kakias objective genitive*.

⑩ *epikalymma* 这字在新约中只在此出现。

⑩ Watson，"State in 1 Peter，" p. 63.

⑩ Price，"Submission-Humility，" pp. 54 – 55.

⑩ Grudem，p. 121 指出彼得如此说，是因为他明白顺服掌权者可能会引致过分的限制，所以彼得声明真正的自由是服从神旨。

⑩ Michaels，p. 129.

"总要"原文为"但是"，表示强烈的对比。⑪ 信徒是神的仆人，因为他们是藉着耶稣基督的血被买赎回来的（一 19；林前七 23）。"神的仆人"⑫这称谓表明信徒最终是向神负责任的（参林前七 22；罗六 18、22；参彼后二 19），这点在第二章十三节"为主的缘故"已经说明神子民终极的忠诚。这是神的子民作为客旅和寄居者需要谨记的，他们是作为神的仆人，⑬不是任何制度、权柄或人的仆人！作者将这对比放在最后，有强调的作用，亦为以下第二章十七节的四种关系中重要的定位，同时亦指向于第二章十八至廿五节：作仆人的经验成为基督徒经验的缩影。⑭

二 17 "务要尊敬众人，亲爱教中的弟兄，敬畏神，尊敬君王" 这节中有四个命令语的动词："尊敬""亲爱""敬畏"和"尊敬"。首与尾为同一字根但不同时式的动词。⑮首个"尊敬"的时式与第二章十三节"顺服"都是过去不定时式（aorist tense），成首尾呼应。使用过去不定时式是要表明信徒要开始这样行，并且要一直作到底，⑯亦可能是要强调这行动之有效性。⑰

学者对这四个命令语句之关系，有不同的见解：（1）首句为管制性的原则，其他三句是引申这命令（如〔吕〕）；⑱（2）首两句与尾两句分成

---

⑪ alla.

⑫ 有关这称谓所涉及背景的讨论，参 S. R. Llewelyn, "Slaves and Masters," *New Doc* 6 (1992), pp. 70 - 76.

⑬ 这节经文中三句 hōs 的词组分别表达了自由、有责任的自由和作为神的仆人；Michaels, p. 129. 对应于二 14 的用在君王和臣宰的 hōs，平行于二 11 亦使用 hōs 说"作为客旅和寄居的"，均为 causal use. Goppelt, p. 110 n. 30；188 n. 46；BAGD, p. 898. 虽然这节这第二个 hōs 不一定需要是 causal use（Michaels, p. 129），但却完全符合文理的意思。

⑭ 参 Michaels, p. 128f.

⑮ 首个尊敬为过去不定时式（timēsate），而最后那个为现在式（timate）。彼得在此书信中常用过去不定时式命令语态的动词（参一 13、15、17、22，二 2，四 1、7，五 2、5～6、8～9、12），但则甚少用现在时式。在原文中，现在式命令语态动词和现在式直述语态动词的串法是一样的，因此这里排首位的是过去不定式可确定以下三个动词均为命令语态，参 Michaels, p. 130.

⑯ Michaels, p. 130 称之为 effective/programmatic aorist.

⑰ Ibid. 另一可能是不同时式交替地使用是没有多大意义的，参 Kelly, p. 112；Watson, "State in 1 Peter," pp. 59 - 60；Price, "Submission-Humility," p. 57.

⑱ NEB；BDF § 337[2]；Porter, *Idioms*, pp. 54, 227 并他所罗列出的新约其他类似的例子；参 Michaels, pp. 130 - 131.

两对；⑩(3)首句从属于第二句，第四句从属于第三句；⑩呈 ABB′A′的交叉式结构；⑪(4)金字塔式结构，首尾为最底层，"敬畏"为最顶点；⑫(5)顺序由一个自然引到下一个；⑬(6)四个独立而平行的命令。⑭ 单从文法上来看，第一种解释是有相当吸引力的，但首个命令"尊敬众人"充其量可以包括第二和第四个命令，但不能包括第三个命令。从第十三下至十七节这段来看，"敬畏神"和"亲爱教中的弟兄"似乎与整段无关，使这两个命令更形独特。因此极有可能这里是透过这两个独特的命令，作为对掌权者顺服之限制性因素（limiting factor）。⑮ 但不论是哪一种排列，这节是要包罗所有的关系。

"尊敬众人"与第二章十三节上成首尾呼应，这命令在新约中亦是相当独特的，因为不只局限于信徒群体之内。非信徒同样需要神子民的尊重，因为他们是神所造的。不论他们的社会地位如何，亦不管他们对基督信仰及信徒的态度如何，信徒不应因为他们在教会之外而轻蔑他们。⑯ 信徒纵然在社会中备受歧视，也不可歧视众人。

"亲爱弟兄"⑰在第五章九节信徒受逼迫的文理中再次出现，是指神子民群体所需要的手足之情，基督徒群体在外邦的社会中保持团结和合一的要素（参一 22，四 8；参帖前五 15；加六 10；来十三 1）。

"敬畏神"和"尊敬"这两个命令可能是受七十士译本箴言第廿四章廿一节的影响。⑱ 对神要存着敬畏，第一章十七节已经说明原因：因为

<hr/>

⑲ 如 Goppelt，pp. 189 - 190；Michaels，pp. 123，130 - 131；Dalton，906. Beare，p. 118；首个动词是过去不定时态，因为要表达具体言行，而非只是态度。但这种解释并不肯定为何是第一个命令要具体，而其他则不用，Price，"Submission-Humility，" p. 57.

⑳ Hort，p. 146.

㉑ 如 Davids，p. 906；Combrink，"Structure，" p. 56；E. Bammel，"The Commands in 1 Peter II. 17，" *NTS* 11（1964 - 1965），p. 280；亦参 Michaels，p. 131. Price，"Submission-Humility，" p. 58 同意这种分析之余，亦指出这里是要将重点放在 BB'.

㉒ Grudem，p. 123.

㉓ Michaels，p. 131. 亦参 Marshall，p. 85 fn.

㉔ Elliott，p. 89.

㉕ Michaels，p. 132.

㉖ Marshall，p. 85.

㉗ *adelphotēs* 在马加比壹书十二 10、17 这字是用作形容因圣约关系所建立的家庭。

㉘ Best，p. 116；Dalton，p. 906；Price，"Submission-Humility，" pp. 58 - 59. 亦参太廿二 21。

只有他是最终的审判者。这种对神应存的态度是与对君王的态度有别的(参可十二 17)，地上的帝王只是众人中的一分子，信徒最终是受命于神，服从他而行事为人的，这是作为神的仆人所应有的本分(参三 14)。绝对不可将君王与神放在同一地位看待，虽然在当时的罗马政府之下，已酝酿着对君王的敬拜。^⑫

　　在任何社会里，因着各人在该社群中不同的角色，必定存在着不同地位的人。当然这些角色和地位的出现，有的是基于个人抉择，在第一世纪来说，大部分是由家族出身、文化传统和政治军事现实所决定的。但无论是何种地位的人，他们都是神所创造的，因此都需要受尊重(参雅三 9)。彼得进一步劝勉信徒，要作良好的公民，行善是他们唯一的选择，以表明他们不是要威胁社会的安宁和秩序。但彼得并非在此将善行只是建基于要在公众面前得到好的印象，^⑬也不只是为着自身能在社会中求自保，而是有更深的神学基础，就是对神的敬畏和服从。

　　在新约中，不同的作者及年代的作品，反映对政权不同的态度。有较为积极的看法，如这里和罗马书第十三章一至七节。但亦有较为批判性的，如帖撒罗尼迦后书第二章四节所谓的"不法者"，可能是指某政权的统治者。在新约中对政权最严厉的批评，将其视为魔鬼所操控，可参考启示录第十三和十七章(参但二、四、七章)。

(iii) 仆人对主人的顺服(二 18～25)

18　你们作仆人的，凡事要存敬畏的心顺服主人；不但顺服那善良温和的，就是那乖僻的也要顺服。

19　倘若人为叫良心对得住神，就忍受冤屈的苦楚，这是可喜爱的。

20　你们若因犯罪受责打，能忍耐，有什么可夸的呢？但你们若因行善受苦，能忍耐，这在神看是可喜爱的。

21　你们蒙召原是为此，因基督也为你们受过苦，给你们留下榜样，叫你们跟随他的脚踪行。

---

⑫　Best，p. 116.

⑬　Price，"Submission-Humility，" p. 55.

²² 他并没有犯罪,口里也没有诡诈。

²³ 他被骂不还口;受害不说威吓的话,只将自己交托那按公义审判人
的主。

²⁴ 他被挂在木头上,亲身担当了我们的罪,使我们既然在罪上死,就得
以在义上活。因他受的鞭伤,你们便得了医治。

²⁵ 你们从前好像迷路的羊,如今却归到你们灵魂的牧人监督了。

在新约其他家规的教导中,主仆关系是放在最后的,但在此处却放
在较前的位置,而且将家仆所面对不公平的待遇,与基督的受苦相连
(二 21~25),极可能因为读者中大部分是家仆。

在新约的时代,估计罗马和意大利半岛的居民中,有百分之八十五
至九十是属于奴隶或是奴隶出生的。[130] 家仆在当时来说,包括的不只
是家庭中侍候的仆人,还有农场工人、牧人、渔夫、信差、厨师、唱歌的,
亦包括一些受过训练的专业人员如文士、教师和医生,有男也有女。[132]
这阶层人士的特性是他们没有公民权利,他们的见证不会为法庭所接
受或其证供必须经过严刑的考验。奴隶只是属于家主的产业,奴隶亦
没有个人的私产,甚至其儿女都是属于家主的。基督教运动对这种制
度带来第一方面的冲击是,每一个人的身份,并不影响其得救,每一个
人都是神家正式的成员,同为基督所拣选,是同样的尊荣,并且有平等
的权利。[133]

如前文曾提及,在当时希腊罗马的社会,家庭是基本的社会政治单
元。不但如此,家庭亦是宗教的单元。每一个家庭的新成员,均需要经
过某种宗教的礼仪,使其在那家庭的神祇的庇佑之下。这包括新购回
来的奴隶和新娶回来的妻子。奴隶和妻子信奉基督对在家庭中为家主
的,无疑造成一种威胁,因为家庭中的成员一定要信奉家主所信奉的神

[130] A. A. Rupprecht, "Slave, Slavery," *DPHL*, p. 881.

[132] 参 K. R. Bradley, *Slavery and Rebellion in the Roman World*, 140 B. C. – 70 B. C.
(Bloomington: Indiana University Press, 1989), pp. 26 – 30; Beare, p. 121; Best,
p. 117; Grudem, p. 124.

[133] S. S. Bartchy, "Slavery (Greco-Roman)," *ABD*, VI: 68.

明,⑭尤其是他们负有教导儿童的责任。⑮

此处所描述的景况,是信主的家仆在不信主的家主之家中应如何自处。因此有别于新约其他家规的记载(西四 1;弗六 9),这里并没有吩咐主人应如何待仆人。⑯ 这里的记述亦与教牧书信中有关奴隶的劝勉有相似的地方(多二 9～10;参提前六 1:信主的奴隶如何对待信主家主)。这里所讨论的,虽然是信主的家仆如何对未信主的家主,但亦成为神子民在未信的社会生活中典型受欺压的模范,这是基督曾有过的经历。⑰

第二章廿一至廿五节以基督作为耶和华的仆人,为完成神在他身上的旨意而受苦作为信徒的榜样,说明顺服和行善受苦的意义。

二 18 "你们作仆人的,凡事要存敬畏的心顺服主人,不但顺服那善良温和的,就是那乖僻的也要顺服" 此处所用的"仆人"一字,⑱可译作"家仆"(〔吕〕〔思〕〔当〕),有别于上文第二章十七节的"仆人"(原文为"奴仆"),在新约中有关主仆关系的教训,均采用"奴仆"(西三 22;弗六 5～8;提前六 1;多二 9)。作者使用"家仆"而非"奴仆",有认为这反映作者所关注的,并非某社会阶层,而是在家庭中的关系,⑲但更可能是因为上文已用了"奴隶"一字描述神与信徒之间的关系。⑳ "家仆"一字表明了他们是家庭中的成员,但在两种称呼之间,并无实质的分别。㉑

⑭ Verner, *Household*, pp. 28 – 29; Fiorenza, *Memory*, pp. 263 – 264.
⑮ Verner, *Household*, p. 31 指出 6 岁前的孩子是在母亲和她的家仆下受教育,6 岁后则受教于一个专门负责教导的奴仆(*paidagōgos*,参加四 2)。
⑯ Michaels, p. 138.
⑰ 参 Osiek, *Social Setting*, p. 80; Elliott, "In His Steps," pp. 187 – 188; Schutter, *Hermeneutic*, p. 141; P. J. Achtemeier, "Suffering Servant and Suffering Christ in 1 Peter," in *The Furture of Christology: Essays in Honor of L. E. Keck*, ed. A. J. Malherbe and W. A. Meeks (Minneapolis: Fortress, 1993), p. 177.
⑱ *hoi oiketes* nominative with definite article 作 vocative. Moule, *Idiom*, p. 117 认为是受闪族语法影响;亦参 BDF §147[3].
⑲ Selwyn, p. 175. Elliott, *Home*, pp. 167, 201 – 202 认为这是因为彼得刻意使用 *oik*-字根的字,以强调神子民群体是"家"这特性。
⑳ Michaels, p. 138.
㉑ Ibid.; Reicke, p. 137 n. 24.

　　"主人"一字亦有别于"主",前者指"家主"(提前六 1～2;多二 9),后者在彼得前书中,除了第三章六节在引用旧约的例子时,指撒拉称亚伯拉罕为主之外,常用作基督的别称。而且在当时希腊的文献中,"家仆"和"家主"此两称谓往往是对应地使用。[12] 彼得避免使用"奴仆"和"主",因为他用此二词表达信徒与基督的关系。

　　"存敬畏的心"可译作"以至深的敬畏"。[13] 从此词组出现的次序而言,敬畏的对象,似乎是指"家主"(参 NIV),就好像保罗所说要像敬畏主一样敬畏主人(弗六 5;参提前六 1)。[14] 但在整卷彼得前书中,一致表达敬畏是对神的敬畏(一 17,三 2、14～15;参西三 22;弗五 21),尤其是第二章十七节已清楚说明要敬畏神(用同字根的动词)。这段经文所强调的,是家仆与主的关系如何影响他们对家主的态度。而且第三章十四节否定信徒要向人存着惧怕("敬畏"与"惧怕"在原文中为同一字;参三 6),这不可以成为信徒行事为人的动机,因此这里所敬畏的对象是神。[15] 信徒要对神存着至深的敬畏,去顺服家主。这里"顺服"的命令,[16]是第二章十三节所定下"要顺服"这原则性命令的另一具体情况。

　　有些家主"善良温和",[17]可以是指他们的性情,亦可以是指他们在对待家仆时所存的态度,其具体表现是赏善罚恶,正如第二章二十节上所言的。这样的家主以合乎情理的方式处理事情。[18] 当时不少的家主

---

[12]　Michaels,p.138;参七十士译本箴廿二 7。

[13]　en panti phobō panti 有强化的作用,因此可译作"以至深的敬畏",BAGD,p.631[1a d]. Goppelt,p.194 c.n.16 则认为这里的用法与西三 22 的用法一样,表示"在每一方面"。〔思〕译作"完全敬畏的心"引人误解。

[14]　如 Selwyn,p.175.尤其因为这里使用形容词 pan,这形容词在多二 9(hypotassesthai en pasin)、提前六 1(pasēs timēs axious)、西三 22(hypakouete kata panta)均出现过。但 pan 这形容词,在彼得前书的用法,有别于在以上所引经文中的用法,参上注。

[15]　Cranfield,p.82;Beare,p.121;Kelly,p.116;Price,"Submission-Humility," pp.65 - 66;Goppelt,pp.194 - 195;Best,pp.117 - 118;Mounce,pp.34 - 35;Michaels,p.138;Grudem,p.125 c.n.1;Davids,p.106.在这方面来说,此处超过了西三 22 和弗五 21 的讲法,将与人关系的焦点,基于与神的关系。Pryor,"First Peter and New Covenant (II)," p.47 认为"敬畏"同样是属于神子民与神之间立约关系的词汇。

[16]　参一 4 脚注有关命令式分词的使用。

[17]　tois agathois kai epieikesin.

[18]　Michaels,p.138.

亦不会过分的虐待家仆，以免在经济上蒙受不必要的损失。

彼得在此段所强调的景况，并非那些在善良温和家主下作为家仆的，而是那些在最不利的环境中，例如作为家主的⑭是乖僻或歪曲的，⑮时常显得蛮横无理，甚而残酷不仁，家仆在其中饱受不公平的虐待（二19）。这些家主可能本身的性情就是如此，并可能是特别针对基督徒的家仆。

"因行善而受苦"是彼得在以上指出顺服那些有权位者时所没有指出的可能情况，从这里开始至第四章六节，成为最重要的主题。

二 19 "倘若人为叫良心对得住神，就忍受冤屈的苦楚，这是可喜爱的" 在原文中，此句以"因为"作为开始，说明家仆要顺服之原因（二19～25）。⑯ 彼得从以上具体的关系，转为以下普遍化的情况。"倘若人"是一种假设的情况。彼得在这里可能受路加福音第六章卅二至卅四节耶稣的言论所影响。⑰ 那里以三句反诘语"有什么可酬谢的呢？"（在原文中"酬谢"与"可喜爱"相同），说明要恩待忘恩和作恶的（路六35）。这里彼得则以"三明治"的方式表达，两句正面肯定语句（"这是可喜爱的"19 上和 20 下）夹着中间如路加福音中的反问语（20 上）；前后两句均是正面的陈述，中间的句子则以反问语作反面的说明。此处由第二章十九至二十节的三句话中包含着三个条件句子，⑱说明三种不同的情况。第一句即第二章十九节是原则性的，动词以第三人称出现；而以下两句则是向读者直接的劝勉，因此是第二人称动词。⑲

---

⑭ 原文 with understood *hypotassomenoi*. 这里用 *ou* 而不用 *mē*，可能是因为 *ou monon* 这词组已是固定用语，参 Burton, *Moods and Tenses*, p. 183.

⑮ *skoliois*，参徒二 40，腓二 15："歪曲的世代"。

⑯ *gar*；Grudem, p. 126. 当然虚词（particle）可用作句子起首语，并无任何意思。但参 J. J. J. van. Rensburg, "The Use of Intersentence Relational Particles and Asyndeton in First Peter," *Neot* 24 (1990), pp. 292 - 293 指出彼得前书这字出现 9 次，均是表达理由、结果的句子关系。

⑰ Selwyn, p. 176；Michaels, pp. 135 - 136, 139；参 Marshall, p. 89 fn.；Gundry, "'Verba Christi'," pp. 341 - 342；Best, "Gospel Tradition," p. 106；Elliott, "In His Step," pp. 189 - 190.

⑱ 这三个条件句均为第一类的条件句，即把条件子句看为属实。参 Porter, *Idioms*, pp. 256 - 257.

⑲ Michaels, p. 139.

　　"可喜爱"原文为"恩典",这里是非技术性的用法,指在神面前得蒙接纳、喜悦和嘉许,有得奖赏的含意(二 20 下)。[⑱] 什么是神所喜悦的?就是由"倘若……"这条件句所带出的情况。

　　"忍受冤屈的苦楚"按原文直译可以作"忍受屈枉受苦的苦楚"。这里的重点是"屈枉"这助动词,[⑲]意即不公平或不应受的对待。与"受苦"这分词一起使用,在〔和〕译作"冤屈"。这里所形容的苦楚,并非只局限于皮肉之痛,而是概括地包括身、心、灵的苦痛。[⑳] 在第一章六节彼得已提醒信徒,他们在地上要经历苦难的忧愁。[㉑] 在他们承受"屈枉受苦"的时候,[㉒]他们要忍受所带来的苦楚。"受苦"是本书重要的主题,分别用在基督的受苦(二 21、23,三 18,四 1〔两次〕)和信徒的受苦(二 19~20,三 14、17,四 15、19,五 10)。"苦楚"是"忍受"的受词,而非受苦。"受苦"这动词在彼得前书出现的其他十一次中,并没有一次是有受词的。况且"忍受"一字在初期教会的文献中,几乎全部都有受词。[㉓] 在原文中,"忍受"这字有别于下文第二十节相同译法的另一字,[㉔]这两字虽然意义相近,但仍有分别。本节的"忍受"是比较被动的,即被放在苦难之下;而另一个字则是比较主动和积极性的,带有以毅力恒忍的意思。[㉕]

　　信徒所以能够忍受这样的苦楚,是因为要"叫良心对得住神"。这

---

⑱　参 BAGD, p. 877[2b];Selwyn, p. 176;Kelly, p. 116;Davids, p. 108;Marshall, p. 89 c. fn.在彼得前书其他地方则理解为神所施予的恩典,如一 10、13,三 7,四 10,五 5、10、12;因此 Goppelt, p. 196 认为这里应同样作神爱的展示,因为苦难是他们得蒙救恩呼召的表达(二 20 下),这样的受苦引致经历恩典;亦参 Price, "Submission-Humility," pp. 68 - 70.但正如前文曾解释,若这段话是受路六 35 耶稣言论所影响,则这里的意思便应与路加福音的相似。

⑲　adikōs 这字在新约中只在此出现。

⑳　lypas 在新约中这名词出现过 16 次,其同字根动词则出现 26 次之多,都不是指肉身所受的苦楚。

㉑　一 6"忧愁"一字为 lypēthentes,与这里"苦楚"一字(lypas)同字根。

㉒　paschōn, temporal participle.

㉓　hypopherei;BAGD, p. 848.这字在新约共出现 3 次,其余 2 次在林前十 13 是没有受词的,而提后三 11 是有受词的。

㉔　hypomeneite,在新约常用此字作"忍耐",有 19 次之多。

㉕　Michaels, p. 140.

词组在解释上甚多困难。原文只有两个字"良心"和"神"。"良心"一字原意为"觉悟""觉醒",先是对自己的,引申为在道德上的觉醒(参来十2:觉得"有罪")。⑯ 当时的希腊语,"良心"一般指人对自己过往行为作出道德评价的人格或思维的部分,良心的作用在于根据自身所订的道德准绳,去断定那些错误的行为是有罪(故良心又作良知),是人的自觉性中之内省机制,其作用基本上是负面的。⑭ 一颗清洁或无亏的良心,表明良心不觉得有自责之处。彼得在第三章十六和廿一节亦用"清洁的良心"(原文应作"美善的良心")说明一个人意识到自己没有犯错。但在这里将"良心"和"神"连在一起,并没有在当时任何文献中出现过。有认为这里的意思是"对神作出有良知的反应"、⑮"向着神的良知"、⑯"神圣的良知"、⑰或"从神而来的良知"以致"神所许可的"⑱等。故良知的特性,就是觉察神和他的命令。⑲ 亦有认为这里应从其原意"觉察"去理解,即对神的觉察、意识到神,⑳引申作"因着对神委身的意识",㉑

---

⑯ BAGD,p.786[1].

⑭ 在新约中,"良心"一字出现过 30 次之多。保罗从来没有将良心与神的要求等同。最低限度在四处地方,他明显地将两者分别出来(罗二 15;林前四 4,八 7,十 29),基督徒与非基督徒均在良心的作用下作决定(罗二 15,九 1;林后一 12,四 2,五 11)。良心就好像一个警号,叫人不作某种行动。因此它的作用基本上是负面的,叫人为所作的事或想作的坏事感觉不安。但这并非绝对的标准,因为人可以有清洁无亏的良心(提前一 5、19,三 9;提后一 3;来十三 18;彼前三 16、21;参来九 14),但人可以丢弃良心(提前一 19),人的良心亦可以是不健康的(提前四 2),因而影响其作用,所以良心并非绝对或无误的标准。保罗在林前四 4 便说他在良心上虽没有感觉不是之处,但亦不可因此而归结自己为无错。人的良心是可以"软弱"的,以至原来在信心上无规限的,对他会产生罪疚,良心便变得过敏;或原来应懊悔的,却因良心丧尽而失去其效用。因此良心充其量只发挥检察的作用。参 Mauer,TDNT,VII:898-919;C. Brown,"Conscience," NIDNTT,1:351-353;Goppelt,p. 196 n.24.

⑮ theou 是 objective genitive;BAGD,p.786[2];Selwyn,pp.176-177.

⑯ Goppelt,pp.179,198.

⑰ Genitive of description.

⑱ Genitive of source;Reicke,p.137.

⑲ David,p.107.

⑳ 如 C. A. Pierce,Conscience in the New Testament(SBT;Chicago:Alec R. Allenson,1955),pp.107-108;Stibbs,p.115;Price,"Submission-Humility," pp.72-73;Kelly,pp.116-117;Grudem,pp.126-127 c. n. 1. Best,p.118 看为是"对神的知识",亦见 Hillyer,p.88.参 RSV,NIV,NRSV.

㉑ Michaels,p.140.

或干脆如萧温译作"为神的缘故"(参〔当〕)，[17]或如〔思〕译作"天主的旨意"(亦参〔现〕)。但困难的是这种从原意去理解有违当时的用法，即一般人不会如此使用这字，另一方面这字在本书的另一次出现(三 21)可以很自然理解作良心，因此这里将之理解为良心较为恰当。"神的良知"可能指这良知是经神所塑造，良心既是人在具体的生活环境中对事情作出评价，彼得在这里所说的良心，是受神所影响的，合乎神心意的良心(参〔新〕)，[18]这合乎神心意的良知是透过基督受苦所塑造的(二 21~25)。[19] 若这人基于[20]神(的心意)所塑造的良心，这良心使他们为着敬畏神的缘故而顺服(参罗十三 5)，不是因为他们没有可选择的余地，而是宁愿在其中忍受着冤屈的苦楚，为要实行神的心意。

　　有信心的家仆对主人的反应，不是建基于家主如何对待他，而是建基于他们与神的关系。一切人伦的责任不只是人文的，因为最终所服侍的是那位创造的主。

　　二 20　"你们若因犯罪受责打，能忍耐，有什么可夸的呢？但你们若因行善受苦，能忍耐，这在神看是可喜爱的"　彼得以第二人称直接地劝告读者。这里使用犯罪而不是用"行恶"(参二 12，三 17，四 15)，可能是因为"行恶"是当时社会上用在犯罪的人身上，在这里是与"行善"成对比。彼得在这里所强调的，不只是在家主眼中犯错，而是指在神面前犯罪(二 22~24)。[20]"受责打"这字在新约曾用在耶稣受审时曾被打(太廿六 67；可十四 65；参林前四 11；林后十二 7)。此处大概不应只局限于受皮肉的鞭打(如〔吕〕："挨拳打")，而泛指受苦(参下

---

[17]　Selwyn，p. 176.

[18]　Marshall，p. 89 fn. 指出在保罗书信中，良知与信心几乎等同(比较林前八 10~12 与罗十四 1)，他同意 Goppelt，p. 198 的看法，这里良心的作用好像信心一样，决定人的行为。

[19]　Selwyn，p. 179.

[20]　*dia* with accusative 说明基础。

[20]　Best，p. 118；亦参 Selwyn，p. 178. Michaels，p. 141 则认为这里使用这字 *hamartanontes* 一方面是因为彼得不愿称信徒为"行恶的"，因为这字只用在那些不信的人身上，另一方面是为以下第 22 至 24 节有关"罪"(hamartia)的讨论作预备。基督到来是要去除罪(参三 18，四 1~2、8)，因此信徒不要犯罪。van Unnik，"A Classical Parallel，" pp. 198 - 202；Davids，p. 108 c. n. 3 则认为这里可译作"犯了错误"而非神学的判断，因为应从家主的角度去理解。

半节)。⑰

"忍耐"⑱这字有别于上文第十九节的"忍受",忍耐不是被动的,而是带有积极的主动性,是需要毅力的。"可夸",指得到美好的声誉,在新约只在此出现。⑲ "有什么可夸的呢?"当然是毫无可夸的。

"行善而受苦"说明了上文"冤屈苦楚"的意思,其重点是在"行善"(二 15);行善的标准,明显不是按照家主的尺度,而是按照神的心意而确定的。⑱ 顺服固然是行善的一种,但顺服的内容是要合乎神的心意,若家主要求于信主的家仆的顺服,是行恶的话,家仆拒绝他的命令,他在神面前便是行善了! 家主的歪曲使他们看不到什么是善行而惩罚其家仆。信主的家仆要有心理准备,可能会因此而受苦。虽然彼得在这里没有明说是哪些事,但十分可能是与信徒的信仰有关,在他们的信仰和家庭中的责任之间所产生的冲突的情况。⑱

新约其他地方亦告诉我们,信徒遭遇不公平对待是不足为奇的(彼前五 9;约十五 18～20,十六 33;徒十四 22;帖前三 3;提后三 12)。面对不公平的对待,人的自然反应是自卫、对抗甚至反击。但因为神的缘故而情愿吃亏,相信神会为他们平反,这种忍耐是不平凡的,因为有违人自然的倾向。

"这在神面前是可喜爱的"基本上重复了第二章十九节上所说的,成首尾呼应,⑱这里多了介词词组"在神面前"。"在神面前"就与第二章四节同样的介词词组的用法一样(参罗二 13),指与神关系的角度去看。⑱ 类似的表达方式亦用在马利亚(路一 30"你在神面前已经蒙恩

---

⑰ K. L. Schmidt, *TDNT*, III:818-812 认为这里为以下二 21～23 基督受鞭打的说法作预备,这是有可能的。

⑱ *hypomeneite*;与下半节同一字一样,均是 future indicative, *ei* with future indicative,表达事实,甚少如此的用法,几乎带有原因的意味,参 MHT, 3:115;BDF § 372[1]. 忍耐在这里与下半节的情况一样,均在现在式分词的行动之后发生。

⑲ BAGD, p.434.

⑱ van Unnik, "Good Works," p.100.

⑱ Ibid. 参 Michaels, p.142.

⑱ 在 19 节上的 *touto* 指跟着的条件句,而这节的 *touto* 则指以上的条件句,形成交叉式的结构。Michaels, p.142.

⑱ Goppelt, p.199.

了")和耶稣的身上(路二 52"并神和人喜爱他的心")。

　　有学者认为,因为末世的临近,以致新约的作者对批评或废除奴隶制度不感兴趣。[⑱] 亦有认为若是鼓吹对抗,只会造成更可怕的后果,奴隶的反抗,亦曾多次的发生过,造成更残酷的虐待,更惨痛的收场。[⑲] 无论如何,彼得在这里所提供的指引,是他们在现实的社会制度之下应如何自处,而没有讨论这制度是否公允,或有否推翻这制度的必要。[⑯] 或许在当时来说,亦不容许他如此公开地表白立场,不然只会使初生的基督教信仰招致更严重的排斥,信徒可能蒙受更多的误解和迫害。但与此同时,彼得亦表明一个可能性,就是信徒纵使行善,仍要受苦害。亦即是说,信徒不能因为要维持和睦而牺牲应有的立场,信徒所作的,最终是要对得住那由神所塑造的良知,要敬畏神,得神的喜悦而非人的喜悦。若然坚持行善对得住神,便要预备受苦。这种不怕行善而受苦的态度,使信徒对身处的环境常抱着负责任,甚而批判的态度。[⑰] 因为要承担从神而来的道德责任,便要有道德的勇气,忍受冤屈的苦难。

　　二 21　"你们蒙召原是为此,因基督也为你们受过苦,给你们留下榜样,叫你们跟随他的脚踪行"　在原文首句以"因为"作为开始,说明另一个家仆要顺服主人的动机。[⑱] "为此"是指为"行善受苦能忍耐",[⑲] 这里并非说信徒蒙召为要受苦,[⑲] 而是在因行善而受苦的情况下,要存

⑱ Beare,p.121.

⑮ 参 K. R. Bradley, *Slavery and Rebellion in the Roman World*, 140 B.C.－70 B.C. (Bloomington: Indiana University Press,1989).

⑯ 有关新约对奴隶制度的态度,特别参 Llewelyn, "Slaves and Master," pp.53－55.关于"家规"对现今的适用性,参 W. Lillie, "The Pauline House-tables." *ExpT* 86(1975), pp.179－183.

⑰ J. Nissen, "The Problem of suffering and Ethics in the New Testament," in *Studia Biblica* 3. ed. E.A. Livingstone (Sheffield: JSOT Press, 1980), p.282.

⑱ T. P. Osborne, "Guide Lines for Christian Suffering: A Source-Critical and Theological Study of 1 Peter 2,21－25," *Bib* 64(1983), p.389.

⑲ *eis touto* 连于上文二十节下的 *touto*,指向之前的条件句:"因行善而受苦能忍耐。"这词组在彼得前书出现过 3 次,其他 2 次在三 9 和四 6,均是指在此之前所述的。Bigg, p.145; Kelly, p.118; Selwyn, p.178; Goppelt, p.201 n.1; Price, "Submission-Humility," p.80; Osborne, "Guide Lines," p.389;亦参 Elliott, "In His Step," p.206 n.29.

⑲ 如 Best, p.119; Watson, "Implications," pp.137－139;邓永照,"从'彼得前书'看教会在苦难中的坚忍与成长",《今日华人教会》11(1990),页 10。

着忍耐。蒙召一方面指他们信主的时候,亦提醒他们作为神子民的身份。神子民是根据父神的心意被拣选的(一 2),神是召他们"出黑暗入奇妙光明"的那位(二 9),信徒蒙召是要:"不以恶报恶,以辱骂还辱骂,倒要祝福"(三 9),神呼召他们,是要叫他们"得享他永远的荣耀"(五10)。神子民蒙拣选,在神面前是尊贵的,正如基督是神所拣选、所宝贵的(二 6～7),但在大部分为不信者的社会来说,他们却认为基督是可弃的(二 7),这亦反映在他们对基督徒的态度上。在这种情势之下,信徒应如何自处? 他们要好像基督一样去面对所受不公平的对待,就是"行善受苦能忍耐"。

　　神子民为何要在这种不公平的对待下忍耐呢? 原因是基督也曾经历这样的痛苦而忍耐。"因基督也……"[190]将神子民现今的经验和行为建基于基督过去的成就之上。这关系是两方面的,一方面是基督"为你们受苦",即基督的救赎;另一方面基督成为榜样,是神子民跟随的对象。这两个主题在第廿一至廿五节中呈交叉式的出现:[191]

　　A　基督是神子民的救赎(21 节中)

　　　B　基督成为榜样(21 节下)

　　　B′　发挥基督为榜样的主题(22～23 节)

　　A′　发挥基督透过他的死成为救赎的主题(24～25 节)

　　基督的受苦成为门徒的榜样,门徒要跟随基督,是福音书中同样可

<hr>

[190]　*hoti kai Christos*;这词组在三 18 再次出现,反映这两段基督论经文均与"行善受苦"有关(参二 20,三 1)。Michaels, p.142. *hoti* 在彼得前书往往用作引入旧约的经文,Dijkman, "OTI," p.266. *kai* 可作 adjunctive use,即"也"(also),在强调位置,以强调基督受苦与信徒受苦相似的地方,D. E. Hiebert, "Following Christ's Example: An Exposition of 1 Peter 2:21-25," *BibSac* 139(1982), p.33;Osborne, "Guide Lines," p.390,但亦可视作 emphatic use 与 *hai gar* 作强调之用相似(参罗八 21;提后一 5),译作"事实上""肯定地",参 Goppelt, p.201 的经文翻译;参 D-M, pp.250-251.但正如 Michaels, p.142 指出,同样的表达方式在三 17 再度出现,均承接上文所说的受苦,因此这里亦是 adjunctive use.

[191]　G. D. Fee, *New Testament Exegesis* (Philadelphia: Westminster, 1983), p.122; Marshall, p.94;参 Michaels, p.143.

见的主题，⑱特别是马可福音（可八 34；参约十三 15）。⑭ 在保罗的著作中，效法基督的榜样与基督受苦被钉有密切的关系（腓二 5～11）。⑮

在彼得前书中没有单独使用"耶稣"这名字，都与"基督"一起使用，"耶稣基督"这名词共出现八次，除了起首的问安语两次使用之外，便与他的复活（一 3，三 21）、再临（一 7、13）及敬拜的对象（二 5，四 11）有关。其他的情况则使用"基督"。⑯

"受苦"一字在此书信中出现十二次（二 19、20、21、23，三 14、17、18，四 1〔两次〕、15、19，五 10），在全部新约中只出现四十二次。名词在此书中则出现四次（一 11，四 13，五 1、9）。在新约中"受苦"一字用在基督身上时，多用作他的受苦以致于死；⑰用在信徒身上时，则指他们因为神子民的身份而受苦。⑱ 在彼得前书，"受苦"这主题是在新约众书卷中最突出的。第一章十一节作者已提及基督的苦难（参五 1），表明基督受苦以致于死，以下第二章廿二至廿四节说明了这点。⑲ 信徒

---

⑱ 如 Robert C. Tannehill, "The Disciples in Mark: the Function of a Narrative Role," in *The Interpretation of Mark*, ed. William Telford (Philadelphia: Fortress, 1985), p. 148 就指出在马可福音中基督 3 次受苦的预言（八 31～33，九 30～32，十 32～34），不只说明他作为受苦仆人弥赛亚的身份，亦要门徒效法他的榜样；但门徒却三番四次地拒绝弥赛亚为受苦仆人。他们不只不理解弥赛亚的身份和角色，亦同时拒绝弥赛亚群体为受苦群体，参 J. B. Tyson, "The Blindness of the Disciples in Mark," in *The Messianic Secret*, ed. Christopher Tuckett (Philadelphia: Fortress, 1983), p. 37；他们否定了仆人弥赛亚，亦同样否定了自己作为仆人的角色。J. D. Kingsbury, *Conflict in Mark: Jesus, Authorities, Disciples* (Minneapolis: Fortress, 1989), pp. 104 - 105.

⑭ 这里"跟随"（*epakoloutheō*）一字虽与马可的不同（*akoloutheō*），但其意义相距不远，参 Elliott, "In His Step," p. 195. Elliott 指出相似的地方还有"榜样"，可用作学生受教于老师之下；门徒是得蒙呼召的，这呼召是与耶稣分担苦难不可分的。他认为它们之间相似，是因为它们同是在罗马写成的，因此反映共通的口头传统、相似的社会状况和罗马信徒群体共同的神学观点，参 ibid., pp. 196 - 197. 亦参 Dijkman, "OTI," p. 266.

⑮ 参 S. E. Fowl, "Imitation of Paul/of Christ," *DPHL*, pp. 428 - 431.

⑯ 参 Michaels, pp. 142 - 143.

⑰ 参路廿四 15，廿四 26、46；徒一 3，三 18，十七 3. 这里彼得追随了福音书传统的用法，有别于保罗的描述："基督为我们〔的罪〕死"（林前十五 3；罗五 6，八 34，十四 9、15）；这亦是为何在二 21 有些抄本异文为"为我们死"而非"为你们受苦"，明显是受保罗所用的信仰宣认方式的影响。

⑱ 参林后一 6；加三 4；腓一 29；帖前二 14；帖后一 5。

⑲ 这里不同音 Osborne, "Guide Lines," p. 391 只将之局限于受苦而不包括受死的看法。

同样面对苦难的命运(五 9),并且是"与基督一同受苦"(四 13)。这字亦用在信徒身上(二 19,三 14、17,四 1、15、19,五 10),说明受苦以致于死的可能。基督的受苦以致于死,是"义的代替⑳不义的"(三 18)。基督的受苦不是为自己,而是"为你们",是要达成神的旨意。"为你们"一语不单将基督的榜样变得亲切有力,⑳更是信徒得以效法基督的基础。

原文"为你们"⑳是在强调位置,说明基督的受苦为神子民带来榜样性的意义。"留下"这分词说明基督为神子民受苦以致于死的结果。⑳ 这字在新约中只在此出现。"留下"表明基督已离开的事实,同时将基督在地上的工作与他离世升天作出界分。基督的升天使信徒明白基督受苦对他们的意义(二 25)。"基督为你们受苦"是初期教会所宣讲福音的内容,⑳亦是信徒生活的基础(三 18～22,四 1)。基督的受苦不只是信徒受苦的榜样,同时亦是追随基督的原因和动力。⑳

"榜样"一字在新约亦只在这里出现,在革利免壹书中则出现过两次。"榜样"所表达的就好像写毛笔字临帖、建筑师所用的图矩或画师的素描,⑳基督的受苦是信徒受苦时能忍耐的楷模。

基督成为榜样的目的,⑳是要神子民"跟随他的脚踪行"。"脚踪"一字可译作"脚步"或"足迹"(〔思〕)。这字在新约另有两个地方出现:新约的信徒是"按着祖宗亚伯拉罕未受割礼而信之踪迹去行的人"(罗四 12);保罗说提多与他行事是"同一脚踪"(林后十二 18)。明显地这里并非教导信徒要重复基督受苦的每一细节,而是与他走同样的方向、有共同的目标、相同的态度。⑳ 注意彼得在此已从对具体家仆的劝勉,转到对所有信徒的身上。

"跟随"一字在福音书中带有"跟随作门徒"的意思,作为追随者不

---

⑳ "为着"与"代替"在原文中同为介词 hyper.

⑳ 如 Hiebert,"1 Peter 2:21-25,"p.33.

⑳ hymin,在其分词句子的开首,有强调的作用(emphatic in position)。

⑳ hypolimpanōn,participle of result,现在式分词,说明结果。

⑳ E. Lohse,Theological Ethics of the New Testament,p.185.

⑳ Nissen,"Suffering and Ethics,"p.281.

⑳ 参 Selwyn,p.179;Goppelt,p.204.

⑳ hina,introducing purpose clause.另一可能是将之看为 epexegetical;Beare,p.122.

⑳ tois chnesin;复数作一连串的脚印。Kelly,p.120;Michaels,p.144.

只是学生求教于某教师，而是投入他们所跟随者的命运。[209] 启示录第十四章四节和这里是新约仅有的两处将"跟随"用在基督复活后神子民身上的经文。

神是圣洁的，神的子民也要圣洁，这是彼得在第一章十五至十六节的劝勉，作为神的子民要与呼召他们的神一样。这里彼得劝勉信徒要像基督，神与基督成为信徒道德生活最终的典范。[210] 此处以基督作为信徒社会行为的典范，在新约中是独特的。

二 22 "他并没有犯罪，口里也没有诡诈" 第二章廿二至廿四节此经段有一些具争论性的形式问题。事实上，不少学者认为这段经文取材自初期教会的诗歌，[211]综合支持这看法的原因如下：[212]

    a. 人称之转变：从第廿一节是第二人称复数转为第廿四节上、中的第一人称复数，在第廿四节下至廿五节则转回第二人称复数；

    b. "他"这关系代名词[213]的使用：这代名词在第廿二节上、廿三节上和廿四节上均出现，在新约的诗歌中，这是常见的（参原文提前三 16；西一 15、18）；

    c. 主题上的转变：从第廿一至廿三节基督忍受痛苦而不反抗的榜样（针对基督徒家仆）转到他为罪受苦（针对整个基督徒群体）。

人称之转变可能是因为作者使用的是一些传统的资料，更可能是因为受所引用以赛亚书的影响（注意以赛亚书第五十三章原本是诗歌体裁的"仆人之歌"）。有关关系代名词，在彼得前书中出现了廿三次之多，表明这是作者所特别喜欢使用的风格，未必是因为诗歌体裁。至于主题上的转变，正如上文曾指出，家仆的经验在不同程度上是当时基督徒生活在社会中的写照，因此由针对家仆转为针对基督徒的群体亦是

---

[209] Goppelt，p. 205.

[210] 参 Green，"OT and Christian Ethics in 1 Peter，" pp. 288 - 289.

[211] 参 Goppelt，pp. 207 - 210；Kelly，p. 120；Price，"Submission-Humility，" pp. 80 - 84；Dalton，p. 906；Hill，"1 Peter 2：5，" pp. 53 - 56；Lohse，"Parenesis & Kerygma，" pp. 57 - 59.

[212] Michaels，p. 136. 认为这里是诗歌体的首先倡议者有 Bultmann，他所提出的论据可参 R. P. Martin，"The Composition of 1 Peter in Recent Study，" *VoxEvl*（1962），pp. 32 - 34；亦参 Goppelt，pp. 207 - 208；Hill，"1 Peter 2：5，" pp. 53 - 56 对这诗歌的重构。

[213] *hos* relative pronoun.

相当自然的。㉔另一方面，在新约所公认的基督论的诗歌和宣认中（提前三 16；腓二 6～11；西一 15～20），从没有引用旧约经文的。所以我们可作结论说，无论是引用初期教会的诗歌或宣认的讲法，都是不必要的。㉕

我们已注意到在第一章十八节的注释中，可能受七十士译本以赛亚书第五十三章三节的影响，在第二章廿二至廿五节就更加明显地与以赛亚书第五十三章有不少平行的地方，以下的图表说明其中的关系：㉖

彼前二		赛五十三	
22 下	口里也没有诡诈	9	口中也没有诡诈
23 中	受害不说威吓的话	7	在受苦的时候却不开口
24 上	亲身担当了我们的罪	4 12	他诚然担当…… 他却担当多人的罪
24 下	因他受的鞭伤，你们便得了医治	5	因他受的鞭伤，我们得医治
25	好像迷路的羊	6	我们都如羊走迷

除了"受害不说威吓的话"在字眼上和以赛亚书第五十三章七节完全不同之外，其余都明显见到七十士译本以赛亚书第五十三章的痕迹。

彼得使用以赛亚书中耶和华的仆人以诠释基督的身份和工作，是最合适不过的，因上文正是说明家仆应如何与家主相处（二 18～20），而且信徒均是神的仆人（二 16）。在使徒行传的记载中，彼得的言论中

㉔ Michaels，pp. 136 - 137；Osborne，"Guide Lines，" pp. 387 - 388；Kelly，pp. 118 - 119；Achtemeier，"Suffering Servant，" p. 178；E. Richard，"The Functional Christology of First Peter，" in *Perspectives on First Peter*，ed. C. H. Talbert（NABPR Special Studies Series No. 9；Macon：Mercer University Press，1986），p. 128.

㉕ Achtemeier，"Suffering Servant，" pp. 178 - 179.

㉖ 参 Schutter，*Hermeneutic*，p. 139.

多次提及耶稣是神的仆人（徒三 13、26，四 27、30）；腓力向太监亦使用以赛亚书第五十三章解释基督的身份和受苦（亦参腓二5～11）。

　　第廿二节的下半节"口里也没有诡诈"与七十士译本以赛亚书第五十三章九节下的"口中也没有诡诈"完全一样，在以赛亚书之前那句是"他并没有行不法"（七十士译本），在意义上和这里"他并没有犯罪"一样。[217] 可能是因为"不法"[218]一字对当时外邦信徒来说意义不大，更重要的是"没有犯罪"更符合这里彼得的目的，一方面是上文第二章二十节劝告信主的家仆不要"犯罪"，倒要行善。而且在第廿四节作者更进一步说明基督来是要处理罪的问题（亦参三 18，四 1、8），但不是他自己的罪，而是"我们的罪"（参诗六十九 9），他在神眼中是无罪的（参林后五 21；来七 26；约八 46；约壹三 5），他是"无瑕疵无玷污的"（一 19）。[219] 这里描述基督无罪之目的，并非阐释他神圣无罪的本质，而是要表明他的受苦是不公平的、是不该受的，这样便与上文信徒的"因行善受苦"平行，使读者明白基督为何是信徒的榜样。

　　在第二章一节那里劝勉信徒要除去一切的诡诈，[220]这里"诡诈"一字同样见于第三章十节彼得在引用诗篇第卅三篇〔卅四〕十三至十七节（特别是十四节）时针对言语的诡诈："嘴唇不说诡诈的话"，诡诈的言语会毁坏人与人之间的关系，同时亦是神所不喜悦的。在沉重的压力之下，人倾向用言语发泄其忿怒，以求一时之快，但神对他子民的要求，是在这种情况下仍不可在言语上放肆。

　　二 23　"他被骂不还口，受害不说威吓的话，只将自己交托那按公义审判人的主"　这节不是直接引自以赛亚书，但其意念是取材自七十士译本以赛亚书第五十三章七节，进一步引申第二章廿二节的"口里没

㉗ "他并没有行不法"：*hoti anomian ouk epoiē sen*；"他并没有犯罪"：*hos hamartian*. Beare，p. 123；Hillyer，p. 90 认为这里的不同不是故意的。但笔者不赞同这看法，参注释。

㉘ *anomia* 一字在新约出现达 15 次，注意在来十 17，作者亦以犯罪来解释不法的含意。

㉙ Kelly，p. 120 认为以赛亚书中用不法是在人面前的不法，这里则是在神面前，因此使用"没有犯罪"。但"不法"不只是在人面前，亦同样是在神面前。Achtemeier，"Suffering Servant，" p. 179 则认为是受教会传统有关基督的无罪所影响。

㉚ Michaels，p. 145 认为彼得可能是在赛第五十三章和诗第卅三篇这两段经文影响下而在二 1 使用"诡诈"一字。

有诡诈"。㉑ "还口"和"说威吓的话"在原文中为同字根的词汇，分别可译为"永不还口"和"永不说威吓的话"。㉒ 彼得在此将注意力放在言语上，可能因为当时的信徒往往受到言语上的侮蔑（二12、15，三9、16，四4、14），容易触发他们在言语上反击。这种反应与当时犹太教的殉道者大为不同，他们会告知行刑的人将会如何落在神的审判之下。㉓ 彼得在这里大概是指耶稣受审至身钉十架时的景况，这是新约使用"受苦"这字在耶稣身上时的意思。在福音书的记载中，耶稣在受审和钉十架时遭到侮辱，他并没有用恶言咒诅那些欺负他的人（可十四61；太廿六63；可十五5；太廿七14；路廿三9；约十九9），㉔不但如此，耶稣亦曾教导说："咒诅你们的要为他祝福，凌辱你们的要为他祷告"（路六28），他身悬十架时仍说："父啊，赦免他们，因为他们所作的，他们不晓得"（路廿三34）。耶稣正是实践他所教导门徒的，不"以眼还眼，以牙还牙"，"不要与恶人作对"（太五38～39；参路六27～28）。正如本书第三章九节彼得所教导的："不以恶报恶，以辱骂还辱骂，倒要祝福，因你们是为此蒙召。"这里并非是说信徒不应为自己辩护，而是不要寻求报复（参罗十二19～21）。彼得作为耶稣受审时的目击证人，耶稣的表现给他留下深刻的印象，另一方面他亦十分熟悉福音书的传统，对耶稣钉十架时的景况非常清楚。第二章廿二至廿三节反映基督的受审，第廿四节则是身钉十架，这次序依循福音书的传统。㉕ 原文此句"只将自己交托那按公义审判人的主"直译为"只交托那按公义审判人的主"。"交托"一字是没有受格的，"自己"是译本加上的，使其意思更清楚（〔和〕〔新〕〔当〕），这是不少学者所接受的，㉖一方面在耶稣临死时，他曾说："我将我的灵魂交在你手里"（路廿三46；约十九30），另一方面"交托"一字在

㉑ 不应如 Michaels, p. 145 认为只是二 22 的注释。

㉒ *anteloidorei*, *hēpeilei*, reiterated imperfect tense：在屡次被攻击下亦如此，Michaels, p. 146。

㉓ 参 Goppelt, p. 211 c. n. 59；Michaels, p. 146；Marshall, p. 93. 参马加比贰书七 17、19、31～38；马加比肆书十 11。

㉔ 犹太史家约瑟夫亦有类似的记载，Josephus, *Ant*, 2. 60："〔他〕沉默地被捆绑和囚禁，对神充满着信心……"

㉕ 参 Achtemeier, "Suffering Servant," p. 180.

㉖ Selwyn, p. 180；Best, p. 121. 或是 Kelly, p. 121 作"his cause"，"他的缘故"。

新约其他地方常用作基督"舍弃"而死(加一 4，二 20；罗四 25，八 32；弗五 2、25；提前二 6；多二 14；参可十 45；太廿 28)。再加上七十士译本以赛亚书第五十三章六和十二节这字亦曾经出现过，但意思却完全不同。但另一可能是这里的受格是"他们"，即由神去审判他们，[227] 正如罗马书第十二章十九节所说的："不要自己伸冤，宁可让步，听凭主怒"，对象是那些被欺凌的人，似乎根据文理，这是较为可能的。或许更适当的看法，是将审断及其最终的结果交托那审判的主，[228] 可如〔吕〕译作："却交托那按公义审判的主。"(参〔现〕)这种交托是不断的(过去未完成式)。彼得在这里已为以下第三章十八至廿二节基督的得胜埋下伏笔。

　　在第一章十七节已清楚说明"那不偏待人，按各人行为审判人的"是神，他是那位"将要审判活人死人的"(四 5；注意那里如一 17 一样，原文是没有"主"一字的)。信徒深信公义在于那审判的主，因此不必为自己寻求报复，他们虽然在世上会蒙受"冤屈的苦楚"，[229] 那公义圣洁的神，必会为受苦的义者辩屈平反，叫公义最后得着高举。基督在苦难中并没有向神提出抗议，反而他明白神自有他的心意，所以坚持忍耐。因此对神子民来说，他们情愿经受不公平的对待，亦要行事公平，而忍受冤屈的苦楚。

　　二 24　"他被挂在木头上，亲身担当了我们的罪，使我们既然在罪上死，就得以在义上活。因他受的鞭伤，你们便得了医治"　基督的受苦不只是榜样，更带有救赎的作用。第廿四节上和下均以关系代名词(relative pronoun；〔和〕："他")作为开始，分别说明了基督作为受苦的仆人代替性的赎罪。

　　首句可直译作"他自己在他肉身之内被挂在木头上，担当了我们的罪"(参〔吕〕〔思〕)。"在他肉身之内"(参西一 22："他藉着基督的**肉身**受死"；罗七 4："**基督的身体**")说明了基督是在其身体上经受痛苦，因为"在他肉身之内"是用作解释强调代名词"自己"(参七十士译本赛五

<hr>

[227] Michaels, p. 147.
[228] Goppelt, p. 212; Osborne, "Guide Lines," pp. 396–397. Dalton, p. 906 则认为这里的受格是含糊的。
[229] "冤屈"一字是 adikōs，这里"公义"一字是 dikaiōs，是反义词。

十三 4、12），⑳因此便带有"亲身"的意思。"自己"和"在肉身之内"均表明他实际上经受肉身上的痛苦，以致于死。

"他……亲身担当"是直接引用七十士译本以赛亚书第五十三章四、十二节。㉑"担当"在这里的意思是"承受结果"（参民十四 33～34；利五 17；结十八 19～20）。㉒这字在旧约七十士译本中常用作献祭，作"献上"（参利十四 20），在新约中亦曾这样使用（二 5；雅二 21；来九 28），因此有不少学者认为这里是指耶稣在十架上献上为祭，好像赎罪祭一样。㉓但在这里似乎并没有这种含意，因为并非是将"我们的罪"献上，㉔这是无论如何也解不通的，这里只是受以赛亚书经文的影响而使用这字。另一可能的翻译是"他将我们的罪背到十架上"（如 RSVmg），但却不符合以赛亚书的用法。"担当我们的罪"就是承担我们罪所带来的惩罚，接受了罪人理应接受的后果，是一次过的（参约一 29；约壹三 5）。"挂在木头上"进一步说明了"担当"的途径。"木头"在当时可用作管束或惩治奴仆、囚犯所用的工具；㉕在七十士译本和犹太的文献中均用作树干、绞刑台。㉖在新约中，已专门地用在耶稣被钉的十架（徒五 30，十 39；加三 13）。这里的介词词组十分可能是受申命记第廿一章廿二至廿三节（"人若犯该死的罪被治死了，你将他挂在木头上，他的尸首不可留在木头上过夜……"）的影响。㉗这种死的方式，被

---

⑳ Michaels，p. 147.

㉑ 这里基本上是将七十士译本赛五十三 4（*hos tas hamartias hēmōn pherei*）和 12 节（*autos hamartias pollōn anēnegken*）融会而成。

㉒ Beare，p. 124.

㉓ 参 Bigg，p. 147；K. Weiss，*TDNT*，IX；61；杨东川，页 190。部分原因亦因为 *epi* c. accusative 带有动向的意味。Beare，p. 124 则认为虽然这里并没有直接带出赎罪祭的观念，但却是整节背后的理念。详细的反驳，可参 Watson，"Implications，" pp. 142 - 144.

㉔ 支持这论点的学者只是将"罪"解为"赎罪祭"，显出其牵强。

㉕ 参 J. Schneider，*TDNT*，V；37.

㉖ BAGD，p. 549［1c］.

㉗ 这里的介词词组是 *epi to xylon*，有别于新约其他 3 处地方，均是用 *epi xylou*（申廿一 23 用了 2 次，1 处则用 *epi tou xylou*）。虽然介词相同，但所用的 case 则有别。有认为这是因为彼得将基督在此的死看作献祭，但参注〔47〕。Michaels，p. 148 则认为这种写法是因为这里已不受申命记那段经文的影响（类似的看法，Grudem，pp. 133 - 134；彼得是（转下页）

当时称为奴隶的死。⑳ 基督被挂在木头上,不是为自己的罪,乃是为那些违反了神律法的人。

基督透过他亲身被钉于十架以承担人的罪,其最终的目的,是要"使我们既然在罪上死,就得以在义上活",这亦是神透过基督所成就的救赎所要达成的目标,使信徒得以追随他的脚踪而活在义中。⑳ 在思想上,这段经文与罗马书第六章十一节("这样,你们向罪也当看自己是死的,向神在基督耶稣里,却当看自己是活的")十分相似(参林后五14~15)。"在……死"⑳原文的意思是"脱离""得解脱",在这里因与"活"成对比,因此作"死",而不应作"与你们的罪断绝"。⑳ 信徒得以在罪上⑳死,是因为基督钉在十架上担当了他们的罪。积极的一面,是为着义而生活。彼得在这里所描绘的,就好像人透过死亡离开了一个世界,却藉着"复活"/"重生"进到另一世界。⑳ 彼得曾提醒信徒:藉着基督的救赎得"脱去你们祖宗所传流虚妄的行为"(一18),并且得以过圣洁的生活(一13~二3)。在第四章一节开始,彼得会继续提醒他们不可随从往日的私欲,可能会为此而行义受苦,但他们仍要一心行善。基督的救赎,不只使信徒可以从罪的刑罚中得到拯救,而且使我们得以脱离罪的辖制。

(接上页)从记忆中引述),并且其重点在于基督在十架上所成就的,就是除掉了罪恶,其他新约经文的重点则是接受这刑罚的咒诅或羞辱。而且在四14,彼得使用同一字词,但并没有"放到"的意思,只是说明地方,Cranfield, p. 86. 因此有可能这里所强调的,是钉在十架上这活动(accusative 带有动态),而不是钉十架这事实,参 Schutter, *Hermeneutic*, p. 142 with n. 152.

⑳ 特别参 M. Hengel, *Crucifixion* (London: SCM, 1977), p. 51 起。

⑳ M. H. Schertz, "Nonretaliation and the Haustafeln in 1 Peter," ed. W. M. Swartley (Louisville: Westminster/John Knox Press, 1994), p. 269 指出这里的 hina- 句子与二 21 的 hina- 句子是彼此对应的,即跟随他的脚踪与在罪上死、在义上活是互相解释的。

⑳ *apogenomenoi*; BAGD, p. 89. 在新约只在此出现。这字是 aorist participle, 可视为发生在主要动词"活"之前,所以〔和〕译作"既然……就得以……"。

⑳ Kelly, p. 123.

⑳ "罪"一字为复数,具体地指众罪行。罪之前的冠词指向上文"我们的罪",Michaels, p. 149. 通常 *apoginomai* 这字是随以 genitive case; 但这里却使用 dative case, *tois hamartias*, Michaels, p. 149 认为是 dative of disadvantage, 另一方面亦平行于下文的 *tē diakaiosynē*. dative of advantage, 但更可能这里是 dative of reference; Selwyn, p. 181.

⑳ Marshall, p. 95; F. Büchsel, *TDNT*, I:686 指出 *apogenomenoi* 与一 23 *anagegennēmenoi* "重生"是平行的,表明基督的死和复活所带来的对这世界两方面的影响。

彼得在这里第二章廿四节下直接引用七十士译本以赛亚书第五十三章五节,且应用在读者身上。[24] "鞭伤"指由鞭打留下的瘀伤,与上文"在肉身之内被挂在木头上"平行,当时死囚被钉十架前,可能会先经历鞭打的惩罚。[25] 同样表达基督的受苦以致于死。[26] 有学者认为"鞭伤"可能是要提醒读者家仆所受的虐待,[27]但作者既是引用旧约,因此这种说法是不肯定的。[28] 事实上,是基督纡尊降贵至奴仆的地位,忍受奴仆所受的苦痛(腓二 7～8)。彼得在这里将原来以赛亚书的"我们得医治"修改为"你们得医治",其用意是要连接第二章廿一节开始时他说:"你们为此蒙召"。[29] 马太福音第八章十七节同样引用以赛亚书的话应用在耶稣行医治的神迹。这里"医治"是与上文的"担当"平行,不只使那些在苦难中的人得着安慰,他的受伤反成为他人得福的途径,[50]能得着完整的生命。下一节说明这完整生命的意义。

二 25　"你们从前好像迷路的羊,如今却归到你们灵魂的牧人监督了"　根治认为这里彼得可能是熟悉约翰福音的传统。[51] 彼士特不赞成彼得在这里是受约翰福音第廿一章的影响。[52] 但却正确地指出,虽然有关牧人及羊群的图像是十分普遍的,但这里与约翰福音第十章十一、十四节所描述的牧人为羊群舍命,则只有在这两处地方一并出现。[53]

在原文此句是以"因为"作为开始,说明这句是解释第廿四节下。[54]

---

[24] 七十士译本赛五十三 5: *tō mōlōpoi autou hēmeis iathēmen*,在此彼得作了几方面的修改。首先他将原来的代名词 *autou* 改为关系代名词 *hou*,并将原来的第一人称改为第二人称。

[25] Hengel, *Crucifixion*, pp.31–32.

[26] 不应如 Goppelt, p.214 认为是与"担当"平行。

[27] Selwyn, p.181; Beare, p.124; Kelly, p.122; Best, p.123.

[28] Goppelt, p.214; Michaels, p.150.

[29] 注意两者均为过去不定语态第二人称动词。

[50] *tō mōlōpi* instrumental dative,参 Moule, *Idiom*, p.44.

[51] Gundry, "'Verba Christi'," p.341;亦参 M. C. Tenny, "Some Possible Parallels between 1 Peter and John," in *New Dimensions in New Testament Study*, ed. R. N. Longenecker and M. C. Tenny (Grand Rapids: Zondervan, 1974), p.374. Hillyer, pp.87, 91 则认为彼得这里是受约廿一 15～17 所影响。

[52] Best, "Gospel Tradition," p.97.

[53] Gundry, "Further Verba," pp.216–217.

[54] Osborne, "Guide Lines," p.401.

"你们如同迷路的羊"较宜译作"你们如羊走迷了路"（如〔吕〕）。这词组是引自以赛亚书第五十三章六节，上句则是引自第五节下，彼得在此承接了上文的引用。他将原来第一人称的话转为第二人称，正如上句一样，应用在读者身上。⑤ 此句在原文中是有"因为"一字的，将"如同……羊"这明喻与上文医治的隐喻连上，使第廿五节整节解释何谓得医治。⑥ 事实上，在新约传统中，因受以赛亚书第六章十节（"……回转过来，就得医治"）影响，所以"得医治"和"回转"（〔和〕："归到"）这两动词已连贯起来使用（可四 12；太十三 15；约十二 38～40；徒廿八 27）。⑤

在旧约中，以色列民屡屡被形容为分散或无牧人的羊（民廿七 17；王上廿二 17；诗一一九 176；耶一 6，五十 6；结卅四 5～6）。在这里，"你们……走迷了路"说明了他们在未成为神子民之前，即不在基督这位牧人管理之下的生活状况，不断地行在错误中，正如昔日以色列人远离耶和华时的境况，成为"以色列家迷失的羊"（如结卅四 5～6；参路十五 2～7；太十八 12～14；并太九 36，十 6，十五 24，廿五 32；路十九 10）。这里"迷失"一字带有道德的意味，⑱ 指出他们曾生活在"蒙昧无知时候，那放纵私欲的样子"（一 14；参多三 3；来三 10，五 2；雅五 19；彼后二 15）。

"却"可译作"但"（〔新〕），"但如今……"强烈地对比他们的过去与现今的景况（参二 10）。⑲ "归到"对应于上节的"得医治"，亦是他们"得赎"（一 18）、"蒙了重生"（一 23、3）、"蒙召"（二 9、21，三 9，五 10）的时

---

⑤ 七十士译本赛五十三 6：*pantes hōs probata eplanēthēmen*，在这里则为 *pantes . . . hōs probata planōmenoi*. 他用第二人称复数 periphrastic imperfect participle with *ēte* 取代原来的第一人称复数过去不定式。这里的分词应是被动语，而非如 Robertson, *Word Pictures*（BWORKS），*ad. loc*. 认为是关身语。这种 periphrastic 的结构将重点放在动词上，参 Porter, *Idioms*, p.46.

⑥ Michaels, p.150；also Hiebert, "1 Peter 2：21 - 25," p.42.

⑤ Goppelt, p.215.

⑱ Osborne, "Guide Lines," p.406.

⑲ "如今"（*nyn*）一字多次在此书卷中出现（一 6、8、12，二 10、25，三 21），从整卷书的末世论去看，大概不应只局限于个人得救的时刻或受洗的时候，亦应指新的救恩时代，E. G. Selwyn, "Eschatology in 1 Peter," in *The Background of the New Testament and its Eschatology*, ed. W. D. Davis & D. Daube（Cambridge：Cambridge University Press, 1960），p.394.

候,即他们藉着响应福音的宣讲而得救。㉕ 这字在新约中常用作从罪
中转回(徒三 19,十一 21,十四 15;帖前一 9)。转离罪恶的另一面是归
向基督,以他作为牧人和监督。

在旧约中,耶和华被形容为以色列民的牧者,走在羊群的前面,引
导及保护他们(创四十八 15;诗廿三 1～4,六十八 7;耶五十 19;赛四十
11 等)。在以色列被掳后,耶和华要再次成为他们的牧者,召聚他们、
看守他们(耶廿三 3,卅一 10),使他们得到饱足(耶五十 19)。他们仰
望那日,就是耶和华亲自作他们的牧人(结卅四 11～19;参赛四十 11,
四十九 9～10)。另一方面,旧约亦形容以色列的领袖为"牧人"(撒下
七 7;代上十七 6;耶二 8;结卅四 2～10;亚十一 16～17 等)。耶和华则
应许立善牧在他们中间(耶三 15,廿三 4;参结卅四 23～24),使以色列
和犹大家归一个牧人,他要在他们中间作他们的王(结卅七 15～25)。
这牧人——王者——成为以色列人有关弥赛亚的盼望。在撒迦利亚
书,描述神将立一牧人("我的牧人",亚十三 7),他的被刺将带来新的
救赎(亚十三 1～9)。因此单从这节经文来看,这里若是指神亦是适合
的,㉖从旧约的背景来看,不肯定这是完全指基督而非指神。㉗ 但此卷
书的第五章四节称基督为"牧长"的显现(亦参一 20)及新约将这意象
用在耶稣身上,均支持这里是指基督。

在福音书中,耶稣常用神的羊群这象征,代表追随他的门徒是末世
神的子民(参可十四 27～28;太十 16;路十二 32;约十 1～29)。约翰福
音第十章四节耶稣称自己为好牧人,并且为羊舍命,信他的人要听从他
(约十 27)。"好牧人"来是要领那些"不是这圈里的"羊归于他(约十
16),并且他的死,是"要将神四散的子民,都聚集归一"(约十一 52)。
与彼得前书这段经文一样,以上的两段经文说明了要成为这群末世得
救群体的成员的唯一途径,是透过基督这牧人舍命的救赎。㉘ 在福音
书和彼得前书之外,只有在希伯来书第十三章二十节和启示录第七章

㉕ 注意在原文这些动词全是被动语,这种写法(divine passive)表明了救赎的主动在于神。
㉖ 如 Osborne, "Guide Lines," pp. 403 - 405;Barclay, pp. 216 - 217. 但大部分学者都认为
这里是指基督。
㉗ Beare, p. 125.
㉘ J. Jeremias, *TDNT*, VI:501 - 502.

十七节基督被称为牧人。基督作为牧人不只牧养群羊,同时亦管治属他的羊。

"灵魂"在彼得前书中用作指"生命"(一 9、22〔"心",参该处注释〕,三 20,四 19;参二 11)。从文法的角度来看,可单连于监督或连于牧者和监督。"监督"可看为"守望者""看管者"或"保卫者"。[264] 在七十士译本中,这字可用在神身上(七十士译本伯二十 29 下:"是监督者为他所定的产业"),若在多神的信仰中,不同的神明看守不同的人或物,以色列的神就是那位看管所有事物的神,他是那位能透视和鉴察人心的神(所罗门智慧书一 6)。这字亦同时可用在不同范畴的督导或监管者。[265] 这名词后来发展为教会中领袖的称谓(提前三 2;多一 7;华人教会中称"主教"〔bishop〕的职事就是从这里发展出来的)。保罗在早期的书卷中甚少使用这字(腓一 1),在使徒行传第二十章廿八节保罗吩咐那些作"监督"的,要牧养神的群羊。"牧养"一字是"牧人"这字同字根的动词。在此我们已可见监督和牧养两者的密切关系。

基督是神子民的"牧人和监督"(参〔思〕)。作为牧人的基督守望其羊群,守卫他们免受伤害,看守他们免再走迷,[266]并且使他们有力量面对苦难的挑战。[267] 牧人的其中一种任务是看管/监督羊群。这里基督不只被看为是牧人,并且是监督。因为他是那位最清楚信徒生命的主。

彼得教导作长老的要"照管"群羊(五 2),"照管"一字与"监督"是同字根的动词。表明基督作为"牧长"(五 4),在他的神的子民群体中设立长老,承担起牧养的工作,他是作为长老的最佳榜样(参该处注释)。

耶稣在地上时,曾教导门徒有关苦难三方面的事实:(1)他自己必须要受苦(路廿四 25~27、44~47),他是那受苦的仆人;(2)他的受苦是为着其他人,为他人赎罪(太廿 28,廿六 28);(3)凡跟随他的,都要预

---

[264] H. W. Beyer,*TDNT*,II:608–609.

[265] Ibid.,pp. 614–615.

[266] Beare,p. 125.

[267] 因此这里并没有如 J. T. Sanders,*Ethics in the New Testament*(London:SCM,1975),p. 33 所认为的彼得摒弃了保罗因信得救的教义。效法基督、建基于基督所成就的救恩,并且他作为信徒的牧人和监督,使他们得以效法基督。

备承受苦难(可八 34,十 38～39)。这三方面同样可以见于彼得前书第
二章廿一至廿五节。[268] 彼得在这里特别强调受苦者必须清楚自己不是
因犯罪而受罚,正如基督并没有犯罪(二 22),这在第四章十五节再一
次清楚地说明:"你们中间却不可有人因为杀人、偷窃、作恶、好管闲事
而受苦。"在受苦之时,他们不要存报复的心理,以致在言语上咒诅或以
侮辱还击。费尔逊(Filson)指出憎恨和报复所带来的两方面后果:[269]
(1)只会使那些作恶的人越发排斥,而不会帮助他们明白基督的精
神;(2)充满憎恨和报复心理,会对信徒的生命带来蠹蚀性的致命影
响。他们必须信赖那公义的神,等候他的平反辩屈。基督的死不只
拯救他们脱离罪恶,并且基督的死而复活显出公义终会彰显,基督最
终的得胜保证信徒会在公义的审判之下,并且基督作为他们的拯救
者,会保守看顾他们到底。基督是神子民的牧人和监督,他会保护
他们。

(iv) 夫妻间彼此的顺服(三 1～7)

1 你们作妻子的要顺服自己的丈夫。这样,若有不信从道理的丈夫,
他们虽然不听道,也可以因妻子的品行被感化过来,

2 这正是因看见你们有贞洁的品行和敬畏的心。

3 你们不要以外面的辫头发、戴金饰、穿美衣为妆饰,

4 只要以里面存着长久温柔、安静的心为妆饰;这在神面前是极宝
贵的。

5 因为古时仰赖神的圣洁妇人正是以此为妆饰,顺服自己的丈夫,

6 就如撒拉听从亚伯拉罕,称他为主。你们若行善,不因恐吓而害怕,
便是撒拉的女儿了。

7 你们作丈夫的,也要按情理和妻子同住,因她比你软弱,与你一同承
受生命之恩的,所以要敬重她,这样,便叫你们的祷告没有阻碍。

---

[268] 参 Stibbs, pp. 116 – 117.

[269] F. V. Filson, "Partakers with Christ," *Int* 9(1955), p. 406.

由第二章十三节开始，信徒"家庭的规章"到了这里，可说是最后的一组，是有关夫妻关系的。在此我们要注意：

a. 相似的描述亦出现于歌罗西书第三章十八至十九节及以弗所书第五章廿二至卅三节，[220]由此可见，它们可能都取材于一些已流传于当时的资料。

b. 在彼得前书的"家庭的规章"中，此段内容是唯一一处谈及夫妻双方的，即先谈及妻子，后论及丈夫。[221]

c. 此段在思路上亦可分为四部分：要顺服的命令（1～2 节）；讨神喜悦的指示（3～4 节）；历史的先例（5～6 节）；把对丈夫的训示作为全段的结论（7 节）。此四部分的部署，显出了作者写作的特色，例如作者强调信徒要顺服君王（二 13），仆人要顺服主人（二 18），此处则是妻子要顺服丈夫。再者，这些顺服的态度，是与行善讨主喜悦无异的（二 15、20，三 6）。作者更引用古时的例子作为顺服的借鉴，如此处引用撒拉之于亚伯拉罕（三 6），一如他于第二章廿一至廿五节处引用基督在世受苦为喻。

d. 此处没有提及儿女，因为这并非彼得所关注的。此处的重点是当配偶未信主时，信主的一方应如何面对之。这一点，反映在受书人中，有不少信主的妇女，其丈夫是未信主的，甚至有刻意拒绝福音者。[222]

三 1 上 "你们作妻子的要顺服自己的丈夫" 此句之前有"同样"（likewise）一字，[223]其意思是回指上文的主题："顺服"，一如信徒要顺服君王，仆人要顺服主人，如今，作妻子的亦然。[224] "你们作妻子的"在原

㉒⓪ 多二 4、5；提前二 8～15 看似言及夫妻的关系，其实是对在聚会中的男女作出指示，详参张永信：《教牧书信注释》有关的诠释；又革利免壹书一 3 及坡旅甲之腓立比书四 2 亦有相同性质的描述。

㉒① 虽然论及妻子的有六节，而丈夫的只有一节，此点反映前者为作者所关注，亦出现使人关注的问题；Michaels，p. 155 认为这是因为作者一向是注重"顺服"此题旨，才会在此大做文章；然此见解实有不足之处，促使作者注意的，主要不是顺服的问题，而是这群信主的妇人所遇见的与未信主的丈夫相处的问题，这一个问题，以不同的背景，同样困扰着哥林多教会的妇女，参林前七 8～19 及张永信《哥林多前书注释》（香港：宣道，1995）有关的诠释。

㉒② 甚至有毁谤信仰者在其中，参三 16。

㉒③ homoiōs，或作"照样"，乃副词，在此处可说是 connecting adverb；EDNT，2：513–514.

㉒④ Miller，p. 235；Selwyn，p. 182 认为此字与第 7 节的相同的字，可能是在被引用过的版本内，然而，我们不能接受彼得是不假思索地抄袭原版本。

文只有"妻子们"的一字，㉕并且是没有冠词的，强调作妻子者应有的本质；㉖作者是对一群已婚的妇女说话。"要顺服"此字已在第二章十八节出现，用法参其注释。㉗ 由第二章十三节开始，作者很注重作信徒者，要抱顺服的态度，去投入现存的各种制度中，如今对于婚姻制度，信徒亦要积极参与之。

"自己的丈夫"之"自己"，强调了每一位妻子所要顺服的对象，并不是一个陌生的男性，乃是至亲密的，与自己有婚约关系的性伴侣——丈夫。由此可见，作者所论，并非一般男女的关系，乃婚姻中的情况。在此，主张婚姻中男女是平等论（egalitarian）者，认为彼得所言，乃反映当时的社会对婚姻中丈夫与妻子双方角色及功能的了解，无疑是文化因素所造成的。㉘ 因此，今天的文化趋向男女平等，故男女双方都应该彼此顺服（参弗五 21）。然而，这是一个危险的主张，因为婚姻的制度与当时主仆的制度之不同点，便是婚姻并非可以随从人的文化而履行或消除，一如父母和子女的关系，亦非文化的产物，子女要顺服父母，亦不是可以随文化的异同而删改。

传统的说法则以之为神在创世时所设立的，便是妻子要服膺丈夫（创三 15～16），一如萧温所言，在实际的情形中，每个家庭都需要有一领导者，而在这紧密的夫妻关系中，丈夫便是那领导的角色。㉙ 诚然，基督教的信仰带来灵里的自由，信徒在圣灵的引导下，可以享受更多真理中的自由，其中尤以在集体敬拜之中。这一点，很容易给信徒假象，以为此自由可以使他们不理会社会的诉求和传统的关系，以致混乱了

㉕ gynaikes，此字其实亦可作"女子们"，但此处的文意，明显是指妻子。

㉖ 即强调妻子的本质（quality），Lenski，pp. 127 - 128.

㉗ 又第 6、7 及 9 节亦然，乃分词作命令语用，又参 Stanley E. Porter，*Idioms of the Greek New Testament*（Sheffield：JSOT，1922），pp. 185 - 186；分词作命令语用法其原则有三，参 Lauri Thuren，*The Rhetorical Strategy of 1 Peter*（Abo：Abo Academy Press，1990），pp. 5 - 6.

㉘ 如 Goppelt，p. 218；Perkins，p. 57.

㉙ Selwyn，pp. 182 - 183；当然，在社会和教会内，则男女可以在角色和功能上都走向平等的进步。新约的教导，更强调了不论性别、种族、文化、社会地位，信徒皆在基督里同归于一（加三 27～29），并且凭圣灵所赐的恩赐领导和事奉；Marshall，pp. 100 - 102 则认为妻子顺服丈夫是一个在基督化的婚姻中可被超越的（transcended），因为基督徒只要奉行天国道德的律，便能在此原则之上而活；此番言论，可说是一个介乎传统说法和平等论的主张。

夫妻之间应有的相处之道。故新约的作者如保罗和彼得，都言词凿凿地对这方面作出教导。

在此，我们要注意，当时的女性在家庭中的地位是低微的，而妻子亦只是丈夫产业的一部分，故妻子的自主权几乎等于零，例如妻子的信仰，是要跟随丈夫的。[280] 如今，妻子已皈依基督教，此举可能被视为不顺服丈夫的行径，[281]正因此故，作者要求信主的妻子在行为上尽量顺服丈夫，以免进一步为丈夫，甚至外间人士所误会。[282]

三 1 中　"这样，若有不信从道理的丈夫"　"这样"应作"以致"，[283]指出了上文要求妻子顺服的目的，此目的有着一个布道的实效；"若有……"此乃一假设性句子，虽然顾登认为此假设显出作者并不期望这是受书人的实况，[284]但因在原文的结构上，乃属第一级的条件句子，[285]故大有可能是所假设的一件事实。"道理"因有一冠词，故是指神的道，故〔和〕作"道理"。"不信从"[286]是指不单只是不信主，有拒绝听从神的道之意思。总之，不信的丈夫并非未曾听过福音，他们已接触过基督教，不论是藉着妻子的传道，或是教会的福音工作，但他们却表示拒绝。[287]

三 1 下　"他们虽然不听道，也可以因妻子的品行被感化过来"　"他们虽然不听道"在原文是"没有说话"，[288]有学者以为"说话"的意思，

---

[280] 参 Plutarch, *Praecepta Conjugalia*, p. 19；虽然 Perkins 认为这不是一定的情况, pp. 56 - 57；反过来说，如果丈夫信了主，则妻子自然要进入教堂了，Hillyer, p. 92；因此，作者没有提及信主的丈夫如何与未信的妻子相处之问题。

[281] Tertullian, *Ad Uxorem*, p. 2. 4f 亦有论及同样的问题，可见此问题一直都困扰着初期及早期教会；Miller, p. 236 则以为这群妇女可能因加三 28 所提倡的，在基督里男女都同归于一，不再有等级之分，故会有不顺服丈夫的行动，彼得因而作出纠正。虽然这情况可能存在，但全书并没有这方面的显示，故有点言过其实。

[282] 当然，作者并非要求妻子任由丈夫虐待，或无理的要求，参第 7 节；此处是针对在家中如何为主作见证，以使不信主的丈夫信主，解决这群信主的妇女的问题。

[283] *hina*，引出跟着的 purpose clause，强调了目的。

[284] Grudem, p. 137.

[285] Robertson, VI：108.

[286] *opeitheō*, *EDNT*, 1：118 - 119；此字出现于二 8，参其注释；又因其为现在时态，故可能是指其持续性地不信从，Grudem, p. 137.

[287] Balch, *Domestic Code*, p. 99 更认为他们是有分于毁谤信徒者。

[288] *aneu logou*.

与上一句的"道理"一样,故是指神的道,[289]此亦是〔和〕的取向。但若是如此,即作者的意思,便是即使没有神的道理,他亦会被感化过来,但这是不合理的说法,因为早于第一章廿三节,作者就已说明人的重生是因着神的道。又基于此字并没有冠词,故更有可能是指人的话,故〔新〕为"不是因着你们的言语,而是因着你们的生活……",又〔吕〕之"也可以藉着妻子的品行,无言无语地被赢过来",[290]意即尽管妻子不再说话,[291]丈夫亦因着妻子的行为,被感化过来。[292]

"品行"此字早于第一章十五节及第二章十二节出现过,详见其批注,意指生活上的每一方面。"被感化过来",在原文此字乃被动语,有被赢过来及被胜过的意思;[293]在新约中,此字常被用作使人得救,得着救恩之意;[294]为未来时态,强调了一个将来可能发生的事实。[295] 不信的丈夫,因妻子在生活上各方面的好行为,改变了他们起初对基督教那种负面的认知,从而打开心扉,接受基督教的信仰。

三 2　"这正是因看见你们……"　此词组是由一过去分词"看见"开始,主要形容上一节的动词"被感化过来",[296]又因其是过去时态,故可能作者是要表示,看见妻子有良好的品行在先,丈夫被赢过来信主在后,这样的结构,要为丈夫被感化过来作一个解释,[297]故〔和〕有此译法:"这正因为看见……";"你们"放在此节之末,是形容"品行",一方面有强调的作用,另一方面是要引出下一节,成为了下一节谈论的主语(subject)。彼得再一次表示,信主的妻子之个人品行,是决定其不信的丈夫能否被赢取过来的要素。

---

[289]　如 Knopf,p. 122 引自 Goppelt,p. 219.

[290]　故 Blum,p. 236;Goppelt,p. 219;Hiebert,p. 184;Kistemaker,p. 118;Lenski,p. 128.

[291]　妻子可能想藉着反驳等方法,使丈夫信服,故作者有此言,以致妻子不会用这个不奏效的方法,参二 23;Bigg,p. 151;Senior,p. 55.

[292]　提前二 11 亦有提及女性要沉静,但却不是在婚姻的处境中。

[293]　kerdainō,H. Schlier,TDNT,III:672 - 673;EDNT,2:283 - 284;参〔吕〕。

[294]　可说是拯救的同义词,参林前九 19～22;此用法可能发展自犹太人的用法,详参 D. Daube,"kerdainō as a Missionary Term," HTR 40(1947),pp. 109 - 120.

[295]　hina 之后用 future indicative 的动词,此用法参可十五 20;路二十 10;林前十三 3;加二 4;启三 9;Bigg,p. 151.

[296]　epopteusantes,是 adverbial participle.

[297]　故显出了在时间上的先后次序,Michaels,p. 158.

"有贞洁的品行和敬畏的心" "敬畏"常指人对神应有的态度,在此处亦然,而不应是用作指妻子对丈夫的态度;[298]此词组直译为"在敬畏中贞洁的品行"〔吕〕,故"在敬畏中"是形容"品行"的,[299]意即"贞洁的品行"之基础,是在其敬畏神的态度中产生。[300] 换而言之,因着妻子对神的敬畏,催生了对丈夫的那份"贞洁的品行"。[301] 由此可见,对丈夫的贞洁,不是规限于某文化或社会传统,乃是基于信主的妻子真心对主而产生应有的立场;[302]"贞洁"常出现于新约,是信徒应有的美德之一,[303]故在此处不单只强调作为妻子在婚姻的操守上要贞洁,还指着她们作为信主的儿女那份应有的德行。

总之,婚姻的制度,有助于神的道被广传的,即使是信主的妻子,亦可在家中进行传道的工作。但当人的话语用尽,都不能叫对方悔改时,好的行为,便是一个更有力的方法,这是整体新约的教导。观此,我们可以说,丈夫不是藉听见而信,乃是因看见而信。[304] 如此,妻子便活出了神的道。[305]

三 3 "你们不要以外面的辫头发、戴金饰、穿美衣为妆饰" 在当时,甚至直到今天,女性在公众场合中,常以外面的打扮作为身份的象征,藉此提高个人的身价和社会的地位,同时亦收吸引别人注意之效。[306] 基于此故,当时已有不少贤人哲士提出,女性在衣装上要简朴,反而,在品德上要贤良淑德,才堪称得上高贵的淑女。[307] 由于女性盛装

---

[298] *phobos*,参一 17,二 17~18;虽然五 33 说:"……妻子也当敬重(畏)他的丈夫"。

[299] *en phobō*,此结构主要是将 *phobos* 变成了形容词来用,因 *phobos* 此字是没有适当的形容词的。

[300] 故〔思〕作"怀有敬畏的贞洁品行"。

[301] 一如 Reicke, p. 101 所言,敬畏与贞洁,代表了其本人对基督及丈夫所要负的责任。

[302] David, p. 117;这一点,亦间接支持此处所教导的,关于夫妻之道,是超越文化和地域的。

[303] *hagnos*,如腓四 8;提前五 22;雅三 17;约壹三 3;参 Hauck, "hagnos," *TDNT*, I:122;此字在旧约,常指礼仪上的洁净,新约侧重了其道德上的纯净贞诚。

[304] 一如杨东川所言:"此时无声胜有声",杨东川,页 193。

[305] 典型的案例是奥古斯丁的母亲 Monnica,如何藉着其敬虔,至终感化了其丈夫信主,参 St. Augustine, *Conf*. 9.19 - 22.

[306] 参 Kelly, p. 129, Bigg, p. 152.

[307] 其中如 Plintys, *Concerning the Temperance of a Woman*;Perictione, *On the Harmony of a Woman*;Plutarch, *Mor*. 141E;参 Michaels, p. 159.

打扮风行于当时,以致教会内亦出现此种问题,引起早期教父亦有这方面的教导。⑱ 新约的作者,⑲包括彼得,同样作出了这方面的训令。

作者指出了女性外表三方面的妆饰,显出此乃当时女性所注重的;此三项是对称地排列的:⑩

"辫头发":或作"卷头发"〔新〕。⑪ 是一种特别的发型(参〔思〕),亦是一项为希腊和罗马妇女所崇尚的艺术。

"戴金饰"⑫:金饰主要是戴在头上,穿在颈项上、手指上、手臂上、脚上,挂在颈项上、耳朵上等。⑬ 能够穿金戴银肯定是有钱人家才能做得到的,贵重的首饰无疑能尽显富豪的气派。

"穿美衣"⑭:直译应作"穿在身上的衣服",意即注意所穿上的,引申在衣着上极为讲究,又或者是如希拔(Hiebert)所认为的,常常更换衣服,务求多姿多采地表现自己。⑮ 古语云:"云想衣裳花想容",对女性来说,身穿美丽的衣服的确是赏心乐事,然而,此若成为所追求的对象,或成为自己价值之所恃,便不合信仰的原则了。在文法上,此项与上一项在连接词上,是用"或者",而非上两项之间所采用的"和",⑯此不同可能反映出作者认为"辫头发"与"戴金饰"是同属一个类别的。米高斯主张,此两项均属于本身已极为奢侈的,反而,穿衣服是人之必须,⑰无论如何,此三项代表了当时妇女所崇尚的外表的妆扮。

在此,我们颇难决定,是否受书人中多是上流社会或是有钱的妇女,以致这种风气流行于她们中间,触发彼得有此指正,⑱不过,在文意

⑱ 其中如 Clement of Alexandria, *Paedagogus* 3.66.3;Tertullian, *De Oratione*, p.20;Cyprian, *De Habitu Virginum*, p.8;旧约圣经则有赛三 18～24 一段极为讽刺的话,是有关于女性的华贵打扮的。

⑲ 如保罗于提前二 9～10 的教诲。

⑩ 其结构,是先有一 genitive singular 加上一 genitive plural 而成。

⑪ *emplokē trichōn*,黄锡木,页 594。

⑫ *peritheseōs chrysiōn*。

⑬ 参 Bigg, p.152;Hiebert, p.187。

⑭ *endyseōs himatiōn*。

⑮ Hiebert, p.187。

⑯ 前者为 *kai*,后者为 *ē*。

⑰ Michaels, p.160。

⑱ 以为是的有 Beare, p.155;Kelly, p.129f。

上，作者并不侧重于禁止多作外表的妆饰，反而要藉此引出内在品德的重要，这亦是第四至第六节的中心思想。由此可见，单凭此一节，便以为受书人中有不少有钱的妇女，可能是一项妄断。[319]

"妆饰"此字文意为"世界"，或作"世俗"。骤一看，彼得是指以上三项打扮是属世的、邪恶的。然而，一如米高斯所指出，此字在此间有特别的用意，是指人外表的打扮。[320]

三4上 "只要以里面存着长久温柔、安静的心为妆饰" 上一节的"外面……的妆饰"，是与此一节的"里面……为妆饰"成了对比，而"里面"在原文直译为"心内隐藏的人"；[321]这种对比，显出了此段的中心，不是外在的妆饰，乃是"心内隐藏的人"。"心"是人思想和情感的所在，[322]故是用作代表了人真正的自己，真正的性格，[323]是信徒对主尊敬和效忠的地方（三 15）。在文法上，"心内"界定了"隐藏的人"，[324]故"隐藏的人"是指人的内心，其思想和道德观。在此，保罗常用"内里的人"，[325]以带出与人的肉身成对比的人内在的一面。彼得却用"隐藏的人"，可见彼得并不靠赖保罗的词汇写作。他可能取材自主耶稣所论及的，奉献和祷告都要在暗中，即隐藏的地方进行（六 4、6）。[326]再者，当耶稣与法利赛人讨论礼仪上的洁净时，耶稣坚称，真正的污秽，并不是外在的因素，乃由心中发出来的恶言和歪行（太十五 16～20；可七 1～23），以上都可能是作者有如此措辞的灵感。无论如何，信主的妇女，不应追求外表的东西为妆饰，而忽略了人内在的素质为妆饰。

这些美好的素质，被描绘为"存着长久温柔安静的心"，此句更好应

---

[319] 这亦是 Goppelt，p. 221 的观点。

[320] *hosmos*，Michaels，p. 159；英文的 cosmetics 即化妆品，便是本于此字；其实，此字有此用法在新约只出现于此处，但其 *kosmeō*，*kosmios* 则常有出现于新约，亦有此意思，*TLNT*，II：330－350；又 Sasse，"*kosmos*," *TDNT*，III：883.

[321] 这是一句颇难译的句子，皆因原文的措辞不寻常，参〔吕〕的译法。

[322] 是人的善与恶、思想和行为的中心，参太十二 34～36，十五 18～19。

[323] Lenski，p. 131.

[324] *tēs kardias*，genitive of definition.

[325] *esō anthrōpos*，如罗七 22；林后四 16；西三 9；弗三 16。

[326] Balch 认为作者有意要藉"隐藏"去暗示有一天，隐藏的将会被显露出来，参太十 26，但这主张似乎是超过作者所想要带出的意思；参 Michaels，p. 161.

译作"以不朽坏的质素,及温柔和安静的心灵为妆饰";"不朽坏的",早在第一章四、十八及廿三节出现过,此处本身为形容词,但可以作名词用,即"不朽"。[27] 如果维持其为形容词的用法,则要为之提供一个名词,又因其为中性(neuter),故"不朽坏的"可以是指一种质素(参以上的译法),[28]此质素被界定为"温柔和安静的心灵"。[29] 早在第一章七和十八节,彼得已指出金子和银子均为会朽坏的东西,但此处所言及的,乃长存到永远的事物。"温柔"又可作"柔和""谦逊",[30]希腊文常以此字形容女性,对比粗鲁和坏脾气,故有友善之意,新约的用法强调了信主的儿女们应有的品格(太五 5),便是一种不坚持自己的权益,而在面对苦难或不公平的事时,因着对神有信心及对人有爱心,而仍然忍耐,内心不苦毒,外表不以恶报恶(太十一 29)。惟有这份不对抗的爱,才是以善胜恶之道(太五 39),这正是这群面对不信丈夫的妇女所应存的态度。尽管丈夫对妻子的信仰诸多挑剔,作妻子的仍能爱之以忍耐,以至不会因心存苦毒而作出偏激的对抗行动。

"安静"此字只出现于此及提摩太前书第二章二节,是指内心的平静,产生了外表的镇定和娴静,[31]与不安和烦躁相反。在革利免壹书第十三章四节及巴拿巴书第十九章四节中,"温柔"和"安静"都一起出现,可见此二字意思相近,同被用作形容人的内在美。"心灵"大概不是指圣灵,[32]但却指信主的人,其心灵为圣灵所改变,以至产生了一颗"温柔"和"安静"的灵来,这样的灵,便是人里面为别人所看不见的,隐藏起来的不朽之质素。

三 4 下 "这在神面前是极宝贵的" "这在"可以是指前面的名词"心灵",但更合此处文意的,是回指上一句的,"心内隐藏的人"此种妆饰;[33]"极宝贵的"此字在提摩太前书第二章九节亦有出现,是形容衣服

㉗ to aphtharton,即 abstract substantive;AV.

㉘ Hiebert,p. 186,Michaels,p. 161;参 NASB,MLB.

㉙ *tou praeos kai hēsychiou pneumatos*,故是 genitive of definition.

㉚ *praus*,TLNT,3:160 - 162;Schulz,*TDNT*,Ⅵ:464.

㉛ *hēsychios*,其从属字则出现于徒廿二 2;帖后三 12;提前二 11～12。

㉜ 对比 Best,p. 126.

㉝ *ho* 是一 relative pronoun,是形容第 4 节全节所言的,而"妆饰"一字却是第 3 节所提供的,Beare,pp. 155 - 156;Hiebert,p. 188;Goppelt,p. 218;Lenski,p. 133;Michaels,p. 162.

的昂贵(costly);(334)"在神面前"即被神看为,被神认为,此乃重点之所在,在人看来,可能外表的妆饰是很有价值的,然而,作为信主的妻子,应以神所看重的为珍贵,如撒母耳记上第十六章七节所说的:"……因为耶和华不像人看人,人是看外貌,耶和华是看内心",观此,所"极宝贵的",便是那被隐藏的妆饰。

在婚姻的生活中,一切外在的妆扮都不是维持恒久良好的夫妻生活之主因,反而,学习主耶稣那份柔和谦卑的性格,与对方作出适切的调整,才是解决问题的良方。归结而言,一如箴言第卅一章三十节所言:"艳丽是虚假的,美容是虚浮的,惟敬畏耶和华的妇女,必得称赞"。信主的妇女,其所追求的,应与一般非信主的妇女有异。真正讨神和人喜悦的,并不是外在的东西,乃是内在的品德。这是作者在此段所注意的,亦是随后两节所要演绎的。

三 5 上 "因为古时仰赖神的圣洁妇人" 作者明白,当丈夫未信主时,作妻子的要克尽妇道,对之温柔忍耐,委实是不容易的。观此,他便引用旧约为例,(335)一方面是要在修辞上支持以上的论点,提高其教导的说服力,另一方面,便如基恩(Green)所说的,以古喻今,相信古时敬虔的妇人,其中撒拉为显著,与今天受书人中的这群妇女有着类比的关系。(336)

在此,彼得要引证以上的一番话;"因为"此字在本书中有引用材料的作用;(337)"古时"或作"从前",在第二章十节时已出现过,(338)此处作者是引用一个在历史中与受书人有相似经历的事例;"圣洁妇人"是有冠词的,可见作者是要受书人聚焦于这群特定的妇人身上,以她们为借鉴;这群妇人是"圣洁"的,如此称呼这群妇女是因为:

---

(334) *polytelēs*, *EDNT*, 3:133;又可作极珍贵的,很有价值的,参黄锡木,页 594。

(335) 此处动用了四个与上文衔接的字眼,便是 *gar*, *pote*, *houtos* 及 *kai*.

(336) 此一模拟在第六节中表露无遗,Gene L. Green, "The Use of the Old Testament for Christian Ethics in 1 Peter," *TynB* 41.2(1990), p.284.

(337) *gar*,参四 6,其作用如二 21,三 18 之 *hoti* 一样。

(338) *pote*,又三 20;保罗常有用此字,参加一 13,23,二 6;西一 21,三 7;常是指信徒在未信主时的光景。

a. 她们以其圣洁的行为,证明了其真是属神群体的一群人。⑬⑨

b. 一如今天蒙拣选的信徒一样,她们都是被呼召出来成为圣洁的,故要过圣洁的生活(参一 15;二 5、9),由此可见,彼得言下之意,是她们都与当今信主的妇人一样,是被拣选出来,分别为圣的人。

c. "仰赖"即盼望,此处可作"仰望"〔新〕〔思〕,或"寄望"〔吕〕,是一分词,⑭⑩其译法可以是"……圣洁的妇人,这些仰望神的人……"无疑是强调其仰望神的素质,此亦是这群被作者特选为例子的妇人之特点,⑭①意即这群妇女之所以是圣洁,乃因为她们是一群仰望神的人。⑭②

在本书中,仰望神与信靠神几乎是同义词,如第一章廿一节的"……叫你们的信心和盼望都在于神"。惟有以信心仰望神,相信神的应许必然实现的人,⑭③才能在逆境中坚守信仰,刻意践行信仰于生活和家庭中。⑭④

三 5 下　"正是以此为妆饰,顺服自己的丈夫"　这群圣洁的妇人,一群以信心仰望神的妇人,"正是以此为妆饰","正是以此"排在本节的开始部分,故有强调的作用,"此"所指的,可以是指以上四节所言及的妇女应有的妆饰,⑭⑤又或者是单指第四节所勾划的一颗温柔和安静的心灵。⑭⑥"妆饰"应作"妆饰自己";⑭⑦"妆饰"是未完成时态,作惯性或特性用,⑭⑧"顺服自己的丈夫"此句与第一节的一句在措辞上完全相同,"顺服"亦是现在分词,亦可以当作命令语用,然而,在此处有此用法的可能性不大,如米高斯所指出,因为没有一个呼格(vocative)的名词在其先,及此处的文意并不适合以一命令处理之。⑭⑨　其实,作者用了一模

---

⑬⑨ Hillyer,p. 94.

⑭⑩ *hai elpizousai*,substantival use,是现在时态,强调了其持续不断地仰望神,Grudem,p. 141.

⑭① Hiebert,p. 189.

⑭② Lenski,p. 133.

⑭③ Kelly,p. 130.

⑭④ 又或者是如 Marshall,p. 102 所说,她们信靠神,便不能信靠外表的妆饰了。

⑭⑤ *houtos*,参 BAGD,pp. 600 - 601,Michaels,p. 163.

⑭⑥ 如 Hiebert,p. 189;Selwyn,p. 185,在文法上,两者都可以。

⑭⑦ *ekosmoun heautas*.

⑭⑧ customary imperfert.

⑭⑨ 详参 Michaels,p. 164.

一样的措辞,目的是要使此处的引用与以上四节所要求信主的妻子所作的一样,衍生了前后呼应的作用。因此,作者的用意是要当今的妇女明白,顺服自己的丈夫并不是现今才出现的一项美德,乃是古往今来一脉相承的。

　　一如希伯来书作者以一群圣洁、仰望神的妇女为云彩,成为见证人(来十二1),以鼓励读者去跟随学效她们,走上信心和仰望神的道路,以能产生顺服自己丈夫的行动来。

　　三6上 "就如撒拉听从亚伯拉罕,称他为主" 彼得选了一位人所共知,亦是第五节所言的,古时圣洁妇女如何顺服自己丈夫的佼佼者"撒拉"为例,[59]以进一步强化其论点。"主"在原文句子结构上是处强调的位置;"称"乃现在时态的分词,强调撒拉是长期以其丈夫为"主"的态度去与亚伯拉罕相处。[60]妻子称呼丈夫为"主",在作者的时代及当今之世,都是不适合的,但在族长的时代,则是作为顺服丈夫之妻子对丈夫的尊称。创世记第十八章十二节记录了撒拉称呼自己的丈夫为"主",[61]其所在的经段,是当耶和华的使者应许亚伯拉罕和撒拉必于翌年生一个儿子。然而,在人的角度看来,亚伯拉罕及撒拉已年迈,生子是不可能的。然而,结果是他们二人终于生了以撒(创廿一1),可见撒拉亦是相信神应许的人(参来十一11),此处,作者表明,因她以丈夫为"主",显出了顺从丈夫的心。[62]

　　三6下 "你们若行善,不因恐吓而害怕,便是撒拉的女儿了""撒拉的女儿"的表达方式,大概源自初期教会所熟悉的亚伯拉罕的儿

---

[59] 引撒拉为例,其中一个原因,便是其丈夫亚伯拉罕,作为信心之父,对初期教会来说,是一个重要、亦是耳熟能详的人物,如罗四3,17;加三5～29,四21起;Senior, p.57.

[60] *kalousa*,及 present durative participle.

[61] Dorothy I. Sly, "1 Peter 3:6b in the light of Philo and Josephus," *JBL* 110(1991), pp.126-129则主张,事实上,亚伯拉罕是听从了撒拉的话(创十六2),故撒拉并没有以亚伯拉罕为主,这种不合当时文化要求的情况,一直为当时的作家斐洛及约瑟夫想尽办法去处理。他们的做法,便是刻意调整撒拉的形象,以迎合文化对妻子要顺服丈夫的要求,而本信的作者亦然。但是如果作者对撒拉对亚伯拉罕的顺服有怀疑,他又何必要引之为例呢?

[62] 则以创第十二及二十章为此句的背景,Mark, Kiley, "Like Sara: The Tale of Terror Behind 1 Peter 3:6," *JBL* 106/4(1987), pp.689-692;但问题是在这两章中,撒拉从来没有称呼亚伯拉罕为主。

女(罗九 7;又约八 39),因为即使在旧约时(如赛五十一 2),亚伯拉罕及撒拉都同被视作犹太人的父母。"女儿"与母亲有内在的、相同的本性,撒拉的"女儿"意即有撒拉的本性。⑭此词组原文直译为"你们成为撒拉的女儿",而"你们若行善"及"不因恐吓而害怕"是分词主导的词组(participal phrase),都是形容"女儿"的,〔和〕〔吕〕及〔思〕均将之当作条件句(若)翻译,这样,"成为撒拉的女儿"的条件,便是行善和不害怕。⑮然而,这样的做法,是使行为,即善行,成为人信靠神的条件,这并非整个新约神学和彼得前书所教导的。亦有学者以之为命令语,即此句不是形容"成为撒拉的女儿",乃是一项对受书人的安慰,意即如果未信主的丈夫不明白信主的妻子的善行,甚至有恐吓的行动,作为妻子的,即使是顺服丈夫,亦不应在信仰上妥协,⑯但如此解读,则此句与上文在思路上殊不自然,甚至有脱节的现象。

另一个解读,便是鉴于"成为"是过去不定时态的动词,而"行善"及不"害怕"均为现在时态,⑰可见行善及不害怕是后于"成为撒拉的女儿",而且是一项持续性的行动。故此句可译为"你们成了撒拉的女儿,并且以行善和不害怕恐吓为特色"。此解读是问题最少的一个,意即是说,撒拉是一个有信心的妇人,如今,当这群信主的妻子凭着信心仰望神时,⑱便已经成为撒拉的女儿,并且有持续不断地行善和不害怕恐吓的表现。⑲

"行善"是作者一向所强调的,但此处明显是指信主的妻子在对丈夫的态度和作为妻子的责任上,即以基督徒的良心,尽量符合丈夫的要求作事。"不害怕恐吓"是指什么性质的恐吓颇难鉴别,当然,作者是聚焦于这群信主的妻子的内心情况,由于"害怕"是现在时态,应是指态

⑭ 参 BAGD, p. 808. 2d;约八 37~40。
⑮ Kelly, p. 131.
⑯ 此乃 Michaels, pp. 166 - 167 的主张。
⑰ "成为"(egenēthēte),"行善"(agathopoiousai),"害怕"(phoboumenai)。
⑱ Kelly, p. 131 认为此刻便是受洗之时(参三 21),即由一个外邦的异教徒,成为了基督徒;Davids, p. 121;Goppelt, p. 219 亦主张此处是指重生。
⑲ 此乃 Beare, p. 157;Clowney, p. 133;Grudem, p. 142;Hiebert, p. 191;Lenski, p. 138 的解读。

度，故"不害怕"便是在态度上改观，由害怕变得"不害怕"。"害怕"一般
都译作"敬畏"，含积极的意思（如一 17，二 17、18，三 2、16），⑩但在此处
及第三章十四节处，却带贬义。在此，作者可能是引用箴言第三章廿五
节的一句"忽然来的惊恐不要害怕……"。⑪ 无论如何，作者所指的，害
怕的对象，主要不会是一般从社会而来的恐吓，因为整段的文意，都是
指信主的妻子，如何在家中与丈夫相处，⑫这样看来，此处仍是对丈夫
而言，如此说，则作者是指丈夫有时会对妻子"恐吓"，⑬这一个可能性
无疑是存在的，因为作为未信主的人，眼见自己妻子的信仰与己有异，
并且在敬拜自己的神祇上采取不合作的态度，自然会是不快的。于是
以"恐吓"的手段去对付之，亦不足为奇。

　　至于所恐吓的是什么，作者没有阐明，⑭学者的意见不一，主要有
四个见解：⑮

　　a. 彼得想起了撒拉曾因怀疑自己是否能生育，有窃笑的表现，被
耶和华的使者发觉，当质询她时，她便害怕起来，于是矢口否认（创十八
11～15）。但如今，作为信主敬畏神的妇女，不应有此软弱的表现。⑯
但若是这样，则撒拉岂不是成了一个负面的例子，而非在此处作者的原
意，以她为当今仰望主顺服丈夫的典范。再说，耶和华的使者的质询，
是否可当作一项恐吓，亦是一项疑问。

　　b. 彼得有此指示，目的是要对以上所教导的，对丈夫要顺服和行

---

⑩　*phobos*.

⑪　当然，作者是引用七十士译本了，其中的"恐吓"（*ptoēsis*）一字，出现在七十士译本及本段
　　的经文中。

⑫　对比 Bigg, p. 154；Kelly, p. 132 认为此处亦是指从邻舍及社会而来。

⑬　*ptoēsis*，如果用在主动的意思，便是指恐吓人，如果是被动的意思，便是恐怕，恐怖；
　　BAGD, p. 735，BDF § 153.1；EDNT, 3：192；此处二者皆有可能，无论如何，是指情绪上
　　的激动，尤指从惊恐带来的刺激，Bigg, p. 154.

⑭　恐吓可以是指在身体上、情绪上及社会上，David, p. 121；其中包括了冷落她，或是以言语
　　威吓她，最后，可能是提出离婚，教父游斯丁曾经说过，有一信主的妻子，因不信的丈夫放
　　纵情欲，不肯改变，被迫要与之离婚，但却反被丈夫控告，结果要被捕坐牢，参毛克礼，页
　　213。

⑮　详参 Kiley, "Like Sarah：The Tale of Terror behind 1 Peter 3：6," pp. 682 - 692 对各学
　　者不同意见的概览。

⑯　Robertson，VI：110.

善作出调整,甚至是安慰妻子,尽管要顺服丈夫,亦不能在信仰上妥协,故不用害怕从丈夫而来的无理的恐吓。[㊱]但此说法与上文的意思,即一直以来作者都强调妻子要顺服丈夫的题旨脱节。

　　c. 彼得提醒这群妇女,其顺服丈夫,不是出于被恐吓以致害怕,乃是出于敬畏神的心(参二 2)。[㊳]但若是如此,为何作者不多作一点说明,不害怕丈夫的威吓,要敬畏的对象乃是神。再者,此解释仍嫌与此段的顺服丈夫的题旨不甚切合。

　　d. 一个更符合文意的解法,是作者要信主的妻子,切莫因丈夫一时的恐吓,而常存害怕的态度,妨碍了其仍要在可能的情况下对丈夫行善及顺服。按此了解,彼得要作妻子的,克服这些"恐吓"及自己的"害怕",存仰望神的心顺服自己的丈夫。

　　三 7 上　"你们作丈夫的,也要按情理和妻子同住"　一如其他的有关于夫妻之道的家庭规章中,总是对双方说话,如今,彼得亦转而教导为夫的。在篇幅方面远较对妻子的教导为短,可见在作者的写作对象中,信主的妻子所遇见的问题是他所特别关注的。

　　此句直译为"丈夫们同样要按着知识(与妻子)住在一起"。丈夫们本作男人们,但在此因有冠词于前,则明显是指丈夫。[㊳]"同样"此字于本章始已出现,主要是将此处所言的,与上文接连在一起,即此处仍然是家庭规章的一部分。"住在一起"此字在新约只出现于此,乃一复合词,由"住"加上"与之",[㊴]是一现在时态的分词,一如第一节的"顺服",此处亦是语带命令的。虽然所要"住在一起"的对象作者并没有明言,但作者无疑是指着妻子而说,故丈夫与妻子"住在一起",同时含有在社交上二人共同居住,在性生活上彼此为伴侣,甚至是整个婚姻的生活的意思。[㊵]"按着知识"的"知识"此字在彼得前书只出现于此,[㊶]理奇

㊱ 如 Goppelt,p. 225;Hillyer,p. 96;Michaels,p. 167;因为正如彼得在徒四 19、五 29 所力陈的,顺从神不顺从人是应当的。

㊳ Davids,p. 121;Marshall,p. 103.

㊳ hoi andres.

㊴ synoikeō,EDNT,III:309;但在七十士译本中则出现了 8 次之多。

㊵ 尤在七十士译本的用法,如申卅二 13,廿四 1,廿五 5;赛六十二 5;箴十九 14;无论如何,此字不一定聚焦于性爱一方面,对比 Kelly,p. 132.

㊶ gnōsis,BAGD,p. 163;彼后则有一 5～6,三 18。

(Reike)认为,"按着知识"的意思,几乎是与"凭着爱心"一样,这是按着保罗于哥林多前书第八章一至十三节所论述的,关于知识与爱心的关系而作出的结论。[⑬]然而,我们不能肯定在此处彼得是有此用法,故此,以上的主张,有一点是过于经文所指的。反而,早在本信的第一章十四及第二章十五节时,此字的反义词已出现了,是用作形容不信主的人之愚昧无知,[⑭]由此可见,"按着知识"是指作为丈夫的,与妻子共同过婚姻的生活时,是不应如非信徒之愚昧无知,反而是要有信徒应有的心思及谨慎,[⑮]合情合理、关怀备至地与之相处。[⑯]

三7中 "因她比你软弱,与你一同承受生命之恩的,所以要敬重她" 这一句按原文的译法应是:"因她是较为脆弱的器皿:要给予敬重,因她同是生命之恩的继承人,这样,便叫你们的祷告没有阻碍。"(参〔思〕)

在文法上,"较为脆弱的器皿"可以是作为上一句的"按着知识,住在一起"的原因,又或者是下一句"要给予敬重"的原因。[⑰]按原文句子的排列,"住在一起"作为分词,是与"因她是较为脆弱的器皿"相连,而下一句"要给予敬重"亦是一分词,是与"因她同是生命之恩的继承人"相连,此两个以分词为首的句子,有对称的作用。按此理解,"较为脆弱的器皿"应是作为"按着知识,住在一起"的解释。"器皿"有五个可能的寓意性用法:[⑱]

a. 形容人作为工具(徒九15)。

b. 形容人的身体(帖前四4)。

[⑬] 引自 Michaels,p.168;又 Goppelt,pp.226-227;Bultmann,*TDNT*,I:707f 亦有相近的理解。

[⑭] *agnoia*,详参一14和二15批注。

[⑮] Selwyn,p.186;亦可以指按着神的话语的教导,Slaughter,"The Importance of Literary Argument," p.88.

[⑯] 参〔思〕,Davids,p.122;他主张知识在此处并不含信主之人的心思,而只是个人的心思,以产生体谅及关怀,然而,作为信主的丈夫,自然会采用信徒应有的良心去思想;当然,此处亦包括了一切作为称职的丈夫应有的知识,以使婚姻生活如水乳交融,Grudem,p.143.

[⑰] 参 Michaels,p.168 对"较为软弱"(*asthenesterō*)此字,作为 dative 的分析。

[⑱] 参 Goppelt,p.227,fn.6.

c. 人的身体，亦是圣灵居住之所。⑲

d. 人作为神手中的被造者，是被神陶造的(耶十八 1～11)。

e. 在犹太的拉比文献中，以之形容人的妻子。⑳

a、c 及 d 项均不合此处的思路，故 b 及 e 项的意思是最适合的，再加上"较为脆弱"这一个形容词，是比较级(comparative)的，㉛而所比较的，便是丈夫，作为较为强壮的器皿。因此，"器皿"是指人的身体这一个意思，是最符合此处的用法。按此分析，"较为脆弱的器皿"是指妻子作为女性，其身体是没有作为丈夫的那么强壮。㉜ 值得注意的是，作者本来是指着复数的"丈夫"说话，但到了此处时，"较为脆弱的器皿"乃单数，可见作者是要论及妻子，作为一位女性，是有此特性的。因此，丈夫不能因而轻视她、欺负她，或是讨她的便宜。㉝ 反而应该因而尽上作为信主的丈夫应有的责任对待她。

再者，作为丈夫的，还"要给予敬重，因她同是生命之恩的继承人"，"要给予"乃现在分词，与上句的"住在一起"一样，是语带命令的，㉞"敬重"在本书信中常用作与信徒(一 7，二 7)及其他人士的(二 17)相处之道，有见及此，所要敬重的，是包括了信主和非信主的妻子。不过，下一句的"因她同是生命之恩的继承人"则显出彼得是指信主的妻子而言，㉟毕竟，信了主的丈夫，其妻子亦自然是跟随了丈夫的信仰，此乃当时的习俗。而正因此故，作为丈夫的，不应因而以为妻子所得着的属灵福气，是因他才有的，因而轻视她；反而，作者提醒为夫的，妻子既已信主，她在神面前的地位，是如丈夫一样，"同是生命之恩的继承人"，故

⑲ 参 *Herm*. *Mand*. 5.1.1－7；*Barn*. 7；3，11；9.

⑳ כלי，参 *skeuos*，Maurer，*TDNT*，VII：360.

㉛ *asthenesterō*.

㉜ 尤以是在生产儿女之后，Marshall，p.103，而不含心理上、理解上、灵性上或性别上不及丈夫，Hillyer，p.98.

㉝ 在当时的世界，作为父系的社会，不少重要的工作，都需要强壮的身体及体力的，故女性作为身体较弱者，是很容易被轻视的。

㉞ *aponemontes*，当其是语带命令，及有"尊贵"一字随着时，便有"表示尊重"的意思，参 *GAGNT*，p.709.

㉟ Beare，p.131；这亦是大部分学者的见解；但认为此处是指非信主的妻子而言的则有 Carl D. Gross，"Are the Wives of 1 Peter 3.7 Christians?" *JSNT* 35(1989)，pp.89－96.

此,要给予当有的尊重,这一项真理,对当时贬低女性的绝对父系社会来说,可算是突破性的,不容易被人接纳,但作为信主的丈夫,不应继续像以前那样不合理地操纵妻子,反而要以正确的态度去与妻子交往。[386]

"同是……继承人"是一复合词,是由"同"及"继承人"组合而成,[387]"继承人"与第一章四节的"基业"一字属于同一字根,[388]后者指神应许他的子民将来要承受的、不会朽坏、不会玷污及不会衰残的恩福,[389]故此处不论丈夫或妻子,其所继承的,都同样是有这样一个特性的基业(参加三 28)。"生命之恩"之意思,便是:恩典,即是生命,[390]而"生命"无疑是指永生。故进一步,作者表示妻子与丈夫一样,同是永生的继承人,同得神在基督耶稣里所应许的、给一切凡信他的人之基业。因这一个末世神学性的真理,促使作丈夫的要敬重及爱其妻子,如同对自己一样(弗五 28)。

三 7 下 "这样,便叫你们的祷告没有阻碍" 此句直译为"以使你们的祷告没有阻碍","阻碍"此字用作在道路上加上障碍物使路不畅通,[391]骤一看,"你们的祷告"是指着丈夫说的,意即是说,如果丈夫们能够如以上所指示的,去对待妻子,他们的祷告,便能不受到阻碍,通畅地达到神的面前。[392]然而,更有可能的是指丈夫与妻子的祷告,[393]如此,则此句可说是作为第三章一至七节的小结。意即是说,丈夫与妻子个人的祷告,或是共同的祷告,是否能够畅然无阻到神那里,便要看他们彼此之间的关系了。这种信徒和神之间的关系,及其与他人关系之间的紧密关连之真理,亦常出现于耶稣基督的教导中。[394]当然,彼得并没有明言祷告被"阻碍"的实际机制是什么,其可能是夫妻既不同心,一起的祷告亦不

---

[386] 因为不少破碎的婚姻,其开始时都是因着无知和忽略而导致关系的恶化,Miller,p. 243.

[387] *sygklēronomos*.

[388] 二者不同之处,便是一 4 的字为阴性且是单数,而此处为阳性且复数。

[389] 详参一 4 的批注。

[390] *charitos zōēs*,*zōēs* 是 genitive of apposition,而 *charitos* 本身与"继承人"的关系,可算是有 objective genitive 的用法。

[391] *egkoptō*,Hillyer,p. 99;Stählin,*TDNT*,III:855, n. 1;857 - 860;*EDNT*,1:377.

[392] Slaughter,"the Importance of Literary Argument," p. 88.

[393] Bigg,p. 155,Goppelt,p. 228,Michaels,p. 171;Davids,p. 123 则认为二者都有可能。

[394] 参太五 23,六 12。

会是同心合意。又可能是指圣灵难以在不顺服其引导的人心中作工，故祷告的内容大都不符合神的意思。又或者是指夫妻既然是关系欠佳，在一起祷告亦只是勉强为之，祷告的内容自然是缺乏真诚。^㉟ 总而言之，夫妻的关系，可说是人间最亲密的伦常关系，如果彼此之间不能按着神所定下的原则相处，其属灵的损失是极为严重的。

　　信仰如何在夫妻之间践行出来是极为重要的，如果夫妻之间，都不能把基督教的信仰落实，则一切在神面前的属灵活动，都失去了意义。妻子应该顺服丈夫，丈夫亦要敬重妻子，这种顺服和敬重的态度，都是本于由衷而发的爱心。如果单单要求某一方绝对的顺服或敬重，自己却倒行逆施，毫无响应之心，这种一面倒的婚姻，尽管某一方竭力迁就和维持，终有一天会如山洪暴发，一发不可收拾，由此可见，夫妻双方都要拿出诚意，共同努力，培植婚姻的生活，才能真正建立基督化的家庭，蒙神的祝福。

（v）总结：与众人的关系（三 8～12）

8　总而言之，你们都要同心，彼此体恤，相爱如弟兄，存慈怜谦卑的心。

9　不以恶报恶，以辱骂还辱骂，倒要祝福，因你们是为此蒙召，好叫你们承受福气。

10　因为经上说："人若爱生命，愿享美福，须要禁止舌头不出恶言，嘴唇不说诡诈的话；

11　也要离恶行善，寻求和睦，一心追赶。

12　因为主的眼看顾义人，主的耳听他们的祈祷；惟有行恶的人，主向他们变脸。"

　　这一段一方面是第二章十六节至第三章七节的小结，^㊱但亦有其独特的重点，便是其开始脱离只是论及家庭中各成员间的关系。有见及此，无怪乎彼士特认为这一段不属于"家庭的规章"。^㊲ 无论如何，彼

㉟　Hillyer，p. 98 认为此处夫妻之间的祷告，是指夫妻在生儿育女上，但这只纯属揣测。

㊱　Balch，*Domestic Code*，p. 88；Hiebert，p. 198 则以之为小结，但亦是一个高潮。

㊲　Best，pp. 128－129.

得是要藉此段转入下一段,即第三章十三节至第四章六节,关于受苦及伸冤的题旨。

此段第十至十二节乃引用旧约诗篇第卅四篇十三至十七节的经文,[398]作者特别引用诗篇第卅四篇,可能因为早在第二章三节时已有引用,而希伯来书第十二章十四节亦有引用诗篇第卅四篇十四节,由此可见,诗篇第卅四篇十三至十七节是常被初期教会所引用的旧约经文。[399]如今在引用当中,彼得将焦点由本来富今世性的教导,转而指向末世性的实况。[400]而第十二节亦是一转而接入下一段经文,即第十三至十六节的句子,故可说有承先启后的作用。此外,第八及九节则与罗马书第十二章九至十八节有紧密的接触点,[401]且看以下的表列:[402]

彼前三 8〜9	罗十二 9〜18
8 节:	16 节:
彼此同心 (*homophrones*)	彼此同心(*to auto . . . phronountes*)
	15 节:
彼此体恤 (*sympatheis*)	与喜乐的人同乐,与哀哭的人同哭
	9〜10 节:
相爱如弟兄 (*philadelphoi*)	爱人不可虚假,恶要厌恶,善要亲近。"爱弟兄"(*tē philadelphia*)
	16 节:
谦卑的心 (*tapeinophrones*)	不要志气高大,倒要俯就"卑微" (*tois tapeinois*)的人。
9 节:	17 节上:

---

[398] 七十士译本则为卅三 13〜17;在本书信,作者除了直接引用诗第卅四篇外,还有间接引用的,参 Green, "Old Testament and Christian Ethics in 1 Peter," pp. 280 - 281 的分析。

[399] 主要的原因,是由于在初期教会以此经段对受苦的信徒的安慰最为适合,Kelly, p. 87.

[400] 详参批注部分。

[401] 其他的如帖前五 13〜15;西三 12〜15;弗四 1〜3、31,亦有相近的叙述。

[402] 取材自 Goppelt,p. 230.

不要以恶报恶
（*mē apodidontes kakon*
anti kakou）

不要以恶报恶
（*mēdeni kakon anti kakou*
apodidontes）

14 节：

倒要祝福
（*pounantion de eulogountes*）

逼迫你们的,要给他们"祝福"
（*eulogeite*）

　　在对照之下,我们不难发现,此处与罗马书之一段经文实有不少内容和措辞上的相同点。因此我们相信,二者可能都取材于一些共有的传统。⑩ 当然,其中亦有不少不同之处,故我们不能妄下判断,以为二者是彼此参考和抄袭。⑩ 反而,他们可能同是取材于已流传于教会的教导传统,而这些教导传统,大概是源于耶稣基督的福音传统,⑩ 如路加福音第六章廿七至廿八节等,但却各自发展,成为教会的教导。因此,彼得融贯了流传于教会间的福音传统,以能恰当地用之于此处。⑩

　　三 8 上 "总而言之,你们都要同心" "总而言之"直译为"最后",⑩ 可见此段实乃"家庭的规章"的结语。在此句之后,出现了五个语带命令的形容词,故可说是有总结以上所言的作用。"你们都要同心"直译为"所有人要同心","同心"此字只出现于此,本为形容词,但却是命令语,故作"要同心",⑩ 所指的,不是指意见上的相同,乃是指在意识形态上的相同,⑩ 即能够有相同的志向和目标,以至各人愿意为此目标求同存异,互相接纳。在教会群体中生活,各人的成长背景、观点和角度诚然是会有所不同,但信徒却因相信了耶稣基督,生命的目标与先前已有了分别,并且各人都不再为自己活,乃为荣耀主及见证主而活,故信徒理应"同心"。

　　三 8 中上 "彼此体恤" 此字在新约中亦只此出现一次,可作"互

---

⑩ 我们不要忘记,本信的代笔人可能是西拉,而此人与保罗是事奉上的紧密伙伴,他必受保罗神学和教导的影响,这亦可解释到在措辞上相同的原因。

⑩ 虽然 Michaels, p.175 认为彼得可能是熟悉罗马书。

⑩ 此乃 Selwyn, pp.408,412-413 的观点。

⑩ 其中尤以是诗篇第卅四篇 9 至 10 节所引用的经段。

⑩ *to de telos*,出现于 Plato, *Law* 740E; *telos* 是 adverbial, BAGD, p.811.1d.

⑩ *homophrōn*.

⑩ Bigg, p.156.

相同情"(〔吕〕〔思〕)，[40]亦是一语带命令的形容词，故应作"要互相同情"。在圣经之外的文献中，常用作指能同情别人在情感上和经验上的领受，[41]一如罗马书第十二章十五节所说的，要与喜乐的人同喜乐，与哀哭的人同哀哭。[42] 以夫妻为例，如果为夫的能多明白一点，分享妻子的感受，便不会无理地要求对方去符合自己的要求了。

　　三8中下 "相爱如弟兄" 原文只有一个字，便是"弟兄相爱的"，亦是一语带命令的形容词，故应作"要弟兄相爱"，在新约中亦只出现于此处。[43] 因为教会是神的家(弗二19；来三6；提前三15)，故其中的信徒，都以弟兄姊妹相称，其相爱便要如弟兄了。[44] 彼得在此一方面提醒受书人，因着他们已是主里的人，故要有彼此相爱之心。[45] 另一方面，此相爱是要具体地表达出来的，一如他于上文所教导的有关主仆、夫妻等的相处之道。

　　三8下 "存慈怜谦卑的心" 原文是两个形容词，一为"慈怜的"，另一为"谦卑的"，同样是语带命令。"慈怜的"又可作温柔的、仁慈的、怜悯人的(〔吕〕)，[46]此字的字根，本是指人的内脏，但后来(包括了新约时代)则用作指对别人产生了出于内心的关心，以至付出了自己。[47] 这种发自内心的关心，无疑是需要一个"谦卑的"人才能产生，此字在希腊文献中常指信心软弱的人，[48]故是一个带贬意的性格，但亦可指"谦卑的"，[49]即指一个人能看别人比自己强，并且多多关心他人的需要(参腓

---

④ *sympathēs*，黄锡木，页595；〔思〕作"互表同情"。

⑪ 如Polybius 2.56.7；Plutarch，*Mor*.536a；Josephus，*Ant*.19.330，详参Michaels，p.176.

⑫ 来十34形容作为升上高天的大祭司耶稣，他亦能同情(*sympathēsai*)我们的软弱，即救主能感同身受信徒所受的痛苦。

⑬ *philadelphio*，其名词则出现于罗一22，十二10；帖前四9；来十三1；彼后一7。

⑭ 而不是指一种抽象的，对普世人类之爱，Goppelt，p.233.

⑮ 一如耶稣基督的名言："你们若有彼此相爱的心，众人因此就认出你们是我的门徒了"(约十三35)。

⑯ *eusplagchnos*，黄锡木，页595.

⑰ 故〔吕〕作"怜悯的心肠"，又Selwyn，p.189 作 good-hearted；*splagchna*，参Köster，*TDNT*，Ⅶ：555-556；BAGD，p.763；如路一78；林后六12；腓一8，二1；西三12；门12。

⑱ *tapeinophrōn*，如Plutarch，*Mor*.336E；475E.

⑲ 参箴廿九23，*Barn*.19：3；*Herm*.*Mand*.11.8；此字的名词 *tapeinophrosynē* 出现于西三12；弗四2；其从属字 *tapeinos* 亦出现于太十一29。

二 3)。⑳

三 9 上 "不以恶报恶,以辱骂还辱骂,倒要祝福" 上一节所说的美德,集中在信徒与信徒间之相处,如今,却涉及与外人相处的德行。㉑ "不以恶报恶"的"报",即回报、报应,㉒乃分词,一如本章第一节的"顺服"一样,作者又回复用分词作命令,故全句可作"不要以恶报恶",此句与罗马书第十二章十七节在措辞上几乎完全相同,㉓这一点可能反映他们都取材自一些流传于教会的教导性传统,而这些教导性传统,亦可能源自福音书中耶稣的教诲(太五 37～44;路六 27～36)。㉔ 此句与跟着的一句"以辱骂还辱骂",构成了犹太诗体文学的对称性平行句子,而两句的意思都是一样的。㉕ "辱骂"此字亦于提摩太前书第五章十四节出现过,其动词早已出现于本书第二章廿三节,㉖是形容耶稣基督那种不还敌人以颜色的受苦心志。无论如何,对于那些刻意与基督教为敌的人,信徒都不应存敌视的态度,更不可以牙还牙,以暴易暴。

除了在消极的层面上不以恶报恶外,积极的,便是"倒要祝福",此句应加上"然而"一字,即"然而,倒要祝福",㉗"祝福"亦是一语带命令的分词,此字本来是用作赞赏某人,在宗教上的用法,则可指为祝福,意即愿神的救恩及喜悦,临到某人身上,㉘其中包括以善报恶地将救恩藉多方面的方法,去传给对方,使对方得着救恩之福,㉙故此处彼得是强调属灵的祝福。这一项教导,是本于耶稣曾说过:"只是我告诉你们,要爱你们的仇敌,为那逼迫你们的祷告"(太五 44),当耶稣被钉十字架时,他亦为凌辱他的人祈祷:"父啊,赦免他们,因为他们所作的,他们不

⑳ Goppelt,p.234.
㉑ 尤其是非信徒,Marshall,p.108.
㉒ *apodidōmi*.
㉓ 除了"不"字是 *mē*,而罗第十二章则为 *mēdeni*,又参帖前五 15;Pol. *Phil*. 2.2.
㉔ 事实上,旧约亦有这些教导,参利十九 18;箴二十 22,廿四 29;又诺贰书五十 4;新约的教导,一般都要抵挡罪恶,但此处却不要以恶报恶,故此乃一大胆的教导,John Piper,*Love Your Enemies*,SNTS Monograph 38(Cambridge;CUP,1979),pp.52-53.
㉕ Hiebert,p.200 则以前者为行为,后者为言语;其实,前者亦可包括了后者。
㉖ *loidorein*,参其详解。
㉗ *tounantion de eulogountes*.
㉘ *eulogein*,BAGD,p.322.
㉙ 而不是单以言语为之祝祷,Marshall,p.109.

晓得"(路廿三 34)，由此可见，基督的言行，都带出了要为敌人祷告，甚
至祝福的教导。⑩

三9下 "因你们是为此蒙召，好叫你们承受福气" "因你们是为
此蒙召"之"此"是指什么而言，其可能性有二：

　　a. 是形容"好叫你们承受福气"，意即你蒙召是为了承受福气。⑪

　　b. 是回指上一句的不要以恶报恶，反而要为之祝福。

在文法上，以上两个意思可能都存在，但由于此句曾于第二章卅一
节出现过，而同样是有回指的作用，⑫故第二个可能性应居先。再说，
从下文作者引用诗篇，以强调先前所说的话来看，则此句无疑是解释了
上一句的指示，即何以不要以恶报恶，反而要为之祝福。⑬ 总之，信徒
蒙召，为要过圣洁的生活，并且在受苦中忍耐，而不以报仇的心态去对
待别人（一 15，二 21）。这种因蒙召而要过有崇高德行生活的教导，正
是彼得所要强调的。

奉行这种操守的结果，便是"好叫你们承受福气"，⑭"承受"此字的
名词早在第一章四节出现过，〔和〕作基业，而其从属字亦于本章第七节
用过，〔和〕作"一同承受"，⑮而前两处的用法，都含末世性意识，即指在
来生中所得着的永生。⑯ 由此观之，此处的"福气"，是指将来给予信徒
的永生。当然，在新约中，并没有因爱仇敌和广行功德，便能得永生这
种行为得救的教导，作者如此说，其原因可能有四：

　　a. 作为一个真信徒，跟随主的样式是必然的生命的流露（二 21）。

　　b. 信徒若能顺服主的教训而行事，必然能得着末世主的救恩。

　　c. 在这里有祝福人的，亦得神的祝福之意思，符合了主祷文的"免

---

⑩ 当然，在旧约中，祝福者是神自己，参创十二 2，廿六 3，四十九 25；然而祭司的工作，亦为他
　人祝福（民六 22～26），而教会便是一群有君尊的祭司群体（二 5、9），故为他人祝福此理念
　便萌生，参 Best，p.130.

⑪ 参 Kelly，p.178.

⑫ 参二 21 的批注。

⑬ Best，p.130；Michaels，p.178；J. Piper，"Hope as the Motivation of Love：1 Peter 3：9
　-12，" NTS 26.2(1980)，pp.224-228.

⑭ "好叫"即 hina，强调结果。

⑮ 此处为 klēronomeō，第 7 节则为 sygklēronomos.

⑯ 参其注解。

我们的债,如同我们免了人的债"的教导(太六 12)。

　　d. 信徒得着天上的基业为祝福,本不是他们配得的,而是神白白的恩典;如今他们亦要将福气给予不配得着祝福的敌人。[437]

　　三 10 上 "因为经上说:人若爱生命,愿享美福" 继而,彼得引用七十士译本中诗篇第卅四篇十二至十六节的一段,但却将原本的修辞性反问的句子稍为调整,而成为一直述句子,[438]其目的有确定和解释以上所言的作用。此节之首应有"因为"一字([新][吕]),[439]有解释的作用,但要注意此字是不在原本所要引的经段内。"人若爱生命,愿享美福"直译为"那盼望的人爱生命,见美好的日子","爱生命"及"见美好的日子"是犹太诗体的平行句,两句意思相仿,而"盼望"是一分词,作名词用,[440]强调有目标地生活的人。在原本的诗篇中,全句本是指一切酷爱得着美满和有意义生命之人,当中含有作为一个智者应有的人生观,[441]故是指今生而言的,但彼得用之于此,却含末世性意义,"生命"是指来生的永生(三 7),而"美好的日子"是指得着末世要显现的救恩(一 5)。[442]

　　三 10 下 "须要禁止舌头不出恶言,嘴唇不说诡诈的话" 此句更好的标点,是"须要禁止:舌头不出恶言,嘴唇不说诡诈的话"。"禁止"乃命令语,为过去不定时态,暗示每当人被引诱说恶言时,便要刻意地禁止自己的舌头,[443]一如雅各书所说的,人的本性,是以舌头犯罪,故要锐意控制之(雅三 6〜8)。"恶言"本意为"恶",从第九节所言,此"恶"泛指一切言语上的罪,尤以是辱骂对方;"嘴唇不说诡诈的话"与"舌头不出恶言"是平行句子,意思相仿,亦可算是"恶言"的进一步描绘;"诡

---

[437] 诚然,信徒知道他们所要得着的祝福,此真理鼓励他们去祝福别人,Clowney, p.142.

[438] 其他的调整,参 Davids, p.127, fn.8;Michaels, p.179.

[439] *gar*.

[440] *ho htelōn*,即 substantival use.

[441] Lenski, p.144.

[442] Beare, p.161;Best, p.131;Davids, p.128;Green, "Old Testament and Christian Ethics in 1 Peter,"p.279;Hillyer, p.102;Kelly, p.138;Michaels, p.180;对比 Grudem, p.149;毛克礼,页 222,认为是指今生的生命。问题是今生的美好并非本书信的重点,反而,信徒因受苦而得享将来神的恩典却是其要旨;当然,在今生亦可浅尝永生和末世的救恩,但毕竟彼得的重点是末世性的。

[443] *pausatō*, Hiebert, p.202.

诈"此字早在第二章一及廿二节出现过,参其批注。[44] 毕竟,作为基督的跟随者,要如基督一样,纵然受尽苦痛,甚至要被钉十字架,仍不呈口舌之勇犯罪(二 23),[45]信徒在任何情况之下,都不应在口舌上犯罪,或以之去报复敌人的攻击。[46]

　　三 11 "也要离恶行善,寻求和睦,一心追赶" 此句直译为"及要离恶,行善,寻求和睦,追求之",即共有四个动词,都是语带命令的。"离"即背离、远离、避开,[47]所要避开的,便是上一节所指的恶言。"行善"及"寻求和睦"是积极方面的行动,彼得前书强调,信徒不单不能以言语犯罪,还要有好行为配合之(参二 15、20,三 6、17,四 19)。"行善"是指信徒按着信主之人应有的良心所指示的,尽上在道德上社会所要求的责任。"和睦"可以指与信徒和睦,但此处大概指与敌视的人相处而言;"寻求"和"追求"是同义词,有强调的作用,这是因为新约一贯侧重信徒与别人和睦的真理(如太五 9;可九 50;罗十二 18;帖前五 13;林后十三 11;来十二 14;提后二 22),这是因为救恩带来了人与神、人与人之间的和平,而信徒是和平之子,实应竭尽所能,去维持与别人,尤其是敌人,良好和谐的关系,此实乃神所喜悦的。[48]

　　三 12 上 "因为主的眼看顾义人,主的耳听他们的祈祷" 此节继续其引用的部分,此句直译为"因为主的眼在义人身上,他的耳向着[49]他们的祈祷"。"因为"本不在原来的诗篇之中,[50]而"主"本来是指耶和华神,但在此处则可能是指耶稣基督,[51]"义人"在本书中共出现三次,

---

[44]　*dolos*.

[45]　Green, "The Use of the Old Testament for Christian Ethics in 1 Peter," p. 287,此篇文章强调了彼得在引用旧约圣经时,是以在旧约中属神的群体之遭遇,与如今其受众的景况有类比的作用,故旧约的教导,是足堪参考,并可以应用于今天的。

[46]　逞口舌之勇者,在一时之间可能可以夸胜,但却带给对方深长久远的伤害,亦阻碍了信徒为基督作美好的见证,Hillyer, p. 103.

[47]　*ekklinō*,黄锡木,页 595;Hiebert, p. 203 指出此字是形容某人倾向于一边,以避过一些东西,这是信徒对恶事所应采取的行动。

[48]　革利免贰书十 2 有言,"若果我们热心于行善,和睦亦会寻找我们"。

[49]　"向着"即 *eis*,故此二句是没有动词的,构成了同义平行句子。

[50]　*hoti*,作者加上的目的,是要使以下所言作为以上的教训之解释,产生了励志作用。

[51]　参二 3 的批注。

有两次都是在被引用的经段中，⑥²另一次则在第三章十八节处，用以形容耶稣基督。本书作者在采用此字时，常有一个意思要带出来：义人便是行善的人，⑥³而此字之前没有冠词，故是强调了"义"的本质。⑥⁴ 当然，新约的教导是，信徒的善行是回应神的救赎大恩，亦是一种生命更新的自然流露。行善的能力，亦是出于神的加力。⑥⁵"祈祷"应作"祈求"（〔吕〕），⑥⁶神听义人的祈求，是与他的行为息息相关的（三 7）。圣经常指神是有眼睛的，可以看见人的行为，他是有耳朵的，故能听见人的呼求，这些都是拟人法（anthropomorphic）的描写而已，⑥⁷强调神是有位格的，并且能响应人向他的沟通，而他对人的关怀，亦是个人化的。

　　三 12 下　"惟有行恶的人，主向他们变脸"　"行"本是一分词，在此处作名词用，⑥⁸故作"行……的人"，是现在时态，标榜其持续行恶的情况，"行恶的人"是指如第九节所说的，以恶报恶，以辱骂还辱骂的人；"脸"排于句子之末，处于强调的位置，"变脸"直译为"以脸敌对之"，⑥⁹这亦是一种拟人法的描摹，带出了有位格和道德性的神，对罪恶有强烈的反应，其本性的公义，必会对行恶者审判（参利十七 10；结十四 8）。⑥⁰无论如何，刻意行善的人，毋须畏惧神，反而，他们必得赏善罚恶的神之保守和看顾。⑥¹

　　到了这里，作者已完结了其引用诗篇的部分，⑥²并且藉此小结作为强

---

⑥² *diakios*，另一次在四 18 所引用的箴十一 31；在诗篇的原处，义人是指信靠耶和华，与他维持约中关系的人，Marshall，p. 110.

⑥³ 这当然与保罗的因信称义的意思有所不同。

⑥⁴ Hiebert，p. 203.

⑥⁵ Goppelt，p. 237.

⑥⁶ *deēis*，黄锡木，页 595；〔新〕作"呼求"。

⑥⁷ Marshall，p. 110.

⑥⁸ *poiountas*，作 substantival use；虽然此字之前没有冠词。参二 7。

⑥⁹ *prosōpon . . . epi*.

⑥⁰ 在旧约中，神的脸常用作其与人的关系，向之仰脸表示其恩典与之同在，向之转脸则表示收回其恩典，不再听其祷告，Hillyer，p. 104；*NIDNTT*，1：585－587.

⑥¹ 到了此处，作者可能偏离了他本来所倚重的来生的赏赐（如十节），反而重视今生实时的、神的帮助。

⑥² 诗卅四 16 本还有一句："要从世上除灭他们的名号"，此句本与"主向他们变脸"为平行句子，但彼得却没有引用之，因其不适切于此处；Michaels，p. 182 认为作者一贯是不注重描写非信徒的命运的；这一点，可能是彼得相信神是给罪人机会的，一如彼后三 8～9 所言的。

化他先前对信徒如何对君王臣宰,仆人如何对主人,妻子如何对未信主的丈夫,丈夫如何对妻子的教导。一言以蔽之,作者所言非虚,信徒务必要对神有信心,因为神是监管着一切的,他那赏善罚恶的本性,在旧约圣经中已可见一斑,如今亦如是。按此了解,信徒们务必要彼此切实的相爱,对外人亦要以善报恶,以爱还恨,这才不愧为真正基督之跟随者的本色。

(III) 为义受苦的生活(三 13～四 6)

这一段经文彼得集中于神子民在世的生活的课题,其中包括讨论神子民在世受苦的可能性(三 13～17),而基督本身受苦的经历,可说是一个先例,成为信徒为主受苦的借鉴(三 18～22)。继而,作者强调了在神应许下,信徒应该如何过在世的余生(四 1～6)。

(i) 为义受苦的可能(三 13～17)

13　你们若是热心行善,有谁害你们呢?
14　你们就是为义受苦,也是有福的。不要怕人的威吓,也不要惊慌,
15　只要心里尊主基督为圣。有人问你们心中盼望的缘由,就要常作准备,以温柔、敬畏的心回答各人。
16　存着无亏的良心,叫你们在何事上被毁谤,就在何事上可以叫那诬赖你们在基督里有好品行的人自觉羞愧。
17　神的旨意若是叫你们因行善受苦,总强如因行恶受苦。

在受书人的处境中,他们已受到一定程度的、从周围未信主的人而来的压迫。在这劣势下,信徒可能会进一步想到,如果不久的将来,逼迫不但接踵而来,并且还变本加厉,那又会如何呢? 他们的命运将会变成怎样呢? 面对举步维艰的未来,他们如何去面对可能发生的厄运呢? 这些都是极为困扰的问题,成为彼得在经段中所要处理的。[463]

---

[463] 事实上,本段直至五 11 都有此主体目标,Lenski, p. 146.

　　首先,作者承接上一段所引述的诗篇,继续其行善的主题,例如在第十一节所提及的"离恶行善",如今在第十三节的"热心行善",及第十七节的"因行善受苦"。而"受苦"的主题,亦于第十四节的"为善受苦"及第十七节的"因行善受苦"及"因行恶受苦"等处出现。

　　再者,彼得再一次引用旧约经文,此次为以赛亚书第八章十二至十三节。十四节下半句"不要怕人的威吓,也不要惊慌",便是引自以赛亚书的第十二节;第十五节上半句"只要心里尊主基督为圣",则是引自以赛亚书的第十三节。当然,在引用的同时,作者亦作出了适当的调整,以符合他此处的思路和用意。[464]

　　三 13　"你们若是热心行善,有谁害你们呢"　这是一修辞性反问的句子,而期待的答案是:"没有人害我们"。此句之首,有一常被译作"及",或是"亦是"的字眼,[465]在此处是有承先启后的作用,意为既然上文已言及主是保守看顾行善的人的,那么,如今我们便不应害怕主会不保守看顾我们,以至我们被别人所陷害。作者有此言,可能反映在受书人中,有一些人心中正在害怕,尽管他们致力行善,仍然怕会受到敌人进一步的迫害。

　　在原文的结构上,本句的首和末是倒转的,即:"有谁害你们呢？你们若是热心行善";"害"即伤害,迫害,本为未来时态的分词,此处作名词用,即"害人者";[466]"热心"乃名词,[467]本与第十一节的动词"寻求"为同一个字眼。故正如上文所说的,热心于善行的人,是得着主的保守的,这便成为作者有信心去为行善者作出保证的基础。诚然,作者的意思并不表示热心行善的信徒绝不受到逼迫,其实信徒因其信仰受逼迫,早在耶稣基督的教导中就有显示(如太十 17～18)。然而,因着信徒的善行,使逼迫者不能得到借口去攻击他们,这正是第十六节所要指出的。

　　三 14 上　"你们就是为义受苦,也是有福的"　此句之首有"然而"

[464] 如将之基督化了,详参批注部分;以赛亚书第八章为初期教会所乐用,尤其是指向耶稣乃弥赛亚,故可能变成一首诗歌,为教会所颂唱,参 Selwyn, p. 192.

[465] *kai*;参 BDF § 442.2;故可作"此外",Rienecker, *Linguistic Key*, p. 758.

[466] *ho kakōsōn*,作 substantival use.

[467] *zēlōtēs*,有学者主张此字,本即犹太"奋锐党"的一字,故彼得的意思是要如奋锐党人对政治的热切那样,热衷于善行,参 Michaels, p. 185 的讨论。

一字，⑱显出作者在文意上有一个转向，上一节强调信徒不会因行善而
受苦，这只可算是一个通则，但却不是没有例外的，⑲故此，受书人不应
有错觉，以为如此便可免了一切受苦的可能；"你们就是为义受苦"直译
为"你们若果真的是为义受苦"（参〔思〕〔吕〕），由此可见此乃一条件句，
文法上属于第四级条件句，常用作指不大可能发生的事件，⑳此用法在
这里的用意可能有三：

　　a. 行善而受苦毕竟是属于例外的情况。

　　b. 作者旨在强调神是保守行善的信徒的，这亦正是上一节的
意思。

　　c. 米高斯认为这用法有可能是表示，此处的受苦是含有受苦至死
的意思。因为受苦的主题在第十七节又再出现，而紧连的第十八节便
是论及基督如何受苦，而此受苦无疑是指着他被钉十架而死的经历。㉑

　　以上三个要点都有可能，当然，第三点是有些过于经文所指的意
思。诚然，受苦是包括了殉道，但经文本身却没有明言。总之，彼得承
认刻意行善的义人，亦会遭逢苦难，但如耶稣基督于马太福音第五章
十节所论及的第八福："为义受逼迫的人有福了"，彼得亦同样说："也
是有福的"，此词组原文只有一个字眼："有福了"，希腊人用此字形容
神祇那份超凡脱俗，不用受人世间的痛苦和经历朽坏的特质。在当
时的文学中，此字属于一种诗体的、祝福的形式（form of beatitude），
意即某人得了神喜悦的权利；㉒在新约里，却是指信徒因参与了天国
的救恩而得着那份从神而来的喜乐和福祉。㉓诚然，作者并没有随即
加上一个对"有福了"的解释，但如果以上对此处受苦的含意之分析
属实（尤以是第三点），则其意思是纵使受苦至死，神也必定在来生祝
福他们。如第一章七节所说的，在耶稣基督显现的大日，得着称赞、

---

⑱　*alla*，adversative conjunction，〔吕〕作"即使不然"；〔思〕作"但"。

⑲　Marshall，p. 114.

⑳　因 *paschoite* 为 optative mood，显出其为 undetermined with less likelihood，Robertson，
　　VI：113.

㉑　Michaels，p. 186.

㉒　*makarios*，BADG，p. 486.

㉓　详参 Michaelis，*TDNT*，V：362 - 370.

荣耀和尊贵。

　　三 14 下　"不要怕人的威吓,也不要惊慌"　此句乃引用以赛亚书第八章十二节,但在所引的七十士译本是指从亚述王(一个人,即"他")而来的威吓,但彼得却将之转成他们的威吓,故〔和〕作"人的威吓",[⑭]即别人(复数)的威吓,[⑮]其实,原本的希伯来圣经,亦采用他们,而非指某一个人而已。[⑯]"惊慌"乃被动语,是指为苦难所恫吓,以致心中惊骇不已。[⑰] 在受考验中,信徒与非信徒的分别,是前者有神的资源匡扶他们,但后者却要靠自己。观此,一如福音书中耶稣所预告的,信徒在面对苦难时是没有惧怕的,因着神对其子民的保守,信徒应该心中释然,凭信心仰望神,以代替心中的惊恐,安心地度过困苦的日子(太十 26～33;约十四 27)。

　　三 15 上　"只要心里尊主基督为圣"　彼得继续其引述,此句是来自以赛亚书第八章十三节稍作更改。彼得将原本的"要尊主自己为圣"之"自己",改为"基督",[⑱]而成为"要……尊主基督为圣","主"与"基督"是等位(in apposition);又因"主"排于句子之首,故强调了"基督"作为信徒的"主",[⑲]便是信徒所要尊为圣的对象。"只"又可作"然而",[⑳]故是指在不怕别人威吓之余,信徒却要"尊主基督为圣","尊……圣"此字是命令语,[㉑]故作"要尊……圣",一般作分别为圣,但在此处,其意思是如主祷文的"愿人都尊你的名为圣"(太六 9),即正确无误地

---

⑭　*phobon autōn*, *autōn* 本 可 以 作 subjective genitive 或 objective genitive,参 Selwyn, p. 192;但此处的文意指向后者。

⑮　即由 *autou* 变成 *autōn*.

⑯　详参 Green, "Old Testament and Christian Ethics in 1 Peter," p. 282, fn. 24;彼得如此作,有如犹太人对旧约圣经的 midrash 的做法。

⑰　*tarachthēte*;参 Hillyer, p. 108;此字同样出现于耶稣在分离时对门徒的安慰中,参约十四 1、27。

⑱　即以 *ton christon* 代替 *auton*.

⑲　*kyrion* 及 *ton christon* 同是 accusative.

⑳　可见彼得是正在解释赛八 13 的经文,将之 christianized.

㉑　*de*,〔思〕作"但",是 adversative conjunction.

㉒　*hagiasate*.

承认及尊崇神作为神；^⑱不单如此，并且以顺服其命令而荣耀他。^⑭ 又此处不是尊天父为圣，乃是主基督为圣，这是因为在新约中，信徒均尊基督为主，基督成为新约教会敬拜的对象，而人亦因基督，得以进入天国，^⑮这样，尽管在苦难之中，信徒仍然"要尊主基督为圣"。

尊主基督为圣的范畴，不是在说话之间表露出来，乃是在"心里"，直译为"在你们的心里"，^⑯此词组本不在以赛亚书第八章十三节中，是彼得加上去的，一方面强调本来在受敌人威吓下，信徒心中可能充满惊恐（上一节），但如今以尊崇基督为圣取代之。^⑰ 另外，是要对比下一句的，以口去回答别人的提问，彼得正在教导信徒，在面对教外人的质询时，他们的内心及外表所应有的应变方法。

三 15 下 "有人问你们心中盼望的缘由，就要常作准备，以温柔、敬畏的心回答各人" 此句直译为"常作准备，回答有人问及你们心中的盼望"。至于"温柔、敬畏的心"，因为是彼得在完结以上所说的话之后，再加上的一句插入语，故属于下一节是比较适合的。^⑱"常作准备"的"准备"，是一个充满末世性意思的形容词，在第一章五节中，其用作形容救恩是在末世要显现出来的，是神为信徒所准备的。^⑲ 到了第四章五节时，此字指出基督已准备就绪去审判活人和死人。^⑳ 如今，信徒同样要有所准备，并且要"常作准备"，以能回答别人所问及的："你们心中的盼望"。^㉑"你们心中"更适切的译法，应是"在你们中间"，^㉒其意思可以是指在你们每一个人的里面，侧重个别的信徒，又或者是在你们

---

⑱ 主祷文处的意思，强调了当神的天国成就于地上时，人便会正确地尊崇神，参 Donald A. Hagner, *Matthew 1–13*（Waco: Word, 1993），p.148；故尊神为圣，意即将神放在凌驾于任何世上的权位，Davids, p.131.

⑭ D. Hill, *The Gospel of Matthew*（Grand Rapids: Eerdmans, 1972），p.136；参 *NIDNTT*, 2:224–232.

⑮ 在本书中，作者一贯是高举耶稣基督的，故基督论极为丰富。

⑯ *en tais kardiais hymōn*, dative of location.

⑰ 即不要怕人，乃要敬神；Davids, p.131.

⑱ 参〔思〕〔新〕；参三 16 的批注。

⑲ *hetoimos*,〔和〕作"预备"；参其注释。

⑳ 〔和〕没有译出来，但参〔新〕〔吕〕及〔思〕；详参其批注。

㉑ 犹太的拉比亦有类似的教导，亦是针对外邦人的提问的，参 Hillyer, p.111.

㉒ *en hymin*.

作为一群人的中间，二者分别不大，而后者则强调信徒作为一个属神的、蒙救赎的群体，其集体信仰的见证，使其与不信的世界分别出来，其中尤以"在你们中间的盼望"，是如第一章三节所论及的。信徒重生得救，得着活泼的盼望，亦是如第一章廿一节所言及的，以神为盼望的基础。而事实上，信、望、爱是初期教会所公认的三美德，⑱观此，若有人问及此盼望时，信徒务要常作准备回答各人。

在此，学者诺斯（Knox）认为，"回答"及"问及"是当时法律上的技术性措辞，用于法庭上的质询和答辩。⑭ 若是如此，则此句暗指信徒被拉上法庭，要为自己的信仰而抗辩。诚然，此字在新约中，亦有此用法，如保罗在法庭上为自己抗辩（参徒廿二 1，廿五 16；提后四 16），然而，此字亦同样用于因受到别人的批评而作出答复（如林前九 3；林后七 11）。因此，我们不能确定此处果真有以上所指的技术性的意思。⑮ 也许，彼得是以福音书中耶稣论及门徒要在君王、臣宰面前，为信仰而分诉为背景（如路十二 11，廿一 14）写下此段，而彼得却没有提及君王、臣宰，因为此处只是论及要回答一般外人的询问。由此观之，彼得可能是以法庭上的控辩用于此处的日常生活的问答。⑯ 总括来说，信徒要向教外人开放自己的信仰，回答别人不论是善意或恶意的询问。⑰

三 16 上 "存着无亏的良心" 在上一节，我们将"以温柔敬畏的心"放于此节；此句直译为"但是，要存着温柔和敬畏"，如此的措辞显出了作者要在此间加上一个提醒，⑱而大概是回指上一节所说的；除了要常作准备，回答别人的提问，还要存温柔及敬畏的态度。"温柔"的意思参第三章四节的批注，是信徒因信靠神和爱人所产生的品格。⑲ "敬

⑱ 参林前十三 13；帖前一 3；西一 4～5；又参 *NIDNTT*，2：238–244.
⑭ "回答"（*apologia*），"问及"（*aitounti ... logon*），J. Knox，"Pliny and 1 Peter，" *JBL* 72（1953），p.189.
⑮ 大部分学者都不认为此处是技术性用法；Davids, p.131；Goppelt, p.244；Lenski, p.150；Hiebert, p.214；Hillyer, p.109；认为二者均可能的有 Blum, p.240.
⑯ 这是 Michaels, p.188 的见解。
⑰ 一如毛克礼所说的，不论是"地方官，或是个怀敌意的批评者，或是个好奇的教外人，或是个诚意的慕道友，皆要准备对他解释并加辩护"。毛克礼，页 233.
⑱ "但是"（*alla*）有此用法，参 BDF §448.6.
⑲ *prautēs*，Michaels, p.189 力陈此品格是向着神为主，向着人为次。

畏"此字刚于本章第十四节出现过，〔和〕作"怕"，是指信徒心中惧怕敌人的威吓，[500]此处不是指要敬畏敌人，即上一节所论及的要对提问信仰的人心存敬畏，乃是指敬畏神而言。[501]总括来说，彼得是要信徒存着温柔和敬畏的态度，去为信仰作出回答，这样，才不至胡乱地作答，并且能够配合心里尊主基督为圣这份情操（参三 15 上）。

　　彼得继续响应在面对敌人的攻击时信徒应如何自处之阐论。"存着"即"有着"，[502]"无亏的"应作"良善的"、"美好的"，[503]"良心"早在第二章十九节出现过，[504]又可作"良知"（〔吕〕），此字本来的意思是指共同享有的知识，[505]后来用作形容人的自觉性，尤以是内心负面及内疚的感觉。[506]按此了解，"良心"是指内在于人的，自我审察的机制，"良善的良心"[507]便是指一个没有缺陷、不偏不倚的良知，[508]在面对别人的攻击时，信徒能俯仰不愧于天地，[509]实为受逼迫中信徒所必须拥有的防卫体系。

　　三 16 下　"叫你们在何事上被毁谤，就在何事上可以叫那诬赖你们在基督里有好品行的人自觉羞愧"　有良善之良知的目的，是"叫你们在何事上被毁谤……"，[510]原文此句没有"在何事上"的，故应作"叫你们在被毁谤之时"。"毁谤"出现于第二章十二节，同样是指一些出于敌视信徒的人士之恶言，[511]此处为被动语，故作"被毁谤"，信徒受到敌人用言语的毁谤，大概是针对信徒的表现；"就在何事上"亦不在原文中，

---

[500] *phobos*.

[501] 一如一 17，二 18，三 2。

[502] *echontes*.

[503] *agathēn*；〔吕〕作"纯良"，此字又出现于紧接的一句，〔和〕作"好"，用作形容信徒的品行。

[504] 参其批注。

[505] *syneidēsis*，因此字是由 *syn* 及 *oida* 组合而成。

[506] 详参 *TLNT*，3；332－343；Mauer，*TDNT*，VII；898－919；C. A. Pierce，*Conscience in the New Testament*（London SCM，1955）。

[507] "无亏的良心"参徒廿三 1；提前一 5、19；又本章第三十一节。

[508] 这当然不是指信徒成了绝对完全、没有缺点的人，乃是指：(1) 每一天均过顺服神的生活；(2) 践行认罪、悔改的生活方式，以能得着神赦罪的平安；Grudem，p. 154.

[509] 此良心使信徒能敢于面对别人的攻击，还能言之凿凿地回答别人的质询，Blum，p. 240.

[510] *hina*，强调目的或结果。

[511] *katalaleō*，参其批注。

故后一句应作"就叫那些诬赖你们……","诬赖"又可作诬告、侮辱,[512] 含有错误地控诉的意思,[513]是现在时态的分词,作名词用,并且是复数,[514]故作"那些诬赖者"。在此,学者萧温主张,"诬赖者"在文法上可以不接受宾位,[515]若是如此,则全句便可译作:"就叫那些诬赖者因你们在基督里的好行为羞愧",[516]这一个强调信徒的好行为,使毁谤者不能得逞的教导,亦符合了第二章十二节所强调的。

　　骤一看,萧氏的主张颇有趣味,但他却不能举出实例,去证明"诬赖"此字,是毋须宾位紧随的,[517]所以,〔和〕〔思〕〔吕〕和〔新〕的解读仍然是较自然的译法,即"那些诬赖者"之宾位,便是"你们在基督里的好行为",故全句即"就叫那些诬赖你们在基督里之好品行的人羞愧"。"在基督里"常出现于保罗的著作中,[518]用作形容信徒与基督之间的独特关系,即与基督联合的神秘关系,[519]故此处乃指作一个在基督里的人,[520]其应有的"好品行"。[521]按此了解,信徒的内心有无亏的良心,外表有"在基督里的好品行",便成为表里一致的人。[522]"羞愧"是被动语,故作"叫……羞愧",在此,彼得并不是说这些人会归荣耀与神(参二 12),反而是用了"羞愧"一字,其用意有三:

　　a. 因"羞愧"乃被动语,故此处所暗示的是,羞愧他们的是神自己。

　　b. 在旧约中,"羞愧"常用作形容敌人在神的面前被打败了,而信

---

[512] *epēreazō*,黄锡木,页 596;路六 28 作"凌辱"。

[513] Blum,p. 240;或是 abuse, mistreat, Rienecker, *Linguistic Key*,p. 759.

[514] *hoi epēreazontes*,即 substantival use.

[515] 即 absolute 的用法;故在此句中,"好行为"便是"被羞愧"的宾位了。

[516] Selwyn,p. 194.

[517] 参 Michaels,p. 190 的反驳。

[518] *en Christō*,出现凡 160 多次。

[519] 参罗四 11,十二 5;又 G. E. Ladd, *A Theology of the New Testament*(Grand Rapids:Eerdmans,1974),pp. 481–483;H. Ridderbos, *Paul: An Outline of His Theology*(Grand Rapids:Eerdmans,1975),pp. 57–64.

[520] 又参五 10、14;耶稣亦有对此真理作教导,参约六 56,十四 20,十五 1~5,十六 33,十七 21。

[521] 故"好品行"是植根于"在基督里";参 Kelly,p. 145;"品行"(*anastrophē*)早出现于一 15;参其批注。

[522] 又或者正如毛克礼所指称的,有了无亏的良心,衍生了美好的品行,毛克礼,页 239;他力陈必先要有内在的生命,然后才能有外表的行为,此神学观本来是正确的,然而,这却非此处的重点,彼得亦没有锐意要有此先后次序的分别。

靠神的人,是不会在敌人面前羞愧的(如诗六 10,廿二 5,廿五 2～3
等),故彼得指这些诬赖者将被裁定为失败者。

c. 按此了解,此被羞愧的日子,当然可以是指现今,即神之介
入证实了信徒是清白的,诬告者是错误的,[53]但更大的可能,是指当
主再来审判活人死人之时(参二 12;又四 5)。[54] 在那日子,信徒的好
行为将会蒙神悦纳,如此,信徒得到伸冤,诬赖者反被判是错误而
蒙羞。

按此剖析,作者再度指到末世审判的话,从而引导在受苦中的信众
们忍耐等候那为信徒平反的日子之来临,以至纵使在今生要饱受忧苦,
信徒仍因信靠神而得安慰,产生励志的作用。

三 17 "神的旨意若是叫你们因行善受苦,总强如因行恶受苦"
早在第二章十九至二十节时,彼得已论及信徒因行善而受苦的问题。
如今,他再度强调在不公义的情况下受苦。[55] 原文"强如"排于句子之
首,表示此乃重点之所在,[56]其意即"更好";跟着有一个希腊字"因为",
〔和〕并没有译出来,此字有解释的作用,[57]是响应上一节所强调的,纵
使信徒有好行为,仍然会受教外人的毁谤,但"行善受苦"比起"行恶受
苦",无疑是"更好"的。其实,在当时的希腊道德论中,亦有相似的箴言
存在,如其中的一句:"行不义是较坏的,因为它比起受到不公义的对待
更羞耻"。[58] 当然,彼得的说法是受了基督教末世论所影响,意即是说,
信徒在今生虽然因行善而受苦,但将来必蒙神为之伸冤,而行恶者却必
定因着其恶行,在那审判的日子受神的审判(参一 5～7,三 14,四 13)。
在此,米高斯说得好,忍受人的忿怒,比起忍受神的忿怒来得容易,[59]这

[53] 亦可以是因着信徒的好行为,使诬告者蒙羞;认为是现在发生的有 Grudem, p.154; Marshall, p.116 的见解。
[54] 此乃 Davids, p.133; Hillyer, p.109; Michaels, pp.190-191 的解读。
[55] Beare, p.140.
[56] *kreittōn*,是比较形容词,是 comparative degree.
[57] *gar*,其他译本都没有翻译出来。
[58] *Gorg*, 308c,引自 Davids, p.133;故此处亦可说是一句智慧之言的格言;Goppelt, p.246.
[59] J. Ramsey Michaels, "Eschatology in 1 Peter III. 17," *NTS* (1966-1967), p.401.

亦符合了行善受苦更好过行恶受苦的意思。(530)

在此，米高斯主张，彼得言下之意，是在末世时，世界的人将分成两类，一为行善者，另一为行恶者，因此，此话的作用，并不是要提醒信徒在受苦中仍要行善，而不要行恶；乃是要对信徒作出确认，尽管他们受苦，但其命运比起那些现今正在逼迫他们的恶人要好得多。(531) 然而，米氏的见解，似乎有点超过经文所指的意思。总括来说，彼得是要信徒莫为行善受苦而灰心，因为神会为他们主持公道。

当然，彼得还加上一句"神的旨意若是要……"，在文法上，此乃一可能性的句子，(532)意即神的旨意，并不是要信徒在行善中必须受苦，但若是苦难真的临到信徒，却要有一份以上的了解。(533) 当然，此一可能性句子并不表示在受书人中没有人正因行善受苦，因为第二章十二节，十八至二十节实在显出已有一群信徒正在受苦，(534)但明显的是，这亦不表示神的旨意是要所有信徒都因行善受苦。

紧接着的下一段经文，作者以基督因行善而受苦作为例子，显出信徒因行善而受苦的作用。活在同一个堕落的、充满了疏离的世界中，因着罪的污染及神的咒诅，世人受苦是必然的。然而，信徒和教外人在受苦的事上，却有截然不同的意义，教外人在受苦中只有不平、愤恨、沮丧和灰心，既怨天，亦尤人，因为他们不信有来生，人生没有将来的盼望，一切的希望，便寄存在今生之中，今生活得不快，还有什么乐趣和意义可言。但对信徒来说，今生并不是一切，来生却是永恒，在永恒中享受神的恩福，强如在今生苟且偷安，这是存于他们心中的盼望；故在受苦时，仍然秉持信仰，努力行善，忍耐到底，因为神必然为他们平反，给予他们应得的回报。

---

(530) 当然，我们亦不能完全排除彼得是指着今世而说，一如毛克礼所说的，行恶的人在今生亦会得着其应得的报应，而行善者却得着其良心的赞许，并且产生善果；毛克礼，页 241。

(531) 参 Michaels, pp. 191 - 192; Michaels, "Eschatology in 1 Peter III. 17," pp. 394 - 401.

(532) "要"(*theloi*)乃 optative mood，与三 14 一样；又 Davids, p. 134 认为此乃一习语。

(533) 按此理解，受苦临到信徒，亦可以是出于神的旨意的，信徒务要顺服，不怨天，不尤人，忍耐信靠主。

(534) Kelly, pp. 145 - 146.

(ii) 基督的复活得胜带给信徒救恩(三 18～22)

18　因基督也曾一次为罪受苦,就是义的代替不义的,为要引我们到神面前。按着肉体说,他被治死;按着灵性说,他复活了。

19　他借这灵曾去传道给那些在监狱里的灵听,

20　就是那从前在挪亚预备方舟、神容忍等待的时候,不信从的人。当时进入方舟,藉着水得救的不多,只有八个人。

21　这水所表明的洗礼,现在藉着耶稣基督复活也拯救你们。这洗礼本不在乎除掉肉体的污秽,只求在神面前有无亏的良心。

22　耶稣已经进入天堂,在神的右边,众天使和有权柄的,并有能力的,都服从了他。

　　首先,我们注意此段直到第四章六节有紧密的关系。我们可以称整段经文的主题为:基督的得胜与信徒的行善受苦。由于"因为基督也曾……"这词组已见于第二章廿一节,说明第三章十八至廿二节此段经文和第二章廿一至廿五节的作用非常相近。两段经文同样引用基督的事迹,作为信徒行善受苦的基础和得能力的源头。[335] 第二章廿一至廿五节所记载的是基督受苦以至于死的救赎,这里则不只说明基督的代赎,更强调基督的复活和得胜。基督的得胜是信徒不怕人的惊吓,就算行善而受苦,仍要坚持到底的基础及得力之源。[336] 第二章廿一至廿五节另一重要的主题,是基督的榜样,但这里则在此段之后,即第四章一节才直接地说明基督的榜样。[337] 在第四章一节,原文中有"因此"一字,[338]如此,便将第三章十八至廿二节与第四章一至六节连结起来,而且第四章一节上"基督既在肉身受苦",明显是要指向之前第三章十八

---

[335] Dalton, *Proclamation*, pp.127-128;参 Michaels, p.196; Grudem, p.161.

[336] Dalton, *Proclamation*, pp.127-128;他在另一篇专文,"The Interpretation of 1 Peter 3: 19 and 4:6: Light from 2 Peter," *Bib* 60(1979), pp.547-555 指出这理解与彼后二 4～5,9 及三 6 的教训相吻合。

[337] Dalton, *Proclamation*, pp.129-130.

[338] *oun*.

节上的"基督……为罪受苦"。按此了解,我们可将第三章十八节至第四章六节看为一整段,第三章十八至廿二节可以说是教义性的,第四章一至六节则是基于这教义而发出的勉励。[59]

此处反映交叉式的结构:[60]

A　1　基督曾为罪受苦,将人带到神面前

　　2　他按**肉身**说被治死,按**灵性**说复活了

　　　B　他曾**去**传道给监狱里的灵听

　　　　C　他们是那些不信从的

　　　　　D　藉着**水得救**的不多,只有八个人

　　　　　D′　这水所表明的**洗礼**……也**拯救**你们

　　　　C′　不在乎除掉**肉体**的污秽,只求在神面前有无亏的良心

　　　B′　耶稣已**进入**天堂……服从了他

A′　1　基督在肉身受苦,信徒也要有如此准备

　　2　死人有福音传给他们,叫**肉体**按着人受审判,**灵性**靠神活着

信徒作为"藉水拯救"的群体,有基督作为他们得胜邪恶势力的确据和保证,可以安然地面对苦难,坚定不移,正如基督承受苦难而得荣耀一样。

从经文的形式上看,不少学者认为第三章十八至廿二节包含了早期教会的传统教理、宣认或诗歌材料(参罗一 3～4),亦有认为提摩太前书第三章十六节的基督论诗歌,是引申自第三章十八节下"按着肉体说他被治死,按着灵性说他复活了",[60]基督的复活得胜享荣耀亦是新约诗歌的重点(腓二 6～11;提前三 16;弗一 22～23)。然而,不同学者对这资料的性质不单未有任何共识,他们企图将整段重组成诗歌或教

---

[59] Dalton, *Proclamation*, p. 104.

[60] 这里主要取材于 S. E. Johnson, "The Preaching to the Dead," *JBL* 79(1960), pp. 50 - 51. Hillyer, p. 118 接受他的提议。虽然这里接受他们所建议的结构,但却不赞成 Johnson 认为这结构证明基督曾将福音向旧约的人宣讲。

[60] J. T. Sanders, *The New Testament Christological Hymns* (Cambridge: CUP, 1971), pp. 17 - 18.

理原本结构之努力,亦显得徒劳无功。[54] 因此我们在这里亦不将整段看为是诗歌或教理,尽管其中可能包含这些成分。

三 18 上 "因基督也曾一次为罪受苦" 正如此段引言中已说明,"因为基督也曾……"这词组,引出以下基督的事迹与信徒的关系,像在第二章廿一节此词组的作用一样。此处"因为"的用法,主要有几种不同的看法:[55]

a. 像引号一样,作为引入一段洗礼时所用的教理(一 18,二 21 下);[56]

b. 说明基督为罪人受苦,将人引到神的面前,是信徒作为义者同样要为不义的人受苦,目的是要将他们引到神面前的原因;[55]

c. 说明为什么行善而受苦,强过行恶而受苦;[56]

d. 是第三章十三至十七节信徒为义受苦仍是蒙福(三 14)的理由,因为透过洗礼,信徒参与在基督里的得胜,所以他们无惧于别人的惊吓。[57]

第一种看法,是假设这段经文是引用早期教会的教理,我们在此经段的引论中已指出,并无充分的证据说明这是真实的。宣教的意识在彼得前书并非没有,而且彼得亦愿意见到教外人被吸引接受福音,然而,他在这里的关注明显是面对苦难的信众群体如何自处。虽然第三章十七节可用作支持第三种的理解,但"行善受苦胜过行恶受苦"是明显不过的道理,是否有需要用整段经文作解释?况且,第三章十八至廿二节之重点并非受苦有益,而是基督的得胜及其对信徒之意义。因为第三章十八节至第四章六节是一个整体,这里要强调信徒行善受苦的基础和得力之源,就是基督的死和及后的复活得胜,因此第二和第三种解释,均不符合文理的发展,这里是接受第四种的看法。

---

[54] 不同学者的努力,参 Dalton, *Proclamation*, pp. 109–119;Best, pp. 135–137 的概览及评断,亦参 Davids, pp. 134–135;Marshall, pp. 118–119 fn.

[55] 详细的讨论,请参 Dalton, *Proclamation*, pp. 121–126.

[56] Dijkman, "OTI," p. 267, recitative use;参 BDF §470.

[55] Reicke, p. 109;Grudem, pp. 154–155;Hillyer, p. 112.

[56] Beare, p. 141;Davids, p. 134.

[57] Dalton, *Proclamation*, pp. 127–128;Kelly, p. 147 则同时接受(i)的解释。

　　"也曾"说明基督受苦和信徒为义受苦有相似之处(参三17),但却不完全一样。因为基督是"一次"的受苦,而且是救赎性地"为罪"而受的苦,承受人类犯罪所带来的刑罚。此处彼得要说明信徒为义受苦是有福的,因为基督受苦以至于死并非他的终局,他的复活与得胜是信徒得着最终平反及荣耀的保证。⁵⁸

　　"一次"这字可看为"曾有一次",以对比于"现在";亦可看为"一次已经完成"的意思(参〔吕〕〔现〕),在希伯来书中屡次使用这字(参来九26、28)及另一同字根的字,⁵⁹表达基督献上自己为祭的有效、完整和彻底性,以对比旧约赎罪祭需要经常不断地献上。这里虽然没有对比的意味,但同样用作表达基督的受苦以至于死,是一次完成对罪人的有效拯救(参二24～25)。

　　基督是"为罪"⁵⁹而受苦,"为罪"这词组,带有赎罪祭的意味(来五3,十26;亦参林前十五3;约壹一7,二2,四10),正如第一章十九节和第二章廿四节所表达的。这里用"受苦"而非"受死",⁵⁰承接了上文第十七节同字根不定语态的受苦一字,亦是由第三章十二节起的主题。在第二章廿一节同样使用这字,说明信徒要效法基督受苦的榜样(参二21),此字包含了基督受苦以至于死,其作用就是承担人的罪(二24),惟有这样,通往神的路才为我们打开(三18下)。

　　三18中上　"就是义的代替不义的"　作者在此清楚地说明,基督

---

⁵⁸ Kelly, p. 148.

⁵⁹ *hapax ephapax* 是另一同字根表达基督救赎完成的彻底,参来七27,九12,十10;罗六10。

⁵⁰ *peri hamartiōn* 这词组,在七十士译本中,参利十六16、25;申九18;王上十五30,十六13;但四27,在传道经(卅九5,廿八4)则用在罪得宽恕。在七十士译本中较常将 *peri hamartian* 用于赎罪祭,有18次之多,如利五6、7、11,九2、3,十二6、8 等;申九18;亦参来十6。另一常见的用法是 *hyper hamartian*,参结四十三22、25,四十四29,四十五17、22、23,四十六20,新约参林前十五2;加一4;来十12。其意义是一样的,参 Harris, *NIDNTT*, 3:1174.但彼得则将 *hyper* 这介词,只用在人的身上,见下句"代替"一字即此字。

⁵⁰ 在这里有异文作"为你们的罪受死"(*peri hamartiōn hyper hymōn apethanen*, p. 72, α, A, Vulgate),支持这异文的抄本和版本也不少,但一方面正如正文中已指出,"受苦"较能与上文第17节相连,另一方面,这异文极可能是受传统的公式所影响,参罗六10;林前十五3。参 Metzger, *Textual Commentary*, pp. 692-693;Dalton, *Proclamation*, pp. 131-133.

的受苦是为了罪,但并不是为了自己的罪。"义的"是单数,在此文脉中是指基督;[52]"不义"是复数,一般性地指不在神公义领域之内,即凡拒绝神的人。[53]第四章十八节同样出现类似的对比,义人(单数)和不虔敬的、犯罪的人,在第三章十二节"义人"一字则是复数的,指基督徒。基督是无罪的,他是"无瑕疵无玷污的"(一19;参二22~23),他是全然为义而受苦的人(三14):为了不义的罪人,承受了痛苦和死亡。[54]同样值得注意的是,在以赛亚书第五十三章的仆人之歌中,耶和华的仆人是义的,与那些他为之受苦的罪人,成了强烈的对比(亦参二24)。基督是那义者,这是初期教会中信徒对基督的理解(徒三14,七52,廿二14;约壹二1、29,三7;亦参路廿三22、47;太廿七19)。[55]在此,彼得将基督是义人但却受苦,与基督徒同样要行义而受苦连结起来(三14)。作者由第四章一节开始更直接地说明基督为义受苦如何给信徒立下了榜样。若基督是全然公义的仍要受苦,更何况他的追随者呢!基督成了为义受苦的信徒最终的榜样。

三18中下 "为要引我们到神面前" 希腊文不少抄本,使用"你们"而非"我们",这异文似乎更为可靠(参〔现〕〔新〕),[56]但此异文的存在,并不会影响我们理解这句经文。读者也曾属于不义的一群,需要与神和好。基督代赎受苦以至于死的结果,就是使人得以进到神那里去。

"引到"一字通常指进到宫殿或裁判处之前(参徒十六20)。[57]在旧约七十士译本常用在将所献的祭牲带到神面前(出廿九10;利一2)和将人带到神面前献上(出廿九4;利八14;民八9),但在这里并非意味

---

[52] 作者在此并没有用冠词,是蕴含了原则性的说法,以表明信徒作为义人,亦要为他人的罪承受苦楚的论说。

[53] Goppelt, p. 251.

[54] 这里的"不义者"不应与下文三20"不信从的〔人〕"(原文没有人字)看为是同一班人。参三20的注释。参 Dalton, *Proclamation*, pp. 134,149.

[55] 在犹太教的著作中,"义者"是弥赛亚的别称(如所罗门智慧书二18;以诺壹书卅八2)。

[56] Metzger, *Textual Commentary*, p. 693; Michaels, p. 195 n. b. 不同意者,参 Kelly, p. 149; Dalton, *Proclamation*, pp. 134‑135.

[57] 参 Kelly, p. 149; Goppelt, Dalton, *Proclamation*, p. 135.

着信徒是祭司或是献呈到神面前的祭。[58]"引到"与同字根的名词"进路",[59]有密切的关系。"进路"一字在新约常用于因着耶稣基督打开了进到神那里的路径。保罗在罗马书第五章二节说明,这进路是因着基督的赎罪以致神人和好而得以达成的,使人得以进到掌王权的神面前(参弗二 18,三 12);希伯来书第十章十九至廿二节称基督藉着他的死打开了进入至圣所那又新又活的路,使人得以进到[60]神的面前。基督是引领信徒进到神面前的那一位,信徒也要跟随基督的脚踪(二 21),与他同受苦难(四 13)。[61]基督作为牧人和监督,常引领他所拯救的人,进到神的面前(参来二 10),最终会领他们经历终末的拯救。总括来说,信徒这独特的权利,成为他们得以面对苦难的力量。

三 18 下　"**按着肉体说,他被治死;按着灵性说,他复活了**"　除了上文所说藉着基督"义的代替不义的"之受苦,这两句平行句子完整地说明信徒如何靠着基督进到神的面前,[62]并且将重点放在第二句,[63]即基督的复活,基督的复活(升天)亦是整段的中心。这两句之间出现了两个对比:"按着肉体"和"按着灵性","被治死"和"复活了"。在此,我们先处理后一个对比。

"被治死"提醒我们基督被捉拿、受审、受苦最终被钉死这整个过程(可十四 55;太廿六 59;太廿七 1)。原文"复活"这字有别于新约其他地方译作"复活"的字眼,此处的字在新约通常用作将来的复活(约五 21;罗四 17,八 11;林前十五 22)或赐生命(约六 63;林前十五 36、45;林

---

[58] Selwyn, p. 196;Goppelt, p. 252 with n. 21;Michaels, p. 203. 持不同见解的,参 K. L. Schmidt, "*agōgē*," *TDNT*, I:131 - 133;亦参 Kelly, p. 149;Dalton, *Proclamation*, p. 135 则认为这里蕴含基督徒作为祭司的意味是可能的。

[59] *prosagōgē*.

[60] *proserchōmetha*, Heb 10:22;cf. 4:16;10:25;12:22. 这字在彼前二 4(5)出现过,请参该处解释。

[61] Goppelt, p. 252;Michaels, p. 203;Davids, p. 136.

[62] *thanatōtheis* 和 *zōopoiētheis* 这分词为 instrumental participles,modifying *prosagagē*. Michaels, p. 203 虽然不赞成这看法,但他认为这里是重复三 18 上基督的死并以基督复活作为补充,这看法与这里的理解没有多大的分别。特别参 J. S. Feinberg, "1 Peter 3: 18 - 20, Ancient Mythology, and the Intermediate State," *WTJ* 48(1986), pp. 312 - 318 详尽的分析。

[63] 参 BDF § 447(5);Dalton, *Proclamation*, p. 137;Michaels, p. 205.

后三 6；加三 21），并且与圣灵的工作有关。特别在罗马书第八章十一节："然而叫耶稣从死里复活者的灵，若住在你们心里，叫基督耶稣从死里复活的，也必藉着住在你们心里的圣灵，使你们必死的身体又活过来。""活过来"正是这里所用的字，在上引的经文中是与"叫……复活"平行的。因此，无疑地，这里是指基督从死里复活。[64]

第二对是"按着肉体"和"按着灵性"的对比。[65] 这里可以有几种不同的理解：[66]

a. 可能理解为希腊人性论中，将人分为肉体和灵魂两部分，即基督作为人的肉身死了，但作为人的灵魂却仍活着（参〔现〕〔当〕）；[67]

b. 指基督的人性与神性；

c. 指存在的两个生活的领域、秩序或方式，属于天然肉身生活的范畴对比于永恒、属天的范畴，亦可能蕴含肉身身体和属灵身体的对比（参林前十五 42～49）。[68]

第一个解释与新约的传统相违，基督的复活是身体的复活，而非只是灵的活着。而且若果基督的灵魂本身是永恒的，就不需要使之"活过来"，若他的灵并非永恒的，即他的灵在他死时亦死了，这对于基督来说是奇怪的说法，亦不明作者如此说的目的为何。[69] 第二种解释则面对基督的神性需要复活过来的难题。第三种的解释比较有可能，即在肉

---

[64] 参如 R. Bultmann，*TDNT*，II：875. Selwyn, p. 197 指出 Wand 和 Windisch 均认为"活过来"与"复活"是不同的。"活过来"是指基督那属于永恒和属灵的部分活跃起来，下到阴间传道给被监禁的灵，但这种对这字的理解，不只完全找不到先例，亦有将其解释套进一种神学理论之嫌。

[65] *sarki*, *pneumati*；Dative of respect or reference. 因此〔和〕〔吕〕〔新〕的译法是正确的。虽然 *pneumati* 有可能是 instrumental dative，将"灵"看为是圣灵，若是如此，则可认为这里与新约其他地方所说相符，即从死里复活是圣灵的工作（徒二 32～33；罗 3～4，八 11；提前三 16），但 *sarki* 则不可能是同样用法，因为两者是平行的，所以应有类同的意思。

[66] 有关其他不同的解释，详参 Feinberg，"1 Peter 3：18 - 20，" pp. 314 - 318.

[67] Stibbs, p. 142；杨东川，页 207。

[68] 大部分学者均采取这看法，如 Beare, p. 143；Dalton, *Proclamation*, pp. 135 - 142；Kelly, p. 19；R. T. France，"Exegesis in Practice：Two Samples，" in *New Testament Intepretation*, ed. I. H. Marshall（Exeter：Paternoster, 1977），p. 267；Michaels, p. 204；Grudem, p. 156；Davids, p. 137.

[69] 参 Marshall, pp. 120 - 121 fn.

身生命的领域来说(参四 1、2、6),基督被治死,在属灵生命的领域上,
他已活过来(参四 6)。受苦以至死亡并非基督最后的结局。

　　三 19　"他藉这灵曾去传道给那些在监狱里的灵听"　这里涉及
几个重要的问题:a. 基督何时去? b. 基督去的是什么地方? c. 基督向
谁宣讲? d. 他传道的内容是什么? 这几个问题往往相关紧扣,历来对
这些问题的解答,可归纳为以下三种不同的解释:⑩

　　i. 基督进到那些灵界权势被拘禁的地方。基督可以是在死后复
活之前下到这阴间,⑪或在复活后上到天上这监禁之所。⑫ 他向他们宣
告复活的得胜及神的审判。这种看法将整段看为是要给读者们确据,
基督已超过一切的权势,信徒毋须惧怕。

　　ii. 基督的灵在死后复活之前活跃于阴间,向在挪亚时期被洪水毁
灭之人的灵魂宣讲,亦有认为不只是向那些灵魂,而是向基督来临之前
所有已死的人。其目的是给他们悔改信福音的机会,或是宣讲得胜和
审判的信息。⑬

　　iii. 先存的基督透过挪亚向那些不信服的人宣讲悔改的信息。但
因为他们的不信,他们在洪水中被灭,而且其灵魂现今被囚禁于监狱之
中。基督透过挪亚的宣讲,成为信徒放胆将人引到神面前的榜样。⑭

　　笔者是支持第一种看法的。原因可见于对以下四个问题的答复。

　　a. 基督何时去? 这问题的答案,系于如何理解"他藉这灵"。

　　"他藉这灵"原文为"在此"。⑮ 值得注意的是,原文在"在此"之后,
有助动词"也曾"一字,⑯似乎是说基督已作了一次传道,但这助动词的
作用,在于说明基督在灵的方式存在时的另一个活动,首个活动当然是
从死里复活。⑰ 传道这事实是基督复活之后第二步的行动。

---

⑩　参 Marshall,pp. 122 - 123.

⑪　如 Selwyn,Best.

⑫　Dalton,Kelly,Fitzmyer,France,Michaels,Marshall.

⑬　Cranfield,E. Schweizer,G. W. Beasley-Murray,G. Friedrich,H. Bietenhard.

⑭　这见解源于奥古斯丁,新近支持这看法的有 Goppelt,Grudem,Feinberg.

⑮　en hōs.

⑯　kai,adjunctive use.

⑰　Dalton,*Proclamation*,pp. 148 - 149;Kelly,pp. 152 - 153;Grudem,p. 157;Hillyer,
　　p. 114.

"在此"有四种不同的解释：

i. "此"是指第十八节下的"灵"，往往译作"藉这灵"，如〔和〕〔现〕〔当〕〔新〕〔思〕；[56]

ii. "此"是指第十八节下全句，即"在这事上"，就是在他死后至复活之间这过程之中；[57]

iii. 将整个关系介词词组看为关系原因连接词（relative causal conjunction），即"为这缘故"，因他从死里复活；

iv. 整个关系介词词组看作"在这时候"或"在这情况下"，即基督在这新的存在方式下，如〔吕〕旁注。[58]

正如上文所述，第三章十八节下的重点是在基督的复活，而非基督死而复活这过程，经文亦没有任何证据说明以下所说的，是在基督死后和复活之间所发生的事，因此 ii 不大可能。萧温认为 i 的解释不大可能，因为在新约没有关系代名词指之前副词性间接受词（adverbial dative）的做法。[59] 但顾登却在新约中找出五个例子，说明这是可能的。[60] 但 i 的理解，与第十八节下"灵"的解释不相符，那里并非指圣灵或基督的灵，因此这里亦不接受这解释。iii 和 iv 的理解十分相近，同样强调基督在复活的状态之下，而以 iv 的理解比较简单，这里亦接受这解释。若是如此，基督是在复活之后，向"监狱里的灵传道"。[61]

这样的解释自然否定了认为此段经文是指基督在死后复活前降到阴间，向挪亚时代不信从之人的灵魂或基督死之前的人的灵魂宣讲福

---

[56] 另一可能的理解是将之看为"在他按着灵存在的时候"（参〔吕〕），则与 iv 的理解无异。

[57] Selwyn, p. 197；G. Friedrich, *TDNT*, III；707；C. E. B. Cranfield, "An Interpretation of 1 Peter iii. 19 and iv. 6," *ExpT* 69（1958），rpt. in *The Bible and Christian Life* (Edinburgh：T. & T. Clark, 1985), p. 181；G. R. Beasley-Murray, *Baptism in the New Testament* (Exeter：Paternoster, 1962), p. 258. 基督在死后及复活之前仍有所活动，在新约中似有暗示：太十二 40；徒二 25～27，十三 35；罗十 7；弗四 9；启一 18. 亦参 Best, pp. 141 - 142.

[58] Goppelt, p. 256；Reicke, pp. 109, 138, n. 37；Fitzmyer, p. 367；Mounce, p. 56；Michaels, p. 205.

[59] Selwyn, p. 197, 315, 317；Best, p. 140 亦接受这解释。

[60] Grudem, "1 Peter 3：19 - 20," p. 22. Kelly, p. 152 同时指出，这是教会早期解经家对这里的理解，他们的母语是希腊文。

[61] 支持这观点的有 Dalton, *Proclamation*, pp. 183 - 184.

音/或审判信息的说法(即见解 ii)。认为基督透过挪亚向那时代宣讲信息(即见解 iii)的困难是,在这段根本没有说明挪亚向他的时代宣讲信息![54] 因此,持此见解的人士多认为"在此"是指"藉着这灵",但则遇到上文所提及的困难。若是指先存的基督进到人身上作事,这说法是圣经所没有的,亦是值得怀疑的。

　　b. 基督去的是什么地方？ 是下到这阴间,或上到天上这监禁之所,或跨越时空回到挪亚的时期？ 答案系于"监狱"是指什么？ 而"曾去"是指"下到"还是指"上到"。整个问题亦与此处所说监狱中灵体的身份有密切的关系。

　　首先连于"传道"的过去不定时态分词"曾去"[55]是没有方向性的,可以指上去或下到。在旧约中,常言死人是下到阴间里去(诗卅 3；赛十四 15)。耶稣死后他的灵魂并没有被撇在阴间(诗十六 8～11；徒二 27、31,十三 35；罗十 6～8；弗四 8～10),[56]反而从死人中复活。但若基督是在他复活之后去到这地方,则这地方不可能是阴间,因为复活是从阴间上来,而不是下到阴间！ 若所到之处并非人死后所到的阴间,而是犯罪天使被囚禁的地方,如启示录第二十章一至三节和彼得后书第二章四节(参犹 6)所记载的,则"下到"仍是可能的。[57] 但困难是,在新约中此字从来没有这样的用法,反而是用另一个字。[58] 另一方面,这字用

[54] Marshall，p. 124.

[55] *poreuthein*；circumstantial participle.

[56] 有关使徒信经中"降在阴间"的教条在教会历史中不同的理解,可参 J. Yates,"'He Descended Into Hell'：Creed，Article and Scripture（I），" *Churchman* 102（1988），pp. 240 - 250. 有关这观念的背景,参 R. Bauckham, "Descent to the Underworld," *ABD* 2：145 - 159；有关质疑此教理是否有圣经的基础,反对这教理的,有如 R. E. Otto, "Descendit is Inferna：A Reformed Review of a Creedal Conundrum," *WTJ* 52(1990), pp. 143 - 150；W. Grudem, "He Did not Descend into Hell：A Plea for Following Scripture instead of the Apostles' Creed," *JETS* 34（1991），pp. 103 - 113；特别针对 Grudem 的文章作响应的,参 D. P. Scare, "He Did Descend to Hell：In Defense of the Apostles' Creed," *JETS* 35（1992），pp. 91 - 99. 另参 J. Yates, "'He Descended Into Hell'：Creed，Article and Scripture（II），" *Churchman* 102(1988), pp. 303 - 315.

[57] 亦参以诺壹书十 12～13. 持这见解的,参 Best., p. 143；Hiebert, "The Suffering and Triumphant Christ：An Exposition of 1 Peter 3：18 - 22," *BibSac* 139(1982), pp. 152 - 153.

[58] 常用的是 *katabainein*.

作基督的升天，在新约中是相当常见的（来九 12、24，十 12；弗四 8）。[58]
犹太人相信天堂是分为多层的，正如保罗在哥林多后书第十二章二节
也曾提及三层天。犹太次经以诺贰书第七章一至三节说，[59]以诺就曾
到访第二层天，在那里有极黑暗的地方，就是背逆的天使被囚禁的地
方，若这是此段经文的背景，则这里可作"上到"。而且这字另一处出现
于第三章廿二节，明显是指升上天堂。因此这里是指天上的某一地方
较为可能。[60]

　　"在监狱里"亦有几种不同的理解，有认为是象征性理解，是指在罪
和无知之中被囚禁，这是那些接受第三种见解的人所作的解释；米高斯
为了解决事实上邪灵仍不断在今世中工作，并未被捆绑，因此对这词组
取了一个较中性的翻译，以"监狱"原意为被看守，因此亦可作"在避难
所中"（启十八 2），[61]然而，这解释是将"监狱"这字的意思，推到极限。
我们要明白"在监狱里的灵"是指什么，则需要确定基督是向谁宣讲。

　　c. 基督向谁宣讲？ 这里所说的灵是指在挪亚时代的人，或死去的
人的灵魂，还是灵界的活物？

　　认为这里所指是挪亚时代的人，[62]第四章六节有类同的做法，是指
那些现在死了的人，从前也曾有福音传给他们。但第四章六节使用"死
人"这不寻常的用法，是因为第四章五节的关注，在于死人和活人都要
同受审判，而他们的结局是按照他们对福音的反应。[63]

　　若第三章二十节是指在挪亚时期那些犯罪的人，"灵魂"应是他们
现存的景况。虽然在圣经中"灵魂"一字可作死人的灵魂（民十六 22，

[58]　Best，p. 140 同意 Reicke 的看法，认为这里若是指升天，则应使用现在式分词而不是过去不定语态分词，但过去不定语态分词不一定指在主要动词之前发生的事，况且就算"去"是指升天，发生在宣讲之先，亦是说得通的。参 Porter，*Verbal Aspect*，pp. 377 – 387.
[59]　亦参 Test. Lev. 3：2. 有关以诺书这段经文的背景，参 Dalton，*Proclamation*，pp. 165 – 171，175 – 176.
[60]　持这观点的，如 Dalton，*Proclamation*，pp. 160 – 161，178 – 179，182；Elliott，p. 98；Marshall，p. 125.
[61]　Michaels，pp. 208 – 209.
[62]　这是自奥古斯丁之后在拉丁教会中盛行的解释。Cranfield，"1 Peter iii. 19 and iv. 6，"p. 180；Grudem，pp. 233 – 236；Clowney，pp. 162 – 163；杨东川，页 207。
[63]　参 Marshall，p. 127.

廿七 16；来十二 23)，但却从没有说死人的灵魂是被囚禁。而且这种看法，是要将第十九节的意思"修改"为"曾去传道给现在在监狱里的灵听"，但作者清楚说明"从前"和"现在"的对照，见于二十至廿一节：挪亚时期与当时读者，而非十九与二十节。[55] 而且若这种说法是正确的话，这里不应是那些灵魂不信从，而是那些人不信从。[56] 当然〔和〕的翻译可以如此理解，但原文的结构指那些不信从的，是在监狱里的灵，而不是那些人。

"灵"指堕落的灵体的说法，在新约常有出现，可指堕落的天使(来一 14，十二 9；徒廿三 8～9)和污灵(可一 23；路十 20；徒十九 15～16)，而且当单独使用时，往往是指非人类的灵体，[57]因此我们接受这里是指灵界的灵体。[58] 有认为这里指创世记第六章一至四节的"神的儿子们"，就是那些堕落的天使，他们与人的女子结合。[59] 在犹太次经中(如以诺壹书)，往往将这记载与洪水的事件相提并论。

d. 基督所宣讲的内容是什么？ 有认为是向"监狱中的灵"宣告赦罪和拯救，亦有认为是宣告基督的得胜和神的审判。

原文"传道"一字与"传福音"(一 12、25，四 6)有别。[60] 在七十士译本中，这字可用作传递好或坏的消息(参拿一 2，三 2、4)。虽然在新约中，"传道"一字多用作福音的宣讲(如路八 1；太四 23，九 35；加二 2；西

[55] Ibid., p.211.

[56] Francis，"Exegesis," p.269.

[57] Grudem, pp.208-209 不赞成这看法，认为在以诺壹书中，廿二 6、7，二十 6 这字三次单独的出现，均指人而非灵体。但在上引几节的经文中，虽然"灵"一字有单独的使用，但在廿二 3、5、7、9 和二十三 3 其他几次的使用，均有 genitive 说明这是人的灵。参 J. A. D. Weinma, review on Grudem's commentary，CTJ 25(1990)，p.104.

[58] 持这见解的，如 Dalton, Proclamation, Selwyn, pp.198-200、323；Kelly, p.154；Best, p.143；Elliott, pp.97-98；Marshall, pp.127-128；R. Bauckham, "Descent to the Underworld," ABD 2：156.

[59] 持这见解的，参 Kelly, p.154；Francis，"Exegesis," pp.269-270；Mounce, pp.56-57；Davids, p.140；Marshall, pp.127-128. 亦有人认为"灵"指天使和人的灵魂，如 A. T. Hanson, "Salvation Proclaimed：1 Peter 3：18-22," ExpT 93(1982)，p.102. Michaels, pp.208-210 则认为是创六 1～4 那些堕落天使的后代，并福音书中所说的污灵，但这种说法臆测成分居多。

[60] "传道"：kēryssein；"传福音"：euangelizein.

一 23；帖前二 9 等）或传讲基督（如徒八 5，九 20，十九 13；林前一 23，十五 12；林后一 19，十一 4 等），但亦有只作一般性的"宣告"（如路十二 3；太十 27；罗二 21；启五 2）。这书常用"传福音"一字作为救赎信息的宣讲，而"传道"一字在本书只在此出现。认为这里宣讲的对象是挪亚时代的人，则这与第四章六节一样，指传福音。若所述的是灵体和堕落的天使，则这里不可能是将救赎的信息向他们宣讲，堕落天使的得救，根本不是整段经文所要说的，而且希伯来书第二章十六节更清楚说明基督"不是要救拔天使"。况且第三章廿二节清楚说明不是这些灵体的得救，而是基督的得胜和权柄，这些邪恶势力已被打破，他们要面对终极的审判。基督从死里复活，并且升天坐在神的右边，说明他是满有权柄的那位（参太廿八 18）。保罗亦指出，在基督来临之前，这世界是受"天上属灵的恶魔"所压制（如加四 3、8～9；弗二 2，六 12），但基督从死里复活的得胜，表明了他是胜过一切执政的和掌权的（参弗一 20～22，四 8；西二 15）。[601]

因此我们可以归结说，对以上四个问题的答复，均支持这里是指基督在复活之后，向那些被神拘禁的灵体，宣布他的得胜和神的审判，正是以上所说 i 的见解。

三 20 上 "就是那从前在挪亚预备方舟、神容忍等待的时候，不信从的人" 原文此句以"不信从的"作为开始，这不信从者的身份，引起不少争论。有认为这里是指不信的人（参〔和〕〔当〕〔思〕〔新〕），虽然在本书多次使用这动词，表明不信从真道的人（二 7～8，三 1，四 17），但并不能因此确定这里所说的一定是人或死了的人。因为这些监禁中的灵是原始的不信者，[602]根据犹太人的传统，是所有人的犯罪和不信的

---

[601] 大部分学者均支持这说法，如 Reicke，pp. 109, 111, 138；Francis，"Exegesis," p. 271；Michaels，p. 210；Marshall，p. 128；Mounce，p. 57；Dalton，*Proclamation*，pp. 158, 186 指出基督在这些灵之前以复活的主出现，本身就是一种宣告，他是主，一切邪恶的权势都要服在他脚下。认为是宣讲福音的，如 Best，p. 144.

[602] Grudem，pp. 233–235 认为应看为 adverbial 作形容动词"传道"，可作 causal（"因为他们之前不信从"）或 concessive（"他们纵然之前不信从"）。他的论点主要有正反两面，一方面他认为若"不信从"用作 adjectival participle，之前应有冠词；另一方面，虽然"不信从"这字的主位与主要动词"传道"不同，这在新约是有先例可援的。但在他所引的经文中，（转下页）

来源。㉞ 彼得可能意指不信从的灵与不信从的人之间密切的关系，是这些不信的灵阻碍人的得救（参〔现〕）。㉞

　　“在挪亚……的时候”这词组可能是受福音书的传统所影响，耶稣将挪亚时代与末世时代相提并论（参太廿四 37～39；路十七 26～27）。在犹太人的著作中，早将挪亚时期洪水的事件，作为神的审判及拯救义人的典型例子，并且往往视挪亚时期的审判，是创世记第六章一至四节所载堕落天使犯罪的结果（参来十一 7；彼后二 5～6，三 6～13）。㉞

　　“从前”与第二章廿一节的“现在”，是要建立两者相似之处。一方面是挪亚一家八口经历洪水而得救与新约信徒经历象征拯救的水礼，另一方面是两者都说明神的容忍。㉞ 神的容忍等候，可见于天使犯罪后（创六 1～4）神并没有实时的降下审判，直至挪亚的时候洪水降在地上（创七 11），在犹太教的著作中计算为一百二十天（参创六 3）。彼得后书第三章五至七和十四节亦同样指出神的容忍存在于洪水毁坏地的审判至基督第二次再临时的审判之间，目的是要让人有悔改的机会（参罗二 4；徒十七 30）。但这里神的容忍等候，并不是等待堕落天使的悔改，而是立即施行审判——拯救及毁灭。㉞

　　挪亚按照神的吩咐，预备和建造方舟（参来十一 7）。米高斯认为，彼得可能视他的时代与挪亚的时代的相似之处，在于彼此都在建造预

（接上页）有五个例子的分词之前是有冠词的，清楚说明其主位是什么（可十六 10；约一 36；徒七 2，八 12，十一 17），另两个之前是有代名词，同样说明主位是谁（徒七 26；林后五 14），最后一段来七 1 的分词之前是“亚伯拉罕”，清楚说明主位是他，因此这些例子根本不能证明 Grudem 所说在新约的用法。我们可将 *apeithētasin* 视为 substantival participle in apposition to *pneumasin*，虽然大部分情况下，substantival participle 之前是有冠词的，但在新约中亦没有冠词的例子，参 BDF §413(1)。

㉞ Dalton, *Proclamation*, p.164.
㉞ Marshall, p.127. 持不同见解者，参 Grudem, p.159.
㉞ 参以诺壹书十 2，五十四 7～10，六十五 1～六十七 13，八十九 1～9，一○六 13～18，以诺贰书卅四 3；传道经四十四 17；所罗门智慧书十 4，十四 6；马加比肆书十五 31；约瑟夫，*Ant.* 1.74 等。持这见解的，如 Best, pp.145-146.
㉞ Dalton, *Proclamation*, p.192.
㉞ Ibid. 如此理解便可以避免如 Grudem, p.159 所指出的，在圣经及犹太经典中，从没有记载等候天使的悔改。

备新时代的来临。⑥⑧ 这里并没有任何暗示方舟象征教会,是得救的工具。⑥⑨

　　三 20 下　"当时进入方舟,藉着水得救的不多,只有八个人""八"这数字似乎并无任何象征的含意,只表明数目之少,⑥⑩这正是基督徒在当代社会中的写照。那八个人是指挪亚、他的妻子、三个儿子和他们的妻子(创七 13)。⑥⑪ 这里"人"一字,⑥⑫在彼得前书中以复数出现过五次,指整个人,不只是他们的灵魂,并且每次均与他们的救恩有关(一9、22,二 25,四 19)。他们进入方舟之内,⑥⑬藉着水而得救。原文"藉着"可以有四种不同的理解:

　　a. 地方性的用法,即"经过",水是那威胁他们生命的;⑥⑭

　　b. 作"经水而逃"(创十九 19;书十 20;士三 26;赛卅七 38;徒廿七44,廿八 1、4),⑥⑮这实际上与第一种看法无多大分别;

　　c. 作"藉着",水成为得救的途径,水将他们带到安全的境地;⑥⑯

　　d. 认为包括了 a 和 b 的用法。⑥⑰

　　在第三章廿一节"藉着耶稣基督复活"使用同样的介词,那里肯定

---

⑥⑧　Michaels,p. 212.

⑥⑨　如 Selwyn,pp. 332. 334;Pierce,*Conscience*,p. 98 认为这里彼得将方舟看为是教会的表象。

⑥⑩　参 E. F. F. Bishop,"Oligoi in 1 Petr 3:20,"*CBQ* 13(1951),pp. 144 – 145 认为这数字在阿拉伯文意思是指三至十(参可八 7),但这里全无作者有此想法的证据。在犹太教及初期教会的著作中,"八"这数字常有出现,如割礼是在婴儿出世后第八天(创十七 12;路二21);患麻风痊愈者要在第八天给祭司看是否已洁净(利十四 10);住棚节的第八天是节期的高潮(利廿三 36);大卫是耶西第八个儿子(撒上十六 10~11)和挪亚是第八个被拯救的人(彼后二 5)。这数字可能与新的开始有关。Hillyer,p. 119.

⑥⑪　Michaels,p. 213.

⑥⑫　*psychai*.

⑥⑬　这里使用的介词是"入"(*eis*)而非"在"(*en*),可能要避免后者可作工具性的用法,但那真正的工具或途径,是"藉着水",Michaels,p. 212.

⑥⑭　Goppelt,pp. 264 – 265;在旧约次经所罗门智慧书(十四 5)和约瑟夫著作中都用类同的方式表达挪亚(和他一家/方舟)经过洪水而进到安全之地。

⑥⑮　D. Cook,"1 Peter iii. 20:An Unnecessary Problem,"*JTS* 31(1980),pp. 72 – 78;Grudem,p. 161.

⑥⑯　Dalton,*Proclamation*,p. 195;Best,p. 147;Michaels,p. 213;Davids,p. 142 c. n. 44.

⑥⑰　Kelly,p. 158. Dalton,Proclamation,p. 195 虽然认为这是十分可能,但强调点是在途径上,而非地方上。

是途径的用法，因此这里解作"藉着"较为可能，但亦不完全排除地方上的用法，可能作者是故意的含糊，以至他可以用表象的方式，将挪亚的事迹与新约的洗礼连上关系。⑱

三 21 上 "这水所表明的洗礼，现在藉着耶稣基督复活也拯救你们" 这节经文在原文上有不少文法上的困难。"这水"原文只是关系代名词"这"，并没有"水"字。⑲ 因此可以有不同的理解，高柏特认为是指前面第三章二十节下整句，⑳正如第一章六节和第三章十九节的关系代名词之用法一样，译作"作为这事的实像，现在拯救你们的洗礼"；但我们在解释第三章十九节时已指出，其关系代名词是指上文的"灵"，而非整句，况且关系代名词指之前的"水"，是十分自然的看法，那些不赞成这种说法的人，似乎要回避水礼是得救工具之难题，但事实上，以下会解明为何这里关系代名词指上文的"水"，根本不会将水礼看为是有神奇拯救功效的工具。而且此处重点要解释的是"水"和"水礼"之关系，而非得救的人。

"表明"的另一译法是"预表"（参〔现〕〔吕〕〔新〕〔思〕），这字（antitype）对应于"表象"（type），表象可以有两种不同的含意，可以指原型，是后来者的楷模。在使徒行传第七章四十四节和希伯来书第八章五节同时引用出埃及记第廿五章四十节，说明摩西在西乃山上看见那"山上的样式"。希伯来书的作者指出这是天上的会幕，是原型。另一可能的用法作"预象"，是指过去的一位人物或一件事不完整地预示那将来的实体。旧约和新约之间的连续性就存在着这种预象和实体的关系，如亚当是耶稣的预象（罗五 14），以色列人出埃及的经历是作为新约神子民的预象（〔和〕："鉴戒"；林前十 6、11）。在彼得前书的用法属于第二种，即旧约挪亚洪水是"预象"，新约的水礼则是实体。㉑

---

⑱ Francis, "Exegesis," p. 273.

⑲ *ho*，有版本作 *hōs*，支持这异文的有 Hort, p. 102；Beare, p. 148. 但这异文在抄本上的支持不足，而且 *ho* 是较难的异文。

⑳ Goppelt, p. 266；Beare, p. 148；Kelly, p. 159；Davidson, *Typology*, p. 322. Best, p. 147 则认为是指上文整个文理，但却没有说明为何他持这观点。

㉑ 差不多所有学者均赞成这看法，如 Goppelt, p. 266；Dalton, *Proclamation*, pp. 197 - 198；Davidson, *Typology*, pp. 333 - 334.

这里的另一问题,是"表明"这字应看为形容词、名词,还是助动词。作为形容词,则可译作"这实像/模拟的洗礼"。[62] 将"表明"看作名词,即"实像",这看法要将"这"指上节整句,但在上文已交代过为何我们不接受这看法;另一可能是将这名词与"你们"看作同位,即"这水同样拯救你们,你们是挪亚一家八口的实像,就是洗礼的水"(参帖前一 7;腓三 17;帖后三 9)。[63] 但正如杜尔顿指出,这里强调的并非那些得救的人,而是水礼。[64] 或作为助动词,即"对应地"(corresponding to),全句译作"这水对应于现在藉着耶稣基督复活拯救你们的洗礼"。[65] 这字作为形容词或助动词的用法十分相似,但作为助动词是比较可能,因为在原文次序为:"表明"、"得救"(动词)、"水礼"(名词),"表明"比较接近动词,而且作为助动词亦较容易理解。"现在"则是与上文"从前"成对比。

"藉着耶稣基督复活"是连于"得救"(大部分中译本),而非连于下句(如〔新〕)。彼得在第一章三节声称信徒蒙了重生,是因基督的复活。将两段经文并列,可见重生与洗礼有密切的关系。基督从死里复活,使人得以重生,洗礼所表达的,正是重生这属灵的现实。洗礼的有效性在于基督已从死里复活(参罗六 4~11;西二 12~13),水本身并无任何神奇的效果。

三 21 下 "这洗礼本不在乎除掉肉体的污秽,只求在神面前有无亏的良心" 下半节说明洗礼的本质,彼得以正反两面说明其道德的意义,但这正反两面并非是绝对对立的,可将原文是"不是……但……"看为"不只是……而是……"。[66] 因为"除掉"一字通常不是用作水的洁净,而是用在实物上,如除掉衣服。在新约常用作信徒作为新人所应有的表现(弗四 22、25;西三 8;彼前二 1;雅一 21)。因此,杜尔顿认为,

---

[62] attributive adjective,Reicke,p. 113.

[63] Selwyn,p. 298.

[64] Dalton,p. 198.

[65] Dalton,ibid.,pp. 196,198. 因此,这里译作"预表"(〔现〕〔吕〕〔新〕〔思〕),有不妥当的地方,"表现"(〔和〕)亦未能表达出其意思。

[66] 参 BDF § 448(1);D. Hill,"On Suffering and Baptism in 1 Peter," *NovT* 18(1976),p. 187;Michaels,pp. 214,216;*Thurén*,Argument,p. 162 c. n. 237.

"除掉肉体的污秽"是指旧约的割礼。[627] 根据旧约，割礼中所割去的包皮，是不洁的象征（参耶四 4），而未受割礼同样被指为不洁的种类（如撒上十六 26、36；耶九 26）。在后来犹太教的传统中，包皮被视为人不洁的部分。若这解释是正确的话，则这里反映初期教会的教理中，存在与旧约割礼作对比的教导，洗礼是"非人手所行的割礼"（西二 11；参罗二28～29；雅一 21）。然而，此看法的困难是所引用的旧约经文，均不能完全反映这里所用的词汇，况且割礼完全不是彼得前书所要处理的问题。[628] 因此不少学者认为这里所针对的，是礼仪上的洁净，这是当时古代世界所注重的。[629] 但这样理解仍未有处理使用"脱去"这字的原因。此处可能是指未信主之前道德上的软弱，即洗礼所代表的不只是要脱去从前的软弱，其积极的一面是下半节所谈及的，[630]正面来说，洗礼是"只求在神面前有清洁的良心"。

　　"求"一字原文为名词，[631]这字同字根的动词基本的意思是"询问"，但在这里这意思并不合适。在七十士译本中，这动词有几次用作"求问"（诗一三七 3；参太十六 1），因此有学者认为这里的意思是向神求得清洁的良心（参〔和〕〔当〕〔思〕；参来十 22），或求自己的罪得着赦免。[632]一方面，这字的名词从来没有这样使用的，[633]另一方面，在洗礼中求问，在新约并没有任何证据显示在初期教会中有这里的做法。因此另一可能是将这字看为"立约"，[634]或许作"许愿"最为合适。[635] 这种用法见于新约时代蒲草纸的文献中，是对别人的提问所作的反应。在新约时期，有证据显示洗礼被视作立约的礼仪，洗礼者在神面前许愿，愿意脱离不道

[627] Dalton, *Proclamation*, pp. 201－206；支持这看法的，参 Kelly, pp. 161－162.

[628] 参如 Goppelt, p. 268 n.87；Michaels, p. 215；Davids, p. 144 n. 49.

[629] Beare, p. 149；Goppelt, p. 268；Francis, "Exegesis," p. 274；Marshall, pp. 130－131.

[630] Hill, "Suffering and Baptism," p. 187；Thurén, *Argument*, pp. 162－163.

[631] *eperōtēma*.

[632] BAGD, p. 285(2)；H. Greeven, *TDNT*, II：688；Grudem, pp. 163－164；参梁家麟，页111.

[633] Kelly, p. 162.

[634] LSJ, 618.

[635] 除上述两种较常见的看法，参 O. S. Brooks, "1 Peter 3：21－The Clue to the Literary Structure of the Epistle," *NovT* 16（1974）, p. 293 支持"约"的解释，但却将这字看为"宣告"。

德的生活,接受基督徒的生活方式。㉟ 接受这里作为"许愿"亦有两种
不同的理解,反映了两种不同的翻译:

    a.〔新〕:"向神许愿常存纯洁的良心";㉝

    b.〔现〕:"而是以清白的良心向神许愿"(参〔吕〕)。㉘

    第二种解释困难的地方,在于进入洗礼的人不是由于他有清洁的
良心,而是洗礼的人向神所立的愿。㉟ 而且在第三章十六节,作者吩咐
读者们要"存无亏的良心",此处亦接受这是接受洗礼的人向神承诺行
事为人常存无亏的良心,在这不信的世界中过正直的生活。㊵

    "无亏的良心"的解释参第三章十六节,按原文直译应为"美善的良
心",对应于"美好的行为/善行"(三 16),在这里可解作对神尽忠,㊶无
论遭遇何种景况,对神忠心是信徒首要的责任。

    三 22 "耶稣已进入天堂,在神的右边;众天使和有权柄的,并有
能力的,都服从了他" 此节是第三章十八至廿一节适当的总结,㊷亦
与下文第四章三至五节有关不信者与基督徒的区别相连系。㊸ 基督徒
毋须惊怕,因为基督已得胜了一切抵抗的权势。

    "在神的右边"明显受诗篇第一百一十篇一节的影响,在新约鲜有
好像这首诗篇一样经常被引用(太廿二 44;可十二 36;路二十 42;徒二
34〔彼得的宣讲〕;来一 13;林前十五 24~28;弗一 20~22)。㊹ 但在这

㉟ G. C. Richards,"1 Peter iii 21,"*JTS*(1931),p. 77 的研究确立了这字的背景,支持者参 Dalton, *Proclamation*, pp. 206 - 210;Kelly, p. 163;Fitzmyer, p. 367 及以下两注释。

㉝ 将 *syneidēseōs agathēs* 看为 objective genitive,参 Greeven, *TDNT*, II:688;Dalton, *Proclamation*, p. 213;Kelly, p. 163;Barclay, p. 244;Goppelt, p. 270 c. n. 94;Francis, "Exegesis," p. 275;Hill, "1 Peter 2:5," Hillyer, p. 116;Marshall, pp. 144 - 145.

㉘ 将 *syneidēseōs agathēs* 看为 objective genitive. Selwyn, p. 205;Beare, p. 149 n. 1;Michaeles, p. 216;Davids, pp. 144 - 145;Hiebert, "1 Peter 3:18 - 22," p. 156;R. W. Wall, "Conscience," *ABD*, 1:1130.

㉟ Marshall, p. 131.

㊵ 参 Hill, "Suffering and Baptism," *NovT* 18(1976),pp. 188 - 189.

㊶ Francis, "Exegesis," pp. 275 - 276.

㊷ 参 Dalton, *Proclamation*, p. 215.

㊸ Dalton, *Proclamation*, p. 218 引 Vogel 的看法。

㊹ 有关这首诗篇在初期教会中的使用,参 D. M. Hay, *Glory at the Right Hand: Psalm 110 in Early Christianity* (SBLMS 18;Nashville:Abingdon, 1973).

里字眼上亦有不少不同的地方。⑭ 这反映作者并非在引用经文，而是在复述初期教会有关基督复活后得权柄享尊位的传统。⑮ 在旧约中，"在右边"象征高的地位或受宠，神在某人的右边代表那人从神得着保护、祝福和力量（诗十六 11；箴三 16）。"在神的右边"是权柄和荣耀的象征。保罗在罗马书第八章卅四节与彼得前书这段经文对基督事迹的描述，在次序上十分相似："有基督耶稣已经死了，而且从死里复活，现今在神的右边……"

"进到天堂"表达耶稣的升天（徒一 10、12），"进行"这动词在第三章十九节已讨论过。在希伯来书中，有描述基督"升入高天"（四 14）和"高过诸天的大祭司"。"天使、有权柄的，并有能力的"均指在灵界中的权势（参罗八 38；林前十五 24；加四 3、9；弗一 21，三 10，六 12；西一 16，二 10、15）。撒但及这些灵界的势力，是一切邪恶、拜偶像及信徒在今世面对逼迫背后邪恶的力量（参约十二 31，十四 30，十六 11；林前十 19～21；林后四 4；弗二 2，六 10～18；启九 20）。⑯ 有关天使、有权柄的和有能力的，服在基督之下，无疑是受诗篇第八篇七节的影响："使万物……都服在他脚下。"在哥林多前书第十五章廿七节及以弗所书第一章二十和廿二节，同样使用诗篇这两段经文，说明基督的复活和得胜（参来二 8 只使用诗第八篇）。但有别于以上两段经文，彼得并没有引用这首诗篇，正如以弗所书一样，他将"万物"解释为灵界的权势。

基督已克胜了罪和死亡，而且战胜邪恶，透过洗礼将这得胜带给信徒。读者分享着基督的得胜，虽然在现今的生活中仍然经历苦难。然而，基督徒的盼望是建基于耶稣的复活及升天这一不可抹煞的事实的（一 3～4）。

---

⑭ 这里用 *en dexia tou theou*，在诗一一〇1 则用复数的右边，兼有冠词。而且假若"神"字之前没有冠词的话，这词组的用法，在新约中则是独特的。

⑮ Goppelt，p. 271；Best，p. 149；Michaels，p. 219.

⑯ Kelly，p. 164；Best，p. 148；Davids，p. 146. Grudem，p. 166 则认为这里并没有特别针对邪恶的权势。

(iii) 活在应许下之神的子民(四 1~6)

1 基督既在肉身受苦,你们也当将这样的心志作为兵器,因为在肉身受过苦的,就已经与罪断绝了。

2 你们存这样的心,从今以后,就可以不从人的情欲,只从神的旨意在世度余下的光阴。

3 因为往日随从外邦人的心意行邪淫、恶欲、醉酒、荒宴、群饮,并可恶拜偶像的事,时候已经够了。

4 他们在这些事上,见你们不与他们同奔那放荡无度的路,就以为怪,毁谤你们。

5 他们必在那将要审判活人死人的主面前交账。

6 为此,就是死人也曾有福音传给他们,要叫他们的肉体按着人受审判,他们的灵性却靠神活着。

　　在这一段中,彼得重申基督受苦对在受苦中的信徒之意义,并且再一次引导信徒,将焦点放在将来的审判上;因着这一个审判,对于今日毁谤信徒的人来说,必受到应有的报应。他说,甚至连已经死了的古人,亦有福音传给他们,以使他们能复活得生。事实上,一向以来彼得都强调信徒不要独善其身,抽离社会而活,乃要在社会中以善行荣耀神。然而,信徒却会遭受社会人士的冷遇甚至逼迫,正因这样,信徒需要有心理准备,以能经受考验。在上一段,作者指出了信徒因行善而受苦,但在这里,他却提及了因受苦而"与罪断绝"(1 节下),[68]由此可见,受苦与善行是有相互关系的。

　　"肉身"此字在此段经文中共出现了四次,[69]一方面是承接第三章二十至廿一节,有关信徒在肉身接受洗礼的意义,如今要改弦易辙,弃恶择善而活(2~3 节),亦强调了在肉身受苦的真实性,同时显出将要来的审判之必然性。藉此引导信徒正视受苦,并且积极地仰望为他们

---

[68] 这是指着基督而言的,其所涉及的问题及详确的意思参一 1 的批注部分。

[69] *sarx*,一节 2 次,二节 1 次及六节 1 次。

伸冤的神。

四 1 上 "基督既在肉身受苦，你们也当将这样的心志作为兵器"

此节之首，有"所以"一字，⑩显出此节乃上一段经文的结论，但却主要是以第三章十八节为焦点，即基督之一次为罪受苦而死，这便是彼得在此处说的"基督既在肉身受苦"所回指的。⑪ 基督既然是信徒受苦的最佳榜样，故彼得进一步称："你们也当将这样的心志作为兵器"，"也"⑫是回指基督所作的，如今"你们"，即信徒们也要作；"将……作为兵器"原本只是一个动词，其意即"武装自己"，⑬是命令语，故作"当……武装自己"，此字在新约只此一次出现，但其名词在初期教会中常有寓意性用法，带出了信徒乃参与一场属灵的争战，故要武装起来抗敌，⑭此处大概亦有这样的意思。信徒所配备的，便是"这样的心志"，直译是"同样的心志"，"心志"即思想或志向，在此处是回指基督那份甘愿为义人受苦的心志；"同样"亦是回指基督在肉身受苦这件事，⑮当然，彼得的意思，并不是要信徒们自讨苦吃，刻意地使自己受苦，甚至殉道，他乃是指出信徒要在心志上装备自己，在有必要的时候，能毅然站立起来，不怕敌人的威吓（参三 14），并且慷慨就义，跟随基督。⑯

四一下 "因为在肉身受过苦的，就已经与罪断绝了" "因为"又可作"即是"，⑰若是如此，则此句便成为上一句的"心志"的内容。⑱ 然而，按此处的文意，"因为"是一个较佳的译法；如此，则此句成为了"心

---

⑩ oun.

⑪ 基督之"受苦"这字在早期教会中常用作指基督的救赎之死；如二 21；其他著作参 Kelly，p. 165；"受苦"（pathontos）是过去不定时态分词，在此处作 genitive absolute 用。

⑫ kai.

⑬ hoplizō，BAGD，pp. 578 - 579.

⑭ 其名词为 hoplon，作"武器"，出现于罗十三 12；林后十 4；此处有此用法可能是基于信徒在洗礼中（三 21～22）的仪式，即信徒要脱去旧人，穿上新人，即当穿上新的衣服这项仪式有关。

⑮ 保罗亦有鼓励信徒要有基督的心志，如腓二 5。

⑯ 此处可能亦涉及洗礼的意义，即藉着洗礼（三 20～21），信徒与基督认同，与他同死；但亦必与他同活。诚然，信徒的受苦，并不能如基督所受的，产生了"义的代替不义"（三 18）的善果；但却同样能产生得着神平反的结果。

⑰ hoti.

⑱ 如此，则"心志"更好应作"心意"。

志"的解释,讲出存受苦心志的原因,若是这样,则此句成了一句插入语(参〔新〕);"受过苦"是过去不定分词,在此处作名词用,故可译作"那受过苦的人"(单数);[59]"断绝"一字又可作终止、停止,或完结。[60] 处理此句的意思并不容易,学者为此而争议不休,大致有八个提议是值得考虑的,其中亦可分三大类,且看以下的阐释:

　　a. 是指着信徒而说的。

　　i. 按上文的授意,即第三章廿一节曾提及洗礼,故此处是与信徒的洗礼有关,即信徒的洗礼,象征与基督的受苦认同,即其受死、埋葬和复活,于是便开始过新生的生活,不再成为罪的奴仆。[61] 如此,则将"肉身受过苦"变成了一种心灵的经历,多于真正的在肉身受苦。但这种看法,是有违在彼得前书中,一贯"受苦"的意思。[62]

　　ii. 以之为一真理性的原则,[63]即凡人在受过苦后,便不会再犯罪了。[64] 但一个人如何会因受苦而不再犯罪,实在是一个难以确定的情况。若果说一个人因犯了罪,结果受了苦,于是因着吃过苦头便不敢犯罪,则岂非暗示基督亦曾犯过罪,于是才受苦? 这当然是不能接受的。如果不是因犯罪而受苦,则其结果可能使人更为气愤,心存苦毒,作出更多报复性的罪行来,如此,则更谈不上与罪断绝了。

　　iii. 当人决定去受苦时,他是选择了与罪断绝关系。[65] 然而,此见解将"受苦"当作一项决定,即人决定去受苦,但此意念在彼得前书从来没有出现过。反而,本书却强调,信徒受苦并不是他的一项决定,乃是被环境所逼成的。

---

[59] *ho pathōn*,为 substantival use.

[60] *pauō*,黄锡木,页 597。

[61] 参罗六 2、8;西二 11;Kistemaker, p. 157;Mounce, p. 62;Perkins, pp. 69－70;艾理略,p. 100;杨东川,页 211。

[62] 虽然 Kelly, p. 169 主张作者加上"肉身"一字,是要响应三 18～22 所谈及的,肉身代表了人的朽坏和罪恶,而且是与灵性对比的;至少,四 1 上的"肉身",并不含朽坏和罪恶的意思。

[63] 故此,"断绝"(*pepautai*)成为了 gnomic perfect.

[64] Best, pp. 151－152;Grudem, p. 167;Selwyn, pp. 209－210;参 Kelly, p. 167 对此主张更多的反驳。

[65] Grundmann, *TDNT*, I:315;Schweizer, VII:143.

iv. 此句是一流行的格言,其意思如罗马书第六章七节所说的:"因为已死的人,是脱离了罪",其意即当人死后,他肉体已经不能活动,如何能再犯罪? 又或者罪不能再控诉一个已死的人了。[666] 这是一个常理,[667]保罗将这一项常理应用在已受洗礼的信徒身上,要求他们看自己是已经与基督同钉十字架,使罪身灭绝,不再作罪的奴仆(罗六 6),此处的应用亦有这个意思。[668] 然而,即使是格言,作者在引用时,亦可以注入一些个人的特别见解。[669] 再者,此解法颇为复杂,而彼得却没有如保罗于罗马书第六章一样,作出详细的发挥,若是没有,则读者如何得知作者有此意呢?

b. 是指着基督而说的。

v. 是指基督在柔和及顺服中忍受试探,走上救赎人之死路,并没有在试探中失败而犯罪。可见他非如世人一样,在试探中向罪恶低头,反而得胜了试探,因此我们可以信赖他,不去犯罪,这是"与罪断绝了"的意思。[670] 但这一个见解的主要问题是暗示基督在肉身受苦之前可能犯过罪,这当然不为我们所接受。

vi. 是指基督的受死,使他进入一个不受罪恶权势影响的世界中。其意即基督本来是活在一个受罪影响的世界中,因此,基督亦要在肉身受苦;如今他的死就表示其已完成了救恩,故不再需要在罪恶世界之中受苦。[671] 然而,此主张的问题却是将"罪"作为一个权势,这并非彼得前书的一贯用法。反而,一向以来"罪"是指很具体的恶行。[672]

---

[666] Lenski, p. 180;故"断绝"是指与罪最终断了联系;Reicke, p. 117.

[667] 当然,彼得不会将此真理应用在基督的身上,否则便暗示了基督曾经犯罪。

[668] Barclay, pp. 247 - 248; Goppelt, pp. 281 - 282; I. T. Blazen, "Suffering and Cessation from Sin According to 1 Peter 4:1," *AUSimSt* 21(1983), pp. 27 - 50;此做法将"断绝"当作被动性,而非中性。

[669] W. C. van Unnik, "The Teaching of Good Works in 1 Peter," *NTS* 1(1954 - 1955), p. 93.

[670] Bigg, p. 167; Marshall, p. 135; Senior, p. 74.

[671] A. Strobel, "Macht Leiden von Sunde frei' Zur Problematik von 1 Petr. 4,1f," *TZ* 19.6 (1963), pp. 412 - 425;引自 Michaels, p. 227.

[672] Ivan T. Blazen, "Suffering and Cessation From Sin According to 1 Peter 4:1," *Andrews University Seminary Studies*(1983), pp. 21,49 - 50.

vii. 是指基督的死,完成了救恩,同时亦使他不用再去处理罪的问题,[673]因他已死,复活和升天。此见解亦对受苦中的信徒有励志的作用,亦是本书的重点,即尽管信徒在肉身受苦,但将来当他们脱离肉身而活时,便不用再受罪的折磨了。

viii. 是指基督的死,完成了救恩,解决了人犯罪的问题,一如希伯来书第九章廿八节所说的,"……基督……一次被献,担当了多人的罪",又第十章十二节:"基督献了一次永远的赎罪祭,就在神的右边坐下了"。[674] 支持此见解的有:

(1)基督完成救赎,升上高天,坐在神的右边的这种教导,亦于紧接的上文,即第三章廿二节出现。

(2)"受过苦"乃过去不定分词,故是指已经发生了的事件,无疑是回指基督那已完成了的救赎的死,而"断绝了"是完成时态,故强调了其功效至今犹存,意即基督处理了人的罪,其功效对人类影响是深长久远的。因为如今,人可因着基督的死,继续得着赦罪的恩典,在神面前得称为义。这亦符合新约的救恩论。

(3)这种苦尽甘来的佳境,亦成为在受苦中的信徒所当存的与基督同一的受苦心志之盼望。[675]

c. 首句是指基督,次句是指信徒。

此说主要由拜臣(Blazen)所主张,他认为首一句在肉身受过苦,是指基督的受苦,而与罪断绝则是指信徒,全句的意思有如哥林多后书第五章十五节所说的,因着基督的受死,活着的人便不再为自己活,乃为死而复活的主活。[676] 此解法亦引出了下一节的信徒不再随从情欲而活的要求。然而,此说法仍嫌委婉,解法亦有过于经文所指的意思之虞。

综观以上三类,b类最后两个见解(vii 及 viii 项),是问题较少和较为可取的。按此分析,此插入语主要解释基督为何存有受苦的心志。他不

---

[673] Davids, pp. 149 – 150.

[674] Michaels, pp. 227 – 229.

[675] Ibid., p. 229 认为信徒要如加二 19~20 所说的,与基督同钉十字架,故如今不再是我活着,乃是基督活在我里面,此见解无疑正确,但我们怀疑在此处作者是否有这样的意思。

[676] Blazen, "Suffering and Cessation From Sin," pp. 27 – 46.

是为了受苦而受苦,受苦只不过是一个渠道,以达至更佳美的成果。⑰

四2上 "你们存这样的心,从今以后,就可以不从人的情欲" "你们存这样的心"本不在原文内(参〔新〕〔思〕〔吕〕),而应作"好叫你们不再随从人的私欲"(〔新〕),这是回应上文所说,信徒要如基督一样,抱着在肉身受苦的心志。有了如此志向的结果,便是信徒"不再随从人的私欲"。"不再"及下一句的"只",在本书中常有出现,⑱彼得是要藉此作出一种对比,所"不再"的,便是"随从人的私欲"。"人"此字一般带道德上的中性,但在本书中,则常带贬意,⑲意思即绝对是属人的,堕落的人之本性(fallen human nature),是与神的旨意相违的,⑳此处亦然。"私欲"可用作指不正常的情欲,㉑故此字在第三节〔和〕作"恶欲",但在此处则指人的欲望,再加上其为复数,故是指人诸多的欲望,㉒将人牵引,使人不能自已,更不会顺从神的旨意行事。

四2下 "只从神的旨意在世度余下的光阴" "只从神的旨意"是对比了上一句的"人的私欲";而人的私欲,在下一节中得着引申,便是外邦人所行一系列的罪行。具体来说,神的旨意,是不再作外邦人所行的邪恶,在积极的层面,则如第二章十七节作者所教导的,尊敬别人、亲爱教中的弟兄、敬畏神及尊敬君王。当然,神的旨意亦包括了紧接的上文,信徒要存着肉身受苦的心志(参三17,四19)。

"光阴"是指一段时间,㉓故可作"时段";"余下"此字在新约中只出现于此,㉔"余下的光阴"常出现于希腊的文献中,㉕此处指信徒在信了主后,㉖直到安息见主面之间的一段时间。而"在世度余下的光阴"直译为"在肉身中度过余下的光阴"(参〔思〕),"在肉身中"并不是如保罗

⑰ 故是 a mean to an end.
⑱ meketi ... alla,一12、14～15、18、23、二23、三3～4、9、21、四15～16、五2～3。
⑲ anthrōpōn,贬意的有二4、15,四6;正面的只有1次:三4。
⑳ 此情况是有如保罗所描述的,情欲与圣灵之争一样;参加五16～25。
㉑ epithymia.
㉒ 这些欲望如约壹二16所说的,"肉体的情欲、眼目的情欲和今生的骄傲";Selwyn, p.210.
㉓ chronos.
㉔ epiloipos,在路廿四43则作 substantival use.
㉕ 参 Herodotus 2.13;Plato, Leges,1.628A.
㉖ 或是指信徒在洗礼后;Goppelt, p.283.

所指的,随从肉体的邪情私欲之意思(罗第七至八章),故不含贬意,乃指人活在其身体内,此身体是人生存和日常生活的活动所必需要有的工具,⁶⁰作者特用此字,其原因有三:

a. 上一节作者刚论及基督在肉身受苦,信徒亦要有此心志。而基督在肉身受苦,带来了莫大的裨益,因此,信徒是要正视其在肉身的生活的。

b. 要对比信徒将来的另一个生命。

c. 强调了在信徒的余生中,他们应在日常生活的活动上,随从神的旨意"度过"。"度过"即"生活"或"活着";此字与第二章廿四节的"活"及本章第六节的"活"是不同的,⁶⁸后者是指人信主后所经历的属灵的生活,而此处则指一般人自然的生存,在道德上是中性的。彼得要信徒正视,作为人,其日常的生活亦要活在神的指引中,积极地向生命挑战,而不应单为未来的生命而兴奋。⁶⁹

四3 "因为往日随从外邦人的心意,行邪淫、恶欲、醉酒、荒宴、群饮,并可恶拜偶像的事,时候已经够了" 此句的排列本来是:"因为往日的时候已经够了,随从外邦人的心意行邪淫……","因为"是承接上文的意思,即信徒应该过合乎神旨意的生活,是原因所在;"够了"在此处含过分的意思,亦是语带讽刺;⁶⁰"往日的"本为一完成时态的分词,其意即经过、消失,用于此处是指过去的一段时间;⁶⁰"时候"此字即上一节的时段,⁶⁸这里的时段,是指信徒在未信主之时,上一节的时段,则是指信了主之后,故二者成为对比。此处的时段,被形容为"随从外邦人的心意,行邪淫……","随从"及"行"均为完成时态,强调了信徒的这一个随从外邦人心意的时段,已经成为过去。"随从"又可作"做"或"完

---

⑥⁰ 故彼得能坦言基督是有了此肉身;而因着有了此肉身,他在受苦时肉身便首当其冲了。

⑥⁸ 此处为 bioō,其他则为 zaō.

⑥⁹ 当然,彼得并没有提及如何靠着神的能力,去活出神的旨意,然此处的重点,是要信徒有此看见及心志。

⑥⁰ arketos,Beare,p. 180.

⑥⁰ 即曾经出现一段时间,但如今已结束了;Lenski,p. 181;作 adjectival use,是形容"时候"的。

⑥² chronos.

成",⑥强调了信徒在未信主之时,与外邦人一模一样,作他们所作的。⑥
"心意"此字与上一节的神的"旨意"一字可说是同义词,⑥但在此处,
"外邦人的心意"与神的旨意可说成为强烈的对比,描绘出信徒生命的
两段截然不同的时间,"随从外邦人的心意"之具体的恶行,彼得亦有所
列举:"行邪淫……","行"为完成时态的分词,本意为"去",此处作寓意
用,是指人所走的路,或指其习性;⑥继而出现的罪行共有六项,都是没
有冠词,强调了罪行的本质(qualitative nature);也都是复数的,可见
作者是要强调外邦人犯罪是持续不断的,有如脱缰之马,不能自控,实
在是"已经够了",请看以下对各项罪的解释:

　　a. 邪淫:是指一般由于放纵情欲而生的各等罪行。⑥

　　b. 恶欲:此字常于新约出现,在第二节里是指一般人的私欲,但此
处大概是指不受控的性欲。⑥

　　c. 醉酒:本意为满了酒,此处是指酗酒。⑥

　　d. 荒宴:此字与上一个字大概是同义词,但其字本身是指外邦人
在敬拜神祇时的狂欢,当中涉及醉酒、歌唱和戏耍。⑩

　　e. 群饮:指一群人聚集豪饮,很容易便会导致醉酒。⑪

　　f. 可恶的拜偶像:外邦人为多神教徒,他们背叛真神,敬拜假神,
无疑是违反了十诫中的第一及第二诫。此外,敬拜偶像常涉及一些不
道德的行为,如与庙妓行淫和醉酒等,故新约书卷中常论及拜偶像之
罪;⑩"可恶的",此字本意为不合法的,大概是指在神面前不合律法,故

---

⑥ *katergazomai*,黄锡木,页 597。

⑥ 在此,彼得似乎暗示,虽然受书人是外邦的信徒,但如今已不是外邦人,乃是属神的子民,
即真以色列人。

⑥ 前者为 *boulēma*,后者为 *thelēma*.

⑥ *poreuesthai*,BAGD,p. 692;此用法显出了希伯来色彩,Bigg,p. 168.

⑥ *aselgeia*,故作为引子,Kistemaker,p. 159. 此字亦于可七 22;林后十二 21;加五 19;罗十三
13;彼后二 2、7、18 出现;可见其为一流传于初期教会,形容外邦人的放荡不羁之字眼。

⑥ *epithymia*,Michaels,p. 231;又参 Büchsel,*TDNT*,III:170;*NIDNTT*,1:457.

⑥ *oinophlygia*,在新约中只出现于此处。

⑩ *kōmos*,R. C. Trench,*Synonyms of the New Testament*(Grand Rapids:Eerdmans,
1953),p. 226.

⑪ *potos*,ibid.,p. 225.

⑩ 参加五 20;西三 5;林前五 10～11,六 9;弗五 45;启廿一 8,廿二 15。

引申有绝不适合及为神所憎恶的意思。⑬

　　四4上　"他们在这些事上,见你们不与他们同奔那放荡无度的路" "在这些事上"此结构出现于本书共五次,⑭其用意是要将上一节所谈及的,信徒在未信主时那种随从外邦人生活方式的时段,转至今时今日的情况,即信徒信了主后所身处的环境,是要回复到一及二节所论及的信徒受苦的情况。当然,此处的重点,是在于外邦人的举止,故"他们"无疑是指上一节的外邦人,"见你们不与他们同奔那放荡无度的路"直译为"你们不与他们一同奔走同一样的放荡无度","一同奔走"同样是寓意性用法,形容人受引诱所驱使,不能自制地向前驰骋,⑮即信徒顺着外邦人的文化潮流而走,与外邦人同流合污。此字是现在分词,故"不与他们一同奔走"是指信徒现今不再与外邦人同流合污,这种形容亦反映作者对外邦人那种放纵情欲的反感;"放荡"广阔地包括了过量的饮酒和性生活,⑯此字的字根本意为"拯救",再前置一"不"字,故其意为病入膏肓,无可救药,或一个被放弃的生命;"无度"在新约只此一次出现,本形容液体的溢满,如火山的溶岩涌流出来,⑱故〔思〕作"洪流",⑲其寓意性用法是指不能自制地满足自己的情欲。故"放荡无度"应译作"放荡的欲流",彼得对于外邦人的那种败行,委实是形容得非常尖刻。

　　四4下　"就以为怪,毁谤你们" "就以为怪"意即惊讶,⑩是现在时式的被动语,强调了现今,外邦人因着信徒生命的改变而大为惊讶,本书的受书人大部分是外邦信徒,他们本与外邦人同伙,作外邦人所作的事,但信了主后,其生活方式委实起了彻底的改变,与以前的生活实有天渊之别,这种突变,使信徒的外邦朋友无不震惊,除了啧啧称奇外,

---

⑬　*athemitos*,BAGD,p. 20;Michaels,p. 232;黄锡木,页 597。

⑭　*en ō*,参一 6,二 12,三 16、19。

⑮　*syntrechō*,BAGD,p. 793.

⑯　*hasōtia*,Michaels,p. 233.

⑰　即由 *sōtia* 再加上 *a* 而成。

⑱　*anachysis*,Kistemaker,p. 160;此字亦可能是一医学名词;参 Selwyn,p. 213.

⑲　〔吕〕作"溢流"。

⑩　*xenizō*,参四 12;徒十七 20;其字根 *xenos* 意即"外界"(foreign),故外邦人看信徒的行径是外界人;Davids,p. 152,fn. 17.

还加以"毁谤",此字亦可作亵渎,[211]乃现在分词,在原文本没有"你们",即没有宾位,故我们不能决定所毁谤的是谁。诚然,依上文看,自然的解法是,外邦人既看见信徒生命的蜕变,心存忿忿,于是便侮辱他们,毁谤他们,[212]但按下一节的授意,有一天,他们将会在主面前受审,则此处可能是指他们亵渎神,即他们刻意去愚弄信徒的信仰,针对信徒所信的神,这便构成他们日后受审判的罪状。在此,彼得可能是取材于马太福音第十二章卅一至卅六节,主耶稣谈论那些亵渎圣灵的人(即故意将是当作非,以对为错的人),将要在审判的日子受审。若是如此,则彼得的意思是,当外邦人毁谤信徒时(同样将信徒的善当作恶),亦是亵渎了圣灵,故彼得的重点,要强调他们都是亵渎者,必受到神的审判。

　　无论如何,作者要强调外邦人对于信徒生命改变的反应是强烈的,这亦构成了如今信徒受苦的其中一个主因。

　　四 5　"他们必在那将要审判活人死人的主面前交账"　此句直译为"他们将要交账给那准备审判活人和死人者"(参〔吕〕),[213]"他们"是回指上一节的那亵渎的人,"交账"是未来时态,[214]一如信徒要回答各人对自己心中盼望的提问(三 15),如今却是时移势易,教外人却要为其恶行,向神交账。[215]按此了解,信徒与社会间的冲突,其终极的裁判者便是神,如果信徒真的相信有末日审判的话,便不应扮演神的角色,去审判社会之不是,而事实上,彼得将要指出,这审判的日子近了(四 7),而在此处,神作为审判者被形容为已"准备"就绪,[216]强调此将要来的审

---

⑪ *blasphēmeō*,其对象可以是神圣的人,或被圣化的物件,或神明。

⑫ 以他们为疯狂了了,失了常性;这是一般中英文译本的看法;事实上,三 16 便有这个意思。

⑬ 〔吕〕表明"主"字是不在原文中的。

⑭ 时态强调了其必须性;Kistemaker, p. 162;"交账"是由两个字组成,即 *apodōsousin logon*,意即将给予回答,出现于向雇主交账(路十六 2);问责于政府(徒十九 40)及在最后的审判时神要向人问责(太十二 36,十三 37)。

⑮ 这亦是启示性末世论的特点,在今世,恶似乎得势,但当神介入人类历史时,善必胜恶;故此,信徒看似是失败者,却必然反败为胜,逼迫信徒的,看似是胜利者,但终必全然失败;参张永信:《但以理书注释》(香港:宣道,1994),页 41。

⑯ 直译为"有了准备"(*hetoimōs echonti*);乃当时一习语,意即准备好了;参徒廿一 13;林后十二 14;BAGD, p. 316;"准备审判活人和死人"可能是一流传于初期教会的箴言,因常出现于新约中,参徒十 42;罗十四 9;提后四 1。

判随时可能发生，[17]并且是早有安排，亵渎者终必受审，绝对没有漏网之鱼，正是"天网恢恢，疏而不漏"。

在此，作者没有提及那审判者是三位一体之神的哪一位，在第一章十七节，彼得表明那审判人的是父神。第二章廿三节亦言及耶稣基督将自己交托那审判人的父神。按此了解，此处指父神的机会是大的。然而，审判"活人和死人"此句话在新约其他书卷中共出现了三次（徒十42；罗十四9；提后四1），其文意都指耶稣基督是那审判的主。[18]继而，基于彼得前书的教导，坡旅甲指出，基督便是那将要审判活人和死人的。[19]按此解释，我们亦不能排除此处是指基督的可能性。无论如何，既然作者没有明言审判者是谁，则审判者是三位一体的神之哪一位便不是此处的重点了。反而，此审判是事在必行的，而且是一个"活人和死人"的终审，"活人和死人"在此应作字面解，[20]是有涵盖性的意思，指世上所有的人，故是一习语性的表达，在此处强调了最后的审判是宇宙性的，即普世人类（参来十二23），包括了过往的人类，即死去的人，亦要站在审判台前交账（启二十11～12）。[21]

归结而言，正受着教外人逼迫的信徒大可放心，因为他们的冤情终有一天得着昭雪，逼迫者必在那审判者面前得到应得的报应。

四6上　"为此，就是死人也曾有福音传给他们"　此节在多个要点上都具争论性："为此"是指什么？"死人"是指什么人？而下一句肉体受审，灵性却活着又是什么意思，所指的是何人？重重的疑问使这一节成为全书中最难处理的经文之一。首先，"为此"可能的意思有：

a. 是回指上一节的，那些亵渎者，他们的受审是罪有应得的，因为他们在生时亦有福音传给过他们，但他们坚决拒绝福音。但若是如此，则下文的"要叫他们（死人）的肉体按着人受审，他们的灵性却靠神活着"如此冗长的解释，便显得不必要了。

b. 是指上一节的一个关乎活人和死人的普世性的审判。意思是

---

[17]　参雅五9；彼后三10；故毋须要有预先的警告了；Grudem, p.170.

[18]　新约的显示，便是父神藉着耶稣基督审判世界。

[19]　Polycarp, *Phil*, 2.1.

[20]　对比寓意的解法，即活人指信徒，死人乃灵性死了的人，即非信徒；参下一节的讨论。

[21]　死亡亦不能使人逃脱此厄运。

说,为了要使活人和死人都得到公平的裁决,死人[72]亦有福音听闻,使他们可以免受审判,得着永生。[73] 事实上,在犹太人来说,死了的人其审判的基础便是他们是否顺从摩西的律法,至于外邦人,则以挪亚的律法,即人的良心及更古老的律法为准则。而彼得作为一个基督徒,其标准自然是所传的福音,故此处谈及死人亦有福音传给他们。

按以上的分析,第二个解读是理据充分的,因为下一句作者正好是言及福音被传扬于死人之中,而不是说及基督被传扬,[74]可见他要强调死人同样要受那普世性的审判,是有基督教神学的基础的,因为尽管死去的人亦因有福音听闻,以使他们死后能有复活得生的机会。

"就是死人也曾有福音传给他们"此句的"传给",是过去不定时态的被动语,故是指过去已发生的事件。此句的解释亦有四大可能性:

a. 复活的基督曾降在阴间,将福音传给已死了的人,因为这些人在生前未有机会听闻福音。[75] 但若是如此,则作者何以不明言之,而只是说死人有被传过福音?难道如此简单的言词便足以让受书人明白个中的底蕴吗?[76] 再说,这一个见解,即人在死后仍有机会听闻福音,而得以赦罪得救,在新约圣经中是得不到支持的,反而,死了的人将来的结局已定,再没有听闻福音和得救的希望(参路十六 26),唯一将发生的,便是审判(来九 27),却是有着整体新约教导的支持之理念。

b. 按第三章十九和二十节的可能意思,旧约的先贤古圣,是没有得闻福音的机会,故他们是等候基督将福音传给他们。然而,第三章十九节之解释颇为分歧,其意思亦不尽然是这样,[77]再加上整个新约同样没有这样的教导,反而,希伯来书第十一章五、十六、四十节及第十二章廿三节均指称已死的圣贤已在神那里了。

c. "死人"是指属灵的死亡,即死在自己的罪恶和过犯中的不信

---

[72] 当然是以作者的写作时为定位,即在那时已死的人;参 NIV 的译法。

[73] 这是 Michaels, p. 236 的解读;他以第六节为第五节的脚注;又 Davids, p. 153.

[74] Selwyn, p. 214.

[75] Gopplet, pp. 288 - 289; Reicke, p. 119; Rebertson, VI:124.

[76] 参 Michaels, p. 237 的驳斥。

[77] 参其批注。

者，故此句意即不信者亦不断有福音传给他们。[728] 然而，在上一节出现的"死人"，并不见得有此寓意的解法，按此文意，此处亦不会有此意思，反而是按字面解的成数更高。再说，此处的动词是过去不定时态，如果作者真的有以上的意思，则他理应用现在时态才是。

d. "死人"是指已死的信徒，他们在生时得闻福音，后来虽然死了，却得着永生（参下一句）。[729] 如此的解法，有两个作用：

i. 此言成为一种安慰，诚然，逼迫信徒者在将来必受应得的审判，但那些已死了的信徒，包括殉道者，他们的命运又如何呢？作者便在此处作一个解释，即已死的信徒因为已信了福音，他们在肉身上虽然死了，但却得着永生。[730]

ii. 此句成为一实例，表示死了的人，亦有福音传到，故支持了活人和死人都要接受将来的普世性之审判。[731]

按以上的分析，d 的解读是问题最少的，亦合乎整体新约的教导和此处的文理的。

四 6 下 "要叫他们的肉体按着人受审判，他们的灵性却靠神活着" "受审判"与"活着"都是过去不定时态，前者是被动语，故彼得仍是指着过去的事件说话。"灵性"是指人的灵，或是指圣灵，但大部分学者都以之为人的灵，[732]这是因为此处前后两句是有对比作用的，因为前句出现了"肉体"，故后句自然应该是指人的灵魂了。当然，这一句的解法，是要看上一句的解释。既然上一句所说的死人，是指已死的信徒，则了解此句便可循两大方向：[733]

---

[728] 此说源出亚历山大的革利免，亦为奥古斯丁及马丁·路德所主张，参 Bigg, p. 171.

[729] 支持此说的有：Dalton, *Christ's Proclamation to the Spirits*, p. 267；他更以彼后二 4～5 的一段经文，作为解释之指引，参 W. J. Dalton, "The Interpretation of 1 Peter 3. 19 and 4. 6: Light from 2 Peter," *Biblica* 60 (1979), pp. 553 - 555；Hiebert, pp. 250 - 251；Kistemaker, p. 164；Lenski, p. 186；Michaels, pp. 236 - 237；Mounce, pp. 65 - 66；Selwyn, p. 267；杨东川，页 213。

[730] 此情况有一点像帖前四 13～18 的题旨。

[731] 作者并不是要证实所有的死人都被传过福音，普世性的审判的基础才可以成立，一如过往，他只是举一些例子（如三 6 撒拉的例子），以支持其论点；参 Michaels, pp. 236 - 237 的论述。

[732] 除了 Marshall, p. 138；杨东川，页 213 之外。

[733] 其他的解读，包括指信徒已死的亲友，Hillyer, p. 123.

　　a. 是指信徒即使要受肉身死亡之苦,作为一种神对人犯罪的刑罚,[74]这是依人的角度看,即他们看来好像是未蒙救赎,[75]但事实上,他们却因信了主而灵魂得着了永生。[76]

　　b. 是指信徒经历世人的审判,在人的手下殉道,是为"肉体按着人受审判"的意思。[77] 然而,从神的角度看,殉道者是持续活着的,因为他们的灵魂已到了神那里,并且得着永生。故重点是强调了信徒已得着不朽的生命,藉此鼓励信徒面对逼迫而无惧。[78]

　　在此,我们要注意的是,此段经文直译为:"一方面好叫他们按着人在肉体中受审判;另一方面,他们按着神在灵中活着"。一如上文所说的,此两句有对比的作用,这个对比,有一点像第二章四节所说的,好像活石的主,被人所弃了,但却成为神所拣选所宝贵的。而犹太人的著作《所罗门的智慧》第三章一至七节,亦有言及义人的死,在愚昧人的眼中,好像是受了痛苦、刑罚而毁灭了,但其实却是安息了并有着生命不朽的盼望。[79] 在此,且看以下对照的表列:

一方面好叫	另一方面
他们……受审判	他们……活着
按着人	按着神
在肉体中	在灵中

　　以上的排列显出作者是有意将此两句作对比,因此,"按着神"明显是指按着神的标准,或是按着神的意思,信徒灵魂是得救的。如此,则"按着人"自然亦应该有同一个用法,即按着人的标准,人的角度。当然,我们要解决的是,此处的"人"是指什么人,以至他们会看信徒的死是受审判。诚然,在犹太人和基督徒来说,人自然的死,亦是一项从神

---

[74] 犹太人相信,人的死表示其与创造主断绝了生命的联系,故是神的一项审判,参 R. Bultmann, "θανατο?," *TDNT*, III: 10 – 15.

[75] 艾理略,页 101。

[76] Davids, pp. 154 – 155；Grudem, p. 171.

[77] 即按着人的评估,是要被处死的;参 Selwyn, p. 215.

[78] Kistemaker, p. 164；Davids, p. 155 认为两个可能性都存在。

[79] 参 Michaels, p. 239 的引述。

而来的审判，⑭然而，此处的上文下理，都没有明言"人"是指基督徒，或是犹太人，故更大的可能，人是指一般的人，即常人。若是如此，则照理作者应说按着人在肉体中死亡，即以常人的角度，在肉体中死去（而不是用"审判"），以对比按着神在灵中活着才对。但作者却用了"审判"一字，以取代"死亡"。故此，我们有理由相信，此处信徒的死，是指经过人的审判而死，即指着因政府的政策而殉道的信徒。⑭

按此了解，则第二个解释是最符合以上的分析。作者的用意，是要带出一个强烈的对比：那些外邦人胡乱地生活，对比信徒那忠贞的生命，前者必然在审判台前受审，后者却因为得着福音而虽死犹生，死后得着永远的生命。因此，信徒虽然要受肉身之苦，但仍然不可走回头路，好像他们未信主时，那种与外邦人同伙，过放纵私欲的日子。总之，这审判活人死人的一刻，对信徒来说，不论是在生的，还是死去的（包括殉道者），⑭都可说是一个得以伸冤的机会，他们必能在灵中活着，得着永生。故此，在苦难中的信徒大可安心，儆醒谨守，专心盼望末日主为他们所显现的救恩（一 13）。

(Ⅳ) 彼此相爱的生活（四 7～11）

7　万物的结局近了。所以，你们要谨慎自守，警醒祷告。

8　最要紧的是彼此切实相爱，因为爱能遮掩许多的罪。

9　你们要互相款待，不发怨言。

10　各人要照所得的恩赐彼此服事，作神百般恩赐的好管家。

11　若有讲道的，要按着神的圣言讲；若有服侍人的，要按着神所赐的力量服侍，叫神在凡事上因耶稣基督得荣耀。原来荣耀、权能都是他的，直到永永远远。阿们！

---

⑭　罗五 12。

⑭　如果彼得前书是写于保罗殉道之后，和比较后期的话，殉道的次数已屡见不爽，此见解便更具吸引力。

⑭　犹太人亦相信殉道者将得神的伸冤，不义的人则没有希望；参马加比贰书七 14；但彼得前书则常避免详细指责不义的人，故此节的重点在于鼓励信徒，多于指斥逼迫信徒的人。

从第二章十一节到第四章六节，彼得集中于信徒如何面对从教外人而来的反对和敌视；如今，他却要讨论教内的信徒彼此之间如何相处的问题。在第二章十七节，他强调信徒要尊敬众人，但同时亦要亲爱教中的弟兄，这是作者在这一段中所要发挥的题旨。作者用了"彼此"（8～9节）和"互相"（9节）去表达信徒之间的紧密关系，此关系的具体化，便是"相爱"（8节）、"款待"（9节）和"服侍"（10节）。⑬

同时，更进一步的，作者亦论及信徒如何善用恩赐的问题。当然，属灵恩赐在保罗的书信中亦是一个备受关注的论题，尤其是哥林多前书（十二至十四章），因为哥林多教会是一所崇尚恩赐的教会。但在此处，论及恩赐的篇幅极为有限，⑭恩赐的问题，并不成为一项作者所需要关注的问题，而此段亦没有迹象显示作者是采用了流传于教会的、关于恩赐的传统资料。作者乃是按着他对受书人的需要，作出一个一般性的，关于恩赐的教导。而此教导的作用，是要信徒善用恩赐，以能在主再来之前，受书人能善用神所赐的资源，彼此服事以荣耀神。⑮

最后，整体而论，此段可说是第二章十一节至第四章六节的一个结论，作者由于末日的临近，而论及信徒彼此间的关系。继而，便是恩赐的善用，最后，便是一个荣耀颂。⑯ 如此，彼得便完成了他所要论述的关于神的子民在世既是作客旅和寄居的（二 11）应如何生活的教导。到了第十二节，作者便开始一个新的段落。由此可见，此段亦有承先启后的作用。

四 7上　"万物的结局近了"　"万物"是指一切的事物，即整个存在的世界。⑰ 上一节彼得提及一个普世性的审判，故万物亦包括在上一节所论及的活人和死人，一切的结局都近了；⑱"结局"一字可译作

⑬ 在保罗的书信中，与此处有相近教导的有帖前五 1～10；但其不同之处参 Goppelt，p. 293.

⑭ 所列举的恩赐，都可在罗马书第十二章找到。

⑮ 作者完全没有论及教会体制及各领导人的问题，因为这一点与主的再来没有直接关系；反而到了五 1～5 作者才稍作论述。

⑯ 参 Schutter, *Hermeneutic and Composition in 1 Peter*，p. 72 的表列。

⑰ Goppelt，p. 294.

⑱ 此句之首有一连接词 de，但可以不译出来。

"终局"(end)，或是"目标"(goal)，⑭如果是前者，则是指教外人而论，即他们的大限已到了(参四 17)；后者则是指信徒，即他们所梦寐以求的主再来的日子已来到(一 5、9、13)；⑱此处两个意思都包涵在内，因为"万物"是包括了信主的和未信主的人。"近了"此字在新约中很有可能已成为一技术性用词，专门指向神所应许的，将发生于历史的救恩；⑲此字乃完成时态，强调了其紧迫性，有时候已到了的意思，⑬如此，使我们联想起福音书中施洗约翰及耶稣基督所宣讲的天国近了的信息(太三 2，四 17；可一 15；路十 9、11)。事实上，新约有不少书卷都有论及基督再来的临近(如罗十三 11～12；腓四 5；启一 3，廿二 10)。总之，此处是表示主的再来，即万物的终局或目标，已逼近眉睫，有见及此，信徒必须珍惜仅余的日子，作应该作的事。

　　四 7 下　"所以，你们要谨慎自守，警醒祷告"　因着主的日子并非遥不可及，故信徒理应有所反应，这便是"所以"的意思。信徒所应该作的，便是"谨慎自守"，此字根即智慧，而此字用作形容人有冷静的头脑，思想中肯持平，以能控制自己，⑬是命令语，故作"要谨慎自守"。下一个动词是"警醒"，此字早在第一章十三节出现过，⑭同样是命令语，二者是同义词，而中间有一连接词："及"，⑮故二者同是指"祷告"而说的。作者在此是要将注意力集中在"祷告"上，祷告的重要早在第三章七节已有论及，在祷告上要警醒谨守，是新约一个重要的教导(参路廿一 36；西四 2；弗六 18)。⑯当耶稣在客西马尼园祷告时，彼得等人竟然睡着了，耶稣便教训彼得要警醒祷告，免得入了迷惑(太廿六 40～41)。未几，耶稣便被出卖而钉十字架，此事对彼得一定是刻骨铭心，故他亦以此真理教诲受书人，以免他们被迷惑了，失去仰望倚靠神的心。

---

⑭　*telos*，参 Delling，*TDNT*，VIII：54 - 56.

⑱　故前者强调了审判，后者侧重救赎。

⑲　Goppelt，pp. 294 - 295；又 fn. 8.

⑬　*engizō*，黄锡木，页 597；参 Preisker，*TDNT*，II：330 - 332.

⑬　*sōphroneō*，Rienecker，*Linguistic Key*，p. 763；Luck，*TDNT*，VII：1097 - 1100，1102 - 1103.

⑭　*nēphō*，〔和〕作"谨慎自守"，参其注释。

⑮　即 *sōphronēsate kai nēpaste*.

⑯　"祷告"一字的字根，有向神呼求的意思，参"euchomai," Greeven，*TDNT*，II：803 - 806.

四 8 上　"最要紧的是彼此切实相爱"　彼得续称:"最要紧的,……",此词组直译为"在所有之先……"(before all things),[57]"所有"与上一节的"万物"为同一个字眼,[58]但此处的意思却不是指世上所有的生物,乃是指重要性,[59]其意思亦不是指以下所言的,要比上一节所说的要谨慎自守及警醒地祷告来得重要,作者旨在强调其所言非虚,读者们务必要察纳其雅言。"是……相爱"直译为"有爱心",[60]"有"乃现在时态的分词,又因其是紧随上一节两个语带命令的动词之后,[61]故此处亦有命令语的作用,可作"要有爱心","彼此"强调群体中的相互性(mutuality),[62]与第九节的"互相"意思相同。"彼此相爱"乃耶稣基督在世的教导(约十三 34～35),这当然成为门徒包括彼得等人所重视的题目。"切实"此助动词早在第一章廿二节出现,[63]用于此,强调信徒要有坚忍不屈的爱心,并且以此爱心彼此相爱。

四 8 下　"因为爱能遮掩许多的罪"　这一句作为上一句的解释,故以"因为"作始,[64]而"因为"亦引出旧约的一段经文,[65]"爱能遮掩许多的罪"与箴言第十章十二节下的一句"爱能遮掩一切过错"相似,但由于此句与七十士译本的译法大有出入,[66]故作者可能引自希伯来文圣经,又因此句又出现于雅各书第五章二十节,[67]可见雅各及彼得可能是引用当时流传于教会的一句箴言。[68]

此句的意思颇难确定,大体上有以下五个可能性:

---

[57] *pro pantōn*.

[58] 故可能是修辞上的 word play.

[59] 故此词组又可译作"最重要的",参〔新〕〔思〕。

[60] *agapēn ... echontes*,如此的排列显出了作者要突出"爱心"。

[61] 即 *sōphronēsate* 及 *nēpsate*.

[62] *eis eautous*,BAGD,p. 212.

[63] *ektenēs*.

[64] *hoti*.

[65] 参 Dijkman,"OTI as an Introduction Formula to Catechetical References in 1 Peter,"p. 261.

[66] 七十士译本的此句是:"爱遮掩了一切不喜爱争斗的人"。

[67] 雅五 20 并没有出现"爱",但其经文的意思,却是指着爱而言的;又参革利免壹书四十九 5,革利免贰书十六 4。

[68] "遮掩"(*kalyptei*)为现在时态,有 gnomic 的用途。

　　a. 箴言的一段经文是指以爱心取代仇恨，便能平息纷争，此处亦是如此，故彼得是指当信徒能彼此相爱时，仇恨和纷争便会绝迹了。

　　b. 按马太福音第六章十四至十五节及马可福音第十一章廿五节的授意，此处是指神的爱赦免了我们的罪，而我们亦用爱去赦免弟兄的罪。[769]

　　c. 是指信徒个人所犯的罪藉着爱心得以消解，而不致受神的审判。革利免贰书第十六章四节在解释箴言第十章十二节时，指出了施舍的善行是与悔罪一样的有功效，这便是爱心能遮掩罪的意思了。其他教父如特土良、俄利根（Origen）等，都有这个解读。[770] 然而，这种解法高举了人的善行能抵销其罪，没有新约神学的支持。

　　d. 基于马太福音第廿五章卅一至四十六节的授意，基利主张，如果我们没有爱心，便会拦阻了神对我们的赦罪。[771] 诚然，这一个解决的可能性是存在的，但此观念却从未出现于彼得前书；反而，作者强调了基督背负我们的罪（如一 18～19，二 24～25），故此，此可能性不大。

　　e. 在旧约中，罪常是指得罪神，故此句是指人的爱心能挽回罪人，使之悔改认罪，以致不会得罪神。此情况便有如马太福音第十八章十五至十七节耶稣谈论教会的纪律，但此处并不是谈及教会中如何执行纪律的问题。

　　按以上的分析，a 和 b 的解法的可能性最高，我们要注意的是，作者并没有清楚表明其实际的用意，而他是针对整个群体说话，故可能他要强调一个大原则，便是在群体中实践相爱的道理时，犯罪作为一个在救赎群体中的反常现象，便会消失于无形了，如此，便能保持群体的圣洁和合一，以预备有如火的试炼的临到（12 节）。[772]

　　四 9 "你们要互相款待，不发怨言" 作者续称："你们要互相款

---

[769] Selwyn，p. 217.

[770] Tertullian，*Scorpiace* 6；Origen，*Homiliae in Leviticum*，2.4.

[771] Kelly，p. 178.

[772] 此说是将"遮掩"解作"消失"；Michaels，p. 247 亦有相近的主张。

待","互相"与上一节的"彼此"是同义词,[73]"款待"本是形容词,但此处是语带命令,故作"要……款待",此字意即"好客",[74]此项服侍与基督教的福音工作息息相关,因为传福音的人到了一个新的环境时,极需要别人招待,[75]因为在当代,酒店并不普遍,寻找适合的旅馆住宿诚非易事。[76]而事实上,新约教会的聚会大部分都在信徒的家中举行,[77]故信徒愿意以其家庭款待别人是重要的(参来十三 2)。甚至作为教会的领袖,其中一项条件,是要乐于接待远人(提前三 2;多一 8)。由此可见,"好客"在当时是备受重视的一项美德。藉着"互相款待",信徒便能有具体的渠道,实践彼此相交相爱的道理,并且实质地协助圣工的发展。

然而,"款待"亦带来负担,[78]尤其是要用自己的家作聚会的场所,而且不是偶而为之,乃是经常性地发生,于是怨言很容易便产生。[79]有见及此,彼得便加上一句:"不发怨言",在腓立比书第二章十四节处保罗指称,无论作什么,都不要发怨言,[80]不论是当面的怨言,或是背地里的怨怼,都会直接危害教会的合一,亦显出了发怨言者缺乏忍耐和爱心。故此,好客亦要在一个没有怨言、充满爱心的态度下进行的。

四 10 上 "各人要照所得的恩赐彼此服事" 到了此间,作者转而论说信徒以恩赐服侍方面的真理,"各人"即每一个信徒。[81]彼得在论说完整个教会群体所应该作的事后,转而向个别信徒说话。"所得的恩赐彼此服事","所得"乃过去不定时态,是已发生了的事。在此,新约的教导是各人都得着了圣灵所赐给的恩赐,以致每一个信徒都能凭着其恩赐事奉,而恩赐的目的,是造就全会众(弗四 11～16;林前十四 3～

───────────────

[73] *eis allēlous*.

[74] *philoxenos*.

[75] 参太十 11～13、40～42;路十 5～7;徒十六 15、32～34,廿一 7、17,廿八 14。

[76] 参 Stählin, *TDNT*, V:18f.

[77] 参罗十六 5;林前十六 19;西四 15。

[78] 有时甚至会中了招摇撞骗者的诡计,参 *Didache*,pp.11-13 的警告。

[79] 故此处所指的,大概便是因经常性让自己的家作聚会场地而发生的问题,Selwyn,p.218.

[80] 亦参 *Didache* 4:7.

[81] 参罗十二 3;林前十二 7、11;弗四 7。

5）。"恩赐"此字的字根乃"恩典"，故此字强调一些非物质性的、神恩典的具体彰显。⑩"恩赐"乃教会的主耶稣基督复活升天得荣后，以得胜的荣姿白白的赏赐给教会的恩物（弗四 7～11），故恩赐是神所赐给信徒的救恩的一部分。如今，每一位信徒都要善用之，是为"彼此服侍"。由此可见，虽然每一位信徒都已得着恩赐，但如果不运用之，便是浪费了。"服侍"乃分词，是命令语，故〔和〕作"要……服侍"，"服侍"此字早在第一章十二节出现过，强调信徒个人对教会这群体所作的贡献，⑩此处更明言"要……彼此服侍"，⑩即每人所贡献的对象，是其他的信徒。这种做法，无疑是满有爱心地践行彼此相爱（参 8 节）的救赎群体之必然结果。

四 10 下　"作神百般恩赐的好管家"　"作"直译为"有如"，⑩故以下所言是有寓意性的。按此了解，"管家"并不是一项教会中职位的名称，而是一般性的用法，"管家"出现于罗马的奴仆制度，是由家主委派治理家庭事务的，包括管理其他的仆婢（路十二 42～48），是一有公信力的工作，⑩"好管家"便是一个称职的、不负主人所托的忠仆，这是彼得所要求信徒们要以恩赐彼此服侍所应有的态度。"百般恩赐"应作"多样恩惠"，是形容"管家"的。⑩早在第一章十节时，彼得已明言信徒得着了神的恩典，如今，他更形容此恩典正藉着信徒的恩赐，具体地表彰出来。而恩赐的多样性和多元化，亦是保罗书信常常论及的题旨（如林前十二 4～30；罗十二 6～8），此多样化的目的，是要使肢体互相配搭，使教会的圣工能合作无间，达至信徒各方面的需要都得到

---

⑩ *charisma*，BAGD，p. 879；保罗共用了 16 次；详参 D. A. Carson，*Showing the Spirit* (Grand Rapids：Baker，1987)，pp. 19‐20；又 M. M. Turner，"Spirtual Gifts Then and Now," *Vox Evangelica* 15(1985)，pp. 30‐31；注意下一句"恩赐"一字，其实便是"恩典"。

⑩ *diakoneō*，参一 12 的批注。

⑩ "彼此"（*eis heautous*）早于第 8 节出现过，参其批注。

⑩ *hōs*.

⑩ *oikonomos*，参 J. Reumann，"Servants of God-Pre-Christian Religion Application of OIKONOMOΣ in Greek," *JBL*，77(1958)，pp. 339‐349.

⑩ *poikiles charitos*，故是 genitive of description.

满足。⑦⑧

　　总之,拥有恩赐的信徒,是得着神恩惠的人,切勿妄自菲薄,反而要成为值得信任的管家,彼此服侍。

　　四 11 上　"若有讲道的,要按着神的圣言讲"　此节一方面接续了上一节恩赐的论题,但另一方面亦引进了一荣耀颂,作为由第二章十一节开始直到此处的小结。这样的安排是要让作者重新聚焦于信徒受苦这一题旨上。

　　"若有"即"若有人",这并不表示以下乃一条件性句子(conditional clause),其意即"凡是有人";⑦⑨"讲道"原文为说话,⑧⓪但由于此处是指信徒运用恩赐,在教会内彼此服侍,故不是指普通的说话,乃是指与教导有关的恩赐,如讲道(罗十二 6)和教导的工作等(罗十二 7)。⑧①基督教并不是一个迷信的宗教,信众必须要明白自己信仰的内容及盼望的缘由(参三 15),才能有效地为主作见证。观此,教导事工在教会中是不可或缺的,故彼得特别提出此项,以作提醒。"要按神的圣言讲"直译为"一如神的说话",即从神而来的话语,⑧②或神圣的话语,⑧③前者是指在教导时,教师必须弄清楚所教导的内容,是神的启示,即从神领受的信息,而不是出于自己的意思;后者是指旧约圣经,或富权威的福音传统,⑧④故其意思是教导者之教导内容,必须要与旧约圣经有等量齐观的属灵权威。由于此句与下一句的"神所赐的力量"是有平行的作用的,而下一句明显表示力量的来源是神,故第一个可能的意思应居先。毕竟二者的意思分别不大,都强调教

---

⑦⑧　Michaels,p.249 主张多样化的恩赐是暗示甚至苦难亦是神的恩惠,此说理据不足,不合此处的文意。

⑦⑨　*ei tis*,BAGD,p.220.

⑧⓪　*laleō*.

⑧①　当然,我们不排除其亦包括劝勉(罗十二 8),说方言和翻方言(林前十二 10)等与说话有关的恩赐;Michaels,p.250 认为说方言属于个人向神的祷告,故大概不入此列,但若果有人能将方言的内容翻出来,则其作用便与先知讲道无异了,正因此故,保罗要求在聚会中说方言者必须要有翻方言的配合,否则便要闭口不言了(林前十四 26～28)。

⑧②　*logia theou*,即 word from God,故 *theou* 是 genitive of source.

⑧③　即 divine word;故是 genitive of description.

⑧④　注意此处是没有冠词的,但罗三 2 则有冠词,则更明显是指着旧约圣经而言了。

导者要小心自己的教导,[295]以达至善用恩赐,造福信众的佳果。

四 11 中上 "若有服侍人的,要按着神所赐的力量服侍" "服侍"刚于上一节出现过,由于此句明显是与上一句有平行的作用,故"服事"是要对比上一句的"讲道"。按此了解,"服侍"便是指一切与教导无关的恩赐,如行异能、治理事务、医病和帮助人等恩赐(林前十二 28),如此,则彼得是以"讲道"和"服侍"涵盖了所有的恩赐。[296] "所赐"又可作供应,[297]是现在时态,表明了从神而来的力量,是持续不断、源源不绝地给予信徒。"力量"即"能力",乃神的属性之一,[298]故常出现于赞美神的礼文当中。[299] 此处强调在运用服侍的恩赐时,信徒要存谦卑的心,[300]倚仗神所供应的、所需的能力,一方面使运用者有能力践行工作,另一方面亦产生了美好的成果。

四 11 中下 "叫神在凡事上因耶稣基督得荣耀" 作者在上一句提及信徒要倚靠神的能力服侍,现在他更进一步引带信徒注意赐能力的神,多于能力本身,故此,他便说:"叫神……得荣耀"。"叫"带出了目的或结果,[301]"得荣耀"本乃被动词语,故作"被荣耀",是指神被荣耀,故此句意即凡讲道和服侍等工作,目的都是叫神被荣耀。"凡事上"大概是指由第七节开始所说的一切事物,但无疑亦包括了信徒的坐言起行。[302]事实上,保罗于哥林多前书第十章卅一节亦有言:"所以你们或吃或喝,无论作什么,都要为荣耀神而行。"此处亦相仿,但却加上了一句:"因基督耶稣","因"其实更好应作"藉着",[303]即藉着耶稣基督,信徒

---

[295] 新约常有对教师发出警告,要其小心自己的教导(雅三 1),因为教会内亦有假教师出现,其以妖言惑众,产生了极大的破坏(参提后二 16)。

[296] 作者不把恩赐逐一列举,主因是他容让个别的亚西亚教会去将其所说的原则,应用在个别的教会中。

[297] *chorēgeō*,其意本为 sponsor a chorus,但一般却有供应之意,BAGD,p. 883.

[298] *ischys*,此字与 *kratos* 常一起出现,都是形容神的,参弗六 10;后者亦出现于下一句的荣耀颂中;毛克礼,页 295 认为"能力"可以包括体力、财力和时间等资源,但此句明显指出能力是从神而来的,故更有可能是指圣灵的能力,或是神所给予的爱心的事奉动力。

[299] 如帖后一 9;启五 12,七 12。

[300] Bigg,p. 175.

[301] *hina*.

[302] 参 Senior,p. 79.

[303] *dia*,参〔新〕及〔吕〕。

能够敬拜、赞美和事奉，[804]如此，便能叫神被荣耀，即神被尊为大及显出荣耀。[805] 这一个以基督为中心的敬拜意识，无疑是新约教会敬拜的核心，即新约教会是奉耶稣基督之名聚集及敬拜(太十八 20)，[806]此处彼得正是针对教会在聚会时各人如何以神所供给的恩赐互相造就而言，故与集体敬拜息息相关，按此了解，无怪乎他要提及"藉着耶稣基督"了。

　　四 11 下　"原来荣耀、权能都是他的，直到永永远远。阿们"在言罢讲道和服侍的目的是叫神得荣耀后，此以神为中心的言论，同时亦引发作者对赐能力的神发出了颂赞之词。"原来"不在原文之内，故〔新〕及〔吕〕等译本都没有此二字，"荣耀"乃神的属性，[807]"权能"是指神的无所不能及王权，藉着其创造和主宰权方面显示出来，[808]二者很多时候都一起出现于颂赞词中，[809]强调了在赞美神时，将神所配得的归给他，[810]"都是他的"应为"是他的"。但所指的，究竟是指上一句的神，还是指耶稣，学者们并没有达成共识，[811]认为是指神的，主张因为上一句作者明显是要将重点放在"神"，而"耶稣基督"的角色，只属于"叫神……得荣耀"的一个媒介。[812] 然而，认为是指"耶稣基督"的，其理据有：

　　a. "他"的紧临前置词(antecedent)是"耶稣基督"而非神。

　　b. 上一节已说到"叫神……得荣耀"，如今又再一次说荣耀归给

---

[804]　即其言语、态度和行动都敬拜神 Grudem，p. 176.

[805]　Davids，p. 162 列出了神被荣耀的三个可能性：(1)人在神的临在当中(路廿三 47；启十五 4)；(2)人经历到神的大能(路十八 43；徒四 21)；(3)神的属性，藉着与他认同的人的生命，彰显出来(林前六 20)。

[806]　我们可以说，新约的敬拜，是藉着耶稣基督，在圣灵里敬拜父神。

[807]　*doxa*，Kittel，*TDNT*，II：243 - 244，247f.

[808]　*kratos*，BAGD，p. 450；Michaelis，*TDNT*，III：905 - 908；此字后来演变成为"全能者"(*pantokratōr*)，参启四 8，十一 17；以形容神是高于世上君王的权能的。

[809]　如提前六 16；犹 25；启一 6，五 13。

[810]　二者都是 indicative，事实上，所有新约中的颂赞词，都是如此，参路二 14；罗十一 36；弗三 21；腓四 20；提前一 17；犹 25；启一 6；显出并非一种意愿，神本是如此，Goppelt，p. 306.

[811]　在文法上，二者均可能。

[812]　参 Goppelt，p. 306；Kelly，pp. 181 - 182；Lenski，pp. 199 - 200；Senior，p. 79；而事实上，新约大部分的颂赞词，都是向神发出的，参 Best，p. 161 的分析。

神,看来是重复了。反而,荣耀归给耶稣基督,则没有这个毛病。

　　c. 在革利免壹书第二十章十一至十二节及第五十章七节处,同样的结构亦再出现,而毫无置疑地是指耶稣基督而说,反而,作者在指神而言时,却用了另一种写法。⑬

　　d. 启示录第一章六节里,同样出现了"荣耀、权能归给他,直到永永远远。阿们"一句,并且是指着耶稣基督而说的。

　　按以上的剖析,"他"是指耶稣基督的见解是较为居先的。⑭ 观此,彼得要强调基督的神性和王权,因着其死而复活、升天得荣,成了万王之王,万主之主(腓二 9～11),其治权亦无涯无限(启十一 15)。这无疑是新约教会在敬拜时所极侧重的。"永永远远"直译为"世代的世代"(the ages of the ages),并且每一个世代都是复数的,⑮表示世代的连绵不绝,永无休止的时间。既然耶稣基督是永远存在的神,对他的赞美亦应是持久不断的,此真理一方面是符合实况,⑯另一方面亦代表了教会对神那由衷而发的赞美之情。

　　在颂赞的结束时,作者加上了"阿们",此字乃亚兰文(或希伯来文),意即"肯定的"。⑰ 在旧约,有一些祝福和颂赞词的结尾,都附上了此字。⑱ 而新约一般颂赞词的结束都有此部署,⑲意即赞美者极愿这样颂赞,能完全地实现,故有真实的、由衷而发的意思。大概受书人读到此处时,亦会同声说"阿们"以作回应。⑳ 如此,亦完结了由

---

⑬ 即 *di' hou estin autō hē doxa*. 参 58.2.

⑭ Kistemaker, pp. 170–171; Michaels, pp. 252–253;若是如此,则这是新约中唯一的一处,同时言及荣耀归于基督,又是藉着基督的经文了,参 Selwyn, p. 220.

⑮ *tous aiōnas tōn aiōnōn*;如此的表达,亦可说是 superlative in the highest degree, Lenski, p. 200.

⑯ 注意此处的词汇亦是 indicative,故强调了其为一事实,而非单是愿望而已。

⑰ אמן,七十士译本作 *genoito*,即"愿如此";但此译法不为新约作者所主张,故便直接音译过来而成为 *amēn*;详参 *NIDNTT*, I:97–98; Schlier, *TDNT*, I:335–338.

⑱ 如诗四十一 13;尼八 6;又马加比叁书七 23;马加比肆书十八 24。

⑲ 参罗一 25,九 5,十一 36;加一 5;弗三 21;腓四 20;提前一 17;提后四 18;来十三 21;彼前五 11;犹 25。

⑳ Schlier, *TDNT*, I:337;因新约的书信,是在教会敬拜时读出来的,因此,这样的部署,除了有礼仪的作用外,大概亦有修辞的 pathos 的作用,即是使受众能藉着参与,投入作者的教导中,以致产生心灵开放,接受作者的教诲。

第二章十一节所开始的,全书最长的一段:神的子民在世作为客旅和
寄居者的生活。继而,由第十二节开始,便是另一段较短的论说了。㉒

㉒　新约中不少颂赞词是在写作结束时才出现的,如罗十六 27;彼后三 18;犹 25;但亦有因作
　　者在写作中有感而发的,如罗九 5,十一 36;故彼得在此处所作的并没有什么不恰当之处。

肆 信仰生命与苦难
（四 12～五 5）

这一段直到第五章五节,可说是本书的另一个主要段落。不过,这一段的内容,却再一次集中于信徒受苦。① 因着有此重复的情况,使一些经评学者认为,其实这一段的出现,是因有一个特殊的环境产生了,以致作者又再一次旧调重弹。学者贝度维斯认为,由第四章十二节始,苦难已发生在信徒的身上,对比起前一段,苦难的临到仍只是一个可能性(参三 17)。按此了解,他主张彼得前书主要是由两部分组成,前部分为一洗礼的信息(一 3～四 11),后部分是为慰藉和警告信徒而设。② 贝尔则认为,由此段开始,作者所要处理的,不是信徒活在社会中如何面对所带来的压迫,乃是逼迫正如火如荼地发生,而从文中我们可以见到逼迫是如浪潮一样涌至,第十二节的所谓"火炼的试验",大有可能是反映尼禄王对基督徒的迫害。③

以上所言并不是完全没有理据,然而,我们却不一定要这样看这一段经文与上一段经文的关系。且看以下的分析:

a. 这是一封发给多个地方、多所教会的书信,可能有些教会并没有经历很大的逼迫,但有些教会则正面对如火的试炼,因此,彼得有时视逼迫只是一个可能性,但有时,即如今,却描写为一个正在发生的事实。④ 观此,两种情况都出现在同一封信内,是可以理解的一件事。⑤

b. 从结构看,作者要在这一段中对所提及的两个有关苦难的题旨

---

① 受苦此题旨,已于一 6～7,二 18～25,三 13～四 6 有提及。
② 引自 Goppelt,p. 310.
③ Beare,pp. 188 - 189.
④ 我们不要忘记,基督教向外扩展时,敌视的情况可说是屡见不鲜的,如从犹太人而来的反对(徒四 1～3、五 17～18、40～41、七 57～60,八 1～3,十三 50～52,十七 5～9,十七 13,廿一 27～36),地方政府的反对(徒十二 1～3),及教外人的反对(徒十六 19～25 于腓立比;十九 23～二十 1 于以弗所)。
⑤ 详参本书绪论部分之六:写作时的环境。

作更详尽的发挥,先为信徒受苦乃神的恩典,故是有福的(12～16 节),后为信徒受苦乃神对普世的审判之前奏(17～19 节)。前者于第二章二十节、第三章十四及十七至十八节有提及,后者则出现于第四章一至二节及六节。故作者所作的,并不是缔造一个崭新的内容,或他要面对一个新的、信徒受苦的处境,而仍是集中讨论信徒受苦的题目。

c. 此段与以上的经文的关系,亦可以说是:以上的经文,是为信徒的受苦定下原则,如今,却将之处境化,其目的是要将受苦具体化和实际化。

d. 举例说,信徒受苦是神的恩典此思想,共有三项教导,而此三项教导都有其旧约及信仰传统,先为受苦乃信仰的考验(四 12),其次受苦是与基督认同,故信徒应喜乐(四 12),最后,受苦显出了神的灵之同在(四 13)。⑥ 至于第十七节所提及的信徒受苦预示神对普世的审判,作者可能是从以西结书第九章六节⑦及耶利米书第廿五章廿九节(七十士译本)得着灵感,以上两段经文都论及耶路撒冷城受到神的审判。作者的意思是,既然神的选民同样受到责罚,更何况非选民呢? 藉之安慰信徒及对之发出了保证。

e. 事实上,第五章一至五节亦有以上的原则与具体化的关系,作者于第四章七至十一节里,论及信徒于教会中应该如何相处的原则。如今,作者则将之具体化,并以长老的职事作为一个具体的例子。

f. 我们切莫忘记,受书人多为信主的外邦人,⑧在犹太人的历史中,因信仰而受逼迫,甚至殉道,是常有发生的,其中如在公元前二世纪不少犹太人在西流基王朝的暴君安提阿古四世的苛政下殉道,故犹太信徒对于殉道已有心理的准备,但对于外邦的信众来说,却缺乏这些历史的因素。观此,彼得对逼迫的课题多加教导(包括了原则性和具体性的论说),对这群受书人的心理装备,是有极大帮助的,而这一个部署,亦是可以理解的。⑨

---

⑥ 至于此三段的信仰传统可参其批注。

⑦ 此段经文同时亦有论及长老的,无怪乎彼得亦于五 1～5 论及长老的职事了。

⑧ 参绪论之第五项,受书人的特质一段。

⑨ Davids,p. 164;Kistemaker,p. 173.

　　归结而论,由本段直至第五章五节是另一个重要段落。其结构一方面是藉着与上一段同时论及受苦的题目,产生了紧密的连结,另一方面,其更为具体化的教导,将全书的思路推向另一个高峰,然后加上第五章六至十四节的最后训示及结语,作为全书的终结。

(I) 如火的试炼(四 12～19)

12　亲爱的弟兄啊,有火炼的试验临到你们,不要以为奇怪(似乎是遭遇非常的事),

13　倒要欢喜;因为你们是与基督一同受苦,使你们在他荣耀显现的时候,也可以欢喜快乐。

14　你们若为基督的名受辱骂,便是有福的,因为神荣耀的灵常住在你们身上。

15　你们中间却不可有人因为杀人、偷窃、作恶、好管闲事而受苦;

16　若为作基督徒受苦,却不要羞耻,倒要因这名归荣耀给神。

17　因为时候到了,审判要从神的家起首;若是先从我们起首,那不信从神福音的人将有何等的结局呢?

18　若是义人仅仅得救,那不虔敬和犯罪的人将有何地可站呢?

19　所以,那照神旨意受苦的人要一心为善,将自己灵魂交与那信实的造化之主。

　　四 12 上　"亲爱的弟兄啊,有火炼的试验临到你们" "亲爱的弟兄啊"在原文中只一个字,早在第二章十一节出现过。⑩此字的出现,亦意味着一个新段落的开始。彼得如此直接称呼受书人,是要他们注意以下所言:"有火炼的试验临到你们",此句直译为"发生着火炼在你们中间成为对你们的试验","发生着"是现在时态的分词,⑪正在进行的情况,彼得要描绘一幅历历在目、有关信徒受逼迫的画像,使其教导更具体化和有真实感。诚然,在一个异教的社会中活着,信徒固然会受

----

⑩ *agapētoi*,参其批注。

⑪ *ginomenē*.

从教外人而来的压力,故考验已在进行中,但这些压力,将会接踵而来,
以使信徒备受"火炼"的考验。

　　"火炼"此字曾于七十士译本的箴言第廿七章廿一节出现过,其希
伯来文的配对是כור,学者桑德(E. T. Sander)在其研究昆兰文献的著
作中,发现此字的同义词מצרף的用法是有两个特性,[12]一为用作形容末
日的试验,包括了对义人或不义的人,而甚至成为技术性名词;二为不
一定含有火的意思。按此推理,则"火炼"亦大有可能有这样的用法。[13]
然而,"火炼"此字在新约另外的用法中,却无疑是有火的含义(参启十
八 9、18),[14]而按此字的动词,亦常用作净炼金属,[15]故此,我们的推论,
是新约作者们采取了寓意性的用法,将此字形容人在末世所要受到的
磨练,委实是一个最透彻及全面性的考验。[16]而彼得用之于此,是要重
拾第一章六至七节的主题,是信徒在各样的试验中,乃是叫他们信心
受到考验,以至信仰更为坚固,故此处作"有火炼……试验"。而在下
文,考验会从神的家开始,然后达至普世,成为一个末世性的审判。

　　四 12 下 "不要以为奇怪(似乎是遭遇非常的事)" "不要以为奇
怪"更好的译法是"不要感到意外"。"奇怪"即惊讶,[17]此字早在第四章
四节出现,同样是被动语,是形容外邦人对信徒生命的改变之反应,是
以为怪,于是产生错误的反应,对信徒加以毁谤。同样,信徒亦不应以
遭遇如火的试验而感到极其意外,产生不必要的反应,故此字是命令
语,再加上"不要",便成了一项消极的禁令。"似乎是遭遇非常的事"是
一句解释"不要感到意外"的句子,更好的译法是"好像意外的事临到你

---

⑫ 这一对同义词一同出现于箴十七 3,廿七 21。

⑬ E. T. Sander, *ΠΥΡΩΣΙΣ And the First Epistle of Peter* (Dissertation. Harvard, 1967),
pp. 36 - 50.

⑭ 注意约瑟夫在形容所多玛被火毁灭时,亦用了此字,参 *Ant*. 1.203.

⑮ *pyrōsis*,其动词为 *pyroun*,参 Lang, *TDNT*, VI: 950f, Goppelt, p. 313, fn. 5;又 P.
Davids, *Themes in the Epistle of James that are Judaistic in Character* (Dissertation,
University of Manchester, 1974). pp. 120 - 125, 139 - 148.

⑯ 义人要从神那里受到如火的锻炼早见于两约中间,参 Wisd, 3:1 - 6; Sir. 2:1 - 6;
Johnson 力陈此意象是与玛拉基第三章 1 节开始的主来时将会带着火去试炼人之预言
有关,参 Dennis E. Johnson, "Fire in God's House: Imagery from Malachi 3 in Peter's
Theology of Suffering (1 Pet 4:12 - 19)," *JETS* 29/3 (September 1986), pp. 285 - 294.

⑰ *xenizō*.

们"，"意外"即上一句的"奇怪"之形容词，⑱此处为所有格，作名词用，泛指怪异的事，出人意表的事情，"临到"即发生、经历、遭遇，⑲是现在时态的分词；作者要求信徒不要因火炼临到，极感意外而措手不及，以至惧怕起来。⑳ 他发出了如此的命令，是基于事实上信徒已饱受社会上不同人士的压力，这一点于第三章十三节开始已有陈述。再说，在世的耶稣，其本人亦受尽考验，更何况是跟随他的人（参四 1）。而且，主亦预言那些跟随他的人亦会受同样的苦（参太十 24～25；路六 40，十三 16，十五 18～21，十六 1～4；约壹三 13）。㉑

总之，作为主的门徒，付代价是免不了的，故此，信徒面对生命的考验，绝对不应该感到意外。

四 13 上 "倒要欢喜；因为你们是与基督一同受苦" 此句直译应作"反而，在你们分享基督的受苦时要欢喜"。"反而"表示一个与上文相反的思想，㉒即除了在消极的层面不要感到意外之外，在积极的层面，则"要欢喜"。彼得在此指出信徒受苦的一个属灵实况，是藉之与基督认同。在第一章十一节时，作者从先贤古圣的角度前瞻基督的受苦，但此处却以一个当时作者及受书人的观点回望，"在"字其实亦可译作"因为"（参〔和〕），㉓若是如此，此句是一个对上一句的"不要感到意外"的解释。㉔ "在"亦可能含有程度的意思，故其意是信徒受了多少的苦，便应有多少的喜乐。㉕ 以上的可能性都存在，其重点在于作者所言的乃一现今的事实，即信徒受苦，是正在"分享"基督的受苦，㉖即有分于基督的受苦。"基督的受苦"是指什么？保罗书信亦有此题目，但却是

---

⑱ *xenos*，及 *xenizō* 的字根。

⑲ *symbainō*，黄锡木，页 598。

⑳ 一如他在三 14 所提出的，信徒不要惧怕敌人的威吓一样。

㉑ 事实上，早在一 6～7，彼得已有论及如火的试验临到信徒。

㉒ *alla*，是 adversative conjunction.

㉓ Kistemaker，p. 174 亦有此解读。

㉔ BAGD，p. 390；BDF，§ 456.4。

㉕ 〔吕〕的译法是"你们既在基督的受苦上有几多分儿，就该有多少喜乐"，故作者是指受书人面对不同程度的苦难；Lenski，p. 203.

㉖ *koinōnos*，乃现在时态，Hauck，*TDNT*，III：804 - 809。

指基督如何在教会中受苦。㉗ 彼得前书所指的是基督在世上的时候所遭遇的苦难,尤其是被钉于十字架而殉道。㉘ 信徒与基督的受苦认同,当然并不表示他们亦有份于达成救赎世人的伟举,乃是藉着这份认同,信徒深切体会基督的受苦。藉着这份经历,明白要为苦难付上代价,同时能够分享那得胜了的基督之荣耀。㉙

按此了解,信徒便应该"欢喜"了,㉚彼得早在第一章六节时,已有相近的教导,此处更用了命令语,使之更为触目。当然,信徒在受苦中仍有欢喜的可能,是因为他们分享了基督的受苦,并且能以一种神学末世性(eschatological)的角度去看现今的苦况,如此,便能接受苦难的缠磨,并且心存喜乐(参徒五 41)。㉛

四 13 下　"使你们在他荣耀显现的时候,也可以欢喜快乐" "使"引出一项目的,或结果,㉜彼得的意思是,信徒的受苦确定了他们必与末世基督的显现有份。㉝ "在他荣耀显现的时候"无疑是指基督的再来,"他荣耀显现"可作"他荣耀的显现"(his glorious revelation),意即基督的显现是荣耀的,但原文的格式亦可作"显现他的荣耀"(revealing his glory)。㉞ 按第一章七节及第一章十三节的授意,彼得一向是重视基督的显现,而"荣耀"一字亦多用作形容词(如一 8),故"他荣耀的显现"应居先,此可作为与基督在世上纡尊降贵地受苦成了对比,因为与基督认同的信徒,同样要在此大日中"也可以欢喜",此句直译为"可以欢喜快乐"(参〔新〕及〔吕〕),"欢喜"于上一句出现过,此处乃动词,"快乐"亦于第一章八节出现过,㉟但此处则是一分词,这种组合乃希腊语

㉗ 参林后一 7;腓三 10,保罗之思想是受他于大马色路上与主相遇所衍生的神学反省;参 S. Kim, *The Origin of Paul's Gospel* (Grand Rapids: Eerdmans, 1981).

㉘ 参一 11,二 21,三 18,四 1,五 1。

㉙ 详参 Michaelis, *TDNT*, V:913 - 923; F. V. Filson, "Partakers with Christ: Suffering in First Peter," *Int* 9(1955), pp. 400 - 412.

㉚ 一如太五 11～12;路六 22～23;来十 32～39;雅一 2。

㉛ 早期教会的殉道者,如坡旅甲等,亦有此了解,参 Clowney, p. 191 的详解。

㉜ *hina*。

㉝ Stibbs and Walls, p. 159.

㉞ *tē apklypsei tēs doxēs*,前者将 *doxēs* 作 genitive of description,参〔和〕〔思〕及〔吕〕;后者为 objective genitive.

㉟ *agalliaō*,参其批注。

系的特色，有强调的作用。㊱ 按此了解，此句又可作"可以大大的喜乐"，无论如何，这份在期待中的末世性喜乐，实乃本信的重点（参一6），亦为信徒的生命带来满足和意义。㊲

四 14 上 "你们若为基督的名受辱骂，便是有福的" 相似的一句早在第三章十四节出现过，但那处却是以一个纯属可能性的情况下带出的，㊳而此处的条件句子，却反映其为一真实的事件，㊴可见作者是要将之具体化，作为一实存的事情摆在读者的面前，要他们去面对。无论如何，彼得取材自福音书的传统，即马太福音第五章十至十一节，及路加福音第六章廿一至廿二节，而同样用了"辱骂"此动词，此字又可作责备、谴责或侮辱，㊵是指言语上的一种迫害，是被动语，故作"受辱骂"。作者没有明言辱骂者是谁，但明显是那些故意逼迫信徒的敌人，但被谁辱骂并不重要，重要的反而是被辱骂者能够明白，"为基督的名受辱骂，便是有福的"。㊶ 作者在此更强调了"为基督的名"，㊷此表达方式在初期教会来说，已成为一技术性词组，㊸意思其实是指基督本人，"为基督的名受辱骂"，便是为基督被辱骂，因为一个人的名，代表了他的一切，而"为基督的名受辱骂"所指的情况，可以是指在官府面前被控以相信基督，又或者是因自言为基督的跟随者而被侮辱（参 16 节），无论是何种情况，其共同的地方，是信徒因与基督认同㊹而受到侮辱，都是"有福的"。㊺

㊱ *charēte agalliōmenoi*，类似的结构参太五 12；约八 56；彼前一 8；启十九 7。

㊲ Goppelt，p. 316；关于因受苦而喜乐此观念的始源及其旧约及两约中间的发展，详细的研究，参 pp. 316 - 321.

㊳ 是 optative mood，参其批注。

㊴ 属于第一类条件句，因动词为 indicative mood，Robertson，IV：127.

㊵ *oneidizō*，黄锡木，页 598；是与二 12，三 16，四 5 所指的一样。

㊶ "有福的"（*makarioi*）参三 14 的批注；三 14 在有福的之后，是一项消极的提醒，但此处却是一个正面的教导。

㊷ 对比太五 11 则为"因我"而路六 22 是"为人子"。

㊸ 参太十 22，廿四 9；路廿一 17；约十五 21；徒五 40～41，九 16，十五 26，廿一 13 等。

㊹ 注意上一节论及信徒在受苦上与基督认同。

㊺ "有福的"（*makarios*）的意思参三 14 的批注。

四 14 下　"因为神荣耀的灵常住在你们身上"⁴⁶　"因为"是作为对上一句的解释,⁴⁷注意马太福音第五章十节及路加福音第六章廿一节,此字同样是紧随"有福的"之后。 由此可见,彼得的措辞是继续受着福音传统的影响。 而同样,当信徒受逼迫被盘问之时,神的灵与他们同在的应许亦出现于马太福音第十章二十节(其为父的灵),马可福音第十三章十一节及路加福音第十二章十二节(其为圣灵),但彼得却用"神荣耀的灵"。⁴⁸ 再加上在福音书处,其动词并不是"住"一字,由此可见,作者的灵感是来自七十士译本的以赛亚书第十一章二节,因为此处同样出现"神的灵"及"住",⁴⁹而不同的地方也有三方面:

　　a. 以赛亚书的经文是一关于弥赛亚的预言,故神的灵所住在的是耶西的根,即将要来的弥赛亚。⁵⁰ 而当耶稣受洗后,立刻便有神的灵降在他身上(太三 16),这一情况,被彼得认为是以赛亚书的经文之应验,因为耶稣基督是耶西的根,是所预言的弥赛亚。 如今,信徒因基督的名受侮辱,即与基督认同了,故降在基督身上的灵,如今同样亦降在信徒的身上。

　　b. 以赛亚书的"住"为未来时态,但如今彼得却用了现在时态,故〔和〕作"常住",可见他认为如今神的灵的"常住",同样亦是以赛亚书之经文的应验。

　　c. 此处彼得加上了"荣耀",以形容神的灵,其原因是:

　　i. 在上一节,基督的显现被形容为荣耀的显现,而受苦的信徒亦将会有份于其好处,甚至如今,信徒亦可浅尝其福分,便是有荣耀的灵

⁴⁶ 此句之后,有些古抄本尚有一句"尽管对他们是咒诅,对你们却是荣耀",但却不在最可靠和最早期的抄本中,故其真确性不高,B. M. Metzger, *A Textual Commentary on the Greek New Testament* (New York: United Bible Societies, 1971), p.695;但参 Michaels, p.265 及 Peter R. Rodgers, "The Longer Reading of 1 Peter 4:14," *CBQ* 43(1981), pp.93 - 95 的见解及其对此句的诠释。

⁴⁷ *hoti* .

⁴⁸ 这处原文在文法上颇为困难,因为"荣耀"之前的中性冠词(*to tēs doxēs*),应该是指着前面的"灵"的,详参 Davids, pp.167 - 168, fn.10 及 Lenski, pp.206 - 207;可能的情况是,彼得先想起神的灵,但却要勾划出其荣耀的一面,故再加插了"荣耀";而"神……的灵"(*to tou theou pneuma*)意即圣灵是从神而来的,故"神"是 genitive of source.

⁴⁹ 〔和〕作"耶和华的灵"。

⁵⁰ 在旧约,神的灵亦可以住在人的身上,如摩西的七十个长老,参民十一 25～26。

的同在。(51)

ii. 一如旧约,耶和华的荣耀充满了至圣所,如今,神的荣耀亦藉着圣灵同样地充满了信徒。(52)

总之,神的灵的同在,使信徒在面对别人的冷嘲热讽时亦无惧怕,更不会感到自惭形秽,因为神的灵会加能赐力,除去信徒的无助和无奈感。神的荣耀,亦驱除了信徒的自卑。(53) 这正好是在世的耶稣基督向面对逼迫的信徒之应许的应验,如此,便成为受苦中信徒的一项恩福。(54)

四 15 “你们中间却不可有人因为杀人、偷窃、作恶、好管闲事而受苦” 此句的开始部分,应有“因为”一字,(55)本有解释的作用,此处却集中于一项澄清,便是受苦的原因要正确,信徒若为正确的原因受苦,便有以上的应许;但若原因是错误的话,则作别论。“你们中间却不可……受苦”直译为“你们任何一人不可……受苦”,“你们任何一人”强调作者不希望信徒中甚至只有一个人犯此毛病,“受苦”乃现在时态的命令语,再加上否定的“不”,(56)把全句变成了一语带命令的禁令,可见彼得是要读者们密切留意,他所言非虚。

错误的行为共有四项,且看以下的诠释:

a. 杀人:应作谋杀者、凶徒,(57)即夺取人的生命,当然是违法的,信徒顺理成章地不应因犯此罪而受苦。

b. 偷窃:应作强盗,或贼人,(58)即夺人财物的,这亦是违法的。

以上两项的罪,是显而易见的,为众所公认的罪恶,并且必招致相

---

(51) Michaels, p. 264 进一步解释因赛十一 2 论及神的灵的多方面特性,故彼得便认为,同样,神的灵之另一特性,是基督荣耀的灵。

(52) 充满摩西时会幕的有出卅三 8～13,四十 34～38;所罗门王圣殿的则为王上八 10～11;详细的研究,参 Grudem, pp. 102 - 104.

(53) 一如 Lenski, p. 206 所说的,敌人带来了辱骂,但神的灵却带来了荣耀,使信徒得着祝福,辱骂带来了羞愧,圣灵却带来了荣耀,此二者成为对比。

(54) 当然,此处的重点,不在乎因圣灵的同在使信徒知道如何回答别人的控诉,乃在乎神的灵是荣耀的,他既与信徒同在,证明信徒是蒙神恩宠的,故是有福的,参 Marshall, p. 154.

(55) *gar*.

(56) *mē ... paschetō*.

(57) *phoneus*,黄锡木,页 598;又参〔思〕〔吕〕。

(58) *kleptēs*,同上,参〔思〕〔吕〕。

应的刑罚,[59]信徒自然不应因犯以上的毛病而受罚。诚然,信徒并非全然成圣,不会犯罪,彼得说及以上两项,并不表示他真的以为受书人会犯以上的罪恶,他可能取材自流传于当时的罪目(category of crimes),以供受书人参考,亦可明示他以上所言的意思。

c. 作恶:指为非作歹的人,或罪犯,这是一项统称,即指一切违法的罪行。[60] 彼得不再列举各项罪恶,因为他认为所列举的以上两项,已足以明示所说的因着自己所犯的罪而受苦的意思,故他以"作恶"作为一总结。

d. 好管闲事:在原文的结构里,作者有意突出这一项,[61]再说,其性质亦与以上三项不同。严格来说,此项罪状,比起首二项,是轻得多了,并且在国家法律上一般都不被定罪。而彼得在此提及,大概是他特选的,是因着一个特殊环境而写的。此字在新约只此一次出现,而且亦不曾出现于较早的希腊作品中,不过,却出现于早期的基督教著作中。[62]此字本身是一复合字,是由"属于他人的"(参罗十四 12)及"监督"二字组成。[63] 学者对此字的意思可说是众说纷芸,莫衷一是,[64]大抵有三大不同的主张:

i. "监督"一字为教会中一项职事(腓一 1;提前三 1～7),故有学者主张此处是指"错误为监督者"。[65] 此为"教会性解法"(ecclesiastical interpretation)。然而,此处彼得是针对大部分读者而言,而不是针对作为领袖的信徒,故此见解可能性不高。

ii. 有学者主张,此字是指监督他人的事情,故是"政治煽动者"。[66]

---

[59] 一如 Marshall,p. 155 所指称的,其为极端性的例子,以能生动地表明作者的用意,或者是更具修辞的作用,Kelly,p. 189.

[60] *kakopoios*,其从属字亦出现于二 12、14,三 17,而亦有此意涵,参 *kakopoieō*,Grundmann,*TDNT*,III:485－486.

[61] 以上的三项,均随第一项的 *hōs* 之后,然后每一项以 *ē* 连接起来,但此项则再一次有 *hōs* 出现,可见作者是要标榜之。

[62] *allotriepiskopos*,参 BAGD,p. 40.

[63] 即 *allotrios* 及 *episkopos* 组成。

[64] 参 Best,p. 164 对不同译本的列举。

[65] 参 Sander,*ΠΥΡΩΣΙΣ and the First Epistle of Peter*,xxxi－xxxvii.

[66] 参 Lenski,p. 208 的论述。

此为"政治性解法"（political interpretation）。鉴于在第二章十三至十六节处，作者亦曾经要求读者们要顺服掌权者，故这一个见解的可能性是存在的。

　　iii. "监督"此字有看管（oversee）的意思，故此字是指看管他人的事，即理会及干涉一些不属于自己、而是属于他人的事，又因在此处是与罪恶同列，明显是有贬意，故无疑不会是指无私地帮助他人，乃指干涉一些不应该干涉的事，因为这些事是属于他人的，与自己无关，意即"好管闲事"。⑥⑦ 此为"伦理性解法"（ethical interpretation）。此解法与此字于其他文献出现时的用法是一致的，故其可能性最高。⑥⑧

　　在此，彼得并没有进一步澄清"好管闲事"实际上是指什么，但明显他提及此罪，可能在读者中有人犯了这个毛病。早在第二章一、十二节及第三章十六节等经文，彼得已有论及信徒切忌毁谤别人，亦不要留下把柄，被教外人毁谤，故可能此处是指一些类似毁谤的罪，⑥⑨也许，有机会招致使信徒受从外界来的苦的"好管闲事"，可能因着他们自傲于自己清高的信仰生活，而不满教外人的道德行为，肆意批评教外人的行为，又或者以教外人操守的监督自居，因而诸多干涉，⑦⓪以致与当地的文化习俗产生不必要的冲突，引致教外人的排斥。⑦① 以上的推测，并不是毫无根据的，因为在保罗的作品中，亦出现类似的责备（帖前四 11；提前五 13）。无论如何，如果因着以上的毛病而引致逼迫，是极为不值的。

　　当然，有些时候，信徒因着其信仰，被控以各样莫须有的罪名，正是欲加之罪，何患无辞，这当然是另作别论了。否则，信徒应该在社会上成为良好的公民，不作触犯法律的事情，反而专注于教内的事务，这样，

---

⑥⑦ 参 Beyer，*TDNT*，II：620－622，故与另一个字 *polypragmosynē*，亦可译作"好管闲事"的，成为同义词。

⑥⑧ 参 Michaels，p. 267 的剖析。

⑥⑨ 当然，如果此处真的是指毁谤的罪，则何以作者不明言之？可见我们只能说是类似之，而非等同之，对比 ibid.

⑦⓪ 如走入异教徒的神庙，打碎偶像，向拜偶像者讲道，要求他们归主，或从基督徒的道德标准作事等，参毛克礼，页 309 的例子。

⑦① 这正是本信所关注的问题，亦是由第三章起"家庭的规章"之论述的主因。

便能避免不必要的、因着自己的过失而招致的惩罚。

四16上　"若为作基督徒受苦"　此句之始有"然而"一字,[72]表示继而所说的,是与上文所表达的不同,上文是为了错误的理由而受苦,但如今却是"为作基督徒受苦"。"受苦"本不在原文上,但其意思是上一节所提供的,故此处亦是与上一节一样,是现在时态,故"若"是假设了一项事实,信徒的确会因着"作基督徒"而受苦。[73]"基督徒"这一称号在新约共出现了三次:此处,使徒行传第十一章廿六节及第廿六章廿八节。此称号是一个拉丁字式的,出自犹太人及外邦人对跟随基督者的称呼,[74]本带着讽刺的色彩。[75]　直到公元64年时,此名称已普遍地出现,[76]到了二世纪初叶,信徒亦自称为"基督徒"了。[77]　在此,彼得指作基督徒而受苦可能有两个意思:

a. 因着基督徒此名字而受苦:在公元二世纪初期时,已有很清楚的显示,人会因自称为"基督徒"而受到政府的检控。换言之,自称为"基督徒"是一项罪,为罗马帝国所不容的。[78]

b. 因着相信基督而受苦:意即不是因为自称为基督徒这一名称而被政府定罪,而是被别人唤作基督徒,表示他是跟随基督的,因着敬拜基督及过基督徒的生活受到别人的苦待。

我们相信,第二个解读较符合此处的意思,因为第一个见解要于公

---

[72] *de*.

[73] *hōs Christianos*.

[74] 犹太人也称信徒为拿撒勒党的人,参徒廿四5。

[75] 注意此字与 *chrēstianos*,即"好人"相似,二者曾被混用过,含讽刺成分;参 F. F. Bruce, *New Testament History*(Garden City:Doubleday, 1972), pp. 231 - 232.

[76] 参 Tacitus, *Ann*. 15.44.

[77] 如 Ign. *Eph*. 11.2;*Pol*. 7.3;*Did*. 12.4;在彼得的时代,信徒一般自称为基督的门徒、圣徒等。

[78] 如罗马庇推尼省(参一1)的省长 Pliny 在写信给君王 Trajan 时,其询问关于如何刑罚称为基督徒的人士,而君王的答复,亦有要求那被告人否定自己是基督徒,并且表示向帝国效忠,便可以不究既往,详参 Pliny, *Episles*, 10.96 - 97;正因有此情况,有学者便主张此信是写于公元二世纪初,如 Beare, pp. 30 - 35, 192 - 193;J. Knox, "Pliny and 1 Peter: A Note on 1 Peter 4. 14 - 16 and 3. 15," *JBL* 72(1953), pp. 187 - 189;但一如 Davids, p. 170所力陈的,即使是公元64年尼禄王正在逼迫基督教时,其总要对一群追随基督的信徒作出一个统称,而基督徒无疑是最简单直接的称号,故尽管此处的意思是因着基督徒此名字而受到迫害,亦不能妄断此信是在后期才写成的。

元二世纪才有实据显出罗马帝国对基督徒这个名字是有敌意的。[79] 早于第十四节时，作者已说及信徒因着基督的名被辱骂，如今，他作进一步的解释，意在指出：信徒被别人称为基督徒，是因为他们所信奉的是基督，所活出的，亦是像基督的生活，因而被排斥和苦待。

　　四 16 下　"却不要羞耻，倒要因这名归荣耀给神"　此句的"却"字可省略；[80]"不要羞耻"显出了"羞耻"乃一命令语态的动词，当时的人是非常讲求面子的，信徒因信仰而被人拉上公会及在众人面前被质询，这种公开的侮辱实在使人感到丢脸，故彼得有此语重心长的教导。他的重点，不是在于别人如何看基督徒，乃在于基督徒应如何看自己，只要明白自己所作的，并且深信"凡信靠他（基督）的人，必不至于羞愧"（二6），便不应有一种引以为耻的态度。

　　在消极上不引以为耻，在积极方面，"倒要因这名归荣耀给神"，"荣耀"亦是命令语，强调信徒所应作的，便是公开地、有勇气地为神作见证，并且为所经历的赞美神，因为他们能因着"这名"而为主作见证。[81] 早在第四章十一节时，彼得已提醒信徒在教会内事奉神，及其在所作的一切事上都要荣耀神。如今他更具体地要求在受到教外人的逼迫时，仍要坚持自己的信仰，荣耀神而切勿放弃。因为感到羞耻的，应该是那些攻击信徒的教外人（三 6），反之，信徒却是那将要得着荣耀的一群人（二 12）。

　　在此，因有些古抄本以"态度"取代了"名"，[82]学者因而起了激烈的争论，米高斯力陈"态度"才是原版本的意思，这是基于"态度"于此句中，所要表达的意思颇不明朗，其意即"以此态度"。全句的意思，是以一个不以基督徒为耻的态度去荣耀神。但因为"名"是更传神及神学意义更丰富的字眼，再加上第十四节"为基督的名"一句的影响，故抄写的文士便

⑦　Michaels，pp. 268 - 269 更主张甚至在 Pliny 的时候，亦不能确定帝国真有此政策。

⑧　〔和〕的"却"字，可能是来自句首的 de 一字，但此字早于句首译出来了。

⑧　Hillyer，p. 132 主张，在旧约中，"名"代表了神的同在，故奉这名便是神的同在，故可荣耀神，但此见解是以"名"回指第十四节的"基督的名"，是一个不合适的解释，参下文对"这名"的解释（奇怪的是 Hillyer 却承认"名"是指"基督徒"，如此，他如何能说"名"是代表了神的临在）。

⑧　即 *en tō merei toutō*，而不是 *en tō onomati toutō*.

以"名"代入之。㊸ 虽然以上所论的确符合经文批判学(textual criticism)的原则,然而,因最古老及最可靠的抄本,均用"名"而非"态度",故在未有进一步客观的证据出现之前,我们仍不敢贸然接受此改变。㊽

在文法上,"因这名"亦可作"奉这名",㊼但若是如此,则这名便是回指第十四节的"基督的名"了,㊻但此处的"名",应该是指上一句"基督徒"一字的,因其为最紧临,故应居先,而且作者的意思是鲜明的;在上一句,彼得指出信徒不应因基督徒的名而引以为耻,这是消极的看法,如今,却要积极一点,故曰"倒"㊾要因这名字荣耀神。

四 17 上 "因为时候到了,审判要从神的家起首" "因为"表示以下所言,是对第十六节的解释,㊿何以作者会要求信徒不要怕为作基督徒而受苦。"时候到了"原文只有"时候"一字,○此字本是指一段时间,早出现于第一章五及十一节,是指世界末了的一段时间,其特色是充满苦难,作为神对全人类的审判,○"起首"即"开始",○是紧随着"时候"的,故有界定"时候"的作用,即此时候的开始,便是对神的家的审判。"神的家"此称号在本信只出现于此,○无疑是指下一句的"我们",即所有的信徒,故为一寓意性用法。此句的背景本是指犹太人的圣殿,○而审

㊸ Michaels,p.269.

㊽ Kelly,pp.190-191 则接受"名"为原版文,而"态度"为后来发展的版本,其解释是根据一些犹太人的文献及可九 41;太十 40～42 的用法,*en tō onomati toutō* 是有 *en tō merei toutō* (in the this capacity),即"under the heading of"的意思,故后来文士有此代入。

㊼ 前者以 *en* 为 instrumental 的用法,而后者则为 locative 的用法。

㊻ Selwyn,pp.225-226.

㊾ *de*,乃— adversative conjunction.

㊿ 当然亦可以包括第 15 节。

○ *ho kairos*,有些古抄本没有冠词,但此情况不重要,参 Selwyn,p.135.

○ 又被称为 messianic woe,即犹太人相信,在弥赛亚要来之前,有一系列的灾难临到,但弥赛亚将免受其苦,而引进入了一个新的纪元,参 Best,pp.162-162;或 birth-pangs,即基督徒相信弥赛亚已来临,他已升天,但必再来,其再来之前亦将有灾劫,信徒亦会在当中受苦,等候弥赛亚的来到,有如经历生产之苦一样,参可十三 8;太廿四 8,及大灾难,参太廿四 21;路廿一 23;启七 14。

○ *tou arxasthai*,是有冠词的不定词。

○ 类似的称呼,参提前三 15。

○ 支持此见解的有 Davids,p.171,Goppelt,p.311;Kelly,p.193;Michaels,p.271;详参 Dennis Johnson,"Fire in God's House:Imagery from Malachi 3 in Peter's Theology of Suffering (1 Peter 4:12-19)," *JETS* 29:3 (Sept,1986),pp.291-292;Michel,*TDNT*,V:120.

判从圣殿起始是以西结书第九章五至六节所强调的,[94]耶利米书第廿五章廿九节及玛拉基书第三章一至六节亦有此描述。其意思是以神的殿象征神的子民,而神对其殿的审判,即殿毁人亡,可说是代表着神对以色列人的审判。阿摩司书第一章三节到第二章十六节亦指称,以色列人的国亡家破,是神对他们不忠于信约的审判,但此审判,亦成为列国被审判的征兆。[95]

到了两约中间时,出现了一个神学的理念,便是神对其子民的审判,其实是一个熬炼,以使他们得着赦免,[96]神亦会审判列国。[97]此理念亦于保罗所写的哥林多前书第十一章卅一至卅二节中反映出来,故此,彼得是以信徒因作基督徒所受的苦,当作是对神家的审判。[98]当然他同样不认为这是因为信徒是如以色列人一样,因背弃信仰而受到神的审判,乃是一个如火的试炼,以试验信徒(一6～7)。而此处的重点,是以之为先兆,而引出下一句有关不信者必受审判的警告。[99]

四17下 "若是先从我们起首,那不信从神福音的人将有何等的结局呢" 此句直译为"若是先从我们";[100]"若"是一假设性句子,所假设的,便是上一句所说的审判从神的家开始,由此可见,"从我们"便是"神的家"所比喻的,而〔和〕的"起首",是由上一句代入的,因上一句是"从神的家起首";"不信从"乃现在时态的分词,但作名词用,故是"不信

---

[94] 要注意的是,结九5～6论及审判临到以色列,是以长老为先,故此信的第五章,彼得亦先论及长老,由此可见,以西结的经段,是影响着彼得的思路的;又参 Schutter, "1 Peter 4. 17, Ezekiel 9.6 and Apocalyptic Hermeneutics," pp. 276－284.

[95] 详参 H. W. Wolff, *Joel and Amos* (Hermeneia, Fortress: Philadelphia: 1977), p. 172 及 Goppelt, pp. 330－332.

[96] 参 2 Bar 13:9－10.

[97] Test, Benjamin 100:8－9.

[98] 此处神的家是指耶路撒冷的圣殿,其受审判是指公元 70 年圣殿被毁的事件,此见解的可能性是存在的,因为初期教会的福音传统的确是有以圣殿的被毁作为末日审判来到的先兆,参太廿四15～31,但因为此处作者在全书中都没有论及这一点,故我们不能肯定彼得有此用意;再者,如果此书是写于公元前 64 年左右,即彼得受害之前,则圣殿犹存,此可能性便不太高了。

[99] 又 Test. Ben. 10.8f 亦指出神先审判以色列,然后将同样审判列国。

[100] 参〔吕〕,但〔吕〕的"你们",而不是"我们"是一个不正确的译法。

从……的人"。[101] 所不信从的,是"神福音",即"神的福音",彼得如此的措辞,是因为信徒,即此处"我们"所指的,是一群信服福音的人(参一2、14、22),"神的福音"在新约常被用作指教会向外邦人所传讲的耶稣基督的救恩(如帖前二 2、8~9;罗一 1,十五 16;可一 15),即神藉着耶稣基督,将救恩向人显示,故曰"神的福音"。[102] 彼得续称,这些不信从神的福音的人,即那些听了福音,并没有接受,断然拒绝福音,甚至逼迫传福音者的人,"将有何等的结局呢?"此句直译为"其结局是怎样呢?",实乃一修辞性反问,其作用是要触发读者们思想,所思想的是一简单的逻辑推理,便是:信徒所受到的审判,其实已是很轻的了,由此可见,不信从福音的人所将要受的审判是何等的严重,他们的"结局"[103]实在堪虞。

四 18 　"若是义人仅仅得救,那不虔敬和犯罪的人将有何地可站呢?"　此句之始有"及"一字,[104]其作用是将此句与上一句连在一起,故亦是以"若"为始,如同上一句的开始,可见此句是与上一句有异曲同工之效,故亦有为第十六节作解释的作用,亦是一修辞性反问,也是一逻辑推理,以轻比重的做法。全句取材自七十士译本箴言第十一章卅一节:"看哪,义人在世尚且受报,何况恶人和罪人呢"。"义人"在旧约是指那些与神和人相处,都以公义为事的人,在新约,则是指信奉福音,因信称义,并且是过与福音内容相符生活之人,[105]故此处的"义人",诚然是指信徒。有学者主张"仅仅得救"暗示有些信徒因为受不起考验,以致不能得救,[106]但这是有些偏离了彼得的用意的,[107]"仅仅得救"乃是指在历尽艰辛后得救,[108]这里大概是指信徒因着其义行,反而遭受多方面

---

[101]　*tōn apeithountōn*, substantial use.

[102]　*tō tou theou euargeliō*,此乃 genitive of source 的结构,即从神而来的福音。

[103]　*to telos*,参四 7 的诠释。

[104]　*kai*.

[105]　Goppelt, p.333.

[106]　此乃 ibid. 的观点,此观点将信徒仅仅得救的原因放在信徒本人的身上,即他们缺乏忍耐及信心,但此点并不成为本书的论题。

[107]　一如 Niset, p.185 所说的,此处并不是要谈及信徒会失去救恩,乃在要得着救恩是有着其困难的。

[108]　Michaels, p.272,如 Bigg, p.181 所认为的,是在大灾难中出来的信徒,又参 BAGD, p.526.

的苦难，[109]包括了殉道，但至终必蒙神的拯救（参太廿四 13），得着末世的救恩（一 9）。[110]

"那不敬虔和犯罪的人，将有何地可站呢"，直译应是："不敬虔的人和犯罪的人将出现在何处呢?"在此，"义人"对比了"不敬虔的人"和"犯罪的人"，此二字在本书只此一次出现，但其所指的，是上一节所指称的"不信从福音的人"，亦即教外人。"将出现在何处呢"这一反问的答案，便是将没有立足之点，因为他们的罪，将不能在末世的考验中得救，注定了永远沉沦的厄运。总之，从末世的角度看，义人必得着救恩，罪人却被全然显露，此乃旧约和新约所重视的真理。

再一次，彼得重申他已经侧重的、信徒的末世观，而以此末世观去面对现今所遭遇的，包括了使人难耐的苦难，便能有迥然不同的见解，因为末世观使信徒由所要面对的恶劣环境，转而注目于管治人类历史，并且赏罚分明、公义和全能的神。他必在末日的审判中，把义人和不义的人分别出来，为义人伸张正义。这一点，使在今世受苦的义人得着盼望，产生了不屈不挠的意志，超越了坎坷满途的信仰生命，奋力跑向末世将要向他们显现之救恩的彼岸。

以上两节彼得所言的，其作用并不是要指出不信者，及那些敌挡救恩的人的结局是何等的可悲，[111]因彼得前书的特色是作者并不花篇幅去陈述这个主题。他主要的目的，是要藉此鼓励受苦的信徒，要欢喜快乐，大大荣耀神。有见及此，作者于下一句再回复这一个主题作结束。

四 19 上　"所以，那照神旨意受苦的人要一心为善""所以"又可作"故此"（参〔思〕），此字的作用，可以是引出一句独立的句子，或是一句与上一句有联系的句子。[112]如属前者，则作者是在论述完上两节关于在末世的审判中敌挡福音及逼迫信徒的人的可怕结局后，回复第十六节的，鼓励信徒要莫问艰辛地积极活出信仰;如属后者，则作者是作

---

[109]　一如在世的耶稣一样，此乃 Mounce, p. 77 的见解。
[110]　由此可见，救恩是神白白的赐予，但却不表示信徒不能付代价去持守之。
[111]　详参 Senior, p. 84.
[112]　*hōste*，参 BAGD, p. 908 的解释。

出了一个结论。[13] 我们相信前者应居先，[14]因为上两节所说的，关于未信主的人的可怕结局，其实并不是彼得在第十二至十九节此一经段的重点，他乃是要藉之提醒信徒要存着末世性的眼光看今生的事物，如今他又回复到鼓励信徒在困苦中仍要行善这一个论题上。[15] 当然，以下所言，亦有对第十二及十九节作一个总结的用意，以至作者能进入另一项的教导当中。

在紧随"所以"之后，亦有一"同样"的字跟着，[16]此字并不是形容紧随的"那……受苦的人"，[17]亦不是形容"交与"此动词，[18]乃是与"所以"结合，以能引出一个为以上所言而作出的结论。[19] "那……受苦的人"是一复数的分词，作名词用，[20]作者要泛指一切正在受苦的信徒，而"那……受苦的人"的特点，是"照神旨意"受苦，彼得所指的神的旨意，显而易见是指他于第十五至十六节所说的，不要因自己犯罪而受苦，这并不是神的旨意，乃是要因信仰而受苦。当然，第十五及十六节所说的，在"照神旨意"而受苦的事上，可说是一些例子而已，所以，此处作者亦可能泛指他于本信内所说的，一切信徒为正确的理由而受苦的教导，[21]甚至是指其他一切在本书信所教导之外的相似事例。总之，信徒的行事为人，都要受到基督教信仰的影响，而成为他们的伦理道德的准则。

"要一心为善"此句因是放在全节之末，应与下一句一并处理，故于下一句再作解释。

四 19 下 "将自己灵魂交与那信实的造化之主" "灵魂"多次出现于本书，亦大多是以复数出现。其所指的，并不是人的非物质的部

---

[13] 参 Davids, p.19; Goppelt, p.334.

[14] 参 BAGD, p.908; Best, p.166, Robertson, VI:129.

[15] 再者，如果彼得真的有后者的意思，他应该如第 17 节一样，用 *hoti*.

[16] *kai*.

[17] 对比 Goppelt, p.334; Kelly, p.194.

[18] 对比 Bigg, p.181.

[19] Michaels, p.272

[20] *hoi paschontes*, substantial use.

[21] 如三 14、17。

分，以对比物质的部分，⑫乃是代表整个人的生命，故此处可译作"生命"；"交与"即"交托"，此字是指将有价值的东西交给别人看管，⑬而有价值的东西，便是一个人的生命。又此动词是现在时态，并且语带命令，作者是强调一个读者应该作的、实时的行动，故全句可译作"要将自己的生命交托……"，此措辞可能取材自诗篇第卅一篇五节："我将我的灵魂交在你手里。"⑭当然，耶稣在被钉于十字架之时，亦有类似的话，即将自己的灵魂交在父的手里（参路廿三 46）；但那处的"交"却与此处是不同的字眼，⑮诗篇的一段则为相同，故前者被彼得所取材之机会较大。

所交托的对象，便是"那信实的造化之主"；在原文此词组的排列位置，显出了作者是要强调。⑯称呼神为"信实的"，无疑是要侧重神的可信性，因他的信实无变，信徒可以委以一生。⑰然而，何以彼得要以"造化之主"，即"创造主"〔吕〕来形容神？⑱在新约中，神是创造主此理念是常见的，⑲而其从属字亦有出现。⑳但此字则只此一次出现。㉑彼得的用意，是要指出神既是创造生命的主，他必有能力去保守生命，再加上他的信实，过去、现在和将来，他都始终如一地看顾其所造之物，诚然值得我们信靠，一如主耶稣于马太福音第六章廿五至卅三节所提醒的，因万物都是信实的神所造的，故万物都得着神的看顾，更何况是人呢。㉒

---

⑫ *psychē*，这是一个有多方面意思的字眼，详参 BAGD，pp. 901 - 902；又参一 9 的批注。

⑬ *paratithēmi*，Maurer，*TDNT*，VIII：162 - 164.

⑭ 当然是七十士译本了。

⑮ 路廿三 46 乃 *paradidōmi*.

⑯ 首在此句的开始部分。

⑰ 强调神是信实的经文有：罗九 6，十一 29；林后一 18；提后一 12，二 13；来十 13。

⑱ 〔思〕作"造物主"。

⑲ 如约一 3；西一 15～16；来十一 3；雅一 17～18。

⑳ *ho ktisas*，参太十九 4；罗一 25；弗三 9；西三 10。

㉑ *ktistēs*，亦出现于两约中间的作品，如七十士译本的王下廿二 32；Sir. 24：8；马加比贰书一 23、24、25；马加比肆书五 25，十一 5；早期教父的有革利免壹书十九 2；详参 W. Foerster，*TDNT*，III：1000 - 1035.

㉒ 注意神的创造常显出他的信实，故创造与信实常被混为一谈，参太十 29～31；又革利免壹书六十 1。

在本句之末,有"要一心为善"一词组,"一心为善"即行善,乃名词,在新约只此一次出现,[13]其从属字则早于第二章十五节出现过。[14] 无论如何,信徒要行善此主题弥漫于本信中;[15]此字之前有一介系词,此介系词可译作"藉着",即"藉着一心为善",或是"在",即"在一心为善之时"。[16] 如属前者,则作者的意思是藉着行善,信徒把生命交托给神,故面对逼迫仍然行善,成为了生命交托给神的渠道;后者的意思是当信徒在行善之时,并要把生命交托给神,相信造物主是信实的,他必保守。二者的分别不大,同样强调了在行善中学习信心交托的功课,但后者可居先,因为其意思比较适合此处的文意,故全句可作"在一心为善之时,将自己的灵魂交与那信实的造化之主"。

基督徒是有所为有所不为的,在可能的情况下,基督徒应该顺服社会和国家的各种制度,并且符合社会人士的要求而忠诚合作;这是本书所强调的,信徒要乐于行善。然而,基督徒是基督的跟随者,凡所要求的,若是违背基督的教训,即危及基督教的信纲,基督徒便要誓死捍卫其信仰,绝无妥协的余地。观此,对于社会的各等制度和法规,基督徒是要选择性地服从的,这是彼得于使徒行传第五章廿九节所说的:"顺从神不顺从人是应当的"(参徒四19)。

(II) 论长老的职事(五1～5)

1 我这作长老、作基督受苦的见证、同享后来所要显现之荣耀的,劝你们中间与我同作长老的人,

2 务要牧养在你们中间神的群羊,按着神旨意照管他们;不是出于勉强,乃是出于甘心;也不是因为贪财,乃是出于乐意;

3 也不是辖制所托付你们的,乃是作群羊的榜样。

4 到了牧长显现的时候,你们必得那永不衰残的荣耀冠冕。

---

[13] *agathopoiia*,另外又出现于革利免壹书二2、7,卅三1,卅四2。

[14] *agathopoieō*,参其批注。

[15] 如二14～15、20,三6、17;参其批注。

[16] *en agathopoiia*,前者是 instrumental 的用法,后者是 temporal 的用法。

⁵ 你们年幼的,也要顺服年长的。就是你们众人也都要以谦卑束腰,彼此顺服,因为神阻挡骄傲的人,赐恩给谦卑的人。

　　上文彼得藉着以西结书第九章六节为题材,指出审判从神的家起始,此乃神对其子民的磨练。⑬⁷ 而以西结书的经段,特别提及长老将成为最先受到审判的一群,如此,彼得在论及教会内部的人士时,亦先论及长老,使他们能早作准备,在磨练来到之时,站立得稳,以能在来生得着美好的赏赐。

　　在第二章十三节至第三章九节里,彼得已有论及信徒在社会和家庭中如何与别人相处,而第四章七至十一节,作者亦力陈信徒彼此服侍,互相款待的重要。按此了解,如今他特别教导教会内的领袖应如何作领导,而被领导者又应如何与领袖相处,亦是顺理成章的事。在新约中,直接论及长老的经段有提摩太前书第五章十七至十九节及提多书第一章七至九节,而提摩太前书第三章一至五节的经段,虽然是指着监督而说的,但监督与长老其实亦同属一种职事,故亦应归入此类的经段。这些经段主要列举了作长老的资格。但此处却并非论及作长老的资格方面,乃是如使徒行传第二十章十七至卅五节,保罗对以弗所教会的长老所训诲的,有如与他们立约一样,要尽忠职守,牧养教会。⑬⁸ 在此,彼得的部署是,先表明他要向作长老的所说的话(1 节),然后论及他们的职事(2~3 节),继而对他们作出一个末世性的鼓励。⑬⁹

　　至于教会内其他的人,即一群被领导者,其如何与领袖相处亦有论及,而最后,彼得以一些教会内相处的原则作为结束(5 节)。

　　五 1 "我这作长老、作基督受苦的见证、同享后来所要显现之荣耀的,劝你们中间与我同作长老的人" 此节更切合原文意思的译法是:"所以,我这同作长老,作基督受苦的见证人,又是将要显现的荣耀的分享者,劝你们中间的众长老"。⑭⁰

---

⑬⁷ 详参四 17 的诠释。
⑬⁸ 这是 Goppelt,p. 337 的观点,他亦认为整卷提摩太后书也有此特色。
⑬⁹ 这亦是本书一向所重视的末世性的信息。
⑭⁰ 参〔思〕〔吕〕。

五 1 上　"所以,我这同作长老,作基督受苦的见证人……众长老"

"所以"是响应上文所说的,⑩即然审判是从神家起首,故教会内的领袖,如长老等人,便要分外的留意了。在原文的句子里,"众长老"排于全节之首,可见是处于强调的位置,这便是彼得在论及教会内信徒与领袖相处的首号人士。"长老"此字本意是年长的人,这种人本源于犹太人社会,自摩西立七十位长老管理民间事务为始(民十一 16～25),犹太人的社会便出现了一些年纪较长,德高望重的人士,成为社会上,犹太的会堂里,甚至是耶路撒冷的公会之领袖。⑫ 由于初期教会是蜕变自犹太教,很自然地,亦沿用了长老的制度。⑬ 但明显的是,此乃教会中一项职事,是按恩赐(主要是有教导和治理的恩赐)而被选出及按立的,成为一公认的领袖,与年纪没有直接的关系。⑭ 在此值得注意的是,作者并没有为"长老们"加上冠词,米高斯认为,这是因为作者知道有些教会有长老而有些则没有长老,⑮但更可能彼得旨在将会众分为两种人而论,一为长老,二为非长老而已。⑯

再者,作者声称自己是"同作长老",此字再没有出现于新约及其他希腊之文献,此字大概是作者自己造成的字眼,是由"同作"加上"长老"而成,⑰为一复合词;此做法有如保罗所采用的词汇:"同工"(罗十六 3、

---

⑪　oun.

⑫　presbyteros,EDNT,3:148 - 149;ISBE,2:54;参太十六 21,廿一 23;可十四 43、53;路二十 1;徒四 5、8,廿五 15;诚然希腊罗马社会亦有长老的存在,参 NIDNTT,1:192 - 201;Bornkamm,TDNT,VI:651 - 661;Selwyn,pp. 227 - 228.

⑬　新约中有关长老的主要经文有:徒十四 23,二十 17～18;提五 17～19;多一 5;雅五 14。

⑭　初期教会之后,此制度进一步被重用,参革利免壹书,革利免贰书十七 3～5;Pol. Phil. 6:1;而监督与长老,可能是可替代的字,前者指一个尊衔,后者则为功能;详参 J. G. Sobosan,"The Role of the Presbyter: an Investigation into the Adversus Haereses of Saint Irenaeus," Scottish Journal of Theology (1974),pp. 131 - 146;而大概监督,是长老中的主席,参 Mylers M. Bourke,"Reflection on Church Order in the New Testament," CBQ (1968),vol. 30,pp. 502 - 511;R. A. Campbell,"The Elders of the Jerusalem Church," JTS 44 (October 1993),pp. 511 - 528;张永信,《教牧书信注释》(香港:天道,1996),提前三 1 有关监督的讨论。

⑮　Michaels,p. 279.

⑯　此乃 generic 的用法,参 Davids,p. 175.

⑰　sympresbyteros,即 syn 加上 presbyteros.

9、21;腓二 25,四 3;西四 11;帖前三 2;门 1、24);[148]"同作仆人"
(西一 7,四 7)及[149]"一同当兵"(腓二 25;门 2)。[150]细观保罗的用法,显
出作者在此处的用意,并非标榜其为长老的权柄,乃在乎一同分享。由
此可见,他是要与受众,即众长老,建立一个共同的关系,藉着共同的经
验和责任,以提高受众对他的接纳,并且愿意察纳他的劝勉。[151]

　　彼得又自言为"作基督受苦的见证人",如此的自称其意思有三个
可能性:

　　a. 作者的意思是他作为十二使徒之一,目睹在世的基督如何饱受
痛苦,被钉死于十字架,[152]如此,作者要侧重其作为使徒的身份,因为使
徒是目睹基督受苦和复活的门徒(徒一 21~26)。[153]然而,此解法的问
题有二。首先,如此主张,作者是要强调其使徒的身份,但他在此节中
却是想与读者们建立共同的关系,故他于上一句说及自己乃"同作长
老",下一句亦说自己是将来要显现的荣耀之分享者,[154]可见此说是违
反此处作者的文意。其次,严格来说,彼得并没有亲眼见过主的被钉,
在十字架底下目睹耶稣被钉而死的,只有约翰一人。[155]

　　b. 是指他作为殉道者;"见证人"此字的意思后来演变成为殉道
者。[156]然而,此说亦有两个问题。首先,见证人此字要有殉道者的意
思,是一个一世纪末期的现象,如写于公元 95 年的启示录,其第二章十

───────────────

[148] *synergos*.

[149] *syndoulos*.

[150] *systratiōtēs*.

[151] 故在修辞上有 pathos 的作用;又或者是如 Marshall, p.161 所指称的,作者本为使徒,如今
却降卑了自己,旨在提升长老们的地位,使他们明白自己是任重道远,切勿轻视己任。

[152] *martys*(见证人),是 passive forensic 的用法,参太十八 16,廿六 63;可十四 63;徒七 58;林
后十三 1;提前五 19。

[153] 故彼得是要提醒受众,他虽然是与他们同作长老,但却与他们有别,他乃是使徒(一 1),以
此来要求读者们尊重和服从,毛克礼,页 325。

[154] 注意,三个身份都用 kai 字连合起来。

[155] 尤有甚者,彼得曾三次不认主,故在主被钉之时,他只是远远跟着主,参路廿二 54;约十八
15~16;当然,杨东川(页 227)主张,彼得是见证耶稣早期传道之苦和客西马尼园之役,但
彼得前书所言及的基督的受苦,都强调了他的遇害和受死。

[156] *martys*, BAGD, p.494;*TLNT*, 2:447-452;如司提反以血为主作见证(参徒廿二 20);
Miller, p.332 支持此见解。

三节的殉道者安提帕被称为见证人。㊹ 按此了解,我们便要接受本信的作者,可能活在后于公元一世纪末的时代,他托彼得之名著作,为要提醒读者使徒彼得那荣耀的殉道。㊺ 然而,假如我们接受本书之作者为彼得本人,则此说的可能性便不大了。㊻ 再者,凡以此字作殉道者用的,其文法的结构,总是有一个所有格(genitive)的字紧随着,㊼或是一个绝对性的用法。反而,作基督受苦的殉道者则从来没有以此结构出现过,此处亦然,故我们极端怀疑此处是有殉道者的意涵。

c. 是指为主作见证,即传讲主信息的人,此用法于使徒行传第一章八节及启示录第十一章三节出现过,强调见证人便是为真理作证的人。㊽ 此说的理由有二:

i. 早在第一章十一节里,作者已言及众先知们因着基督的灵的扶助,"预先证明"基督的受苦,注意此字是由预先及见证二字组成。㊾ 如今,彼得是以观察及传统的资料,㊿为基督的受苦作见证,故"见证人"便是传福音的人。

ii. "见证人"与上一个身份"同作长老"二者同归于一个冠词,可见彼得是要将二者归于一类,而下一个身份"分享者",作者则用另一个冠词。因此,即然长老的工作是教导为主,同样,"见证人"亦是以宣讲为事,都同属于神话语的职事。

按以上的分析,c 的说法最合乎这里的上文下理,而众长老们,亦可参与此份工作,同作见证人。(64)

五 1 下 "又是将要显现的荣耀的分享者,劝你们中间的众长老"
作者除了自称是"同作长老"及"见证人"之外,还有的便是"分享者",

㊹ P.E. Hughes, *The Book of Revelation* (Leicester:IVP, 1990), p.44, fn.1.
㊺ Beare, p.198.
㊻ 详参本书绪论有关作者的写作日期的论述。
㊼ 如耶稣,即耶稣的殉道者(〔和〕作见证人),参启二 13。
㊽ Blum, p.250.
㊾ *promartyromai*,参其批注。
㊿ Goppelt, p.342.
(64) Goppelt 主张,此处的重点不在乎是目击者,乃在乎藉着见证而引入参与基督的受苦,以致将来可得着荣耀,ibid.,考虑到下一句的"将要显现的荣耀的分享者"之意思,此解释亦值得考虑。

此字是指分享一些东西。⑯ 此处所分享的，便是"将要显现的荣耀"，⑯
类似的措辞，在罗马书第八章十八节亦有出现，是保罗正在对比现在的
苦楚与将要显现的荣耀。此处虽然没有这样明言，但上一句彼得刚说
完他是基督受苦的见证人，而早在第四章一节里，作者亦力陈信徒要如
基督一样，有受苦的心志。观此，我们有理由相信，"将要显现的荣耀"，
与现今所受的苦楚有对比的作用，而这样的对比，是为初期教会所熟知
的。⑯ 无论如何，"将要显现的荣耀"是指当主再来时，他要带给属他的
人那全备救恩（罗八 18～23），⑱而尽管信徒在今生与主的受苦有分，但
却同样是与将要显现的救恩（参一 5）有分，在此事上，彼得与所有的受
书人都没有分别。又"分享者"有一冠词于前，这是因为早在第四章十
三节时，作者已明言，既然读者们分享了基督的受苦，⑯亦必在主的显
现中欢欣，而彼得便是分享此份荣耀的其中一分子。⑰

　　"劝"乃全节的动词，此字早在第二章十一节出现过，⑰用作劝勉读
者们禁戒情欲及常常行善。如今，彼得作为长老，有责任劝勉"你们中
间的众长老"的，"你们中间"是指在受书人中间，故彼得是刻意要在读
者的中间挑选地方教会的领袖，即长老们，作为劝勉的对象，到了第五
节时，他便转向其他非长老的人士说话。

　　五 2 上　"务要牧养在你们中间神的群羊，按着神旨意照管他们"

　　上一节提及，长老们与彼得一样，同样见证主的受苦，同样有分于将
来的荣耀，但如今的工作，却是"牧养……群羊了"，"牧养"是一个本源
于旧约，用以表达照料神的子民，如牧者照料群羊的一个意象；事实上，

---

⑯ koinōnos，BAGD，p. 439；NIDNTT，1：639-644.

⑯ 〔和〕是"后来将要显现的荣耀"，但 mellousēs（to be about）是不需要用"后来将要"来译
　的，反而，"将要"便足够了。

⑯ 注意罗马书的经文是保罗写给罗马教会的，而彼得却是于罗马教会写本信，故二者都与罗
　马教会有关；详参 Michaels，pp. 281-282.

⑱ 故"荣耀"与"救恩"几乎可以说是同义词；Parker，"The Eschatology of 1 Peter，" pp. 30-31
　则力陈，按四 12 的授意，此处似有现今已分享到此份荣耀。

⑯ 〔和〕作"与基督一同受苦"（koinōneite tois tou Christou pathēmasin ...），直译为"分享基
　督的受苦"，故"分享"此字早于此处出现。

⑰ 既然读者们是有分于此荣耀，彼得也自言有之，这便是作者和读者们的共有关系，这样，彼
　得是有意要与读者建立关系，一如上句的"同作长老"，在修辞上有 pathos 的作用。

⑰ parakaleō，详参其批注。

旧约常喻神的子民为神的羊,[12]在新约此用法亦颇为普遍。[13] 然而,论及长老要牧养群羊则只在此处及使徒行传第二十章廿八至廿九节才有出现。在此,彼得这样说是可以理解的,因为对他来说,在他曾经三次否认主耶稣之后,复活的主还向他显现,并且三次确定他牧养主羊的职事(约廿一 15～17),故此,牧养的职事,实在是主亲自托付给他的。而如今,按上一节所说,受书人中亦有与他同作长老的,这样,这些长老亦要以牧养的职事为念。要注意的是"牧养"乃过去不定时态,亦是命令语,强调长老们要有牧养群羊的行动,而此行动要维持到主的再来。[14]如约翰福音所主张的,羊是属于主耶稣的或是父神的(约十 11～18、26～27,廿一 15～17)。同样,此处亦有"神的群羊"之措辞,[15]彼得要提醒长老们,他们所牧养的羊,是属于神的,所以,有一天,他们要为此向神交账;[16]"在你们中间"显出了牧养工作的范畴,即长老们被委托要照料的会众;故此处强调牧养职事乃一神圣的任务,长老们要小心为事,切勿怠慢在他们中间所要牧养的信众。

在此,〔和〕有"按着神旨意照管他们"的一句,但在原文中,"按着神旨意"其实直译为"按着神",并且是放在下一句的,即"乃是出于甘心"之后。[17] 故此句在原文亦只有"照管他们"一字,此字乃一现在分词,是形容"牧养"的,[18]原本的意思是"监管",早在第二章廿五节出现过,[19]其名词便是监督一字,[20]不少古抄本这里是没有此字的。[21] 虽然两种版本的古抄本的可靠性旗鼓相当,但因为此字于第二章廿五节出现过,亦与牧人有关,并且按本书彼得写作的习惯,在语带命令的动词之后,常随

---

[12] 参诗廿三;赛四十 11;耶廿三 1～4;结卅四 1～31;关于此意象的本源研究,可参 Goppelt,p. 344.

[13] 参太十八 10～14,廿六 31;路十二 32;约十 1～18,廿一 15～17;来十三 20。

[14] BDF § 337. 2.

[15] "神的群羊"(to . . . piomnion tou theou)乃 genitive of possession.

[16] Hillyer, p. 139.

[17] 注意〔吕〕的译法。

[18] episkopountes, adverbial use.

[19] episkopeō,参其批注。

[20] 故〔思〕作"尽监督之职"。

[21] 没有的抄本为 א, B, 33,有的抄本是 p. 72, the Byzantine text, Old Latin text;故〔吕〕亦没有译出来。

有一分词(如第二章十三节紧随的是第十八节;而第四章七节紧随的是第八节等例子),故此,我们有理由相信"照管"应在原文内。而后来的文士可能在抄写时认为作监督的工作不应与长老的混淆,故将之剔除。毕竟,牧养的工作亦是监督的工作,二者都是作为教会领袖所不可或缺的部分。[⑱]

五2中　"不是出于勉强,乃是出于甘心"　由于"按着神"是排于"出于甘心"之后,故此句可译作"不是出于勉强",乃是按着神出于甘心","按着神"是指依着神的准则,[⑱]故可译作"按着神的旨意"(参〔新〕〔吕〕〔思〕),或是"依着神的准则",[⑱]于是全句便是"不是出于勉强,乃是按着神的旨意,出于甘心"。此句、下一句及下一节,其实都有平行的作用,其结构都是先有一否定,再加上一确定,实有对比的作用。[⑱]首先,本句所否定的,便是"出于勉强",直译是"勉强地",此字在新约亦只出现于此处,意即被强迫地,[⑱]乃副词,是形容"牧养",此字的从属字,出现于哥林多前书第九章十六节及哥林多后书第九章七节,[⑱]同样是有迫不得已的意思。作长老的,可能是被使徒按立,或被教会推举出来,按立而充当此职,[⑱]故可能在被选立时,个人的意愿被忽略了,以致牧养群羊的动力不足,再加上牧养职事是劳苦的(参提前五17),久而久之,被迫而作之心态便会油然而生,故彼得有此训示。

除了不要勉强外,还有"出于甘心",直译作"甘心地",[⑱]亦是副词,同样是形容牧养,"甘心"在七十士译本的圣经中,常用作指自愿的服务,如参与战争(如士五2),又或者是献上祭物(诗五十四6)。及至公元前二世纪后期出现于死海附近的昆兰社团(Qumran Community)

---

⑱ 故多一5～7亦以长老为监督。

⑱ *kata theon*, *kata* 加上一 accusative 的名词,带出了一项标准;参 Porter, *Idioms of the Greek New Testament*, pp. 163 - 164;BAGD, p. 407. 5a.

⑱ 详参 Bigg, p. 188 的讨论。

⑱ *mē … alla*, *mēde … alla* 及 *mēde … alla*.

⑱ *hanagkastōs*, *GAGNT*, p. 714;Bigg, p. 188 认为此字是指某人因其所要承担的工作太多和太重,而产生了反感。

⑱ *anagkēs*.

⑱ 参徒十四23;多一5;又革利免壹书四十二4、44,而不是自己举荐。

⑱ *hekousiōs*.

中,有人因愿意接受成为会员的条件而加入这群体,故自称为"自愿者"(volunteer),此字便是"甘心"的希伯来文配对。⑲ 在此,彼得将"按着神的旨意"放于"甘心地"之后,便是要这群被选出的、藉着按立而成为长老的,要以牧养的职事来事奉神,故事奉的目标是要满足神的要求,而不是讨好会众,而事奉神乃神的恩典,如此理解,便能产生一颗甘愿的心。 总之,一如基利所说的,长老不应求在事奉上得着满足,乃要充满喜乐地事奉神。⑲ 又如希伯来书第十三章十七节所教诲的,作为教会的领袖,在事奉中常要任劳任怨。有见及此,秉持一份甘心情愿的事奉态度,是非常重要的。

五 2 下 "也不是因为贪财,乃是出于乐意" 此句直译为"不是贪财地,而是乐意地",是第二组的对比,"贪财地"此字本身的意思,是喜欢以不诚实的方法赚取利益,⑲诚然,长老是作神的工人,工人得工价是应当的,故此,长老亦应得其应有的酬劳(参太十 10;林前九 3～14;提前五 17～18)。然而,鉴于在当代有不少希腊的学人哲士,均以收取酬劳作为他们工作的条件,再加上作为教会的领袖,难免会有机会接触教会内的财务事宜(参徒五 1～5;林后八 20),所以,因着薪酬而工作,甚至藉着职权而敛财,是一些实际的引诱,故彼得有此坦诚相劝。⑲ 与"贪财地"相对便是"乐意地"。此字作为一副词,在新约只出现于此,强调了热心地、充满活力地工作,⑲此字与上句的"甘心地"都强调了长老事奉的一些积极的态度。

五 3 "也不是辖制所托付你们的,乃是作群羊的榜样" 这是第

---

⑲ נדב,1QS,1.7,11;5.1,6,8,21 - 22;6.13 - 14;此字的意思,便是将自己交出来给神用,Goppelt,p.345.

⑲ Kelly,p.201.

⑲ *aischrokerdōs*,*TLNT*,I:45;乃副词,继续是形容上一节的"牧养"一字,BAGD,p.25;有关于此字及其名词于当时的用法及意思,参 Barclay,pp.265 - 266.

⑲ 其他经文,如提前三 3、8,六 6～10;多一 7 亦有相近的提醒,而保罗在教牧书信内,反映假教师已潜入了以弗所教会的长老团中进行破坏,详参 Gordon Fee,*1 and 2 Timothy*,*Titus*(Peabody:Hendrickson,1988),pp.58 - 59;又 Polycarp,*Phil*,p.11 亦提及有一长老,是因贪心而受到教会的纪律处分。

⑲ *prothymos*,同样是形容第一节"牧养"一字,J. Jeremias,*TDNT*,VI:694 - 700;*TLNT*,3:180.

三组的对比性句子,一如上一节的两句,同样是先有一否定,以作警惕,然后再加上一肯定。但在此处,彼得以"辖制",作为一语带命令的分词,[185]取代了上两句的副词。[186]此字在七十士译本共出现十八次,其意思含有征服了敌人,或强行管理和主宰别人的意思,[187]在福音书传统中,耶稣常有教导门徒,不要如世上的君王和臣宰,以辖制别人为治理之道,反而要成为仆人,一如耶稣自己的谦卑服侍。[188]按此了解,彼得可能是在回想耶稣如此的教诲之余,作出了以上的教导,[189]他的意思是要求作长老的不要以为位高权重,便可以擅权而强迫信徒。[200]

"所托付你们的"在原文只有一个字,本是用作指当时的人用摇签的方法去作某一些的决定,一如使徒行传第一章廿六节所发生的,以签选出马提亚,以取代已死的犹大而成为第十二位使徒。[201]而此字引申便有所分得的产业或地业的意思。[202]关于此字用之于此的实际意思,有学者认为是指在某一教会内,被分派给某长老管治的信众。[203]而基利则认为是指长老的工作,是分派信徒于教会内承担不同的职事,[204]彼士特及萧温更主张彼得是回指第一章四节所论到的,信徒所将得到的天上的基业。[205]但以上所言,都忽略了在本节句末所出现的"群羊"所显示的。一如米高斯所力陈的,此处的意思,是指长老们所要照管的地方教会,亦是在普世教会中,长老们被指派牧养的个别群体。[206]长老们

---

[185] 一如第二节的"照管"。

[186] 分词之前有一 hōs,其作用大概是在诵读时因发音与上两节的副词之尾声一样,产生了回响的作用。

[187] katakyrieuō,故〔思〕作"做主宰者";详参 Foerster,*TDNT*,III:1098.

[188] 如太二十 20~28;可十 35~45;路廿二 24~27,而"辖制"此字更出现于前两段经文;此字亦出现于徒十九 16,是指一人被污鬼控制。

[189] 详参 J. H. Elliott, "Ministry and Church Order in the New Testament: A Traditio-Historical Analysis (1 Peter 5:1-5 and plls.)," *CBQ* 32(1970), pp. 374-375.

[200] 故〔吕〕作"擅权辖制"。

[201] klēros,又参可十五 24。

[202] BAGD, p. 436; *NIDNTT*, 2:295-304.

[203] 如 BAGD, p. 435.2.

[204] Kelly, pp. 202-203.

[205] 因"基业"一字,便是 klēronomia,详参一 4 的批注;Best, p. 170, Selwyn, p. 231.

[206] Michaels, p. 286;故〔和〕及〔吕〕译作"所托付……的"都值得采纳。

不应藉所获得的职权,以压迫的手段去管理自己的信众,反而要"作群羊的榜样"。"榜样"一字常出现于新约,指作为教会属灵领袖者,必须以身作则,一方面以主耶稣为榜样,一方面亦可成为其他信徒的榜样(如腓三 17;林前十一 1;帖前一 6～7;帖后三 9;提前四 12;多二 7;雅三 1～2);[207]"群羊"此意象是沿用第二节所论及的牧养的职事,此处尤为适切,因为在当时,作为牧者的,常走在群羊的前面,而群羊便是追随者,亦引出成为"榜样"的意思。[208]

五 4　"到了牧长显现的时候,你们必得那永不衰残的荣耀冠冕"

为了给作牧者的长老们鼓励和打气,彼得再一次引导长老们将眼光放在主再来的时候。"牧长"即牧人的首长,虽然此字在新约只出现于此,但相似的意思则出现于约翰福音第十章十一及十四节,主耶稣自称为羊舍命的好牧人,又希伯来书第十三章二十节亦称耶稣为群羊的大牧人。[209]此处称呼他为牧长,一方面是因为上文的两节都采用了牧养羊群的比喻来勉励长老,他们要如牧羊人一样地牧养群羊,如今,他们同样将会得着被别人牧养的佳果,因为主耶稣亦是牧人,并且是牧人的首长。另一方面,彼得一贯强调信徒要学效基督(如二 21,四 1),基督既是牧长,则作为长老的,亦要以牧人的职事为念,作为效法基督的举动,实乃顺理成章的事。再者,如米勒(Miller)所言,惟有基督才是牧长,长老们亦只是其助力而已,故群羊是属于主的,这亦可作为对长老的一项提醒。[210]

"显现"是过去不定时态的分词,是形容"牧长"的,[211]勾划出牧长显现的时候,作者早在第一章七节论及耶稣基督的显现,即他的再来。而此次的来临,是要带给信徒荣耀,此处亦然。"你们必得……"之"得",

[207] *typos*,*TLNT*,3:384-387;*TDNT*,VIII:246-259.

[208] 犹太人很少有这种言论,参 Goppelt,p.348 的简述;当然此处榜样的重点,是与"辖制"相反的,要谦卑服侍,以预备第五节的各人要学习谦卑的教导,此乃耶稣在榜样的论说中所教导的(可十 43～44);总之,人藉着牺牲的服事,才能真正体会基督事奉之深度;Best,p.170.

[209] *archipoimēn*,详参 *poimēn*,J. Jeremias,*TDNT*,VI:493-494;此字本身可能是指一项职业,参 Test,Judah 8:1 及 Deissmann,*Light from the Ancient East*,pp.97-99.

[210] Miller,p.344.

[211] *phanerōthentos*,故是 adjectival use.

亦于第一章九节出现过，^⑫带出了信心的结果，便是得着灵魂的救恩，故此字含有"报酬"的意思。此处是未来时态，是指向未来，即主再来之时才发生的事。彼得用此字的目的，可能是要引导长老们不要注重在钱财上的报酬（参五 2），反而要注目于将来那末世性的、从牧长而来的赏赐，^⑬此赏赐便是"永不衰残的荣耀的冠冕"。"冠冕"所指的，是在比赛场上胜出而得的花冠（林前九 25），^⑭故此处不是指出信徒将得着权柄管治世界，乃指神所赐的殊荣。"永不衰残"是形容词，是描绘冠冕的，在此，贝尔主张此字与"冠冕"构成了一个名称，即此冠冕被称为永不衰残的冠冕。^⑮事实上，以植物编成的冠冕自然是会凋谢的，^⑯但基督所赐的，却是一个永不凋萎的华冠，其荣耀存到永远。

再说，"荣耀的冠冕"其意思有两个可能性：

a. 可以解作这冠冕，便是荣耀，一如第一章七节所说到的，经受试验的信徒，能得着称赞、尊贵和荣耀。^⑰按此了解，则长老们所得着的，亦是其他信徒都将会得着的，便是荣耀。

b. 亦可解作冠冕的特质，便是荣耀，故荣耀是形容冠冕的。^⑱此说法侧重了长老将得着其所应得、一个特殊的尊贵作为报酬。^⑲

以上两个解法的可能都存在，其意思分别亦不大，都强调了荣耀，无疑是主再来时所要赐给他的子民的恩惠。然而，此处彼得要标榜长老们在牧养上的努力，是不会徒然的，他们必得着作为成功领袖所应得的奖赏，故第二个见解应居先。作者的意思是要鼓励作长老的，尽管在

---

⑫ *komizo*，〔和〕作"得着"，参其批注。

⑬ 末世性的奖赏此主题弥漫了新约，如弗六 8；西三 25；来十 36，十一 13、39。

⑭ *stephanos*，BAGD，p.767；*NIDNTT*，1：405－406；Grundmann，*TDNT*，VII：629－631；故彼得在此又采用了运动员的比喻，但却不将之扩展，可说是点到即止；七十士译本亦有出现"荣耀的冠冕"，参耶十三 18；哀二 15；又参赛廿二 18，廿八 25。

⑮ *amarantinos*，故是 substantival use，Beare，p.201.

⑯ 是用常春藤及花朵编成的，其朽坏性参林前九 25；杨东川，页 228；此比喻大概是指长老们所得到的世上的钱财作为工酬，都是暂时的，故不宜贪恋，参五 2。

⑰ Michaels，p.287；事实上，提后四 8 的"公义的冠冕"及启二 10，三 11 的"生命的冠冕"有此解法。

⑱ *tēs doxēs stephanon*，前者为 genitive of apposition，后者为 genitive of description.

⑲ 故此类的赏赐，是给某些人的，而不是给每一个信徒的，参林前三 12～15；Grudem，p.191.

世上得不到作为领袖所应得的光荣,将来,却必然得着主耶稣基督的无与伦比的嘉许。

五 5 上　"你们年幼的,也要顺服年长的"　此句之首有"同样"一字,[⑳]其意思明显是指既然上文是如此,如今所述的亦是一样。然而,上文在论及长老时,却没有提及顺服的主旨,故此字于此处的原因不太明朗。基利认为此情况反映一个可能性,便是此段经文原本应紧随第二及三章的,有关"家庭的规章"的经段,却被作者转移接驳于此。[㉑] 然而,此说法有点言过其实,因为此处内容并非涉及如第二及三章中所提及的家庭的成员,而是论及教会内的成员。再说,此字于第三章一及七节出现时,都论及要顺服的教导传统,观此,我们只能说此乃教导传统中的写作风格,是作者所惯常采用的,其作用是作连接词用。[㉒]

此处的对象,是"年幼的",此群人士的真正身份颇起争论,主要有五大看法:

a. 指年纪较轻的人士,如此,则上文所说的长老们,便是指年纪老的人士了。这样,此段经文是将教会划分成两类人,先为年长的,后为年轻的。[㉓] 然而第一至四节明显是指着教会的领袖而论,故此说理据不足。

b. 是一群教会内较低职级的人士,这是基于使徒行传第五章一至十节中所出现的少年人,[㉔]看似是教会内负责协助性工作的一群人。然而,此说无疑将"年幼的"当作技术性名词,我们并没有足够证据证明此用法流传于初期教会。

c. 指一群在教会内与长老们不和的一组别人士,此说法是基于在革利免壹书中曾提及在哥林多教会内有一群年轻人起来与长老们为敌。[㉕] 不过,我们不能确定此处作者是针对教会内有年轻人与长老们为敌的实况。[㉖]

---

⑳　*homoiōs*.

㉑　Kelly,pp. 204 - 205.

㉒　详参 J. H. Elliott,"Ministry and Church Order," pp. 388 - 390.

㉓　如 Kelly,pp. 204 - 205.

㉔　此乃〔和〕的译法,其实原文都是同属 *neos* 一字。

㉕　革利免壹书四十七 6,四十四 3～6;又参 Phil,5.3;Beare,pp. 330 - 331;Davids,p. 184.

㉖　基于彼得所作出的,只是一个很简单的、要顺服的指令。

d. 指初入教者，如第二章二节所言及的新生的婴孩。㉗ 然而，在新约的用法中，此字有这样的意思并没有得着充分的支持。

e. 指教会内长老之外其他的人士。㉘

按以上的分析，e 的见解是问题最少的，一方面，作长老的，自然是年纪比较大的信徒，其他的会众则在对比上较年轻，㉙故彼得以此称呼其余的信众。㉚"顺服"乃命令语，早在第二章十三、十八节及第三章一及五节出现过，此处作者要求其余的信徒均要服从长老们的领导，一如保罗于哥林多前书第十六章十六节所指示的，要信徒顺服教会的模范领袖司提反，又如希伯来书的作者所说的："你们要依从那些引导你们的，且要顺服……"（来十三 17）。如果长老们是尽忠职守，牧养群羊，那么，被领导者的应存态度是以顺服的心与之合作，依从其领导。

五 5 中 "就是你们众人也都要以谦卑束腰，彼此顺服" 此句原文应译作"然而，众人彼此之间，你们要以谦卑束腰"；骤一看，在思路上此句好像是以上训言的延续，即"你们众人"包括了年幼的和长老们，都要以谦卑束腰。其实，此句乃另外一个思路的开始，即于教会这一群体内，要人人谦卑及彼此顺服之重要的原因。"众人"是指教会所有的成员，对于整体教会成员来说，其"彼此之间"的相待便是"以谦卑束腰"，㉛"束腰"此字在新约只出现于此处，是一个颇强烈的字眼，其字根本是指工作的奴仆穿上一件围裙，以防弄污衣服；㉜故此字意即"穿上"，是寓意性用法，㉝这种以穿衣服来形容信徒要过新的生活常出现

㉗ 因为此字 neoteros；其 neo 本可指一刚达到某地位的人，故可作新近（recent）入教者；Behm，TDNT，IV：896－901；Elliott，"Ministry and Church Order in the NT，" pp. 376－385.

㉘ Michaels，p. 289.

㉙ 我们要注意，即使如 40 岁的提摩太，亦被称为少年人，参提前四 12；提后二 22。

㉚ 这种以年纪来划分，在教会是有着多方面的证据的，参 Gopplet，p. 351，fn. 38.

㉛ 故不单只是年幼的要如此，领袖们亦要存谦卑的态度去与他人相处。

㉜ egkomboomai，Delling，TDNT，II：339；TLNT，1：404；BAGD，p. 215. 此用法让我们联想到约十三 4 有关耶稣为门徒洗脚之时，亦是束起腰，但却是不同的字眼，可见彼得并不取材于约翰福音第十三章。

㉝ 本信中早已有相似的表达，如一 13 的"约束"，四 1 的"作兵器"。

于新约的教导。^㉔ 所穿上的,是"谦卑",此字于第三章八节已有出现,详参其注释。^㉕ 信徒们都要放下自恃的心态,学习看别人比自己强。

五 5 下 "因为神阻挡骄傲的人,赐恩给谦卑的人" 彼得的训示,是基于一个属灵的事实,故他以"因为"为始,^㉖作出解释。此解释是一段被引用的经文,出于七十士译本的箴言第三章卅四节,^㉗新约另一处经文雅各书第四章六节亦出现了同样的引用,而新约之外的革利免壹书第三十章二节亦有此引用。因此,箴言第三章卅四节已成为流传于初期教会的教导。^㉘"阻挡"又可作"敌对、抵挡";^㉙神所视为敌人的,是那些"骄傲的人",这可说是一个属灵的真理,放诸四海而皆准,但在彼得前书中,可能是指第二章十二节、第三章十六节及第四章四至五节中所描述的那些毁谤逼迫基督徒的教外人。"谦卑的人"是上一句所说的,以谦卑束腰的信徒,他们必蒙神惠赐恩典。虽然就时态来说,"阻挡"及"赐恩"都是现在时态,然而,其实现却可能是将来的事,而到了主再来时,他的审判及赏善罚恶的行动便是此句箴言的终极应验。^㉚

此段的中心是论及教会内的长老应存的领袖观,继而引入被领导者所应秉持的心态。在教会内当领袖的,无疑是要为信徒树立良好的典范,而其领导的模式,与当时的位居要职、拥权自重的君王臣宰实有不同。^㉛ 毕竟,领袖们必须以生命的见证、爱心的模样来换取信众的尊重和顺服。同样,当领袖们有美好的领导风范时,被领导者便要学习谦卑顺服的功课,与领袖们同心同行。如此,教会才是真正的服从神的真理,俨然成为一所对主全然顺服,亦是彼此顺服的教会。

㉔ 如弗四 22～24;西三 9 的要"脱去旧人,穿上新人",如加三 27 论及要"披戴基督"等。

㉕ *tapeinos*,参 Grundmann,*TDNT*,VIII:1 - 26;*DNTT*,2:259 - 264;*EDNT*,3:333;诚然,"谦卑"乃新约信徒重要的美德,参徒二十 19;弗四 2;腓二 3;西三 12。

㉖ *hoti*,此字之后,常是被引用的材料,参 Dijkman,"OTI as An Introductory Formula to Catechetical References in 1 Peter," pp. 261 - 262.

㉗ 唯一的变化,是彼得将原本的"主"(*kyrios*)字,改为"神"(*ho theos*)字,其原因可能是彼得习惯常以"主"留待形容耶稣基督。

㉘ 而没有证据显示彼得取材于雅各书的经文。

㉙ *antitassō*,*GAGNT*,p. 715;*EDNT*,1:111.

㉚ 这种"逆转幸福"(reversal-of-fortune)的词句亦出现于旧约,如撒上二 7～8;诗廿八 27,卅一 23;结十七 24;番二 3;其原理便是凡人自以为了不起,自满自足及不需要神时,神便会弃之及毁之。

㉛ Perkins,p. 77.

伍　最后的训示及问安
（五 6～14）

6 所以你们要自卑，服在神大能的手下，到了时候，他必叫你们升高。

7 你们要将一切的忧虑卸给神，因为他顾念你们。

8 务要谨守，警醒。因为你们的仇敌魔鬼，如同吼叫的狮子，遍地游行，寻找可吞吃的人。

9 你们要用坚固的信心抵挡它，因为知道你们在世上的众弟兄也是经历这样的苦难。

10 那赐诸般恩典的神曾在基督里召你们，得享他永远的荣耀，等你们暂受苦难之后，必要亲自成全你们，坚固你们，赐力量给你们。

11 愿权能归给他，直到永永远远。阿们！

12 我略略地写了这信，托我所看为忠心的兄弟西拉转交你们，劝勉你们，又证明这是神的真恩。你们务要在这恩上站立得住。

13 在巴比伦与你们同蒙拣选的教会问你们安。我儿子马可也问你们安。

14 你们要用爱心彼此亲嘴问安。愿平安归与你们凡在基督里的人！

　　信到了这里，已近尾声，故此段是全书的总结。主要分两个部分，第一部分是最后一轮的训诲，然后以一赞美颂作结束。此训诲是基于上一段的第五节所引用的箴言第三章卅四节的经文，成了其诠释。其中心思想是要解释信徒在社会中受到各方面的逼迫，其实背后是有一个属灵的因素，是邪恶势力的作祟，魔鬼的工作。信徒若要得胜，一方面要存谦卑的态度，顺服神的安排，另一方面，要抵挡魔鬼，坚守立场。如此，神的恩亦会保守他们的信仰（10 节）。① 第二部分是结语，亦可分为两个部分，先是对送信人及信的内容之推荐，后是官方式的及个人的

---

① 这一点可说是全段及全书的总结，其他类似此结构的经文有：帖前五 23；来十三 20；帖后二 16。

问安。

在上一段,我们已得悉,除了本书信外,尚有雅各书第四章六节,亦有引用箴言的经段,并亦有以之为基本,作出了诠释。骤一看,似乎二者是互相取材,例如二者都有言及要在神面前自卑,神便会使之升高;而信徒要抵挡魔鬼,它必然逃跑。尽管如此,我们仍不能妄断其中一方取材自另一方,充其量我们只能说二者共同取材自一些当时流传于教会的教导。②

至于问安方面,当时一般的希腊信件并不太多有这一个项目,不过,新约教会却善于用之,以达成一些属灵的目的,例如从保罗书信中,我们已发现保罗的结语问安一般都比当时的书信为详细,其目的是要促进信徒之间、教会与教会之间的交流和相交(如林后十三 12;腓四22;又参约贰 13),这一点,其实亦是一般信件原本所要达到的目的,彼得前书亦然。由此可见,这种问安的方式,已成为基督教书信的常规性做法。③

五 6 上　"所以你们要自卑,服在神大能的手下""自卑"即谦卑,是被动语,故作"自卑",亦是语带命令的动词;④"所以"有承先启后的作用,⑤即因上文所述的(指所引用的箴言第三章卅四节),如今却是响应的时候了。但所回应的,却不是如第五节所指的,要向别人谦卑,乃是向神存谦卑的心,⑥并且是毫无保留、毫无条件地进行。在此,作者将读者的注意力引到神那里。在上一节,彼得已论及神阻挡骄傲者,赐恩给谦卑者,故此,一切都是本于神,甚至信徒的受苦,亦是神的旨意。

---

② 如 Carrington 及 Boismard 认为二者可能取材自一首洗礼时的诗歌,参 Best,p. 172 及 Davids,p. 186,fn. 1 的评语,最大的问题是,此段并没有如诗歌一样的押韵;故更大的可能是取材自一些对慕道者的教材(catechism)。

③ 当然,本信亦有其与保罗的分别,如保罗用圣洁的吻安(*philēma hagion*),但此处则为爱心的吻安(*philēma agatēs*)。

④ *tapeinoō*;此字的名词于上一节,即五 5 已出现过,参其批注;又因此处与雅四 10 均用 passive voice,但却是 middle 的意思,是一颇特殊的用法,故二者可能都源自一个共有资料;但此处"神大能的手"则为雅四 10 所无,后者用"主面前"。

⑤ *oun*;带出了结论,Michaels,p. 295.

⑥ 当然,二者的关系是:基督徒以谦卑彼此相待,乃是基于其倚靠神的大能及拯救的心,Hillyer,p. 145.

在上文,如第三章十七节处,彼得已论及信徒行善亦会受苦,这是神的旨意,因为基督亦有此经历(三 18～22)。因此,信徒要有准备,接受一浪接一浪的试验(四 12～16)。这些看似严峻的考验,实乃神对神家里人的熬炼(四 17～19)。按此了解,在面对苦难时,信徒的反应,不是怨天尤人,反而是在神大能的手下谦卑下来。[7]

　　在新约的教导中,神看重信徒在他面前的谦卑,如登山宝训的名句:"虚心的人有福了,因为天国是他们的"(太五 3);[8]而耶稣本人亦因先降卑,后为神所升高(腓二 6～11),所以,受苦的信徒亦要在神面前抱此态度,仰望"神[9]大能的手"。以"手"形容神的作为,是旧约常出现的写作技巧,[10]强调了神作事是有着其目的的,[11]例如,是神的手拯救以色列人出埃及(出三 19,六 1,十三 3、9、14、16;申九 26、29,廿六 8;耶廿一 5;结二十 33～34),新约亦以手形容神在背后的工作(路一 66;徒四 28、30,十一 21,十三 11)。神迹奇事是神大能之手的作为,亦是他的手施行审判(徒十三 11),甚至耶稣的死,亦是神的手的工作(徒四 27～28)。[12]"大能"是指神的无所不能,故"大能的手"强调了神的工作,在其大能下必定得以成就,信徒理应信得过神,相信他的手是在苦难背后工作的,故在面对危难,痛苦难当之际,仍需忍耐,服在他"大能的手"之下,容让神的手工作,相信他必定达成其工作。

　　五 6 下　"到了时候,他必叫你们升高"　"到了时候",即在神既定的时间,或是正确的时间,[13]此时间可以指任何的时间,但在彼得前书中,则指主的再来(参一 5,四 17),[14]因为当主再来之时,被世人枉屈的信徒的冤情必得昭雪(一 6～7),以致信徒有莫大的喜乐,得着天上的

---

⑦　故"自卑"一字乃命令语。
⑧　其他如太十八 4。
⑨　此处的神(tou theou)是有冠词的,故是回指第五节的 ho theos.
⑩　即拟人法(anthropomorphic description)。
⑪　Barclay, p.272.
⑫　详参 cheir, EDNT, 3:462-463;Lohse, TDNT, IX:424-434.
⑬　Michaels, p.296.
⑭　但到了公元二世纪末期时,对于此节经文,产生了一个殉道式的解释,是将"到了时候"解作殉道时,即当殉道者被杀时,便是神将他们升高的时候;参 Eusebius, HE 5.1-3.

基业(一3),仇敌却受到神的判决(四17～18),这时"他必叫你们升高"了。[15] 要注意的是,"到了时候,他必叫你们升高"在原文的句子里,其始应有"以致",[16]强调目的或结果。这样看来,信徒的受苦,并不是没有目的的,信徒在受苦中存谦卑的心,亦不是没有结果的,乃要达到一个更美好的境界。[17] 按此了解,尽管在百般的苦难中,信徒在神面前存谦卑的心是一项值得的行动,信徒实要存盼望的心,排除万难地全力以赴。[18]

五7 "你们要将一切的忧虑卸给神,因为他顾念你们" 在上一节,作者要求读者们自卑,服在神的手下,即无论日子如何难熬,仍要完完全全地顺服神。这一节便解释了如何能达到以上的要求,其方法是:将一切的忧虑卸给神。[19] "卸"是过去不定的分词,按彼得前书的写作风格,分词常带着命令语气,故可能是一项命令;但由于此处是过去不定时态,而彼得前书内绝大部分是语带命令的分词,[20]均为现在时态,因此,此处大概不是命令语,[21]但却是对上一节的"自卑"作解释,意即藉着把忧虑卸给神,受苦中的信徒必然得着神的顾念,从而得到升高。

"将一切的忧虑卸给神"可能取材自诗篇第五十五篇廿二节:"你要把你的重担卸给耶和华"〔和〕,七十士译本则为"把你的忧虑卸给主"。[22] 继而,福音书中亦有多次论及不要为忧虑所困,因为神必加能赐力,帮助信徒渡过困难(如太六25～34;路十二11及22～32,廿一18)。[23] 以上的经文可能直接或间接地影响了彼得,以致衍生了这一节的话。

---

[15] 由谦卑以至升高是一个贯穿旧约和新约的主题,参撒上二7～8;结十七24;太廿三12;路一52,十四11,十八14;林后十一7;腓二8～9;雅一9。

[16] *hina*.

[17] 不过,作者并不是主张一个积存功德的系统,否则,信徒便不能真的谦卑,乃是装扮谦卑,为求得着升高;Kistemaker, p. 198.

[18] 这种对未来充满信心,是彼得前书的特点,Senior, p. 90.

[19] 故此节并非一个新开始,乃上一节的延续;Grudem, p. 195.

[20] 一13,二1可能是例外。

[21] 对比〔和〕的译法;故是 circumstantial participle, Davids, p. 187, fn. 6; Kelly, p. 208; Michaels, p. 296;主张其为命令语的有 Perkins, p. 79.

[22] *epirripson epi kyrion tēn merimnan sou*;但彼得加上了"一切",强调了任何的重担都应该交托给神。

[23] 类似的其他新约经文有腓四6;林后一8～11。

"忧虑"的本意是指被多方面拉扯,[24]显出忧虑的人那份无所适从、失去信心和方向感的劣势。而且,此处的"忧虑"尤指在被异教徒压迫之下而生的、挥之不去的情绪上之困扰,成为一个难当的担子,重重地压着信徒;[25]"卸"是一富图象的寓意性用法,在新约中此处只出现了一次,便是路加福音第十九章卅五节,指群众以衣服"搭"在驴驹子上,好让耶稣骑在上面。[26] 此处则以忧虑如担子一样,卸给了神。[27] 当日子艰难时,信徒应有的反应并不是徒然忧虑,反而是要藉着祷告,大有信心地交托给神,这是因为"他顾念你们",此句子的结构亦颇特别,其直译为"对他来说,你是有关系的",[28]此结构只出现于约翰福音第十章十三节及第十二章六节。[29] 一如福音书中耶稣的教导:"你们看那天上的飞鸟,也不种也不收,也不积蓄在仓里,你们的天父尚且养活他,你们不比飞鸟贵重得多吗?"(太六 26)父神必然看重他的儿女,发生在其儿女身上的各项事情,他又怎会视若无睹,不加援手呢? 再者,神既是大能的,[30]让他为信徒去处理问题,岂不比信徒自己处理为佳?[31]

五 8 上 **"务要谨守,儆醒"** 诚然,神必顾念一切面对试验的信徒,他必保守他们,胜过试探和考验。然而,信徒却不可因而采取被动的态度,或者自满自足,安于现况了事。[32] 因为不可忽略的一个要素,是苦难的背后潜存着另一个属灵的因素,便是邪恶势力的存在。[33] 故此,信徒是被卷入一场属灵的争战中(弗六 12)。按此了解,彼得发出

---

[24] *merimna*,Thayer,p. 400.

[25] 观此,信徒一方面从外人受到压力,自己内心亦大有压力,这种里外受压的情况,实在是难熬的。

[26] *epiriptō*,参 Miller,p. 357.

[27] 原文"卸"乃过去不定时态,故是指一次性地、决定性地交给了神;Kistemaker,p. 199.

[28] 原文结构是 *autō melei peri kymōn*,即 it matters to him about you;而 *melei* 是 impersonal verb,参 Lenski,p. 224.

[29] 虽然太廿二 16;可四 38;林前九 9 有类似的结构。

[30] 注意在上一节作者提及神大能的手。

[31] Grudem,p. 195.

[32] 正如腓二 12~13 所言的;Blum,p. 252.

[33] 这种邪恶势力的存在,影响了世上信徒的生活,此真理乃启示性文体书卷的中心思想,详参张永信:《启示录注释》(香港:宣道,1990),页 323-324.

了一个重要的警告:"要谨守"及"警醒"。㉞ 在原文,此两个动词均是过去不定时态,㉟并且是命令语,故〔和〕作"务要谨守、警醒";"谨守"此字早在第一章十三节及第四章七节出现过,〔和〕作"谨慎自守"及"警醒",㊱意即思想清晰,不为任何事物所困扰。㊲ 由于在上一节,作者提及信徒切莫忧虑,故此处"谨守"可说是重复了不为忧虑所困的意思;解除忧虑之方法,大概是藉着祷告交托神,而第四章七节更与祷告有关,即"警醒祷告",㊳故此处出现了"谨守"此字,无疑亦与祷告有关。 至于此节的"警醒"一字,亦常出现于福音书及新约各书卷,㊴本是形容士兵出差时的心理状态,知道周围发生的事情,产生善于应付任何突如其来的攻击之能力,㊵故其意思与"谨守"大致相同。㊶ 总之,信徒的思想及心灵,要进入一个清醒或戒备的状态,彼得跟着便道出原因。

　　五 8 下　"因为你们的仇敌魔鬼,如同吼叫的狮子,遍地游行,寻找可吞吃的人"　在原文本没有"因为",但此句是对上一句的解释则显而易见。"仇敌"此字本指在法庭上彼此对质时的对手,㊷彼得用了此字,因为信徒有可能要被拉上法庭受审,而以此为背景。㊸ 不过,由于此处并非处于法律诉讼的场景中,故应指一般的敌人而已。㊹ "魔鬼"此字在新约出现共卅四次,是一翻译希伯来文"撒但"的字,意即敌人、对手,此处乃专有名词,这是因为新约常以"撒但",即音译希伯来文的"撒但"

㉞ 此二字亦同时出现于帖前六 6～8。
㉟ 作 ingressive 及 programmatic aorist 用法,强调了一次过地开始新的行动;aoirst imperative 比起 present imperative 来得更强劲和有力,参 J. H. Moulton, *A Grammar of New Testament Greek* (Edinburgh, 1963), pp. 74–77;以之为 constative aoirst 则有 Kistemaker, p. 202.
㊱ *nēphō*,参其于一 13、四 7 的批注。
㊲ BAGD, p. 540.
㊳ 此字在福音书中亦与祷告有关,尤其当耶稣在客西马尼园时,参可十四 38;太廿六 41。
㊴ 如太廿四 42,廿五 13,廿六 38;可十三 37,十四 34、38;徒二十 31;林前十六 13。
㊵ *grēgoreō*, Oepke, *TDNT*, II:338–339; *DNTT*, 2:136–137.
㊶ 此二字再同时出现于 Eusebuis 之 HE 5.1.25–26;形容一殉道的女信徒如何从迷失中清醒过来,坚守信仰,慷慨就义。
㊷ *antidikos*,参 BAGD, p. 74;太五 25;路十二 58。
㊸ 参四 15 的批注。
㊹ 旧约的用法如王上二 10;赛四十一 11。

或"魔鬼"来形容一个灵界的、敌对神及其子民的天使。[45] "魔鬼"可说是一切邪恶的源头,是代表了所有邪恶势力的。在新约,它被称为世界的王(约十二 31,十四 30,十六 11;又参弗二 2),可见它亦有相当的能力,信徒在肉眼上虽然不能看见它,但它的活动,却是非常显著的。其主要的工作,是要阻拦神的作为及摧毁神的子民,如提摩太前书第三章七节所说的,它会布下陷阱,去危害教会的领袖。[46] 此处彼得对魔鬼的工作形容得栩栩如生,目的是要将此隐藏的敌人揭示出来,使信徒得悉其真面目。它是"吼叫的狮子",[47] 此意象大概是出自诗篇第廿二篇十三节,诗人以吼叫的狮子去形容迫害他的敌人,显出敌人那狰狞和凶恶的一面,如今亦然,彼得以之形容魔鬼,此乃信徒的宿敌。[48] "遍地游行"带出了此狮子的主动性,[49] 无疑是一只饿狮,主动地到处觅食,[50] 猎杀猎物,故曰:"寻找可吞吃的人"。"吞吃"原意是"饮下去",[51] 七十士译本耶利米书第五十一章卅四节亦出现了此字,是形容巴比伦王尼布甲尼撒如一只怪兽,其军事摧毁的力量甚至能将人吞灭;[52] 先知书中的约拿,亦被一条巨鱼吞下(拿二 1)。无论如何,此处是形容魔鬼作为信徒的公敌那誓要毁灭信徒而后快的恶行。[53]

---

[45] 此人物早出现于旧约文献中,如伯一 6;亚三 1~5;于两约中间的犹太典籍中有更清楚的描绘,参 *diabolos*, Foerster, *TDNT*, II:72 - 81, VII:151 - 165; *DNTT*, 3:468 - 472; *EDNT*, 3:234; *ISBE*, 4:340 - 344.

[46] 参提后二 26。

[47] "吼叫"(*ōpyomenos*)乃分词,是形容狮子的,故是 adjectival use.

[48] 其他以吼叫狮子喻敌人对神子民的威胁的经卷有:诗廿二 21;耶五 17;摩三 12;参马加比叁书六 7;提后四 17。

[49] *peripatei*,参 BAGD, p.649.

[50] 比如伯一 7 及二 2 形容撒但在地上走来走去,往返而行。

[51] *katapiein*,是 absolute use;其在古抄版本有迥异的争论,参 Bruce Metzger, *Textual Commentary on the Greek Testament* (London: United Bible Societies, 1971), p.696 的论述。

[52] 我们不能肯定彼得是否取材于耶利米书,罗马人用人与饿狮搏斗作为娱乐必为彼得所熟悉,故当时的读者们不难明白此意象的意思;Eusebius, HE 5.1 - 2 亦有形容魔鬼吞吃了殉道者。

[53] 参 *pinō*, *EDNT*, 3:88 - 89; Goppelt, *TDNT*, VI:158 - 159;此处的重点不在于吞吃是指在肉身上杀死信徒,还是在属灵上毁灭信徒;参 Michaels, p.299, 及在带出魔鬼的可怕性,信徒务要防范它。

　　当人面对饿狮时,难道还会打瞌睡吗? 因此,面对有如凶残野兽之魔鬼,此信徒的敌人,信徒必须要有谨守和儆醒的心,以免在被魔鬼攻击时,措手不及,中了它的圈套。[54]

　　五9上　"你们要用坚固的信心抵挡他"　既然信徒面对着一个共同的敌人:魔鬼,它的破坏活动亦比比皆是,信徒要"抵挡他","抵挡"[55]是过去不定时态及语带命令,强调了信徒在面对魔鬼的恫吓时,绝不应坐以待毙。在别无选择的情况下,唯一的方法便是刻意地抵挡它。"抵挡"魔鬼的观念于福音书中可见一斑,尤其是耶稣在旷野禁食四十昼夜后,受到魔鬼的试探,但耶稣以神的话坚拒之(太四 1～11;路四 1～13)。事实上,以弗所书第六章十一至十二节亦指出魔鬼乃属灵气的恶魔,故要穿起救恩的全副军装去抗敌。雅各书第四章七节同样要求信徒们要挡抵魔鬼。由此可见,不向魔鬼低头,反而要认清它的真面目,勇敢地抵挡它的攻击,已成为初期教会普遍的教导。[56]

　　抵挡魔鬼的态度,是要"用坚固的信心"去抵御它。在此,"信心"可以有三个译法:[57]

　　a. 信德:是指信徒的德行,高柏特认为,本信的第一章廿二节提及信徒要顺服真道,以此过信靠神的生活(参〔思〕)。[58]

　　b. 信仰:是指要守着基督教信仰的基要,不因魔鬼的引诱或威吓而否定信仰。[59]

　　c. 信靠:信徒们务要坚定地信靠神,切勿为魔鬼的揶揄所动摇。[60]

　　诚然,以上三个译法的可能性都存在。毕竟,在面对魔鬼不同方式

---

[54] 这亦是主祷文所要提醒信徒的要点之一:"不叫我们遇见试探,救我们脱离凶恶";"凶恶"又可作"那恶者",即魔鬼;详参 D. A. Hagner, *Matthew 1 - 13*(Waco:Word, 1993), p. 151;要小心魔鬼的工作,以免被它吞噬,这正是基督在世时多次向彼得所提出的警告(路廿三 24～31;太十六 23)。

[55] *anthistēmi*,亦可作"抗拒、反对"。

[56] 甚至早期教会,亦强调要给洗礼的信徒赶鬼,详参 Kelly, 191.

[57] *tē pistei*, dative of respect;BDF § 197.

[58] Goppelt, p. 362.

[59] Bigg, p. 193,尤指在面对要殉道的威胁时,Lenski, p. 226;在此,萧温指出,尽管此处是指信靠,但仍应假设所信靠的,是有某分量的基督教教义;Selwyn, p. 238.

[60] 支持此见解的有:Davids, pp. 192 - 193; Hillyer, p. 148; Grudem, p. 197; Michaels, p. 300;故是大部分学者的意见。

的破坏活动时,最显而易见的需要,便是一颗坚定不移、信靠神的心,这是最直截了当的解释。按此了解,译作"信靠",是最稳健的译法。

"坚固"此字本只用作形容物件,如坚固的根基(提后二 19)、食物(来五 12、14)等,后来亦用作描写人物,[61]早在第二章四至八节里,彼得已有以石头喻耶稣基督及信徒们,而此经段背后的引述,便是七十士译本以赛亚书第五十章七节,其中亦有出现"坚固"此字,是形容石头的;[62]按此了解,彼得可能是要信徒如坚固的石头一样,用"坚固的信心"[63]去抵挡魔鬼。[64]

五 9 下 "因为知道你们在世上的众弟兄也是经历这样的苦难"为了要让受苦的读者们知道,如今他们所面对魔鬼的攻击,并不是单单他们经验过,[65]或只是个别的情况,以免他们感到不公平,产生了沮丧的心,彼得指出一个事实:"因为知道……"。在原文只有"知道"一字,此字乃现在完成时态的分词,故可能语带命令,[66]可作"要知道……";彼得要信徒知道一项事实。[67]"世上"指人类所居住的地球(如可四 8,十四 9;罗一 8;林前十四 10;彼前一 20),[68]即当时的罗马世界,"众弟兄"此字已于第二章十七节出现过,[69]是一集体性词汇(collective term),"世上的众弟兄"指当时分布于世界各地的信徒们。彼得的用

---

[61] *stereos*,自荷马(Homer)开始;Goppelt,p. 362,fn. 21;一般而论,都是形容人的固执,带贬意,但此处则不然;然亦因为此故,有古抄本将之改为一个更合适的字;详参 J. D. Quinn,"Notes on the Text of the P72 in 1 Peter 2:3;5:14 and 5:9," *CBQ* 27(1965),pp. 246 – 247.

[62] 即 *sterean petran*.

[63] 徒十六 5 的一句:*estereounto tē pistei*(〔和〕作"信心越发坚固"),是新约中最接近此处的措辞。

[64] 此见解为 Selwyn,p. 238;Michaels,p. 300 所主张,然参 Davids,p. 192,fn. 19 的反驳;雅四 7 更指出抵挡魔鬼的结果,是它必离开信徒而逃跑。

[65] 参林前十 13。

[66] *eidotes*,分词作命令语用乃本信的特色;此字之后跟着 accusative 及 infinitive 是有如 *eidotes hoti*,即 knowing that 的用法,如路四 41,参 BDF §397.1;但 Beare,p. 206 则以此之为 knowing how,如此,则 *epiteleis thai*(accomplish)便要以主动语调(active voice)出现,而"弟兄们"的存在,便显得没有意思了;详参 Michaels,pp. 300 – 301 的分析。

[67] 此处强调"察觉",Davids,p. 192,fn. 22.

[68] 而不是指世人,或是含道德意思的世界。

[69] *adelphotēs*,参其注释。

意,是强调如今读者们所受的,亦为普世信徒所受的,因为他们都同属
一个组别的人:神家里的人。⑩

　　"也是经历这样的苦难"直译为"同样的苦难被达成"。"被达成"其
寓意性的用法是付出税款,⑰用于此处的意思,指付出了受苦的代价。⑫
然而,我们不能肯定彼得有此用意。⑬ 故此处的意思,大概等同于"发
生",⑭同时亦带出苦难的临到,有神的安排于其中,为要达成他的美意
在众弟兄的身上。当然,彼得如此说,并不一定暗示在当时罗马帝国已
进行对普世信徒的逼迫。然而,明显的是普世的信徒或多或少地都受
到从魔鬼而来的搅扰,透过政府的逼迫,异教徒的揶揄,教外人的毁谤,
魔鬼正进行其颠覆教会的活动。一如艾理略所言,外邦人都是魔鬼的
同党,受苦的信徒应该同心面对仇敌。⑮ 在同一战线上,信徒们必须要
共同进退,共抗敌魔,才能把它击溃,得到胜利。

　　五 10 上　"那赐诸般恩典的神曾在基督里召你们,得享他永远的
荣耀"　无疑,魔鬼会肆虐地攻击信徒,信徒固然应该奋起抗御,但同
时,神亦会保守其子民。早在本章第五节时,彼得已言及神会赐恩给谦
卑的人,在此,彼得再一次将信徒的注意力,引到神的面前。神被称为
"那赐诸般恩典的神",这是要重申神赐恩典给谦卑者(5 节),⑯而且是
赐诸般的恩典的,一如雅各书第一章十七节所言:"各样美善的恩赐和
各样全备的赏赐,都是从上头来的……",因此,彼得要指出,无论在任
何环境,信徒所遇到的不论是何等的困难,神的恩典,都是充足的;⑰又
在此句之前,应有"然而"⑱作为引言,强调这是一个在抵挡魔鬼及面对

----

⑩ 彼得前书着重普世教会此理念,此理念成为信徒实践使命的角度;Senior, p.92;注意彼得
　 前书并没有如启示性文体一样,认为末世时邪恶势力会越发厉害,而魔鬼的工作显出世界
　 的终局将临;Perkins, p.80.
⑰ *epiteleō*,此处为被动语调的不定词;参 Best, p.175.
⑫ 详参 Rienecker, *Linguistic Key to the Greek New Testament*, p.766.
⑬ 一般而论,彼得不会突然冒昧地采取寓意性用法,而不明显地让读者们知道。
⑭ 即 *symbainein*.
⑮ 艾理略,页 112。
⑯ 又参一 13,四 10。
⑰ 救恩的开始(信徒重生得救),到其结束(信徒回天家得着永远的基业),都全赖神的恩典才
　 成的。
⑱ *de*, adversative conjunction;当然,亦可译作"而且";参毛克礼,页 362。

生命的困苦时不可忽略的因素。"曾在基督里召你们得享他永远的荣耀"此句直译为"那曾召你们进入他永远的荣耀,在基督里";"那曾召"乃过去不定时态的分词,作名词用。早在第二章九节里,作者已言及神是"那召你们出黑暗入奇妙光明者",[79]神的恩召在信徒身上,已是铁一般的事实,故此,信徒应该心中释然,知道自己是蒙神所接纳,并且其将来是瑰丽的,因为他们将"进入他永远的荣耀里",此实乃他们蒙召的目的地。[80] 此"永远的荣耀",有如第一章四节所说的,天上的基业,并且是永不衰残的。[81]"荣耀"是神的本性,故此处是"他……的荣耀",这神的荣耀,如今竟为信徒所要进入的境界,对一群正在面对苦难的信徒们实在有极大的励志作用。"在基督里"可以是形容"召",[82]亦可以是形容"荣耀"。[83] 如属前者,则指出神是在基督里呼召了信徒,即藉着基督的作为,成就了神对信徒的呼召;[84]如是后者,指永远的荣耀是藉着基督给予信徒的,意即基督的救恩带给信徒永远的基业。[85] 实际上二者的意思分别不大,因为信徒的蒙召,其结果是产生活泼的盼望,是为得着永远的基业(一 3~4)。由此可见,很可能作者在此处写下"在基督里",要同时包括这两者的意思。[86]

　　五 10 下　"等你们暂受苦难之后,必要亲自成全你们,坚固你们,赐力量给你们" "暂受苦难"即"暂时受苦","受苦"乃过去不定时态的分词;[87]"暂时"即一会儿,[88]带出一段短的、将会有终结的时间。[89]"暂受

---

[79] 故参其批注;又参一 15,二 21。

[80] Davids, p.194.

[81] 当然,信徒在今世亦能浅尝此荣耀,但将来则会完全享有之,毛克礼,页 364。

[82] Goppelt, pp.364–365; Kelly, pp.212–213; Michaels, p.302.

[83] 由于"在基督里"之前没有 tēn,而其亦紧随着"荣耀",故有此可能。

[84] 参一 3,四 13;详参 Bigg, pp.194–195 三个可能的意思。

[85] Hoffmann,引自 Bigg, p.195.

[86] Davids, p.195; Selwyn, p.240.

[87] *pathontas*,是 second aorist participle,形容下句四个未来时态的主要动词;故是 adverbial use,可作"受苦之后"。

[88] *oligos*,参黄锡木,页 600。

[89] 一 7,二 12、15、19,三 9、14、16,四 13~16 等经文都强调信徒受苦是有目的的,这亦意味苦难有终结的时候;Hillyer, p.148.

苦难"无疑是要对比上一句的"永远的荣耀",⑩"苦难"对比"荣耀"早在第一章十一节、第四章十三节及第五章一节出现过,新约的其他书信,如罗马书第八章十八节,哥林多后书第四章十七节更强调了现今的苦难对比将来的荣耀是微不足道的,这里亦有此意思。在此,彼得更清晰地以四个未来时态的动词,去阐明神如何赐恩给谦卑者,即信徒们(参五 5、6)。由于原文是四个动词,⑪但〔和〕只显出了三个,⑫故此句直译为"他将预备、坚固、赐力、坚立"。"他"乃强调了的,⑬彼得要信徒注目于赐恩典的神;再者,在四个动词之后,彼得并没有加上"你们",⑭其可能的原因,是要读者们明白,神所保守的对象,并不单是正在面对压迫的读者们,乃包括所有属神的人。

四个动词之首为"预备",此字常出现于新约,有"整顿、调节、建立和确立"的意思,⑮故可能指神必然预备信徒,使其稳入荣耀之中;⑯又此字常与个人的操守行为有关,故此处可能含有神必然整理信徒的品格,以预备信徒们能进入荣耀中。"坚固"亦常出现于新约,⑰意即固定某对象,使之能固定地站立起来,不再动摇,⑱故是指信徒的信心将被坚固,不为任何事物所动摇(参五 9)。"赐力"在新约只出现于此,意即使之强壮。⑲"坚立"意即建立基础,⑩指神使信徒的信心有巩固的基础,永不动摇。

总括来说,以上四个动词近乎同义词,旨在强化神必恩待信徒此理

---

⑩ 故"永远"对比"暂时"。

⑪ 有些 MMS 抄本没有第三个动词,一些古抄本没有第四个动词,参 Michaels,p. 293,i.

⑫ 但参〔思〕〔吕〕及〔新〕,均为四个动词。

⑬ *autos*.

⑭ 〔和〕的译法是有"你们"的,但原文此句只有四个动词。

⑮ *katartizō*,如路六 40;林前一 10;林后十三 11;加六 1;帖前三 10;来十三 21;参 Delling,*TDNT*,I:476;*TLNT*,2:271-274;BAGD,p. 417.

⑯ BAGD,p. 417.1b;此乃 Michaels,p. 303 的见解。

⑰ 如路廿二 32;徒十四 22;罗十六 25;帖前三 2、13;帖后二 17,三 3;雅五 8;启三 2。

⑱ *stērizō*,Harder,*TDNT*,VII:653-657;*TLNT*,III:291-295.

⑲ *sthenoō*,故是 hapax legomenon,BAGD,p. 756.

⑩ *themelioō*,参太七 25;弗二 17;西一 23;*DNTT*,1:660-663.

念；[101]又此处是将来时态，[102]显出此处的用意是神所给予信徒的应许，[103]故暂受苦难的信徒们务要用信心去支取之。[104]

五 11 "愿权能归给他，直到永永远远。阿们" 一如保罗书信，在言及神的奇妙救赎工作后，常有赞美之辞出现，如今，彼得亦因着神的恩典及工作在信徒身上是何等的奇妙，委实配得赞美，故此，他亦发出了一首简短的荣耀颂。早在第四章十一节里，他已作过一首比较长的荣耀颂，此处可说是个简化的版本。[105]但其明显的不同，是第四章十一节提及耶稣基督，而此处则指着赐各样恩典的神而言（参上一节）。此处的重心，是神的"权能"，[106]强调惟有神，才是永远拥有权能的一位，因为早在第五章六节里，作者已提及神那大能的手，[107]而上一节亦重申神是策划及成就其拯救工作于信徒身上的那位，他必能实现一切关于其对信徒的应许。观此，彼得锐意要再一次将信徒的注意力引介到充满权能的神那里，实有强化信徒信心的效用，信徒实应以"阿们"作为响应。[108]

五 12 上 "我略略的写了这信，托我所看为忠心的兄弟西拉转交你们" "我略略的写……"意即"简略地写"，[109]事实上，此信总共有一

---

[101] 此处的主体理念便是坚固，可能亦与二 4 起那活石的比喻有关；即重申了坚固如石头的观念；又参五 9 的"坚固的信心"。

[102] 有些抄本将其中的动词变成为 optative，参 Michaels, p. 293 的讨论。

[103] 其他相近的措辞，多是 optatvie mood 的；如罗十五 13；帖前三 11～13，五 23；来十三 20～21。

[104] 在此，Goppelt, p. 364 指出信徒的受苦并不表示信徒的不幸，乃是要显出信仰的能力，是因神的恩典而产生的信心的能力。

[105] 原文只有 7 个字；彼得以一简单的版本写出，可能因上一节已是高举神的奇妙；Davids, p. 196.

[106] 大部分的 MSS，及 א P 均加插了"荣耀"（*hē doxa*）于"权能"之前，这可能是因有文士按四 11 的措辞加上此字；显而易见的是，此处只有"权能"，无疑彼得是要刻意强调此点。

[107] "权能"，即 *kratos*；而大能的手之"大能"，即 *krataian*，亦属此字。

[108] *amēn*，是一富于礼仪性的字眼，早在四 11 出现过，参 *ISBE*, 1：110；BAGD, p. 45；大有可能的情况，是当此信在各教会被诵读出来，到了此处，信徒们便会齐声以"阿们"作回应；如此，便更能将神的大能深潜于各人的心中，生发了更大信靠神的心。

[109] *di' oligōn egrapsa*，而 *oligos* 与第十节的"暂"为同一个字；故可能有 word play 的作用；而 *egrapsa* 是 epistolary aorist.

百零五节,并不算短的了,故这只是客套之辞。而严格来说,信写到这里,其主要目的已经达成了,彼得已论尽所要教诲的各项事宜,只要加上几句结语和信末的问安,便大功告成,可以把信寄出了。一如保罗书信的做法,彼得亦稍为提及此信的送信人是西拉,而大有可能,如绪论的作者部分所指出的,此信可能是由西拉代笔,然后到了此处,彼得便取过笔来,加上自己亲笔的话。"西拉"无疑是使徒行传中常出现于保罗之宣教行程中的伙伴,按使徒行传第十五章廿二至卅三节的记载,他是耶路撒冷教会的一位先知,深得众信徒的信任,而在第二次宣教行程时,为保罗所挑选,取代了巴拿巴的位置(徒十六 19、25、29,十七 4、10、14～15,十六 5),自此,便成为保罗忠心的同工,与他一同当兵,共同奋进,建立教会。后来,他大概离开了保罗的宣教团队,参加其他教导和宣教的工作,以至与彼得有直接的事奉联系。当彼得写此信时,他明显是与彼得在一起。在此,我们要注意的是,"西拉转交你们"在原文应只是作"藉着西拉给你们"(参〔吕〕),在这里彼得的意思可能是指:

　　a. 西拉是信差:即藉着西拉,将此信送给读者们,这亦是〔和〕译法的解读。

　　b. 西拉是代笔人:如保罗于罗马书第十六章廿二节的情况一样,即西拉把彼得所说的记下来,成了此信。

---

⑩ 其他例子如 Ignatius, *Rom*. 8.2;Polycarp, *Phil*. 7.3;Isocrates, *Epist*. 2.13;8.10;Pliny, *Epist*. 3.9,27;详参 Goppelt, p.372, fn.24;当然,彼得所要讨论的课题,可能需要更长的篇幅,才能有详尽的讨论,因此,他亦因而认为此信所说的只是重点而已,故有此表达。

⑪ 至于当时一般希腊书信的结语是如何的,可参 F. Francis, "The Form and Function of the Opening and Closing Paragraphs of James and John," *ZNW* 61(1970), pp.110-126.

⑫ 其他保罗书信,参罗十六 1;林前十六 17;林后八 17;弗六 21;腓二 25;西四 7～8;门 11～12。

⑬ 保罗书信亦然,如加六 11;帖前三 17。

⑭ 在原文,此处为 Silouanos,而使徒行传的则为 Silas,前者是演变自拉丁文,意即"属于林木的"(from the woods);参 *ISBE*,IV:509;后者直接是希腊字;参 Goppelt, p.371, fn.18.

⑮ 他与保罗共同建立教会,参林后一 19;帖前一 1;帖后一 1。

⑯ *dia Silouanou hymin*.

⑰ 支持此见解的有 Michaels, pp.306-307.

⑱ 见〔新〕的译法。

c. 西拉以彼得的名义写信：如哥林多的狄奥尼修（Dionysius of Corinth）同样有此措辞，指出革利免便是以罗马教会的名义写信。[19] 故此处意即西拉是以彼得的名义发出了此信。

当然，西拉作为信差的可能性是存在的，因为在使徒行传第十五章廿二节里，他已作过代表耶路撒冷教会的信差。在不排除此可能性下，第二及第三个的机会是更大的，因为按彼得说他是藉着西拉，简略地写信给读者们，其言下之意，是指西拉参与了彼得写信时的过程。按此分析，我们可以说，此信在写作时是西拉的手笔，但其背后的思想，却是彼得的思想，此见解是最合乎此处的文意。[20] 故全句应作"藉着西拉，我所看为忠心的兄弟，我简略地写了此信给你们"。

"西拉"被称为"我所看为忠心的兄弟"，这无疑是一项推荐，因为西拉不单只是众多的弟兄中之一位，其可贵之处，乃在其是"忠心的"。西拉本来是耶路撒冷教会极负盛名的先知，后来，因着巴拿巴的退出，保罗便罗致了西拉，成为其第二次宣教的同工，其卓越的工作表现，显出其诚实可靠的优良品德。总之，经过了长时期事奉的考证，西拉是一位极为稳健的传道者，在此，彼得要如此刻意地推荐他，原因可能有三：

a. 虽然西拉为读者们所知道，但却缺乏与读者们个人的接触和深入的认识。[21] 如此的推荐，有助其公信力。

b. 如果西拉是信差的话，此推荐更有助其受到读者们热情之招待。[22]

c. 此书虽然不是彼得的手笔，但却是由忠心的人所代写的，故其内容是值得读者们相信的。故此，读者们实应看此信等同于彼得的亲笔作品，以之为权威之作。

按以上的了解，彼得说："我认为……"意即彼得是以其权威，全然

---

[19] 参 Eusebius，*Eccl*. *Hist*. 4.23.11；支持此主张的有 Kelly，p. 215.

[20] 参 Davids，p. 198；又参绪论部分有关作者的阐述。

[21] 注意在第二次宣教旅程中，圣灵禁止了保罗等去亚西亚及庇推尼等地讲道，反而使他们去了欧洲之马其顿（徒十六 6～8），故对于散居于小亚细亚等地的教会，可能并未亲眼见过西拉。

[22] 参 Michaels，p. 307.

注入西拉的身上,以达至以上的果效。⑫

五 12 下　"劝勉你们,又证明这恩是神的真恩。你们务要在这恩上站立得住"　到了此际,彼得道出了其简略写信的目的,是要"劝勉",⑭此字早在第二章十一节及第五章一节出现过,每一次的出现,都引出一段教导的经段,⑮此处勾划出全信有浓厚的道德教育意味(ethical teaching),强调信徒在极度困苦之中仍要持守信仰,过正常基督徒的生活。"又证明这恩是神的真恩,你们务要在这恩上站立得住"直译应是"及证明这是神真实的恩典,你们要在其中站稳","证明"在新约只出现于此,⑯是现在分词,此字与上一个分词"劝勉"以"及"相连,故亦是彼得简略地写了此信的目的之一。所要证明的,便是"这是神真正的恩典",由于作者没有明言"这"是指什么,故其可能有三:

a. 是指于第一章十三节,第三章七节及第五章十节所论及的,主耶稣在其显现时所要赐给信徒的恩典,因此,尽管如今信徒在苦难中,似乎距离领受主的恩典之时甚远,但却不要灰心。

b. 是指信徒所受的苦难,无论是大是小,是已经发生了的,或是在蕴酿当中的,均是神的恩典。

c. 是指整封信,即整封信的教导,都是神的恩典。

如属第一个可能,即是指恩典,则下一句"你们务要在其中(即恩典)站稳"此项命令,便显得有点不自然了。反而,如果作者说"你们在其中站稳",即没有了命令语,便有罗马书第五章二节之相近措辞的支持。⑰ 第二个可能性则有下一句"神真实的恩典"作支持,意即苦难看似是咒诅,但其实却是"神真实的恩典",信徒务要欣然接受之,但若是如此,则这可说是全书理念上一个突破性的教导,因为彼得从来没有直言苦难是神的恩典,尽管他曾指出信徒要与基督一同受苦,并且因此而喜乐(四 13～14),但却没有指出苦难是由神而发的。按此剖析,我们颇怀疑彼得会在信的结束时对苦难有如此突破性的教导,而以前竟然

⑫　其他近似的例子有:罗三 28,八 18;林后十一 5。
⑭　原文是分词,而没有"你们"。
⑮　此字于新约的其他地方亦是如此,如罗十二 1;林前一 10,四 16;弗四 1;腓四 2。
⑯　epimartyrōn,是一复合动词,参 Strathmann, TDNT, IV:508.
⑰　参 Kelly, pp.216-217.

没有明言。⑫ 所以第三个可能的机会更大，其原因有：

i. 与紧接的上文意思吻合，即彼得藉着西拉的帮助，完成了此信，而此信的教导，实在是"神真实的恩典"，此词组有强调作用，要求信徒不要忽视此信的各项教导。

ii. "这"是阴性字，⑫"信"亦是阴性字，⑬这一个部署，可能暗示了"信"便是作者所指的。⑬

iii. 紧接的下文"你们务要在其中站稳⑬"其意思显得更鲜明，意思是信徒要站稳在神真实的恩典上，即此信的教导上，建立美好的信仰根基。故当此信被宣读出来时，听众们要恭谨地聆听及践行。这一点，亦与上一句的"劝勉"产生了异曲同工之效。

值得我们注意的，便是"在其中"在文法上是一个极为奇特的结构。⑬ 戴维斯（Davids）指出，此情况可能只是一种文法上的混乱，但此混乱亦可能反映信到了此时本来是由代笔人（即西拉）执笔的，如今却由真正的作者写下了结语，即由彼得本人书写。⑭ 无论如何，彼得的意思是清楚的，他要读者们重视其所写的，以至能从其中大得属灵的神益。

五 13 上　"在巴比伦与你们同蒙拣选的教会问你们安"　既然彼得已于上一节道出了写此信的目的，如今，是作出最后问安和祝福的时候了。问安的作用是要促进教会与教会间的关系，⑮故很自然地，作者会代表自己身处的属神群体，向受众问安，此处亦然。"巴比伦"无疑是

---

⑫　Michaels，p. 309.

⑫　*tautēn*.

⑬　*epistolē*.

⑬　本来，作者亦可用 *touto*，即一个中性字；诚然，此处用 *tautēn*，皆因要与"恩典"（*charin*），作为一个阴性字配合。

⑬　"要……站稳"乃命令语；Kelly，p. 217 认为这是作者在匆忙中弄错了，即本应是 indicative 的"站稳"，即 *hestēkate*，但要注意，早在本章第九节，作者已有用命令语，如"抵挡"（*antistē te*）。

⑬　即以 *eis* 代替了 *en* 的用法。一般是 *en hēn stēte*，如今是 *eis hēn stēte*；此结构在当时亦常有出现，但在新约中，则只此一次出现；BAGD，p. 230.9a；BDF § 206.

⑭　Davids，p. 201，fn. 9；但参 Michaels，p. 310 的反驳。

⑮　如果在作者的教会中，有一些信徒是受书人所认识的话，作者都会有所提及的，参罗十六 23；林前十六 19～20。

作者彼得现时身处的地方,但其实际的地点究竟是指哪里,学者有不同的见解,兹将四个主要的意见讨论如后:⑬

　　a. 是指埃及地的一个罗马军团,其驻军的地方叫作巴比伦,位于埃及的开罗附近。⑰ 再者,有教会传统相信马可乃埃及教会的始创人,⑱而这一节的后部,亦提及马可与作者同在。然而,我们怀疑彼得在结束时,会以一个不为人注目的驻军地点,来显示自己所住的地方。因为如此做,读者们亦不会知道他所住何处。再者,传统亦不曾提及彼得有到过埃及。可见此主张的论据嫌不充实。

　　b. 是指美索不达米亚平原上的巴比伦城,如此,作者便真的在不折不扣的、历史上名噪一时的巴比伦城内完成此信了。然而,教会传统并没有提及彼得曾到过东方的巴比伦。⑲ 再者,于罗马王革老丢治期中,犹太人整批由巴比伦迁往西流斯亚(Seleucia)。⑩ 事实上,在公元第一世纪时,巴比伦城已每况愈下,直到第二世纪早期时,她已成为一荒凉之城。⑪ 再说,我们更不要忘记,西拉既是此信的信差及代笔人(参五 12),而西拉的事奉地域,明显是在罗马帝国的西方。按此了解,此说的可能性不大。

　　c. 巴比伦并非指一个地方,乃象征作者身处被掳之地,⑫这是基于犹太人过往的经验,自从于公元前 586 年,南国犹大亡于巴比伦后,犹太人便被掳到巴比伦,成为亡国奴,故作者有意用巴比伦喻作自己居所,以此提醒读者。

　　然而,此说法有两大问题,首先是在新约书卷最后的问安语中,作者所说的地方,都是真有其地,以此达至信徒相通的目的,如果此处纯粹是一比喻,而不是指任何真实的地方,便与问安一贯的目的相违了。

---

⑬ *babylōn*,参 Kuhn,*TDNT*,I:514 - 515.

⑰ 参 Strabo,*Geog*. 17.1,30;Josephus,*Ant*. 2.15.1.

⑱ 参 Eusebius,*Eccl*. *Hist*. 2.16.24.

⑲ 反而,他却曾到过巴勒斯坦以北及以西之地,参林前九 4;加二 9。

⑩ Josephus,*Ant*. 18.9.8,9.

⑪ Trajan 称她为一鬼城(ghost town),Dio Cassius,*Hist*. 68.30.

⑫ 此见解出自 Boismard,"Une Liturgie baptismale dans la Prima Petre," *RB* 63(1956),pp. 182 - 208;引自 Davids,p. 203.

再者,彼得更指出在巴比伦同蒙拣选的教会,这样的措辞,明显是指着在一个地方聚集的信众而言。故此比喻说的问题颇多,可能性亦相对降低了。

d. 因此,可能性最大的,是以巴比伦为罗马城的代号。如第三个说法所提及的,在犹太人来说,自南国犹大亡于巴比伦后,犹太人便散居于巴比伦地,故被称为被掳之地(赛四十三 14;诗一三七 1~9),同时更是一邪恶败坏的城市(但五 17~31;赛十三 1~22)。这种对巴比伦负面的意识,同样应用在罗马帝国。观此,犹太文献亦有以巴比伦作为罗马的代号。⑬ 到了公元 95 年时,约翰的启示录多处以巴比伦喻罗马(启十四 8,十六 19,十七 1~十八 20),皆因罗马帝国大肆逼迫基督徒,此情此景,罗马已成了昔日巴比伦的再版:逼迫神的子民;成为邪恶势力的象征。可见无论是犹太人及初期教会,都有对此代号的理解。由此可见,彼得以巴比伦代表罗马城,自然是一个为众读者所了解的代号,⑭故此,罗马城便是他于此间事奉及完成此信的地方。

彼得如此称呼罗马城,主因不是要指出罗马政府的邪恶,⑮乃是要引导信徒明白,如他于本书开始时已指出的,分散于各地的信徒实乃客旅和寄居者(一 1),信徒实在身处异域,即一个异教徒充斥的社会,犹如犹太人身处异乡巴比伦。观此,读者们务要将盼望放在主再来时所赐给他们的、永不朽坏的天上之基业才是(一 7,五 4、10)。

在此,值得注意的是,这一节直译应作"在巴比伦那些蒙拣选的,问你们安",在原文没有"教会"一词的。⑯ "同蒙拣选的"是一复合词,在

---

⑬ 尤其是在公元 70 年,罗马大将提多将耶路撒冷和圣殿尽毁,一如昔日的巴比伦,参 Sib. Oracle. 5;143,159;2 Baruch,11.1;67.7.

⑭ 有学者主张,罗马被称为巴比伦,是在公元 70 年耶路撒冷被罗马大将提多所毁之后,才渐渐流传开去的,故此书的成书日期,必然晚于公元 70 年;但事实上,早于公元 70 年,因罗马城的奢华及道德的堕落,罗马的作家早已喻罗马城为巴比伦,Marshall,p. 175;参绪论部分有关写作地点的讨论。

⑮ 对比 Davids,p. 203;因为早在二 13~14,作者已指出信徒要顺服政府,而此信中所反映的逼迫,并不是从政府而来的,反而是从异教的社会而来的;作者亦不是如启示性文体一样,有隐藏其写作地点的用意。

⑯ 参新译本的译法;但〔和〕〔吕〕及〔思〕均有"教会"一字。

新约只出现一次,⁽¹⁴⁷⁾本为形容词,此处作名词用,⁽¹⁴⁸⁾代表了同蒙拣选的人（单数）,但所指的究竟是什么人？ 其四个主要可能性如下：

a. 认为是彼得的妻子,新约的一些经文,如哥林多前书第九章五节,曾暗示彼得的妻子常与他一同事奉,往来于教会之间。但若是如此,则为何彼得不明言之,甚至写出自己妻子的名字,而要如此隐晦？再者,若是指着自己的妻子而言,则为何特别要以一个地方,即巴比伦去引介她?⁽¹⁴⁹⁾

b. 认为是指一位当时知名的女性领袖,其支持有三：

i. 一般书信在最后的问安语中,都不以教会为单元,反而是个人性的居多。 此处亦是如此,由于此处的"同蒙拣选"是一阴性及单数字,⁽¹⁵⁰⁾故是指一女性的领袖。

ii. 在"家庭的规章"中,作者要求作妻子的,要顺服丈夫（三1～6）,而可能的情况是,受书人中不少姊妹会对此教导存有反感,因此,作者故意提及一知名的女性领袖,以支持此信对女性的教导。

iii. 初期教会中有不少知名的女性领袖,如百基拉及非比等,她们都很受保罗的尊重,保罗以她们为同工及同负一轭的,⁽¹⁵¹⁾由此可见,这些女性领袖在众教会的声誉是极盛的,而此处作者亦称她为"同蒙拣选的",反映出所指的是一位极负盛名于受书人中的女性领袖。⁽¹⁵²⁾

此见解所遇到的问题同样是：若是如此,作者为何不直道其姓名？因为如此行,更能达到要提高此书在女性读者中被接受的效果。

c. 认为是指信徒,如第一章二节所指称的,信徒便是被拣选的一群,如今,在巴比伦地的信徒同样亦蒙拣选。然而,若是如此,则此处必然是指所有在巴比伦地的信徒们,故应是复数,但"同蒙拣选"却是一单

---

⑭⁷ *syneklektos*,是阴性及单数字；此书的作者甚喜欢在用过一字后,再用其复合词,如此处的"同蒙拣选",其非复合词"拣选"早在一2出现,其他如"长老"及"同作长老"（五1）；"基业"及"一同承受"（一4,三7）。

⑭⁸ 参 J. K. Applegate, "The Co-elect Woman of 1 Peter," *NTS* 38(1992), p. 587 的界定。

⑭⁹ Michaels, p. 310.

⑮⁰ 参注 135。

⑮¹ 详参 Applegate, "The Co-elect Woman," pp. 600 - 602 的阐述。

⑮² Fiorenza, *In Memory of Her*, pp. 245 - 250.

数字。

d. 认为是指教会,因"教会"是一阴性及单数字,与"同蒙拣选"完全吻合。[⑬]

故 d 的见解问题最少,并且最合乎此处的文意,由于彼得希望受书人能与自己身处的巴比伦地教会认同,故他便以"同蒙拣选"来形容巴比伦地的教会,[⑭]如此,便能达至在教会与教会之间合一的目的。[⑮]

五 13 下 "我儿子马可也问你们安" 作者除了代表了在巴比伦,即罗马的教会向受书人问安外,他还替"马可"问安。"马可"是初期教会居于耶路撒冷的一位信徒。当耶稣升天后,门徒都聚集在一起祷告,聚集之地方,大有可能是在称为约翰的马可(John Mark)的家中(徒十二 12~17;又参徒一 12~14)。稍后,马可成为保罗第一次宣教行程的队员(徒十二 25),但却因某些原因,中途离开保罗(徒十三 13),因此,保罗定意要放弃他,不带他上路(徒十五 36~41)。但巴拿巴,另一位保罗的宣教同工,亦是马可的亲戚,却决意要与马可一同事奉,于是便与保罗分工。无论如何,马可后来被保罗称赞,以他为与福音工作有价值的人(西四 10;门 24;提后四 11),可见后来的马可灵命有了改变,成为一位知名的传道者。早期教父传统指出他乃彼得的跟随者,并且在彼得的指示下写了马可福音。[⑯]

当彼得写此信时,马可明显的是与他同在一处,而马可亦为某部分受书人所认识,[⑰]故便替他问安,而作者又称他为"我的儿子",学者们对此称呼提出了三个可能性:

a. 马可是彼得的养子,由于彼得常到马可之家(徒十二 12~17),故可能彼得娶了马可的母亲,即一位寡妇为妻,于是,马可便成为彼得

[⑬] 大部分学者都支持此见解。

[⑭] 因为受书人亦是被拣选的一群人,参一 2、15,二 9、21,三 9,五 10;早在五 9 中,彼得已在受苦的课题上,言及信徒都同受苦难的观念。

[⑮] 因此乃最合理的意思,故有些抄本,如 א 及 Codex Sinaiticus 等,都加上了"教会"一字;参 Applegate, "The Co-elect Woman," p.588;这一节可说是罗马教会与东方教会,即小亚细亚的教会有信件沟通、互道安好的最早期证据。

[⑯] Eusebius, *Eccl. Hist*. 2.15.1;3.39.15 - 17,注意,优西比乌指出教父帕皮亚亦知有此事;观此,如果西拉不是本信的代笔人,马可亦是另一位可能的人选。

[⑰] 认识马可的教会如歌罗西教会,参西四 10;以弗所教会,参提后四 11。

的儿子了,但此说纯属臆测,全无实据。

b. 马可乃彼得在福音上所结的果子,如哥林多教会之于保罗(保罗是属灵的父亲,哥林多是保罗在福音中所生的儿女,参林前四15;又加四19)。但我们没有证据显示,马可是由彼得带领信主的。

c. 马可乃彼得的门生,就如提摩太(提前一2;提后一2)、提多(多一4)及腓利门(门10)乃保罗所培植出来的人,所以亦被称为保罗的儿子。[158]

我们相信第三个见解最符合此处的意思,马可乃彼得的门生,由他栽培成材,故彼得可以如此称呼他。[159] 此外,早在第二章十七节及第五章九节里,彼得已强调信徒乃在主里彼此相亲,故被称为弟兄。在信的结束时,他再强调这一点(下一节的祝福亦然),故对马可有此称呼,是有强化这一点的作用的。

五14　"你们要用爱心彼此亲嘴问安。愿平安归与你们凡在基督里的人"　上一节作者藉着问安,及提到其儿子马可同向受书人问安,强调信徒们同属一家人,形成一个温馨的气氛。如今,他再进一步,以一命令语指出受书人作为信徒们,亦要彼此问安,[160]并且要"用爱心彼此亲嘴"的方式,此句更佳应译作"彼此以爱心的亲嘴"。"亲嘴"在保罗的书信中被唤作"圣洁的亲嘴"(罗十六16;林前十六20;林后十三12;帖前五26)。可见以亲嘴问安,乃早期教会信徒在肢体生活中常出现的一种问候方式,由于亲嘴所表达的,是亲属的关系,而信徒同属一个属灵的大家庭,彼此以弟兄姊妹见称,故有此问安的方式,[161]其中尤以在集体聚会结束之时进行。[162] 保罗用圣洁的亲嘴,要强调此亲嘴不能

---

[158] 当然,提摩太、提多及腓利门,有可能是保罗带领信主的。

[159] 需注意的是,保罗用的字眼是 *teknon*,而彼得则用 *hyios*,后者如有此用,则多是以一复数词出现,或者是指一组别的人,参太十二27;路十一19;徒廿三6;但彼得乃将之调整,而采用一单数字;BAGD, p.833.1c。

[160] "问安"(*aspsdasasthe*)及命令语。

[161] "亲嘴"(*philēma*),参 *phileō*, *NI DNTT*, 2:547－549; *EDNT*, 3:426; Stählin, *TDNT*, IX:125－127,138－140;从字源来看,"亲嘴"是形容亲人的"爱":*philia* 一字的从属字;总之,亲嘴涉及双方要有亲密的身体接触,委实是一种极能具体地表达爱的方式。

[162] 犹太人会堂的敬拜没有此亲嘴的礼仪,乃在家中进行,Clowney, p.225;到了第二世纪时,此吻安,成了圣餐礼仪的一部分,参 Justin Martyr, *The First Apology*, 1.65;但我们不能肯定,在第一世纪有此做法,对比 Reicke, p.134;总之,亲嘴只可算是一种习俗,不是对普世教会必要遵守的指令;Kistemaker, pp.209－210.

染有情欲的成分,但彼得则重申在主里信徒同属一家的观念,故作"爱心的亲嘴"。[163] 在受到异教社会排挤的困境下,信徒群体的完整性是备受威胁的,但信徒彼此间爱心的支持,却成为一股澎湃的凝聚力量,无怪乎彼得有此措辞了。

最后,彼得以一简单却意义深长的祝福为结束。[164] 首先,他祝福读者们有"平安"。此字出现于新约共九十二次,[165]保罗书信结束时亦有以"平安"作为祝福语(如罗十五 33;林三 11;加六 16;弗六 23;帖后三 16),但却不是在书信终结时出现的,反而"恩惠"却常于最后的祝祷中出现(如罗十六 20;林前十六 23;林后十三 13;加六 18)。"平安"此字是犹太人彼此问安时的惯用语,强调个人的福祉及其与他人及耶和华神之间存在着美好的关系,[166]新约亦有此意思。这正是彼得冀盼每一位受书人都有此祝福,故他说:"愿平安归与你们凡在基督里的人",即每一位"在基督里"的人。

而惟有基督,才带来了人与人之间,人与神之间永久和好的关系,故此,每一位在基督里的人,即与基督认同的人(参四 1),[167]不单只藉着彼此爱心的亲嘴,强化了彼此均同属一个属灵的大家庭,更能享有一份永不磨灭的"平安",这实在是给面对情势险恶、举步维艰的受苦之中的信徒极大的勉励。

事奉的生命是一条荆途,作为受苦的一代,切忌顾影自怜、自怨自

---

[163] *philēmati agapēs*,后者是 genitive of description;"爱心"此字早在一 22 及四 8 出现过;Hillyer,p. 153 则认为此问安方式有彼此皆平等的意思;此习俗常有被滥用的危险,故在西方的教会中渐渐受到限制,到了十三世纪时,西方的教会便完全停止采用,详参 Barclay,p. 280 及 J. G. Davies,ed. *The New Westminster Dictionary of Liturgy of Worship* (Philadelphia:Westminster,1986),pp. 250 – 253.

[164] Quinn,"Notes on the Text of p. 72,"p. 246 主张因此抄本没有此祝福语,可见此祝福语是后加的。然而,其他的抄本则有,而事实上,新约一般的书信都有祝福的结语,没有充分理由支持此信没有,故可能是,此抄本的祝福语因着抄本受破坏而失去了;参 Davids,p. 205,fn. 17.

[165] *eirēnē*,只有约翰壹书从来没有出现;最常出现于福音书(共 25 次),路加著作共 21 次;保罗著作则为 26 次,参 *EDNT*,1:394 – 397.

[166] 但希腊字本身并不一定指与他人的关系而言,而重视一段和平的时间,或处于和平的景况,详参 v. Rad,*TDNT*,II:400 – 406.

[167] 这认同表示他们是基督徒,亦即他们是受苦的一群,参四 16。

艾,以为惟有自己是最痛苦的。反而,最重要的,是明白世上有不少的信徒们都同样受着苦难(9 节)。观此,在苦难频仍中,教会要巩固自己的实力,积极践行肢体相交、彼此相爱的生活。如此,便能互相提醒,彼此匡扶,团结产生力量,抵挡魔鬼从各方面对信徒的揶揄及攻击。当然,存着属天的盼望亦是忍受苦难的力量,坚信神必保守,苦尽必定甘来,因为漆黑之后,定必黎明,这不单是自然界的现象,更是一项属灵的原理。

附录

（一）彼得的生平及其对早期 教会的影响

　　新约并没有一卷或一份彼得的传记可供参考，以使我们在检视这课题上可以一蹴即至。然而，新约记载彼得的言行的篇幅却并不少，问题是这些记载却分散在四福音、使徒行传、哥林多前书、加拉太书、彼得前书和彼得后书之中，而后两卷书更以彼得本人为作者，以书信形式面世。[①]

壹　福音书中的彼得

　　彼得，又叫西门，[②]是约翰的儿子，[③]在加利利这深受希腊文化影响的地方的一个小城伯示大（约一 44，意即"捕渔之家"）长大。[④] 新约中的彼得，是耶稣门徒中最为突出的一个。最初他本来是施洗约翰的跟随者（约一 40～42），后来得到他的兄弟安得烈推荐给耶稣。彼得蒙召时，耶稣却对他说，他要称为"矶法"，[⑤]此名字乃亚兰文，意思与"彼得"一字一样，是指"石头"。

　　学者们大致赞同福音书中彼得的形象，显出他是众门徒的代言人。[⑥] 在列举十二位门徒之时，他名居首位（可三 16 起；徒一 13）；他亦

---

① 按 Cullmann 之界分法，彼得的一生可以分为三大段落，先为作门徒的阶段，当中又分为早期、蒙召及在耶稣事奉中的角色三个段落；其次为作使徒的阶段；最后为殉道的时期。参 Oscar Cullmann, *Peter: Disciple-Apostle-Martyr* (Philadelphia: Westminster, 1962).

② 有时被称为 Symeon，参徒十五 14；彼后一 1。

③ 即约拿的儿子，参太十六 17；约一 42。

④ 他带有加利利的口音，参可十四 70；太廿六 73；路廿二 59，并参绪论部分有关作者问题的讨论。

⑤ 约一 42；此字陆续在林前十一 12，九 5；加一 18，二 9、11、14 出现；但却敛迹于彼得前书。

⑥ Cullmann, *Peter*, p. 23 - 27；F. F. Bruce, *Man and Movements in the Primitive Church* (Exeter: Paternoster, 1979), p. 16. 这大概是由于他思想和行动敏捷，为人豪迈诚恳之故，如太十五 15，在耶稣打了一串关乎法利赛人和文士之不是的比喻后，彼得便即时出言要求耶稣有所解说："请将这比喻讲给我们听。"这是一个代表了其他门徒心中同（转下页）

有分于耶稣的三个最为近身的门徒：彼得、雅各、约翰（可五 37，九 2，十
三 3，十四 33）。这一个情形，正好为他在初期教会中的领导地位奠定
了基础。[7] 以下我们抽取了数段在福音书中有关彼得的言行最为显眼
的经段，尝试对他的形象作出一些粗浅的剖析：

（一）马太福音第十六章十八节。耶稣在称赞彼得对他的认信
后，[8]公然地盛赞他说："你是彼得（Petros），我要把我的教会，[9]建造在
这磐石（petra）上，[10]阴间的权柄不能胜过他。"耶稣随即应许彼得对于
人能否进入天国（即神的国），有捆绑和释放的权柄。对于这一个应
许的解说，最合乎马太福音思路的是以彼得为教会或使徒的代表，故
此，捆绑和释放的权柄，除了给予彼得之外，亦给予其他的使徒和教
会，[11]因为在马太福音的十八章十八节，耶稣将同一个应许赋予了
教会。[12]

在此，米高斯有一个独到的观察，他主张由第十六章十七到廿三
节，马太故意用"交叉结构"（Chiastic structure），以表达一个对彼得带
有讽刺的意思。且看以下在经过米氏之分析后，此段经文结构的铺排：

a   彼得有从神而得的启示："西门巴约拿，你是有福的！ 因为这不是属
     血肉的指示你的，乃是我在天上的父指示的"（17 节）。

（接上页）有此要求的一问。又如在耶稣为门徒洗脚的事件，彼得原本不愿意让主洗脚，但
经主一解释，他便立时要求主为他洗全身，参约十三 6～9。

[7] 在四卷福音书中，其中尤以马太福音为彼得塑造了一个最为积极的形象，参 Jack Dean
Kingsbury，"The Figure of Peter in Matthew's Gospel as a Theological Problem，" *JBL* 98
（1979）.

[8] 约六 68～69 记载了彼得亦有相近的认信，不过是发生于稍为早于此处的一件事件之中。

[9] 此处之"教会"是指一群属神的，有如在旧约中蒙神拣选的以色列人的一个弥赛亚的群体，
参 D. A. Carson，"Matthew，" in *The Expositor's Bible Commentary*，F. E. Gaebelein
ed.（Grand Rapids：Zondervan，1984），8：369 - 370.

[10] 有关"磐石"所指的是否为彼得，参 ibid.，8：368 - 369.

[11] Ibid.，8：373 - 374；我们要注意保罗亦自言有此权柄，林后二 15。

[12] 另一个看法是以彼得为耶稣所独特拣选，作为教会传统的监护人的，Gunther Bornkamm，
"The Authority to 'Bind' and 'Loose' in The Church in Matthew's Gospel：The
Problem of Sources in Matthew's Gospel，" in *The Interpretation of Matthew*，Graham
Stanton，ed.（Philadelphia：Fortress，1983），p. 95；对其他看法的巡礼，可参 Joseph
Burgess，*A History of the Exegesis of Matthew 16：17 - 19 from 1781 to 1965*（An Arbor：
Edwards Brothers，1976）.

b　赋予彼得美名：“你是彼得，我要把我的教会建造在这磐石上”（18节）。

c　得胜死亡的应许：“阴间的权柄，不能胜过他……在天上也要释放”（18节下～19节）。

d　向门徒要求守耶稣为基督的秘密：“不可对人说他是基督”（20节）。

d'　向门徒解说基督必要上耶路撒冷：“他必须上耶路撒冷去，受长老、祭司长、文士许多的苦……”（21节）。

c'　得胜死亡的应许：“并且被杀，第三日复活”（21节下）。

b'　给予彼得恶名：“撒但，退我后边去吧！”（23节上）。

a'　彼得不再有从神而来的启示：“因为你不体贴神的意思，只体贴人的意思”（23节下）。[13]

　　米氏认为，福音书中的彼得给人的印象是，他是常被福音书作者所讽刺的人物。[14] 对于米氏的看法我们未敢贸然认同。毕竟，作为一个尚未能完全明白耶稣作为弥赛亚及其职事之门徒之一，彼得对属灵的事物，始终是一知半解的，他不明白耶稣作为弥赛亚，其职事是先要受苦，甚至死亡，才能得荣耀，[15]这一点，显示他与当时一般犹太人对弥赛亚的观感和期望是一致的。

　　（二）在登山变像时，[16]彼得出言建议为耶稣、摩西和以利亚各建造一个帐幕，路加更是形容，其实彼得根本不知其所言何意。[17] 彼得当时

---

[13]　Michaels，lvi.

[14]　Ibid.，lv - lvi，从此角度看，主张此经段乃表示彼得是教会传统的监护人和中保的这个看法，是有商榷之余地的，参 Kingsbury，"Peter in Matthew," pp. 67 - 69.

[15]　他劝谕耶稣的一番话正反映这种看法，而魔鬼也是多番地以这种观念去试探耶稣，参可一12；太四1～11；路四1～13，无怪乎耶稣在此刻要斥彼得为撒但了，因为彼得不自觉地成了撒但的喉舌，Thiede，*Simon Peter*，p. 35.

[16]　这事件发生在耶稣预言门徒在死前可见到神国的荣耀之后，这一时间上的相隔，只有马可有记录，由此可见，马可福音可能是一目击者之作（可九1～2），这是指马可从彼得口中得到这些一手资料的可能性，ibid.，p. 45.

[17]　路九33；太十七4；可九6；"登山变像"亦有在彼后一16～18；彼得启示录（Ethiopic/Greek 4 Apocalypse of Peter）第十五至十七章出现；详细的讨论，参 Ralph Martin，*Mark：Evangelist and Interpreter*（Exeter：Paternoster，1972），p. 130. 有学者认为此经段乃主复活的一个记载，但却被误放于此，O. J. Seitz，"Upon his Rock：A critical Re-examination of Matt. 16:17 - 19," *JBL*，69(1950)，p. 339. 反对这个主张的有：（转下页）

的反应,反映他缺乏属灵的洞见。[18] 不过,这经段的布局,无疑是表示彼得再一次是其他在场几个门徒的代表,他的反应亦是有代表性的,而同时反映其人性软弱的一面。

（三）四卷福音书均记载了彼得的三次不认主（太廿六 69～75；可十四 54、66～72；路廿二 54～62；约十八 15～27），[19] 在否认主之前,他曾极力扬言,即使众人跌倒他亦不会,而且即使他要付上生命的代价,亦不会背弃耶稣（可十四 27～31）。然而,事实证明他不单只两次否定自己乃主门徒的身份,并且在到了第三次时,甚至表明可以用发誓来证明自己是与耶稣无关,以表自己的清白（可十四 71；太廿六 74）。这一桩事件,是福音书中描写彼得属灵光景最为明显的地方。[20] 当然,作为耶稣门徒的代表,他的软弱同时显出大部分其他的门徒亦是一样,他们都背弃了被钉十架的耶稣基督。[21]

总括而言,彼得与其他门徒一样,他们虽然对主有一颗赤诚之心,但却被其人性的软弱和属灵经验的限制所影响。在作为主最近身的数位门徒之一,其表现实在是差强人意的。事实上,单就这否认主的事

（接上页）Howard Marshall, *The Gospel of Luke*, *New International Greek Testament Commentary* (Grand Rapids: Eerdmans, 1978), p. 381. R. H. Stein, "Is the Transfiguration (Mark 9:2-8) a Misplaced Resurrection account?" *JBL* 95(1976), pp. 79-96.

[18] 有学者主张,马太福音却引出彼得是有属灵的真知卓见的,John Meier, *The Vision of Matthew: Christ, Church, and Morality in the First Gospel* (New York: Paulist, 1979), p.123.

[19] 有学者认为,原本彼得否认主的次数只是一次,后来却被传言为三次,参 Kim Dewey, "Peter's Curse and Cursed Peter (Mark 14:53-54,66-72)," in *The Passion in Mark*, ed. by Werner Kelber (Philadelphia: Fortress, 1976)；至于认为"三次否认主"之经段,是后来经过修订的。这论调的分析,参 John R. Donahue, *Are You the Christ? The Trial Narrative in the Gospel of Mark* (Missoula, MT: Society of Biblical Literature, 1973), p.68.无论如何,四卷福音书之作者,均以其个人的神学意旨,以编辑的方式,把这彼得否认基督的传统资料纳入其作品之内。

[20] 有学者以之为证明这段故事的历史真确性,参 H. Benedict Green, *The Gospel According to Matthew*, *The New Clarendon Bible* (Oxford: Univeristy Press, 1975), p.217.

[21] Raymond Brown, K. P. Donfreid and J. P. Reumann, *Peter in the New Testament* (Minneapolis: Augsberg/Paulist, 1973), p. 61; Edward Schweizer, *The Good News According to Mark* (Richmond: John Knox, 1970), p.328.那些坚持彼得拥有特殊的属灵权柄的人士,在面对这经段中所记载的彼得时,其理论无疑会受到极大的考验。

件，我们甚至可以说，彼得在作为主的门徒这身份上是一败涂地的。

（四）按福音书所记，耶稣基督曾多番的鼓励彼得，在路加福音第廿二章卅一节里，耶稣预言撒但会对彼得不利，但主却为他祈求，以致他在失脚后能够回转。这一个应许，使他在失败后的反思中能肯定地知道自己的回转会得着主的接纳。再者，复活的主显得特别关心彼得，例如在复活之主的墓旁，天使向妇女指示要向门徒们宣告主已复活的事实，其中特别提及彼得（可十六 7）。[22] 路加福音亦记载了众门徒均见证复活的主曾向彼得显现（路廿四 34；又参可十六 7）。约翰福音所记尤为明显，在三次不认主之后（第十八章），复活的主却三次发出要彼得作出他是否爱主之反省的同一个问题，而主亦三次向彼得保证他的事奉（第廿一章）。[23]

（五）约翰福音中所描写的彼得，是较为独特的。不少学者发觉，约翰福音的作者，常故意将彼得和耶稣所爱的门徒作比较，我们会抽取数段明显的经文以表示这一个特点。[24]

首先，在最后的晚餐中，耶稣出言预告有人会出卖他，彼得想知道耶稣所指的是谁，但却因为坐位的不便（不是坐在耶稣的旁边），于是求助于坐在耶稣身边的那位主所爱的门徒，于是这门徒便靠近了主的怀，向主查问（约十三 21～25）。[25] 当耶稣被捉拿，被带进大祭司的家中时，而惟有"那门徒"，大概是指耶稣所爱的门徒，[26]因为认识大祭司，可以

[22] 而事实上，保罗亦同样地承认，复活的主是先向矶法显现，然后才向十二使徒显现，参林前十五 5。
[23] 大部分学者均主张这一段经文旨在当彼得三次不认主后，耶稣基督要重新建立彼得的一个行动，参 Ernst Haenchen, *John 2*, trans. by Robert Funk, Hermeneia Commentary (Philadelphia: Fortress, 1984), p. 226; C. K. Barrett, *The Gospel According to John* (London: SPCK, 1978), p.583; Brown, *John*, p.1111.参下文有关这经段稍为详细的阐述。
[24] 我们暂且假设这主所爱的门徒便是约翰，有关此门徒的真正身份的讨论，有分量的著作，参 Raymond Brown, *The Gospel According to John I - XII*, The Anchor Bible (New York: Doubleday, 1966), xciv - xcv; R. Schnackenburg, *The Gospel According to John*, trans. David Smith and G. A. Kon (New York: Crossroad, 1982), 3: 404, n.84.
[25] 这事件在约廿一 20 再一次被提及；约翰福音的作者的意思，可能要描写耶稣与他所爱的门徒之关系，是有如天父与圣子的关系一般，参 Brown, *The Gospel According to John I - XII*, p.574.无疑地约翰福音是强调主所爱之门徒的地位。不过，我们仍不能抹煞，在此处只有彼得出言发问，主所爱的门徒是转达彼得的疑问给耶稣。Thiede, *Simon Peter*, p.68.
[26] 他们是否同属一人的讨论，参 F. Neirynck, "The Other Disciple' in John 18: 15, 16," *ETL* 51(1975), pp. 113 - 141.

自由地进出大祭司的庭园，[27]彼得再一次要借助他的关系，才能进入（约十八 16）。在此，作者有意要带出，虽然此两个门徒均在主最需要之时仍然紧随于后，但惟有那主所爱的门徒，是贯彻始终地对主忠心，因为彼得在大祭司之园内竟然三次否定主。[28]

再者，当主复活后，有两个门徒目击空了的坟墓，就是彼得和主所爱的门徒（约二十 2～3）。当两个人一同跑去墓地时，先到的是约翰，希特指出，约翰因尊重彼得，故即使先到，亦等彼得到后让他先进入墓中，才随之进去，[29]然而经文却记载，虽然约翰是后来才进入空坟，但是他相信主复活乃一事实（约二十 4～8），经文没有明言彼得的反应。[30]最后，在提比哩亚海旁，当门徒重操故业，正在打鱼之际，最先认出复活的主的，是主所爱的门徒而非彼得。当然，彼得却敏捷地立时从他的船上跳下水中游向复活的基督（约廿一 5～7）。[31] 继而，虽然彼得和主所

---

[27] 我们要注意经文有两次提及那门徒有这样的一个优厚的条件，对比彼得却有所不能，参约十八 15～16。基于早期教会的一封由以弗所之 Polycrates 致罗马主教 Victor 的信中，显示约翰属亚伦后裔，是一位祭司，这当然成为他能进入大祭司庭园之条件（参 Eusebius, *HE* 3，31：2 - 4）。曾有一理论指出约翰本是西庇太的儿子（路五 10），而西庇太及其众子组织了父子公司经营渔业，供应大祭司家中所需用的，参 R. Brownrigg, *The Twelve Apostles*（London：1974），pp. 85 - 88.

[28] 虽然福音书中没有表示彼得曾经目击主被钉的情景，然而，在福音书之外，便只有彼得一人，能栩栩如生地描述主被钉的情形，如在会堂面前的自白（徒五 29～32），在哥尼流家中为主作见证（徒十 34～43）及彼前二 24 之训言，惟有保罗在徒十三 29 及加三 13 所形容的，或可望其项背。早期基督教作品中之彼得福音七 26，指证彼得乃主钉十架的目击者之一。

[29] Thiede, *Simon Peter*, p. 89.

[30] 当然，这并不一定表示彼得没有相信，或表示作者有意比较彼得和约翰，参 Brown, *The Gospel According to John*, pp. 1004 - 1006. 但亦有学者甚至主张此段经文的挍意，是要对比由彼得所代表的犹太基督教，及约翰所代表的外邦人之基督教，参 R. Bultmann, *The Gospel of John*, trans. G. R. Beasley-Murray, R. W. N. Hoare, and J. K. Riches（Philadelphia：Westminster，1971），p. 685.

[31] 约第廿一章之用意是颇具争论性的，参 Paul Minear, "The Original Functions of John 21," *JBL* 102（1983），pp. 85 - 98，Schnackenburg, p. 343. 跟着这一段经文是有关彼得将来的命运的（约廿一 18～23），大部分学者均认为这是指彼得的殉道而言。参 Haenchen, *John*, pp. 226 - 227；Barrett, *John*, p. 585；Brown, *John*, XIII - XXI, pp. 1107 - 1108. 惟 Michaels 认为不一定是指彼得的殉道而言，而是指彼得年老之光景而言。Michaels, lvii - lxi. 亦参 Cullmann, *Peter：Disciple, Apostle, Martyr*, pp. 88 - 89. 然而，巴拿巴书十二 4；十二使徒遗训十六 6；Justin, *Dial.* 90. 5，91. 3；*Apol.* 1. 35；Irenaeus, *Adv. Haer* 5. 17. 4 等均指出，"伸出手来"（参约廿一 18）这个措辞，是指手被钉于十字架而言。

爱的门徒均同是被形容为跟随主的,但后者不用主的解释便已跟随,而前者则需要主两番的呼召,再加上了解释(约廿一 19～22)。[32]

　　按以上粗略的分析,约翰福音常倾向于将彼得与耶稣所爱的门徒作比较,从而显出了后者在属灵的悟性上优越于前者。[33] 当然,约翰福音作者笔下的彼得,毕竟仍是以一个众门徒之领袖的姿态出现的。

小结

　　福音书中的彼得,是一个可以代表门徒们对在世的耶稣基督的普遍理解的形象,他固然有诚意去跟随耶稣,并且在主的教导下明白不少有关天国的事,然而,在那极为人性而又懦弱的表现里,却又反映出彼得的无知和愚蠢。然而爱他的主耶稣却刻意地装备他,使他在软弱中刚强起来(可十四 28,十六 7;路廿四 34;林前十五 5),旨在要他在日后为主所器重,成为众教会的领袖。约翰福音的作者因着其写作的目的,而倾向于突出那位耶稣所爱之门徒的地位,但是,作者并没有抹煞彼得作为众门徒之代言人的角色。

贰　使徒行传中的彼得

(I) 引言

　　在路加的第二本著作之中,彼得的言行,在前十五章中扮演很重要的角色。[34] 他不单只是教会事工的决策者,更是一位公开发表言论的领袖。即使在公会面前,他仍是发言人。在此,学者们对于这些经段

---

[32] Barrett, *The Gospel According to John*, p.583.

[33] 不少学者认为其目的是要突出作为约翰群体之信仰始祖,即是使徒约翰。参 Raymond Brown, *The Community of the Beloved Disciple* (New York: Paulist Press, 1979); Oscar Cullmann, *The Johannine Circle* (Philadelphia: Fortress, 1975); R. Culpepper, *The Johannine School* (Missoula: Scholars Press, 1975).

[34] 一 16～22,二 14～36,38～40,三 12～26,四 8～12,五 29～32,十一 4～17,十五 7～11。

的出处和本质存有不同的见解,大致上我们可以将他们分为三大
阵营:

　　a. 相信所记均为不折不扣的历史事实。也许,内容不是每字每句
均为彼得的真言,但也不愧是彼得言论的撮录。⑤

　　b. 相信所记乃路加个人的创作而非彼得的言行录。其目的是要
达到路加写作的意旨而已。㊱

　　c. 相信所记乃当时教会所流传的神学题旨和思潮。㊲ 观此,使徒
行传所记并非完全是对彼得言论的一个追记,乃是路加经过详细的资
料搜集,再经过整理和修订,以至能达到他写此书的目的。所以,使徒
行传中有关彼得的言行,诚然是反映当时教会对彼得的神学的看法。
总而言之,我们可以从路加的描写里,去明白他对彼得言论的理解,这
成为我们研究彼得对初期教会之影响的进路。

　　小结:c 的看法可说是介乎 a 和 b 之间的一个解读,这也是笔者所
处的立场。

(II) 初期教会的彼得

　　毋庸置疑,彼得是以一个教会领袖的姿态出现的,㊳而且,路加对
他的领导地位描写得淋漓尽致。随着圣灵的浇灌,彼得在彰显着圣灵
的大能,作为耶稣升天前向门徒应许从圣灵得能力的实现(徒一 8),是

---

⑤ F. F. Bruce, *The Speeches in Acts*（London：Tyndale, 1944), P. Gardner, "The
Speeches of St. Paul in Acts," in *Cambridge Biblical Essays*, H. B. Swete ed.
(Cambridge：Macmilan, 1909).

㊱ Martin, Dibelius, *Studies in the Acts of the Apostles*, trans. Mary Ling and Paul
Schubert (London：SCM, 1956),参 W. W. Gasque, *A History of the Criticism of the
Acts of the Apostles* (Tubingen：Mohr, 1975)之巡礼。

㊲ C. H. Dodd, *The Apostolic Preaching and Its Develolpments*（London：Hodder &
Stoughton, 1936), Helmut Ridderbos, *The Speeches of Peter in the Acts of the Apostles*
(London：Tyndale, 1962), W. W. Gasque, "The Speeches of Acts：Dibelius Recon-
sidered," in *New Directions in New Testament Study*, Richard N. Longenecker and
Merril C. Tenney, ed. (Grand Rapids：Zondervan, 1974).

㊳ 保罗称雅各、彼得和约翰为"教会的柱石",参加二 9。

最为明显的一位人物。[39] 他的讲道立刻使三千人归主（二 14～42），教会亦应时而生。[40] 他所行的神迹，使瘸腿的得医治（三 1～10，九 32～35）；能透视人心的罪恶，使犯罪的亚拿尼亚和撒非喇得到正法（五 1～11）；直斥心术不正的术士西门（八 15～25）；[41]更有起死回生的能力（九 36～42）。不单如此，路加更形容他是教会转向外邦人宣教的决定性因素。[42] 当腓利在撒玛利亚传道之后，彼得和约翰同被差往这非犹太之地，旨在要坚定信主之撒玛利亚人的信心（八 14～17）。继而，彼得蒙神的指示，带领罗马军队的将领哥尼流举家归主（十 1～48）。[43] 到了耶路撒冷大会之时，他更挺身而出，为福音临到外邦人的事实而说话（十五 6～11），并且得着了耶路撒冷教会的领袖雅各之认同（十五 12～20）。按此观察，彼得对福音传向外邦的事工，其贡献是明显可见的，无怪乎邓恩（Dunn）相信彼得是能够将多元化（diversity）之初期基督教联合在一起之一位最有贡献的人物。[44]

由是观之，在面对彼得前书的作者问题时，我们可以说，从路加所描绘的彼得来看，当他在生命的尽头之前，为外邦人之教会写了一封满有教导性和勉励性的书简，这不单是有可能的，更是极其自然的事。

---

[39] Donald Juel，*Luke-Acts*：*The Promise of History*（Atlanta：John Knox，1983），pp. 66 - 67.

[40] 我们甚至可以说，彼得的讲道催生了教会。

[41] 这故事记在彼得行传第四章及 Pseudo-Clementines Recognitions 1：72；Homilies 16：1ff 得着更详细的发挥。

[42] 学者 Hengel 指出，在初期教会那种亲犹太教的倾向，与向地中海进发之宣教工作之间，彼得便成了一条接驳的桥梁。这正是路加所要带出的彼得的形象。参 Martin Hengel，*Acts and the History of Earliest Christianity*，trans. John Bowden（London：SCM，1979），pp. 96 - 98；J. D. G. Dunn，*Unity and Diversity in the New Testament*（1977），p. 385.

[43] 这可说是为初期教会在福音工作上开创了一个新的方向，参 Juel，*Luke-Acts*，pp. 67 - 68.

[44] J. D. G. Dunn，*Unity and Diversity in the New Testament*（London：SCM，1977），p. 385. 此外，有学者形容彼得为一个稳定地影响着福音向外拓展的要素，尤其是在他与保罗于安提阿对质之后（加二 11），参 Raymond Brown and John R. Meier，*Antioch and Rome*：*New Testament Cradles of Catholic Christianity*（New York：Paulist Press，1983），p. 41.

叁 加拉太书第二章十一至十四节中的彼得

在使徒行传第十五章之后，路加再没有记载有关彼得的行踪。因此，加拉太书第二章便成为我们要处理有关他之言行的重要经段。这一段经文所牵涉的，是彼得与保罗的关系，[45]并且可能塑造了彼得在初期教会中的一个颇为负面的形象。这事件的起因，是有一群从雅各（即耶路撒冷教会）而来的犹太信徒，[46]他们的出现，使正与外邦信徒一同坐席，进行桌上交通（table fellowship）的彼得，[47]产生了退缩的行动，从而与外邦人疏离。在此，我们要问，究竟什么原因使彼得有这样一个既突然、又为保罗所指斥的行动呢？学者对这问题的意见是颇为分歧的。大体上，我们可以将比较合情理的见解，归类成三大主张：[48]

（一）基于保罗斥责彼得和跟随彼得的行为之人士的反应来看，彼得是"怕奉割礼的人"。意即说，彼得本为一个犹太信徒，理应守犹太人圣洁之礼仪，虽然在耶路撒冷大会之后，教会已经决定，外邦信徒是不用奉行这些仪节的，但在犹太的信众中，彼得这样异常开放的行动（即与外邦人同桌进食），将引起他们的不安和怀疑，他们心中会问，何以一

---

[45] 事件可能是在耶路撒冷大会之后，此大会正是加二 1 起所指的时间，参 D. Guthrie, *Galatians*（New Century Bible）（Grand Rapids: Eerdmans, 1973）, p. 31f; D. W. B. Robinson, "The Circumcision of Titus and Paul's Liberty," *Australian Biblical Review* 12 (1964), p. 40f; D. R. Catchpole, "Paul, James and the Apostolic Decree," *NTS* 23 (1976-1977), p. 442f. 当然亦有主张加拉太书第二章所指的，是写于耶路撒冷大会之前的，如 F. F. Bruce, *Epistle to the Galatians*（Grand Rapids: Eerdmans, 1982）, p. 55f. 甚至是在保罗及巴拿巴在第一次宣教行程之出发前，参 B. Orchard, "The Problem of Acts and Galatians," *CBQ* 7（1945）, pp. 377-397. 无论如何，本来要捉拿彼得的希律王（Herod Agrippa）（徒十二 4）已死，故彼得能再一次自由地露面。参 Bruce, *Men and Movements*, p. 28.

[46] 他们大概是代表耶路撒冷教会之领袖雅各而来的犹太信众，对于他们身份的鉴定，参 James G. D. Dunn, "The Incident at Antioch," *JSNT* 18（1983）, pp. 31-35; J. Schoeps, *Paul: The Theology of the Apostle in the Light of Jewish Religious History*（London: Lutterworth, 1959）, p. 68.

[47] 冯荫坤主张此处所指的，包括他们同领圣餐，参冯荫坤：《真理与自由》（香港：证道，1982），页 157。

[48] 其他主张的评论，参同上书，页 158-164。

个如此显赫之犹太信徒，竟然可以不守犹太人的圣洁礼节。[49] 这个形势为彼得制造了极大的压力。按此了解，彼得的反应，纯属一种息事宁人的处理手法，而非在神学立场上有所偏差。[50]

此外，与上一个看法相近的，便是彼得的行径旨在保持耶路撒冷教会的合一，因为耶路撒冷大会的协议仍然有余波未了的情况。当然，这一个解释是基于此处事件是发生于大会之后。[51] 所以，彼得的行径，诚然是与神学立场无关。

（二）按保罗解释他指斥彼得的行动的原因，显然地，保罗认为彼得作为一个有代表性的犹太信徒，既然可以放下犹太人圣洁之礼，与外邦信徒共餐在先，如今又因犹太信徒的出现而自行引退在后，这番行动会使外邦的信徒以为彼得是要求他们要如他一样，随从犹太信徒行犹太人的诸礼，[52]这无疑是与耶路撒冷大会的规定有异，并且有违保罗一向所强调的，人的称义不是因行律法，乃是单靠信奉耶稣基督。彼得的这种行动，对照起耶路撒冷大会的决议，实在有倒行逆施之嫌（加二15～19）。

（三）在公元一世纪四十年代中期时，犹太人之民族主义及以武力争取自由的意识高涨，有两个激进的犹太领袖已被罗马当局处决。故此，在当时的犹太人来说，与未受割礼的人相交是有如叛国。因此，耶路撒冷的雅各专程派人通知彼得，以告知他与外邦信徒共餐会触动犹太人的公愤。有见及此，彼得便立时采取行动与外邦信徒疏离。[53]

---

[49] 如果此事件是在耶路撒冷大会之后的话（参注43），则他们会问：彼得的所为，岂非有违耶路撒冷大会的协议？ Hans D. Betz, *Galatian*, *Hermeneia Commentary* (Philadelphia: Fortress, 1979), pp. 108 – 109; Dunn, "Incident," pp. 31 – 32.

[50] Walter Schmithals, *Paul and James*, *Studies in Biblical Theology*, p. 46; trans. by Dorothea M. Marton (Naperville: Alec. R. Allenson, 1965), p.65.

[51] E.E. Ellis, "Those of the Circumcision and the Early Christian Mission," *Stud Ev* IV (1968), pp. 390 – 391; John H. Schutz, *Paul and the Anatomy of Apostolic Authority* (Cambridge: University Press, 1975), p. 154; Brown and Meier, *Antioch and Rome*, pp. 40 – 41.

[52] W. Schmithals, *Paul and James* (London: SCM, 1965), p.69 称彼得的行径为"间接的强迫之举"，参冯荫坤：《真理与自由》，页 162 的讨论。

[53] R. Jewett, "The Agitators and the Galatian Congregation," *NTS* 17 (1970 – 1971), pp. 198 – 212.

　　虽然在了解彼得的反应上,学者实难达至共识。[54] 然而,肯定的是整件事情反映彼得在安提阿教会的影响是大的,[55]因为在场的一些本来与外邦人共餐的犹太信徒,连同巴拿巴在内,亦跟随了彼得的行为,与外邦信徒疏离(加二 13)。评情而论,正因为保罗知道彼得是教会诠释真理的权威,其一举手一投足,都影响极大,他才会当众而不留情面地直斥其非。在此,大部分学者们均相信保罗的意见并没有在安提阿教会中得着热烈的支持和认同,[56]反映出保罗在安提阿,一个离耶路撒冷并不太远、是属于外邦人的、又是向外邦人作宣教工作之基地的教会,其权威及声望,是比不上彼得的。[57]

　　小结:撇开彼得在与外邦信徒共同进餐上回避的行为是否合理不谈,他在外邦教会确是有着巨大的影响力。虽然在地域上,安提阿离耶路撒冷并不太远,但作为一位初期教会的领袖,彼得对不少的外邦教会是有一定程度的影响力的。而保罗所写的哥林多前书之第一章有关彼得对当地教会的影响,便是另外一个有力的证据。

---

[54] 早期教父 Tertullian 主张整件事件显示出保罗的表现有欠成熟,参 *Against Marcion* 1.20.

[55] 虽然保罗记录此事件的目的,是要向骚扰加拉太教会的犹太教信奉者示意,即使是这位显赫的犹太使徒,亦受到他的责难,因此,他们引用耶路撒冷而出的使徒,作为支持他们偏差了的教义的做法均属徒劳。D. Guthrie, *The Apostles* (Grand Rapids: Zondervan, 1975), p. 118. 一般却相信,马太福音是出于叙利亚省,即安提阿所在的省份,参 M. Hengel, *Acts and History of Earliest Christianity* (1979), p.98;而马太福音有不少独有的关于彼得的故事,如太十四 28～31,十七 24～27 等,均对彼得有积极的评价,参 Brown, Donfried & Reumann, *Peter in the New Testament*, pp.80–107.

[56] Schmithals, *Paul and James*, p.77; Keith Nickle, *The Collection: A Study in Paul's Strategy* (London: Alec R. Allenson, 1966), p.66; E. Haenchen, *The Acts of the Apostles*, p.476. 坚持相反意见的有: Johannes Munck, *Paul and the Salvation of Mankind*, trans. by Frank Clarke (Atlanta: John Knox, 1977), p.94. 我们要注意的是,路加指出,虽然安提阿算是保罗宣教事工的母会,但在他的宣教工作中,回到安提阿却只有一次(徒十八 22)。再者,保罗自此役之后,再没有在其他的书信中提及安提阿教会,反映出他与安提阿教会之间并没有存在一个亲密的关系。

[57] Bengt Holmberg, *Paul and Power: The Structure of Authority in the Primitive Church* (Lund: CWK Gleerup, 1978), pp.33–34. 我们要留意,四世纪的基督教文献 Apostolic Constitutions 7.46 记有在使徒时期过后,安提阿的第一任主教是由彼得所按立,而第二任才是由保罗所按立。

肆　哥林多前书第一章十至十七节

(I) 引言

　　自加拉太书第二章十一节起的事件之后，新约似乎再没有明显地记载彼得的行踪。所以，有关彼得曾否亲临哥林多教会确是一个极具争议性的论题，学者以为他确是来过哥林多教会，[58]但亦有人反对他曾在此地出现过，[59]更有表示因为证据不足而难有定论。[60] 当然，按此经段的内容显示，彼得曾踏足于哥林多教会是有可能的，因为在哥林多前书第一章所提及的那些分门结党的教会中人，有可能是以替他们洗礼的使徒们作为拥护的对象（参一 13～17），以排挤其他的党派；而可能因彼得曾为某些教会人士洗礼，故此衍生了"属矶法"之一党人士的出现。[61] 再说，保罗在第九章五至七节提及彼得是已婚的，并且在其宣教行程中有妻子陪伴，这似乎显示哥林多教会的确对彼得有一定程度的了解，而彼得携同妻子在宣教的行程中，正好经过哥林多城，并为教会中人所熟知，保罗便以此事作一个实例，藉以衬托他本人亦应享有如彼得等使徒的权利（九 5）。[62]

---

[58] 如 C. K. Barrett, *A Commentary on the First Epistle on the Corinthians* (New York: Harper & Row, 1968), p. 44; J. Hurd, *The Origin of I Corinthians* (London: SPCK, 1965), p. 100.

[59] 如 Alfred Plummer, *A Critical and Exegetical Commentary on the First Epistle of St. Paul to the Corinthians*, *International Critical Commentary* (Edinburgh: T. & T. Clark, 1914), p. 12.

[60] Hans Conzelmann, *I Corinthians*, trans. by James W. Leitch, Hermeneia Commentary (Philadelphia: Fortress, 1975), p. 33.

[61] 这一派的神学立场，可能是高举耶路撒冷大会的命令。参 C. K. Barrett, "Things Sacrificed to Idols," *NTS* 11(1964 - 1965), pp. 138 - 153. "矶法"是彼得之亚兰文名字，保罗过去常以这字称呼他，参林前三 22，九 5，十五 5；加一 18，二 9、11、14。

[62] Gorden D. Fee, *The First Epistle to The Corinthians*, *The New International Commentary on the New Testament* (Grand Rapids: Eerdmans, 1987), p. 57.

(II) 彼得的地位

我们难有把握地确定，为何哥林多教会会有各个派别的人士出现，而究竟属矶法的与属保罗的，在神学的立场上，或在信仰的操守上有什么显著的异同。[63] 然而，肯定的是，彼得在此教会中的地位和声望是极为显赫的（起码与保罗和亚波罗等平起平坐，参— 12），以使这一间本来为保罗亲手所建立的教会，竟然有人托彼得之名，奉他为属灵的领袖，公然地向属保罗的这一派人士挑战。凡此种种，使我们相信，虽然我们不能肯定彼得在此外邦教会之影响力的本质是什么，但却显出彼得对外邦教会之影响力，是远达欧洲亚该亚之哥林多的，这对支持彼得确曾藉着彼得前书，作为一个与外邦众教会相通的渠道，提高了其发生的可能性。

伍　彼得作为殉道者

如果我们接受彼得前书为彼得所写的话，则第五章十三节所提到的，作者是由巴比伦写信向受众问安，罗马被喻作巴比伦，已为当时一些教会所周知。[64] 故此，晚年的彼得是在罗马事奉，成了一个颇为有理据的传统，[65]他在罗马尼禄王的迫害中殉道，亦得到早期教父们的指证（如革利免壹书第五至六章）。[66] 今日我们很难确定他死后所葬的地点，[67]但在当时，却似乎是一个人所共知的地方。[68] 凡此种种，都显示彼

---

[63] 可能的是，教会本来便有分门别类的倾向，很自然地会以其所属的宣教士或教师为名义，大肆标榜，并且划清界线，互相排斥；参 Gerd Theissen, *The Social Setting of Pauline Christianity: Essays on Corinth* (Philadelphia: Fortress, 1982), p. 55. 在此，Baur 则认为这是一场神学立场的对抗，是由属保罗和亚波罗的一派，与属彼得和基督的一派对垒，而后者更是有犹太教之倾向的。参 Fee, *The First Epistle to The Corinthians*, p. 57, fn. 44.

[64] 即使接受的，亦会同意此节是见证了早期教会传统的看法。

[65] Irenaeus, *Adv. Haer* 3.1.1; Eusebius, *HE* 2.25.8.

[66] 参 Cullmann, *Peter*, pp. 91-110; Martin, *New Testament Foundation*, 2: 298-300 讨论。

[67] 有关这方面的考究，参 G. F. Snyder, "Survey and New Thesis on the Bones of Peter," *The Biblical Archaeologist* 32(1969), pp. 2-24.

[68] Eusebius, *HE* 2.25.7.

得的言行对初期教会来说，包括了犹太信徒和外邦人教会，委实有着极为深长久远的影响力。

陆　正典之外所记载的彼得

这些作品，既然是正典之外的著作，他们的权威性是被当时的大公教会所质疑的，很多更是从未被承认过。这些有关彼得的著作包括了彼得的讲道、彼得行传、彼得福音（Kerygmata Petrou）、彼得启示录及拿哈马迪文献（Nag Hammadi Literature）中的多卷著作。[69]

（一）首先是彼得的讲道，此书存在于亚历山大之革利免的作品中，[70]大概是第二世纪早期的著作，其特色包括：

a. 卫道性（apologetic）。

b. 反对敬拜偶像和天使。

c. 基督徒是在希腊人和犹太人之外的第三个族类（the third race）。

d. 使徒们先传福音给犹太人，然后向万民传道。[71]

（二）彼得行传是分散地被记载于一些早期教会的著作中，其面世期间大约是公元二世纪之末期，[72]其内容是要藉着一些有关彼得的事迹，如医病和挫败弄法术的西门（Act. Vercellenses 4 - 32）等，为彼得塑造一个英雄的形象，其中自然包括了对他的殉道有着详细的描摹（Actus Vercellenses 30 - 44）。

---

[69] 是一系列的作品，1945 年于埃及的拿哈马迪出土。有些学者认为，这个本世纪最大的、关乎古抄本的发现，足堪与死海古卷比拟。这些文献的内容，大都有诺斯底思想的倾向，参 ISBE，3：473 - 474，有关这些文献研究的参考书目，参 D. M. Scholer，"Bibliographica Gnostica：Supplementum," *NovTest.*，13（1971），pp. 322 - 336；14（1972），pp. 312 - 331；15（1973），pp. 327 - 345；16（1974），pp. 316 - 336；17（1975），pp. 305 - 336；19（1977），pp. 293 - 336；20（1978），pp. 330 - 331；21（1979），pp. 357 - 368；22（1980），pp. 352 -384；23（1981），pp. 361 -380；24（1982），pp. 340 -368；26（1984），pp. 341 - 373.

[70] 优西比乌及耶柔米均否定其权威性，参 *Ecclesiastical History* 111. 3. 2 及 *De Viris Illustribus.*

[71] Helmut Koester，*History and Literature of Early Christianity*（Philadelphia：Fortress，1982），p. 164.

[72] *ISBE*，1：170.

　　（三）彼得福音是伪革利免书（Pseudo-Clementines）的一部分。后者是有关革利免作为彼得的门徒之经历，而前者则包括了彼得的讲道和辩论，其中当然记有耶稣的生平，但却增加了不少的神迹。[73] 此书约写于公元二世纪早期的幻影派人士（Docetist），其宗旨是要针对和打击保罗作为使徒的地位。[74]

　　（四）彼得启示录是出现于公元二世纪之时（一定早于公元 180年），虽然它未能成为正典，但却是受着不少教会人士的欢迎，其中尤其是西方的罗马教会。彼得启示录可说是新约启示文献的典型，当中言及基督徒将受假弥赛亚的逼迫，并且聚焦于描述来生的情形，实在可说是别具一格，也可说是第一本试图详细地描摹天堂和地狱之景象的基督教作品，其中的思想亦成为当代其他作品的灵感。[75]

　　（五）拿哈马迪文献是一份公元第二、三世纪的一系列文献，其中有七卷作品是与彼得的言行有关的（包括了 Acts of Peter and the Twelve Apostles，The Coptic Apocalypse of Peter，The Epistle of Peter to Philip，The Act of Peter，The Gospel of Thomas，The Apocryphon of James 及 The Gospel of Mary）。[76] 当中有表扬彼得之言行，[77]亦有反对他的。[78] 无论如何，这些作品都反映出即使到了公元第三世纪，即彼得死后二百多年，他的影响力仍然没有减退的迹象。

　　小结：综观而论，作为耶稣的一位登堂入室的门徒，并且是主复活的见证人，彼得的神学思想和生平事迹，在时间上（由第一到第三世纪）及在地域上（巴勒斯坦、叙利亚省、南欧的亚该亚省，甚至意大利的罗

---

[73] 如形容被钉的耶稣根本不觉得有痛苦，而守墓的兵丁亲眼见到耶稣的复活等。

[74] *Homilies*，XVII. 13 - 19；参 Wilhelm Schneemelcher，ed. *New Testament Apocrypha* (Philadelphia：Westminster，1965)，II：pp. 107 - 108.

[75] 如 Sibylline Oracles 2；Apocalypse of Thomas pp. 55 - 57；Apocalypse of Paul；参 W. L. Lane，*ISBE*，1：176.

[76] 对于每一卷的简介，参 E. M. Yamauchi，*ISBE*，1：186 - 188.

[77] 如 The Act of Peter，此书富诺斯底色彩，其中尤其强论要守童身。另外一卷支持彼得，而又有诺斯底倾向的是 Coptic Apocalypse of Peter.

[78] 如 The Gospel of Mary 形容彼得否定了复活的耶稣曾经向妇女们显现的事实，故此，他被认为是蔑视妇女的一个使徒。参 Smith，*Petrine Controversies*，pp. 103 - 108. 其他还有 The Apocryphon of James 亦出现反彼得的论调。

马），均有其深长久远的影响力。有见及此，我们有理由相信，这样一位如日中天之一代教会领袖，竟然完全没有作品留存于世，这是极为不可思议的。面对一群有极大需要的信众，作为一个众所注目的教会领袖，彼得自然会发出他那充满属灵经验、并语重心长的肺腑之言，以警告和慰藉教会。凭着他的名望，一定会触动众教会侧耳而听，从而达到耶稣基督所托付他的、要牧养主羊的使命（约廿一 15～17）。在此，我们可以说，彼得前书是应时而生，更是呼之欲出的。

柒　彼得在彼得前书的作用

既然彼得在初期教会确实是声望很大，他以自己的名义发出他的书信无疑会产生莫大之效用。在彼得前书这封信内，作者两次鲜明地提及写信的便是彼得本人，先为第一章一节，他自称"耶稣基督的使徒彼得"，在新约大部分致教会的公函格式来说，这种自称可说是典型的做法。⑦ 继而在第五章一节作者以三个字眼来自我形容："同作长老"（*sympresbyteros*），"见证（人）"（*martys*）及"同享（者）"（*koinōnos*）。明显地，卷首的自称之目的，是要与教会建立一个对作者信任的关系，试想一位初期教会极负盛名、甚有权柄和得人尊重的教会领袖，写信给一群并不显著的信众，其内容自然值得受众去阅读和遵行。然而，独特的是在第五章一节的这三个字眼，究竟彼得如此自称，有何深入的用意呢？

首先，彼得从没有被称或自称为"长老"，在一般情况下，他均被称为使徒，⑧彼得的用意，是要与在受众中作地方教会的领袖们，即"长老"

---

⑦ 作者用"彼得"而不用"矶法"，或是"西门"，原因是要突出他在教会的地位。Childs，*The New Testament as Canon*，p. 459.

⑧ "长老"这字在教会中所指的是什么职事是颇具争议性的，Smith 反对其为教会组织的一个职分，而是一个受年轻信徒所尊敬的年长信徒，参 Smith Terence，*Petrine Controversies in Early Christianity：Attitudes Toward Peter in Christian Writings of the First Two Centuries*（Tubingen：Mohr，1985），pp. 154 - 155. 然而，Elliott 则坚持长老确是教会中的一个领袖阶层的职衔，参 Elliott，"Ministry and Church Order in the NT：A Traditio-Historical Analysis，" *CBQ*，32（1970），pp. 367 - 391. 有关长老作为一个教会的职事，其在首两个世纪的演变，详参 Jeffrey Sobosan，"The Role of the Presbyter：An （转下页）

认同。而且作者又形容自己为"作基督受苦的见证"(五1),"见证(人)"(*martys*)一字可能指彼得有分目击基督受苦的实况。[51] 这当然是要增加读者们对作者权威的信服。此外,他亦要读者们明白,他愿意分担读者们所受的苦楚,此苦亦与基督所受的苦有密切的关系。[52] 最后,"同享者"所指向的,是在主再来时,作者和信徒一样,能得到莫大的荣耀(五1;参四13)。在此,作者的用意,是要信众能有一个有盼望的末世观,以至他们在面对困难重重的苦境下,仍能含辛茹苦,但却满怀盼望地前行(一6、7、9,二12,三13,五1、4)。而在以上的属灵经历上,作者与信众均处于同样的情况,但亦有一样的权利,无怪乎作者鲜明地表示,在受苦和得荣耀上,他都与读者们站在同一阵线。

　　按以上的分析,彼得的名字之所以出现在彼得前书,旨在与读者们建立起一个有助于他们接受信中训示的关系,[53]以至他能践行在牧养上的宗旨。

(接上页)Investigation into the Adversus Haereses of Saint Ignatius," *SJT* (*Scottish Journal of Theology*),27(1974),pp.129 - 146.不过,在"长老"一字之前,再加上了"同作"("同作"[sum],加在"长老"[presbuterou]一字之前,便成了"同作长老"[sumpresbutero]),这样的做法旨在表明,作者有意要读者们明白,他本人亦是同受苦难的(四12~19,五9)。Elliott,*Home for the Homeless*,p.137;Gerald Borhert,"The Conduct of Christians in the Face of the Fiery Ordeal(4:12 - 5:11)," *RevExp* (*Review and Expositor*),79(1982),pp.455 - 458.

[51] Smith 主张 martu 此字已成为一技术性名词,是指彼得的殉道而言,Smith,"Petrine Controversies," pp.154 - 155.不过,martu 有这种技术性的意涵,是一个在第一世纪末和第二世纪初才产生的现象,参 H. Strathmann,"Martys," *TDNT*,IV:492 - 508.而我们已讨论过彼得前书的写作日期,是不会在第一世纪末期和第二世纪初期,因此,这个解释的可能性不大。

[52] Beare,p.172.

[53] Elliott,*Home for the Homeless*,p.275.

（二）受书人所居住的地方图

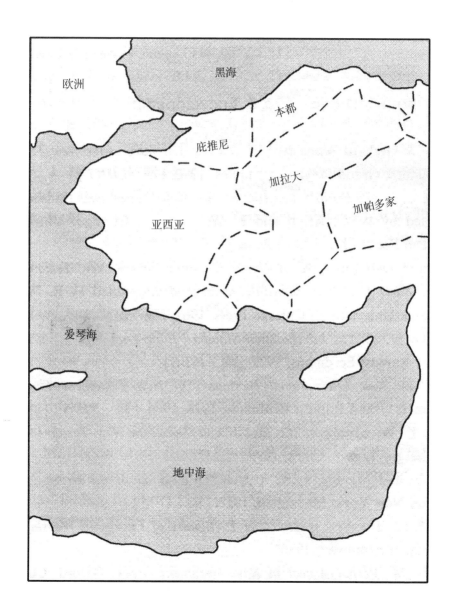

参考书目

Grammar books, Dictionaries & Encyclopedia

Balz, Horst & Gerhard Schneider. *Exegetical Dictionary of the New Testament*. 3 Volumes, Grand Rapids: Eerdmans, 1990.〔简：*EDNT*〕

Bauer, W. *A Greek-English Lexicon of the New Testament*, translated and adapted by W. F. Arndt and F. W. Gingrich. Chicago: University of Chicago Press, 1957.〔简：BAGD〕

Blass, F. and Debrunner, A. *A Greek Grammar of the New Testament and Other Early Christian Literature*, translated and edited by R. W. Funk. Chicago: University of Chicago Press, 1967.〔简：BDF〕

Bromiley, G. W. ed. *The International Standard Bible Encyclopedia*. 4 Volumes. Grand Rapids: Eerdmans, 1979.〔简：*ISBE*〕

Brown, C. ed. *New International Dictionary of New Testament Theology*. 4 Volumes. Grand Rapids: Eerdmans, 1978, 1986.〔简：*NIDNTT*〕

Burton, E. E. W. *Syntax of the Moods and Tenses in New Testament Greek*. Edinburgh: T. & T. Clark, 1898.

Dana, H. E. and Mantey, J. R. *A Manual Grammar of the Greek New Testament*. New York: Macmillan, 1957.〔简：D－M〕

Davis, J. G. ed. *The New Westminster Dictionary of Liturgy of Worship*. Philadelphia: Westminster, 1986.

Fanning, B. M. *Verbal Aspect in New Testament Greek*. Oxford: Clarendon, 1990.

Freedman, D. N. *et. al*. *The Anchor Bible Dictionary*. 5 Volumes. New York: Doubleday, 1992.

Hastings, J. *et. al*. eds. *The Interpreter's Dictionary of the Bible*. 5 Volumes. Nashville: Abingdon Press, 1962.

Hawthorne, G. F. , Martin, R. P. , and Reid, D. G. eds. *Dictionary of Paul and His Letters*. Leicester/Downers Grove: IVP, 1993. 〔简 : *DPHL*〕

Kittel, G. and Friedrich, G. (eds.) *Theological Dictionary of the New Testa ment*, translated by G. Bromiley. 10 Volumes; Grand Rapids: Eerdmans, 1964 – 1976. 〔简 : *TDNT*〕

Liddell, H. G. , R. Scott & H. S. Jones, *A Greek-English Lexicon*. Oxford: Oxford University Press, 1940. 〔简 : LSJ〕

Moule, C. F. D. *An Idiom Book of New Testament*. Cambridge: Cambridge University Press, 1957.

Moulton, J. H. *A Grammar of New Testament Greek*. 4 Volumes. Edin- burgh: T. & T. Clark, 1906 – 1976. 〔简 : MHT〕

Moulton, J. H. and Milligan, G. *The Vocabulary of the Greek Testament*. London: Hodder & Stoughton, 1972. 〔简 : M – M〕

Porter, S. E. *Idioms of the Greek New Testament*. Sheffield: JSOT, 1992.

———. *Verbal Aspect in the Greek of the New Testament*, *with Reference to Tense and Mood*. New York: Peter Lang, 1989.

Rienecker, Fritz & Cleon Rogers. *Linguistic Key to the Greek New Testa- ment*. Grand Rapids: Zondervan, 1976.

Robertson, A. T. *A Grammar of the Greek New Testament in the Light of Historical Research*. Nashville: Broadman, 1934.

Spicq, Ceslas. *Theological Lexicon of the New Testament*. 3 Volumes. Pea- body: Hendrickson. 1994. 〔简 : *TLNT*〕

Thayer, J. H. *A Greek-English Lexicon of the New Testament*. New York. n. d.

Zerwick, M. *Biblical Greek*. Rome: Pontifical Biblical Institute, 1963.

———. *A Grammatical Analysis of the Greek New Testament*. Rome: Pontifi- cal Biblical Institute, 1988. 〔简 : *GAGNT*〕

黄锡木:《原文新约辅读》。香港:基道,1994。

Computer Software

BibleWorks™ for Windows™ Version 3. 0. 01, Michael S. Bushell, 1995 (Hermeneutika™)〔简 : BWORKS〕

Commentaries and Expositions

Barclay, W. *The Letters of James and Peter*. DSB; Toronto: Welch, 1976.

Beare, F. W. *The First Epistle of Peter*: *The Greek Text with Introduction and Notes*. Oxford: Blackwell, 1958.

Best, E. *1 Peter*. NCB; Grand Rapids: Eerdmans, 1971.

Bigg, C. *A Critical and Exegetical Commentary on the Epistles of St. Peter and St. Jude*. ICC; Edinburgh: T. & T. Clark, 1910.

Blum, E. A. "1 Peter," in *The Expositor's Bible Commentary*, Vol. 12, ed. by F. E. Gaebelein. Grand Rapids: Zondervan, 1981.

Clowney, E. P. *The Message of 1 Peter*. BST; Leicester: IVP, 1988.

Cranfield, C. E. B. *I & II Peter and Jude. Introduction and Commentary*. Torch Bible Commentaries; London: SCM, 1960.

Davids, P. H. *The First Epistle of Peter*. NICNT. Grand Rapids, Eerdmans, 1990.

Elliott, J. H. and R. A. Martin, *James 1 – 11 Peter/Jude*. ACNT. Minneapolis: Augsburg, 1982.

Fuller, R. H. *et. al. Hebrews, James, 1 and 2 Peter, Jude, Revelation*. PC; Philadelphia: Fortress, 1977.

Goppelt, L. *A Commentary on 1 Peter*. Grand Rapids: Eerdmans, 1993.

Grudem, W. *1 Peter*. TNTC. Grand Rapids: Eerdmans, 1988.

Herbert, D. Edmond. *First Peter: An Expositional Commentary*. Chicago: Moody, 1984.

Hillyer, N. *1 and 2 Peter, Jude*. NIBC. Peabody: Hendrickson, 1992.

Hort, F. J. A. *The First Epistle of Peter I. 1 – II. 17*. London: Macmillan, 1898.

Hunter, A. M. "The First Epistle of Peter," *Interpreter's Bible*. New York: Abington, 1957.

Kelly, J. N. D. *A Commentary on the Epistles of Peter and Jude*. BNTC. London: A & C Black, 1969.

Kistemaker, S. J. *Peter & Jude*. NTC. Grand Rapids: Baker, 1987.

Krodel, G. "First Peter." in *Hebrews, James, 1 and 2 Peter, Jude, Revelation*. Proclamation Commentaries. Philadelphia: Fortress, 1977.

Lenski, R. C. H. *Interpretation of 1 Peter*. Columbus: Wartburg, 1945.

Marshall, I. H. *1 Peter*. IVPNTS. Downers Grove: IVP, 1991.

Metzger, B. M. *A Textual Commentary on the Greek New Testament*. Stuttgart: UBS, 1975.

Michaels, J. R. *1 Peter*. WBC; Waco: Word, 1988.

Miller, Donald, G. *On This Rock: A Commentary on First Peter*. Allison Park: Pickwick Publications, 1993.

Mounce, R. H. *A Living Hope. A Commentary on 1 and 2 Peter*. Grand Rapids: Eerdmans, 1982.

Neill, Stephen, *The Interpretation of the New Testament 1861 - 1961*. London: Oxford University Press, 1964.

Perkins, P. *First and Second Peter, James, and Jude*. Interpretation. Louisville: John Knox Press, 1995.

Reicke, B. *The Epistles of James, Peter and Jude*. AB; Garden City: Doubleday, 1964.

Selwyn, E. G. *The First Epistle of Peter*. London: Macmillan, 1947.

Senior, Donald. *1 & 2 Peter*. Michael Glazier: Wilmington, 1987.

Stibbs, A. M. & Walls, A. F. *The First Epistle of Peter*. TNTC. London: Tyndale, 1959.

Wand. J. W. C. *The General Epistles of St. Peter & St. Jude*. Westminster Commentary; Methuen: London, 1934.

中文注释书

曾立华:《在盼望中儆醒》,香港:天道,1992。

梁家麟:《激流中的委身》,香港:卓越,1990。

杨东川:《彼得前书》,香港:基督教文艺,1988。

艾理略:《雅各书、彼得前后书、犹大书》,香港:道声,1988。

毛克礼:《彼得前书释义》,香港:证道,1952。

Articles, Dissertations and Monographs

Achtemeier, P. J. "Newborn Babes and Living Stones: Literal and Figurative in 1 Peter," in *To Touch the Text*, ed. M. P. Horgan & P. J. Kobelski. New York: Crossroad, 1989.

——. review on *A Home for the Homeless* by J. H. Elliott, *JBL* 103(1984).

——. "Suffering Servant and Suffering Christ in 1 Peter," in *The Future of Christology: Essays in Honor of L. E. Keck*. ed. A. J. Malherbe and W. A. Meeks. Minneapolis: Fortress, 1993.

Agnew, F. H. "1 Peter 1:2 – An Alternative Translation," *CBQ* 45(1983).

Applegate, J. K. "The Co-elect Woman of 1 Peter," *NTS* 38(1992).

Arichea, D. C. Jr. "God or Christ? A Study of Implicit Information," *BibTr* 28(1977).

Arnt, William. "a Royal Priesthood, 1 Peter 2:9," *Concordia Theological Monthly* 19(1948).

Ashcraft, M. "Theological Themes in 1 Peter," *Theological Educator* 13

（1982）.

Balch, D. *Let Wives Be Submissive: The Domestic Code in 1 Peter*. SBLMS 26; Chico: Scholar Press, 1981.

——. "Hellenization/Acculturation in 1 Peter," in Perspectives on First Peter ed. C. H. Talbert. NABPR Special Studies Series No. 9; Macon: Mercer University Press, 1986.

——. "Early Christian Criticism of Patriarchal Authority: 1 Peter 2:11 - 3: 12," *USQR* 39(1984).

Bammel, E. "The Commands in 1 Pet. ii. 17," *NTS* 11(1964 - 1965).

Bandstra, A. J. "A Kingship and Priest: Inaugurated Eschatology in the Apocalypse," *Calvin Theological Journal* 27(1992).

Barrett, C. K. "Things Sacrificed to the Idols," *NTS* 11(1964 - 1965).

Bassler, J. M. *Divine Impartiality: Paul and a Theological Axiom*. Chico: Scholars Press, 1979.

Bauckham, R. "James, 1 and 2 Peter, Jude," in *It is Written: Scripture Citing Scripture. Essays in Honour of Barnabas Lindars*. ed. by D. A. Carson and H. G. M. Williamson. Cambridge: Cambridge University Press, 1988.

——. "The Martyrdom of Peter in Early Christian Literature," *ANRW* Vol. II. 26.1 ed. W. Laase and H. Temporini. Berlin: Walter de Gruyter & Co., 1992.

Beare, F. W. "The Teaching of First Peter," *ATR* 26(1944 - 1945).

Best, E. "Spiritual Sacrifices-General Priesthood in the New Testament," *Int* 14(1960).

——. "1 Peter II. 4 - 10 - A Reconsideration," *NovT* 11(1969).

——. "1 Peter and the Gospel Tradition," *NTS* 16(1969 - 1970).

——. "A First Century Sect," *Irish Biblical Studies* 8(1986).

Black, Matthew, "The Christological Use of the Old Testament in the New," *NTS* 18(1971 - 1972).

Blazen, I. T. "Suffering and Cessation from Sin According to 1 Peter 4:1," *Andrews University Seminary Studies* 21(1983).

Blevins, J. L. "Introduction to 1 Peter," *Review & Expositor* 74(1982).

Bomkamm, Gunther, "The Authority to Bind and Loose in the Church in Matthew's Gospel: The Problem of Sources in Matthew's Gospels," in *The Interpretation of Matthew*. Graham Stanton, ed. Philadelphia: Fortress, 1983.

Borchert, G. L. "The Conduct of Christians in the Face of the Fiery Ordeal

(1 Peter 4:12 - 5:11)," *Review and Expositor* 79(1982).

Bourke, Mylers M. "Reflection on Church Order in the New Testament," *CBQ* 30(1968).

Brooks, O.S. "1 Peter 3:21 - The Clue to the Literary Structure of the Epistle," *NovT* 16(1974).

Bruce, F.F. "The Corner Stone," *ExpT* 84(1972 - 1973).

Carson, D.A. "Matthew" in *The Expositor's Bible Commentary*, F.E. Gaebelein, ed. Grand Rapids: Zondervan, 1984.

Catchpole, D.R. "Paul, James and the Apostolic Decree," *NTS* 23(1976 - 1977).

Chin, M. "A Heavenly Home for the Homeless: Aliens and Strangers in 1 Peter," *TynB* 42(1991).

Combrink, H.J.B. "The Structure of 1 Peter," *Neot* 9(1975).

Campbell, R.A. "The Elders of the Jerusalem Church," *JTS* 44 (October 1993).

Cook, D. "1 Peter iii.20: An Unnecessary Problem," *JTS* 31(1980).

Cranfield, C.E.B. "An Interpretation of 1 Peter iii.19 and iv.6," *ExpT* 69 (1958) in *The Bible and Christian Life*. Edinburgh: T. & T. Clark, 1985.

Cross, Carl D. "Are the Wives of 1 Peter 3.7 Christians?" *JSNT* 35(1989).

Cross, F.L. *1 Peter: A Paschal Liturgy*. London: Mowbray, 1954.

Dalton, W.J. "Christ's Victory over the Devil and the Evil Spirits," *Bib-Today* 2(1965).

——. "The Interpretation of 1 Peter 3:9 and 4:6 Light from 2 Peter," *Bib* 60(1967).

——. "So That Your Faith May Also Be Your Hope in God," in *Reconciliation and Hope*. FS to L.L. Morris, ed. R.J. Banks. Grand Rapids: Eerdmans, 1974.

——. "The Interpretation of 1 Peter 3,19 and 4,6: Light from 2 Peter," *Bib* 60(1979).

——. "1 Peter 3:19 Reconsidered," in *The New Testament Age: Essays in Honour of Bo Reike*. Vol.1; Mercer: Mercer University Press, 1984.

——. *Christ's Proclamation to the Spirits: A Study of 1 Peter 3:18 - 4:6*. *AnBib 23*, Rome: Pontifical Biblical Institute, 1964.

Danker, F.W. "1 Peter 1:24 - 2:17 - A Consolatory Periscope," *ZNW* 58 (1967).

——. review on *A Home for the Homeless* by J.H. Elliott, *Int* 37(1983).

Daube, David, "Participle and Imperative in 1 Peter," in E. G. Selwyn, *The First Epistle of Saint Peter*. Thornapple Commentaries: Grand Rapids: Baker, 1981.

Davies, P. E. "Primitive Christology in 1 Peter," in *Festschrift to Honor F. Wilbur Gingrich*, ed. *E. H. Barth & R. E. Cocraft*. Leiden: E. J. Brill, 1972.

Dewey, Kim, "Peter's curse and Cursed Peter (Mark 14:53 - 54, 66 - 72)," in *The Passion in Mark*. ed. Werner Kelber. Philadelphia: Fortress, 1976.

Dijkman, J. H. L. "OTI as a Introductory Formula to Catechetical References in 1 Peter," in *A South African Perspective on the New Testament*. ed. J. H. Petzner and P. J. Hartin. Leiden: E. J. Brill, 1986.

———. "1 Peter: a Later Pastoral Stratum?," *NTS* 33(1987).

Donahue, J. R. "The Foolishness of God: New Testament Foundations for a Spirituality of the Priesthood," *Worship* 66(1992).

Downing, F. Gerald. "Pliny's Prosecutions of Christians: Revelation and 1 Peter," *JSNT* 34(1988).

du Toit, A. B. "The Significance of Discourse Analysis for New Testament Interpretation and Translation: Introductory Remarks with Special Reference to 1 Peter 1:3 - 12," *Neot* 8(1974).

Dunn, J. G. D. "The Incident at Antioch," *JSNT* 18(1983).

Elliott, J. H. *The Elect and the Holy: An Exegetical Examination of 1 Peter 2:4 - 10 and the Phrase basileion hierateuma*. Supplements to N. T. 12; Leiden: E. J. Brill, 1966.

———. "Ministry and Church Order in the New Testament: A Traditio-Historical Analysis (1 Pt. 5,1 - 5 and par.)," *CBQ* 32(1970).

———. "Backward and Forward 'In His Steps': Following Jesus from Rome to Raymond and Beyond. The Tradition, Redaction, and Reception of 1 Peter 2:18 - 25," in *Discipleship in the New Testament* ed. F. F. Segovia. Philadelphia: Fortress, 1985.

———. "1 Peter, Its Situation and Strategy: A Discussion with David Balch," in *Perspectives on First Peter*. ed. C. H. Talbert. NABPR Special Studies Series No. 9; Macon: Mercer University Press, 1986.

———. "The Rehabilitation of an Exegetical Step-Child: 1 Peter in Recent Research," *JBL* 95(1976) reprinted in *Perspectives on First Peter*. ed. C. H. Talbert. NABPR Special Studies Series No. 9; Macon: Mercer University Press, 1986.

——. Review on *Hermeneutic and Composition in 1 Peter*. WUNT 2 Reike/ 30; Tubingen: Mohr, 1989 by W. L. Schutter, *CBQ* 53(1991).

Ellis, E. E. "Biblical Interpretation in the New Testament Church," in *Mikra*, ed. M. J. Mulder. Philadelphia: Fortress, 1988.

Ericson, N. R. "Interpreting the Petrine Literature: 1 Peter 3:1 – 6," in *The Literature and Meaning of Scripture* ed. M. A. Inch & C. H. Bullock. Grand Rapids: Zondervan.

Feinberg, J. S. "1 Peter 3:18 – 20, Ancient Mythology, and the Intermediate State," *WTJ* 48(1986).

Fensham, F. C. Father and Son as Terminology for Treaty and Covenant, in *Near Eastern Studies in Honor of W. F. Albright*. ed. H. Goedicke. London: Johns Hopkins, 1971.

Filson, F. V. "Partakers With Christ: Suffering in First Peter," *Int* 9 (1955).

France, R. T. "Exegesis in Practice: Two Samples," in New Testament Interpretation, I. H. Marshall, ed. Exeter: Paternoster, 1977.

Francis, F. "The Form and Function of the Opening and Closing Paragraphs of James and John," *ZNW* 61(1970).

Francis, J. "'Like Newborn Babes'-The Images of the Child in 1 Peter 2:2 – 3," JSNTSuppl. Ser. 3(1980).

Fry, Euan. "Commentaries on James, 1 and 2 Peter, and Jude," *The Bible Translator*. vol. 41, No. 3(July 1990).

Fung, Ronald. "Some Pauline Pictures of the Church," *EvQ* 53(1981).

Furnish, V. P. "Elect Sojourners in Christ: An Approach to the Theology of 1 Peter," *PSTJ* 28(1975).

Galot, J. "Christ's Descent Into Hell," *ThD* 13(1965).

Gammie, John G. "Paraenetic Literature: Toward the Morphology of a Secondary Genre," *Semeia* 50(1990).

Gardner, P. "The Speeches of St. Paul in Act," in *Cambridge Biblical Essays*, H. B. Swete, ed. Cambridge: Macmilan, 1909.

Gasque, W. W. "The Speeches of Acts: Dibelius Reconsidered," in *New Directions in New Testament Study*, ed. Richard Longenecker and Merril C. Tenney. Grand Rapids: Zondervan, 1974.

Gillespie, T. W. "House of Living Stones," *Princeton Seminary Bulletin* 4 (1983).

Glaze, R. E. "Introduction to 1 Peter," *Theological Educator* 13(1982).

Green, G. L. "The Use of the Old Testament for Christian Ethics in 1 Pe-

ter," *TynB* 41(1990).

Gross, C.D. "Are the Wives of 1 Peter 3.7 Christians?" *JSNT* 35(1989).

Grudem, W. "Christ Preaching through Noah: 1 Peter 3:19 – 20 in the Light of Dominant Themes in Jewish Literature," *Trinity Journal* 7(1986).

——. "He Did Not Descend into Hell: A Plea for Following Scripture Instead of the Apostles' Creed," *JETS* 34(1991).

——. "Wives like Sarah, and the Husbands Who Honor Them: 1 Peter 3:1 – 7," in *Recovery Biblical Manhood in Womanhood : A Response to Evangelical Feminism* , ed. J. Piper & W. Grudem. Wheaton: Crossway, 1991.

Gundry, R.H. "'Verba Christi' in 1 Peter: Their Implications Concerning the Authorship of 1 Peter and the Authenticity of the Gospel Tradition," *NTS* 13(1966 – 1967).

——. "Further *Verba on Verba Christi* in First Peter," *Bib* 55(1974).

Hanson, A.T. "Salvation Proclaimed, Pt. 1:1 Peter 3:18 – 22," *ExpT* 93 (1982).

Harrison, E.F. "Exegetical Studies in 1 Peter," *BibSac* 386(1940):200 – 210, 387(1940):325 – 334.

Hartman, L. "Some Unorthodox Thoughts on the ' Household-Code ' Form," in *The Social Word of Formative Christianity and Judaism* . ed. J. Neusner *et. al.* Philadelphia: Fortress, 1988.

Hemer, C.J. "The Address of 1 Peter," *ExpT* 89(1978 – 1979).

——. review on *A Home for the Homeless* by J.H. Elliott, *JSNT* 24(1984).

Hiebert, D.E. "Designation of the Readers in 1 Peter 1:1 – 2," *BibSac* 137 (1980).

——. "Selected Studies from 1 Peter Part 1: Following Christ's Example: An Exposition of 1 Peter 2:21 – 25," *BibSac* 139(1982).

——. "Selected Studies from 1 Peter Part 2: The Suffering and Triumphant Christ: An Exposition of 1 Peter 3:18 – 22," *BibSac* 139(1982).

——. "Selected Studies from 1 Peter Part 3: Living in the Light of Christ's Return: An Exposition of 1 Peter 4:7 – 11," *BibSac* 139(1982).

——. "Selected Studies from 1 Peter Part 4: Counsel for Christ's Under-Shepherds: An Exposition of 1 Peter 5:1 –," *BibSac* 139(1982).

Hill, D. "On Suffering and Baptism in 1 Peter," *NovT* 18(1976).

——. "'To Offer Spiritual Sacrifices ... ' (1 Peter 2:5) Liturgical Formulations and Christian Paraenesis in 1 Peter," *JSNT* 16(1982).

Hillyer, N. "Spiritual Milk ... Spiritual House," *TynB* 20(1969).

——. "First Peter and the Feast of Tabernacles," *TynB* 21(1970).

——. "'Rock-Stone' Imagery in Peter," *TynB* 22(1971).

Holdsworth, J. "The Sufferings in 1 Peter and 'Missionary Apocalyptic'," in *Studia Biblica* 3. ed. E. A. Livingstone. Sheffield: JSOT Press, 1980.

Jewett, R. "The Agitators and the Galatian Congregation," *NTS* 17(1970 – 1971).

Johnson, D. E. "Fire in God's House: Imagery From Malachi 3 in Peter's Theology of Suffering (1 Peter 4:12 – 19)," *JETS* 29(1986).

Johnson, S. E. "Preaching to the Dead," *JBL* 79(1960).

Johnston, G. "The Will of God: V. in 1 Peter and 1 John," *ExpT* 72(1961).

Jones, P. R. "Teaching First Peter," *Review and Expositor* 79(1982).

Jonsen, A. R. "The Moral Teaching of the First Epistle of St. Peter," *Sciences Ecclesiastique*, 16(1964).

Kauffman, J. Howard. "Boundary Maintenance and Cultural Assimilation of Contemporary Mennonites," *Mennonite Quarterly Review* 51(1977).

Kendall, D. D. "On Christian Hope: 1 Peter 1:3 – 9," *Int* 41(1987).

Kendall, D. W. "The Literary and Theological Function of 1 Peter 1:3 – 12," in *Perspectives on First Peter*, ed. C. H. Talbert. NABPR Special Studies Series No. 9; Macon: Mercer University Press, 1986.

Kennard, D. W. "Petrine Redemption: Its Meaning and Extent," *JETS* 30 (1987).

Kiley, M. "Like Sara: The Tale of Terror Behind 1 Peter 3:6," *JBL* 106 (1987).

Kim, S. "Jesus-The Son of God, the Stone, the Son of Man, and the Servant: The Role of Zechariah in the Self-Identification of Jesus," in *Scripture: Meaning and Method*, *essays presented to A. T. Hanson*, ed. B. P. Thompson. Pickering: Hull University, 1987.

Kingsbury, Dean. "The Figure of Peter in Matthew's Gospel as a Theological Problem," *JBL* 98(1979).

Kirk, G. E. "Endurance in Suffering in 1 Peter," *BibSac* 138(1981).

Kilpatrick, G. D. "1 Peter 1:11: τινα η ποιον καιρον," *NovT* 28(1986).

Kilpatrick, W. D. "The Theology of First Peter," *Southwestern Journal of Theology* 25(1982).

Kline, L. "Ethics for the Endtime: An Exegesis of 1 Peter 4:7 – 11," *Restoration Quarterly* 7(1963).

Knox, J. "Pliny and 1 Peter: A Note on 1 Peter 4,14 – 16 and 3,15," *JBL* 72 (1953).

La Verdirre, Eugene A. "Covenant Theology in 1 Pet. 1:1 - 2:10," *Bib-Today* 42(1969).

——. "A Grammatical Ambiguity in 1 Pet. 1:23," *CBQ* 36(1974).

Laffey, A. L. "Strangers and Sojourners," *BibToday* 29(1991).

Lampe, W. H. "Evidence in the New Testament for Early Creeds, Catechisms and Liturgy," *ET* 71(1960).

LaVerdiere, E. A. "A Grammatical Ambiguity in 1 Pet. 1:23," *CBQ* 36 (1974).

Lea, T. D. "How Peter learned the Old Testament," *Southwestern Journal of Theology* 22(1980).

——. "1 Peter-Outline and Exposition," *Southwestern Journal of Theology* 22 (1982).

——. "The Priesthood of All Christians According to the New Testament," *Southwestern Journal of Theology* 30(1988).

Leaney, A. R. C. "1 Peter and the Passover: An Interpretation," *NTS* 10 (1963 – 1964).

Lee, E. K. "Words Denoting Pattern in the New Testament," *NTS* 8(1961 – 1962).

Lemcio, E. E. "The Unifying Kerygma of the New Testament," *JSNT* 33 (1988):3 - 17,34(1990):3 - 11.

Llewelyn, S. R. "Slaves and Masters," *New Doc* 6(1992).

Lohse, E. "Parenesis and Kerygma in 1 Peter," trans. J. Steely, in *Perspectives on First Peter*. ed. C. H. Talbert. NABPR Special Studies Series No. 9; Macon: Mercer University Press, 1986.

Marlherbe, A. J. "Exhortation in First Thessalonians," *NovT* 25(1983).

——. "Hellenistic Moralist and the New Testament," in *Aufstief und Niedergang der Romischen Welt*. Band II. 26. 1. "Rise and Decline of the Roman World," Volume II. 26. 1:267 – 333.

Marshall, I. H. "The Development of the Concept of Redemption in the New Testament," in *Reconciliation and Hope: New Testament Essays on Atonement and Eschatology*. F. S. to L. Morris. ed. R. J. Banks. Grand Rapids: Eerdmans, 1974.

——. "Jesus as Lord: the Development of the Concept," in *Eschatology and the New Testament*. ed. W. H. Gloer. Essays in Hornor of G. R. Beasley-Murray. Peabody: Hendrickson, 1988.

Martin, R. P. "The Composition of 1 Peter in Recent Study," *VoxEv* 1 (1962).

——. "Aspects of Worship," *JSNT* 37(1989).

Martin, T. W. *Metaphor and Composition in 1 Peter*. SBLDS 131; Atlanta: Scholars Press, 1992.

——. "The Present Indicative in the Eschatological Statement of 1 Peter 1: 6,8," *JBL* 111(1992).

McDonnell, K. "The Baptism of Jesus in the Jordan and the Descent into Hell," *Worship* 69(1995).

McCartney, D. G. "λογικός in 1 Peter 2,2," *ZNW* 82(1991).

McCaughey, J. D. "Three Persecution Documents of the New Testament," *AusBR* 17(1969).

McIlhone, J. P. "In a Time of Favor," *BibToday* 29(1991).

McKelvey, R. J. "Christ the Cornerstone," *NTS* 8(1961 - 1962).

——. *The New Temple: The Church in the New Testament*. Oxford Theological Monographs; Oxford: Oxford University Press, 1969.

Meecham, H. G. "The Use of the Participle for the Imperative in the New Testament," *ExpT* 58(1947).

Michaels, J. R. "Eschatology in 1 Peter III. 17," *NTS* 13(1966 - 1967).

Miller, D. G. "Deliverance and Destiny," *Int* 9(1955).

Minear, P. S. "The House of Living Stones: A Study of 1 Peter 2:4 - 12," *EcR* 34(1982).

——. "The Original Functions of John 21," *JBL* 102(1983).

Mitton, C. L. "The Relationship between 1 Peter and Effusions," *JTS* n. s. 1 (1950).

Morris, W. D. "1 Peter 3,10," *ExpT* 38(1926).

Moule, C. F. D. "The Nature and Purpose of 1 Peter," *NTS* 3 (1956 - 1957).

——. "Sanctuary and Sacrifice in the Church of the New Testament," *NTS* 1 (1950).

——. "Some Reflections on the 'Stone Testimonia' in Relation to the Name Peter," *NTS* 2(1955 - 1956).

Munro, W. Authority in Peter and Paul. SNTSup 45; Cambridge: CUP, 1983.

——. "Interpolation in the Epistles: Weighing Probability," *NTS* 36(1990).

Nissen, J. "The Problem of Suffering and Ethics in the New Testament," *Studia Biblica* 3(1978).

Neiynck, F. "The Other Disciple in John 18:15,16," *ETL* 51 1975.

Neyrey, J. H. "First Peter and Coverts," *BibToday* 22(1984).

Nissen, J. "The Problem of Suffering and Ethics in the New Testament," in

Studia Biblica 3. ed. E. A. Livingstone. Sheffield: JSOT Press, 1980.

O'Brien, P. T. "Ephesians I: An Unusual Introduction to a New Testament Letter," *NTS* 25(1978 – 1979).

——. "The Church as a Heavenly and Eschatological Entity," in *The Church in the Bible and the World*. ed. D. A. Carson. Grand Rapids: Baker, 1987.

Okeke, G. E. "Anagenesis (Rebirth) in the New Testament," *AfricTheolJourn* 17(1988).

Omanson, R. "Suffering for Righteousness' Sake (1 Pet. 3: 13 – 4: 11)," RevExp 79(1982).

Orchard, B. "The Problem of Acts and Galatians," *CBQ* 7(1945).

Osborne, T. P. "Christian Suffering in the First Epistle of Peter," Ph. D. dissertation, Catholic University of Louvain, 1981.

——. "Guide Lines for Christian Suffering: A Source-Critical and Theological Study of 1 Peter 2,21 – 25," *Bib* 64(1983).

Oss, D. A. "The Interpretation of the 'Stone' Passages by Peter and Paul," *JETS* 32(1989).

Parker, D. C. "The Eschatology of 1 Peter," *BTB* 24(1987).

Perdue, L. G. "The Social Character of Paraenesis and Paraenetic Literature," *Semeia* 50(1990).

Peterson, D. G. "Towards a New Testament Theology of Worship," *RTR* 43 (1984).

Pilch, J. J. "'Visiting Strangers' and 'Resident Aliens'" *BibToday* 29 (1991).

Piper, J. "Hope as the Motivation of Love: 1 Peter 3:9 – 12," *NTS* 6(1980).

Price, J. J. H. "Submission-Humility in 1 Peter: An Exegetical Study," Ph. D. dissertation, Vanderbilt University, 1977.

Pryor, J. W. "First Peter and the New Covenant (I)(II)," *RTR* 45(1986).

Quinn, "Notes on the Test of the P72 in 1 Peter 2:3;5:14 and 5:9," *CBQ* 27 (1965).

Reumann, "Servants of God-Pre-Christian Religion Application of *OIKONOMOΣ* in Greek," *JBL* 77(1958).

Richard, E. "The Functional Christology of First Peter," in *Perspectives on First Peter*, ed. C. H. Talbert. NABPR Special Studies Series No. 9; Macon:Mercer University Press, 1986.

Robertson, P. E. "Is 1 Peter a Sermon?" *Theological Educator* 13(1982).

Robinson. D. W. B. "The Circumcision of Titus and Paul's Liberty," *Aus-*

tralian Biblical Review 12(1964).

Rodgers, P. R. "The Longer Reading of 1 Peter 4:14," *CBQ* 43(1981).

Rohrbaugh, R. L. "'Social Location of Thought' As a Heuristic Construct in New Testament," *JSNT* 30(1987).

Rosenblatt, M – E. "Landless and Homeless," *BibToday* 29(1991).

Russell, R. "Eschatology and Ethics in 1 Peter," *EvQ* 47(1975).

Sampley, J. P. *"And the Two Shall Become One Flesh"*: *A Study of Traditions in Ephesians 5:21 –33*. Cambridge: Cambridge University Press, 1971.

Sander, E. T. *ΠΥΡΩΣΙΣ and the First Epistle of Peter*. Dissertation, Harvard, 1967.

Scaer, D. P. "He Did Descend to Hell: In Defense of the Apostles' Creed," *JETS* 35(1992).

Scharlemann, M. H. "'He Descended Into Hell': An Interpretation of 1 Peter 3:18 –20," *CTM* 27(1956).

——. "Why the Kuriou in 1 Peter 1:25?," *CTM* 30(1959).

Schattenmann, J. "The Little Apocalypse of the Synoptics and the First Epistle of Peter," *Today* 11(1954 –1955).

Schertz, M. H. "Nonretaliation and the Haustafeln in 1 Peter," in *The Love of Enemy and Nonretaliation in the New Testament*. ed. W. M. Swartley. Louisville: Westminster/John Knox Press, 1994.

Scholer, D. M. "Bibliographica Gnostica: Supplementum," *NovTest*. 13 (1971);14(1972);15(1973);16(1974);17(1975);19(1977);20(1978);21 (1979);22(1980);23(1981);24(1982);26(1984).

Schutter, W. L. "Ezekiel 9:6,1 Peter 4:17, and Apocalyptic Hermeneutics," in *SBL Seminar Papers* 26, ed. K. H. Richards. Atlanta: Scholars Press, 1987.

——. *Hermeneutic and Composition in 1 Peter*. WUZNT 2.30; Tübingen: J. C. B. Mohr, 1989.

Seitz, O. J. "Upon his Rock: A Critical Re-examination of Matt. 16:17 –19," *JBL* 69(1950).

Selwyn, E. G. "Unsolved New Testament Problems: The Problem of the Authorship of 1 Peter," *ExpT* 59(1948).

——. "Eschatology in 1 Peter," in *The Background of the New Testament and Its Eschatology*, ed. W. D. Davies & D. Daube. Cambridge: Cambridge University Press, 1960.

Senior, Donald. "The First Letter of Peter," *The Bible Today* (Jan 1984).

Sewlyn, E. B. "Eschatology in 1 Peter," *The Background of the New Testa-*

ment and Its Eschatology. ed. W. D. Davies & D. Daube. Cambridge: CUP, 1956.

Slaughter, J. R. "The Importance of Literary Argument for Understanding 1 Peter," *BibSac* 152(1995).

Sleeper, C. F. "Political Responsibility According to 1 Peter," *NovT* 10 (1968).

Sly, Dorothy I. "1 Peter 3.6b in the Light of Philo and Josephus," *JBL* 110 (1991).

Smith, M. L. "1 Peter 3:21: Eperoma," *ExpT* 24(1912).

Snodgrass, K. R. "1 Peter II.1 - 10: Its Formation and Literary Affinities," *NTS* 24(1977 - 1978).

Snyder, G. F. "Survey and New Thesis on the Bones of Peter," *The Biblical Archaeologist* 32(1969).

Sobosan, J. G. "The Role of the Presbyter: An Investigation into the Adversus Haereses of Saint Irenaeous," *Scottish Journal of Theology* (1974).

Stein, R. H. "Is the Transfiguration (Mark 9:2 - 8) a Misplaced Resurrection Account?" *JBL* 95(1976).

Steuernagel, V. R. "An Exiled Community as a Missionary Community: A Study based on 1 Peter 2:9,10; *EvRev* 10(1986).

Sylva, D. "A 1 Peter Bibliography," *JETS* 25(1982).

——. "Translating and Interpreting 1 Peter 3:2," *BibTr* 34(1983).

Synge, F. C. "1 Peter 3:18 - 21," *ExpT* 82(1971):311.

——. "The Critical Exploration of 1 Peter," in *Perspectives on First Peter*, ed. C. H. Talbert (NABPR Special Studies Series No. 9; Macon: Mercer University Press, 1986):17 - 36.

Talbert, C. H. "Once Again: The Plan of 1 Peter," in *Perspectives on First Peter*, ed. C. H. Talbert (NABPR Special Studies Series No. 9; Macon: Mercer University Press, 1986),3 - 16.

Tannehill, Robert C. "The Disciples in Mark: the Function of a Narrative Role," in *The Interpretation of Mark*. ed. William Telford. Philadelphia: Fortress, 1985.

Tenny, M. C. "Some Possible Parallels Between 1 Peter and John," in *New Dimensions in New Testament Study*. ed. R. N. Longenecker & M. C. Tenny.

Thompson, J. W. "Be Submissive to Your Master: A Study of 1 Pt 2:18 - 25," *Restoration Quarterly* 9(1966).

Thompson, W. B. & J. H. Elliott, "Peter in the New Testament: Old

Theme, New View," *America* 130(1974).

Thornton, T. C. G. "1 Peter, A Paschal Liturgy?" *JTS* 12(1961).

Tuni, J. O. "Jesus of Nazareth in the Christology of 1 Peter," *HeyJ* 28 (1987).

Thurston, R. W. "Interpreting First Peter," *JETS* 17(1974).

Tripp, D. H. "Eperotema (1 Peter 3:21): A Liturgist's Note," *ExpT* 92 (1981).

Tyson, J. B. "The Blindness of the Disciples in Mark," in The Messianic Secret. ed. Christopher Tuckett. Philadelphia: Fortress, 1983.

Unnik, W. C. van. "A Classical parallel to 1 Peter ii. 14 and 20," *NTS* 2 (1955 – 1956).

——. "Christianity According to 1 Peter," *ExpT* 68(1956 – 1957).

——. "The Teaching of Good Works in 1 Peter," *NTS* 1(1954).

——. "Peter, First Epistle of," IDB 3. Nashville: Abingdon, 1962.

——. "The Critique of Paganism in 1 Peter 1:18," in *Neotestamentica et Semitica*. *Festschrift for Matthew Black*. eds. E. E. Ellis and M. Wilcox. Edinburgh: T. & T. Clark, 1969.

——. "The Redemption in Peter 1:18 – 19 and the Problem of the First Epistle of Peter," in *Sparsa Collecta: The Collected Essays of W. C. van Unnik*, Part Two. NovTSup 30; Leiden: Brill, 1980.

Van Ransburg, J. J. J. "The Use of Intersentence Relational Particles and Asyndeton in First Peter," *Neot* 24(1990).

Vander Broek, Lyle, "Women and the Church: Approaching Difficult Passages," *Reformed Review* 38(1985).

Verner, David C. *The Household of God*. SBLDS 71; Chico: Scholars Press, 1983.

de Villiers, J. L. "Joy in Suffering in 1 Peter," *Neot* 9(1975).

Voorwinde, S. "Old Testament Quotations in Peter's Epistles," *VoxRef* 49 (1987).

Wand, J. W. C. "The Lessons of First Peter: A Survey of Recent Interpretation," *Int* 9(1955).

Warden, Duane. "Imperial Persecution And the Dating of 1 Peter and Revelation," *JETS* 34 (June 1991).

——. "The Prophet of 1 Peter 1:10 – 12," *ResQ* 31(1989).

Watson, D. L. "The Implications of Christology and Eschatology for a Christian Attitude Toward the State in 1 Peter," Ph. D. dissertation, Hartford Seminary, 1970.

Webb. R. L. "The Apocalyptic Perspective in First Peter," Th. M. thesis, Regent College, Vancouver, B. C. , Canada, 1986.

Whale, P. "The Lamb of John: Some Myths about the Vocabulary of the Johannine Literature," *JBL* 106(1987).

Wilhelm-Hooijbergh. "The Martyrdom of Peter was Before the Fire in Rome," in *Studia Biblica* 3. ed. E. A. Livingstone. Sheffield: JSOT Press, 1980.

Willis, L. "The Form of the Sermon in Hellenistic Judaism and Early Christianity," *HTR* 77(1984).

Winberry, C. L. "Ethical Issues in 1 Peter," *Theological Educator* 13(1982).

Winberry, C. L. "Introduction to the First Letter of Peter," *Southwestern Journal of Theology* 25(1982).

Winter, B. "'Seek the Welfare of the City': Social Ethics According to 1 Peter," *Themwlios* 13(1988)(中文节译,见"为这城求平安:《彼得前书》的社会伦理",《今日华人教会》11〔1989〕:10 - 12)。

——. "The Public Honouring of Christian Benefactors: Romans 13. 3 - 4 and 1 Peter 2. 14 - 15," *JSNT* 34(1988).

Wolters, A. "Worldview and Textual Criticism in 2 Peter 3:10," *WJT* 49 (1987).

Yates, J. "'He Descended Into Hell': Creed, Article and Scripture (I), (II)," *Churchman* 102(1988):240 - 250,303 - 315.

中文专文

邓永照:"从《彼得前书》看教会在苦难中的坚忍与成长",《今日华人教会》11 (1990)。

Other Books

Aune, D. E. *The New Testament in Its Literary Environment*. LEC 8. Philadelphia: Fortress, 1987.

Bailey, J. L. and Vander Broek, L. D. *Literary Forms in the New Testament*. London: SPCK, 1992.

Balch, D. *Let Wives be Submissive: The Domestic Code in 1 Peter*. Chico: Scholar Press, 1981.

Barrett, C. K. *A Commentary on the First Epistle to the Corinthians*. New York: Harper and Row, 1968.

——. *The Gospel According to John*. London：SPCK，1978.

Bauckham，R. *Jude*，*2 Peter*. Waco：Word. 1983.

——. *Jude and the Relatives of Jesus in the Early Church*. Edinburgh：T. & T. Clark，1990.

Beasley-Murray，G. R. *Baptism in the New Testament*. Grand Rapids：Eerdmans，1962.

Betz，Hans D. *Galatians Hermeneia Commentary*. Philadelphia：Fortress，1979.

Bradley，K. R. *Slavery and Rebellion in the Roman World*，140 B. C. – 70 B. C. Bloomington：Indiana University Press，1989.

Brook，O. S. *The Drama of Decision*：*Baptism in the New Testament*. Peabody：Hendrickson，1987.

Brown，R. E. *The Gospel According to John 1 – XII*，The Anchor bible. New York：Doubleday，1966.

——. *The Community of the Beloved Disciple*. New York：Paulist Press，1979.

Brown，R. E. & John P. Meier，*Antioch and Rome*：*New Testament Cradles of Catholic Christianity*. New York：Paulist Press，1983.

Brown，R. E. ，Donfried，K. P. ，& Reumann，J. *Peter in the New Testament*. Minneapolis：Augsburg/New York：Paulist，1973.

Brownigg，R. *The Twelve Apostles*. London：SCM，1974.

Bruce，F. F. *Epistle to the Galatians*. Grand Rapids：Eerdmans，1982.

——. *Men and Movements in the Primitive Church*：*Studies in Early Non-Pauline Christianity*. Exeter：Paternoster，1979.

——. *New Testament History*. Garden City：Doubleday. 1980.

——. *The Speeches in Acts*. London：Tyndale，1944.

Bultmann，R. *The Gospel of John*. Trans. G. R. Beasley-Murray，R. W. N. Hoare and J. K. Riches. Philadelphia：Westminster，1971.

Burgess，Joseph. *A History of the Exegesis of Mathew 16 : 17 – 19 form 1781 to 1965*. An Arbor：Edwards Brothers，1976.

Chester，A. and Martin，R. P. *The Theology of the Letters of James*，*Peter and Jude*. Cambridge：Cambridge University Press，1994.

Childs，Brevard S. *The New Testament as Canon*：*An Introduction*. London：SCM，1984.

Conzelmann，H. *An Outline of the Theology of the New Testament*. New York：Harper and Row，1969.

Collins，J. J. *Between Athens and Jerusalem*，*Jewish Identity in the Hellenistic*

Diaspora. New York: Crossroad, 1983.

Conzelmann, Hans. 1 *Corinthians*. Philadelphia: Fortress, 1975.

Cross, F. L. 1 *Peter*: *A Paschal Liturgy*. London: Mowbray, 1954.

Cullmann, Oscar. *The Johannine Circle*. Philadelphia: Fortress, 1975.

——. *Peter*: *Disciples*, *Apostles*, *Martyr*, trans. Floyd V. Filson. Philadelphia: Westminster, 1962.

——. *The State in the New Testament*. London: SCM, 1956.

Culpeper, R. *The Johannine School*. Missoula: Scholars Press, 1975.

Davidson, R. M. *Typology in Scripture*: *A Study of Hermeneutical Structures*. Berrien Springs: Andrews University Press, 1981.

Dibelius, Martin, *Studies in the Acts of the Apostles*. Trans. By Mary Ling and Paul Shubert. London: SCM, 1956.

Dodd, C. H. *According to Scripture*: *The Substructure of Christian Theology*. London: Nisbet, 1953.

——. *The Apostolic Preaching and its Developments*. London: Hodder & Stoughton, 1936.

Donahue, John R. *Are You the Christ*? *The Trial Narrative in the Gospel of Mark*. Missoula: Society of Biblical Literature, 1973.

Doty, W. G. *Letters in Primitive Christianity*. Philadelphia: Fortress, 1973.

Dunn, J. D. G. *Christology in the Making*. London: SCM, 1980.

——. *Unity and Diversity in the New Testament*: *An Inquiry Into the Character of Earliest Christianity*. London: SCM, 1990.

Elliott, J. H. 1 *Peter-Estrangement and Community*. Chicago: Franciscan Herald Press, 1979.

——. *The Elect and the Holy*. Leidon: Brill, 1966.

——. *A Home for the Homeless*: *A Sociological Exegesis of 1 Peter*. London: SCM, 1982.

Ellis, E. E. *Paul's Use of the Old Testament*. Grand Rapids: Baker, 1957.

Fanning, B. M. *Verbal Aspect in New Testament Greek*. Oxford: Clarendon, 1990.

Fee, G. D. *New Testament Exegesis*. Philadelphia: Westminster, 1983.

——. *The First Epistle to the Corinthians*. Grand Rapids: Eerdmans, 1987.

Fiorenza, E. S. *In Memory of Her*: *A Feminist Theological Reconstruction of Christian Origins*. New York: Crossroad, 1983.

Frend, W. H. C. *Martyrdom and Persecution in the Early Church*. Garden City: Doubleday, 1967.

——. *The Early Church*. Philadelphia: Fortress, 1965.

Furnish, V. P. *The Love Command in the New Testament*. Nashville: Abingdon, 1972.

Garrett, D. A. Rethinking Genesis: The Sources and Authorship of the First Book of the Pentateuch. Grand Rapids: Baker, 1991.

Gartner, B. *The Temple and the Community in Qurman and the New Testament*. Cambridge: CUP, 1965.

Gasque, W. W. *A History of the Criticism of the Acts of the Apostles*. Tubingen: Mohr, 1975.

Goppelt, L. *Apostolic and Post-Apostolic Times*. Trans. R. A. Guelich. London: Adam & Charles Black, 1970.

———. *Theology of the New Testament*. 2 Vols. Trans. J. Alsup. vol. 2. Grand Rapids: Eerdmans, 1982.

———. *Typos: The Typological Interpretation of the Old Testament in the New*. Trans. D. H. Madvig. Grand Rapids: Eerdmans, 1982.

Grand, Michael. *The Annals of Imperial Rome*. Middlesex: Penguin books, 1973.

Green, H. B. *The Gospel According to Matthew, The New Clarendon Bible*. Oxford: University Press, 1975.

Grudem, W. *The Gift of Prophecy in the New Testament and Today*. East: Kingsway, 1988.

Gummere, R. M. Trans. *Seneca*. The Loeb Classical Library 77. Cambridge: Harvard University Press, 1970.

Guthrie, Donald. *New Testament Introduction*. London: IVP, 1970.

———. *The Apostles*. Grand Rapids: Zondervan, 1975.

———. *Galatians. New Century Bible*. Grand Rapids: Eerdmans, 1973.

Haenchen, Ernst. *John 2. Hermeneia Commentary*. Philadelphia: Fortress, 1984.

Harrison, E. F. *Introduction to the New Testament*. Grand Rapids: Eerdmans, 1964.

Hengel, M. *Acts and the History of Earliest Christianity*. Trans. John Bowden. London: SCM, 1979.

Hengel, M. *Crucifixion*. London: SCM, 1977.

Holmberg, Bengt. *Paul and Power: The Structure of Authority in the Primitive Church*. Lund: CWK Gleerup, 1978.

Hurd, J. *The Origin of 1 Corinthians*. London: SPCK, 1965.

Jageson, J. W. *Written Also for Our Sake: Paul and the Art of Biblical Interpretation*. Louisville: Westminster, 1993.

Jeremias, J. *Jerusalem in the Time of Jesus*. Philadelphia: Fortress, 1949.

Juel, Donald. *Luke-Acts: The Promise of History*. Atlanta: John Knox, 1983.

de Jonge, M. *Christology in Context: The Earliest Christian Response to Jesus*. Philadelphia: Westminster, 1988.

Josephus, F. *Josephus, Complete Works*. Trans. William Whiston. Grand Rapids: Kregal. 1960.

Kingsbury, J. D. *Conflict in Mark: Jesus, Authorities, Disciples*. Minneapolis: Fortress, 1989.

Koester, H. *History and Literature of Early Christianity*. Philadelphia: Fortress, 1982.

――. *Introduction to the New Testament*. Volume 2. Philadelphia: Fortress, 1982.

Kugel, J. L. and Greer R. A. *Early Biblical Interpretation*. LEC 3; Philadelphia: Fortress, 1986.

Kümmel, W. G. *Introduction to the New Testament*. Trans. H. C. Kee. London: SCM, 1975.

Ladd, G. E. *A Theology of the New Testament*. Grand Rapids: Eerdmans, 1972.

Lewis, N. & M. Reinhold. ed. *Roman Civilization: Source-book II: The Empire*. New York: Harper & Row, 1966.

Lincoln, A. T. *Ephesians*. WBC 42; Dallas: Word, 1990.

Lindars, B. *New Testament Apologetic: The Doctrinal Significance of the Old Testament Quotations*. London: SCM, 1961.

Llewelyn, S. R. with the collaboration of R. A. Kearsley, *New Documents Illustrating Early Christianity: A Review of the Greek Inscriptions and Papyri Published in 1980 - 1981*. Sydney: Macquarie University, 1992. 〔简: *NewDoc* 6〕

Lohse, E. Trans. M. E. Boring. *Theological Ethics of the New Testament*. Minneapolis: Fortress.

Longenecker, Richard. *Biblical Exegesis in the Apostolic Period*. Grand Rapids:Eerdmans, 1975.

Marshall, Howard. *The Gospel of Luke*, *New International Greek Testament Commentary*. Grand Rapids: Eerdmans, 1978.

Martin, Ralph, *Mark: Evangelist and Interpreter*. Exeter: Paternoster, 1972.

――. *New Testament Foundation*. Volume 2. Grand Rapids: Eerdmans,

1978.

Martin, Troy W. *Metaphor and Composition in 1 Peter*. SBL Dissertation Series 131, Atlanta: Scholars Press, 1992.

Meeks, W. A. *The Moral World of the First Christians*. Philadelphia: Fortress, 1986.

———. *The Origins of Christian Morality: The First Two Centuries*. New Haven and London: Yale University Press, 1993.

Meier, John. *The Vision of Matthew: Christ, Church and Morality in the First Gospel*. New York: Paulist, 1979.

Morris, Leon. *The Apostolic Preaching of the Cross*. Grand Rapids: Eerdmans, 1965.

Munck, Johannes. *Paul and the Salvation of Mankind*. Trans. Frank Clarke. Atlanta: John Knox, 1977.

Neusner, Jacob. *What is Midrash?* Philadelphia: Fortress, 1987.

Nickle, Keith. *The Collection: A Study in Paul's Strategy*. London: A. R. Allenson, 1966.

Nickelsburg, G. W. E. and Stone, M. E. ed. *Faith and Piety in Early Judaism: Text and Documents*. Philadelphia: Fortress, 1983.

Osiek, C. *What are They Saying about the Social Setting of the New Testament*. New York: Paulist Press, 1984.

Perrin, Norman. *The New Testament: An Introduction*. New York: Harcout-Brace-Jovanovich. 1974.

Pierce, C. A. *Conscience in the New Testament*. London: SCM, 1955.

Plummer, Alfred. *A Critical and Exegetical Commentary on the First Epistle of St. Paul to the Corinthians*. Edinburgh: T. & T. Clark, 1914.

Ramsay, William M. *The Church in the Roman Empire*. London: Hodder and Stoughton, 1893.

Ridderbos, Helmut. *The Speeches of Peter in the Acts of the Apostles*. London: Tyndale, 1962.

Robinson, A. T. *Redating the New Testament*. London: SCM, 1976.

Sanders, J. T. *Ethics in the New Testament*. London: SCM, 1975.

Schiler, H. *The Relevance of the New Testament*. Trans. W. J. O'Hara. New York: Herder and Herder, 1968.

Schmithals, Walter. *Paul and James, Studies in Biblical Theology*. 46. Naperville: A. R. Allenson, 1965.

Schnackenburg, R. *The Gospel According to John*, Trans. David Smith and G. A. Kon. New York: Crossroad, 1982.

77

Scheemelcher, Wilhelm. ed. *New Testament Apocrypha*. Philadelphia: Westminster, 1965.

Schrage, W. *The Ethics of the New Testament*. Trans. D. E. Green. Edinburgh: T. & T. Clark, 1988.

Schoeps, J. Paul: *The Theology of the Apostle in the Light of Jewish Religious History*. London: Lutterworth, 1959.

Schubert, Paul. *The Form and Function of the Pauline Thanksgiving*. Berlin: Alfred Topelmann, 1939.

Schutter, W. L. *Hermeneutic and Composition in 1 Peter*. Cambridge: CUP, 1985.

Schweizer, Edward. *The Good News According to Mark*. Richmond: John Knox, 1970.

Shaw, J. M. *The Pilgrim People of God*. Minneapolis: Augsburg, 1990.

Shinn, Larry, *Two Sacred Worlds. Experience and Structure in the World's Religions*. Nashville: Abingdon, 1977.

Smith, T. V. *Petrine Controversies in Early Christianity*. WUNT 2/15; Tubingen: J. C. B. Mohr, 1985.

Stowers, S. K. *Letter Writing in Greco-Roman Antiquity*. Philadelphia: Westminster, 1986.

Terence, Smith. *Petrine Controversies in Early Christianity: Attitudes Toward Peter in Christian Writings of the First Two Centuries*. Tubingen: Mohr, 1985.

Theissen, Gerd. *The Social Setting of Pauline Christianity: Essays on Corinth*. Philadelphia: Fortress, 1982.

Thiede, C. P. *Simon Peter: From Galilee to Rome*. Grand Rapids: Zondervan, 1988.

Thurén, Lauri. *The Rhetorical Strategy of 1 Peter: With Special Regard to Ambiguous Expressions*. ÅBO: ÅBO Academy Press, 1990.

Trench, R. C. *Synonyms of the New Testament*. Grand Rapids: Eerdmans, 1953.

VanDevelder, F. R. *The Biblical Journey of Faith: The Road of the Sojourner*. Philadelphia: Fortress, 1988.

Vanhoye, A. *Old Testament Priests and the New Priest According to the New Testament*. Trans. J. B. Orchard. Petersham: St. Bede's Publications, 1986.

Winter, B. W. *Seek the Welfare of the City: Christians as Benefactors and Citizens*. Grand Rapids: Eerdmans, 1994.

Young, G. R. *Was There a Petrine Community?* *An Examination of First and Second Century Documents Ascribed to Simon Peter*. Ann Arbor: University Microfilms International, 1987.

Zuck, R. B. ed. *A Biblical Theology of the New Testament*. Chicago: Moody, 1994.

张永信:《启示录注释》,香港:宣道,1990。

史丹理基金公司　识

1963 年菲律宾史丹理制造公司成立后,由于大多数股东为基督徒,大家愿意把公司每年盈利的十分之一奉献,分别捐助神学院、基督教机构,以及每年圣诞赠送礼金给神职人员,史丹理制造公司也因此得到大大祝福。

1978 年容保罗先生与笔者会面,提起邀请华人圣经学者著写圣经注释的建议,鼓励笔者投入这份工作。当时笔者认为计划庞大,虽内心深受感动,但恐心有余而力不足,后来决定量力而为,有多少资金就出版多少本书。出版工作就这样开始了。

1980 年 11 月,由鲍会园博士著作的歌罗西书注释交给天道书楼出版,以后每年陆续有其他经卷注释问世。

1988 年史丹理制造公司结束二十五年的营业。股东们从所售的股金拨出专款成立史丹理基金公司,除继续资助多项工作外,并决定全力支持天道书楼完成出版全部圣经注释。

至 2000 年年底,天道书楼已出版了三十六本圣经注释,其他大半尚待特约来稿完成。笔者鉴于自己年事已高,有朝一日必将走完人生路程,所牵挂的就是圣经注释的出版尚未完成。如后继无人,将来恐难完成大功,则功亏一篑,有负所托。为此,于 2001 年春,特邀请天道书楼四位董事与笔者组成一小组,今后代表史丹理基金公司与天道书楼负责人共同负起推动天道圣经注释的出版工作,由许书楚先生及姚冠尹先生分别负起主席及副主席之职,章肇鹏先生、郭志权先生、施熙礼先生出任委员。并邀请容保罗先生担任执行秘书,负责联络,使出版工作早日完成。

直至 2004 年,在大家合作推动下,天道圣经注释已出版了五十一册,余下约三十册希望在 2012 年全部出版刊印。

笔者因自知年老体弱,不便舟车劳顿,未能按时参加小组会议。为此,特于 6 月 20 日假新加坡召开出版委员会,得多数委员出席参加。愚亦于会中辞去本兼各职。并改选下列为出版委员会委员——主席:

姚冠尹先生;副主席:施熙礼先生;委员:郭志权博士、章肇鹏先生、容保罗先生、楼恩德先生;执行秘书:刘群英小姐——并议定今后如有委员或秘书出缺,得由出版小组成员议决聘请有关人士,即天道书楼董事,或史丹理基金公司成员担任之。

至于本注释主编鲍会园博士自 1991 年起正式担任主编,多年来不辞劳苦,忠心职守,实令人至为钦敬。近因身体软弱,敝委员会特决议增聘邝炳钊博士与鲍维均博士分别担任旧、新约两部分编辑,辅助鲍会园博士处理编辑事项。特此通告读者。

至于今后路线,如何发展简体字版,及配合时代需求,不断修订或以新作取代旧版,均将由新出版委员会执行推动之。

许书楚　识
2004 年　秋

天道圣经注释出版纪要

由华人圣经学者来撰写一套圣经注释，是天道书楼创立时就有的期盼。若将这套圣经注释连同天道出版的《圣经新译本》、《圣经新辞典》和《天道大众圣经百科全书》摆在一起，就汇成了一条很明确的出版路线——以圣经为中心，创作与译写并重。

过去天道翻译出版了许多英文著作；一方面是因译作出版比较快捷，可应急需，另一方面，英文著作中实在有许多堪称不朽之作，对华人读者大有裨益。

天道一开始就大力提倡创作，虽然许多华人都谦以学术研究未臻成熟，而迟迟未克起步，我们仍以"作者与读者同步迈进"的信念，成功地争取到不少处女作品；要想能与欧美的基督教文献等量齐观，我们就必须尽早放响起步枪声。近年来看见众多作家应声而起，华文创作相继涌现，实在令人兴奋；然而我们更大的兴奋仍在于寄望全套"天道圣经注释"能早日完成。

出版整套由华人创作的圣经注释是华人基督教的一项创举，所要动员的人力和经费都是十分庞大的；对于当年只是才诞生不久的天道书楼来说，这不只是大而又难，简直就是不可能的事。但是强烈的感动一直催促着，凭着信念，下定起步的决心，时候到了，事就这样成了。先有天道机构名誉董事许书楚先生，慨允由史丹理基金公司承担起"天道圣经注释"的全部费用，继由鲍会园博士以新作《歌罗西书注释》（后又注有《罗马书》上下卷，《启示录》）郑重地竖起了里程碑（随后鲍博士由1991年起正式担任全套注释的主编），接着有唐佑之博士（《约伯记》上下卷，《耶利米哀歌》）、冯荫坤博士（《希伯来书》上下卷，《腓立比书》，《帖撒罗尼迦前书》，《帖撒罗尼迦后书》）、邝炳钊博士（《创世记》一二三四五卷，《但以理书》）、曾祥新博士（《民数记》，《士师记》）、詹正义博士（《撒母耳记上》一二卷）、区应毓博士（《历代志上》一二卷，《历代志下》，《以斯拉记》）、洪同勉先生（《利未记》上下卷）、黄朱伦博士（《雅歌》）、张永信博士（《使徒行传》一二三卷，《教牧书信》）、张略博士（与张永信博士合著《彼得前书》,《犹大书》)、刘少平博士(《申命记》上下卷,《何西阿书》,《约珥书》,《阿摩司书》)、梁康民先生(《雅各书》)、黄浩仪博士(《哥林多前书》上卷,《腓利门书》)、梁薇博士(《箴言》)、张国定博士(《诗篇》一二三四卷)、邵晨光博士(《尼希米记》)、陈济民博士(《哥林多后书》)、赖建国博士(《出埃及记》上下卷)、李保罗博士(《列王纪》一二三四卷)、钟志邦博士(《约翰福音》上下卷)、周永健博士(《路得记》)、谢慧儿博士(《俄巴底亚书》,《约拿书》)、梁洁琼博士(《撒母耳记下》)、吴献章博士(《以赛亚书》三四卷)、叶裕波先生(《耶利米书》上卷)、张达民博士(《马太福音》)、戴浩辉博士(《以西结书》)、鲍维均博士(《路加福音》上下卷)、张玉明博士(《约书亚记》)、蔡金玲博士(《以斯帖记》,《撒迦利亚书》,《玛拉基书》)、吕绍昌博士(《以赛亚书》一二卷)、邝成中博士(《以弗所书》)、吴道宗博士(《约翰一二三书》)、叶雅莲博士(《马可福音》)、岑绍麟博士(《加拉太书》)、胡维华博士(《弥迦书》,《那鸿书》)、沈立德博士(《哥林多前书》下卷)、黄天相博士(《哈巴谷书》,《西番雅书》,《哈该书》)等等陆续加入执笔行列,他们的心血结晶也将一卷一卷地先后呈献给全球华人。

当初单纯的信念,已逐渐看到成果;这套丛书在 20 世纪结束前,完成写作并出版的已超过半数。同时,除了繁体字版正积极进行外,因着阅读简体字读者的需要,简体字版也逐册渐次印发。全套注释可望在 21 世纪初完成全部写作及出版;届时也就是华人圣经学者预备携手迈向全球,一同承担基督教的更深学术研究之时。

由这十多年来"天道圣经注释"的出版受欢迎、被肯定,众多作者和工作人员协调顺畅、配合无间,值得我们由衷地献上感谢。

为使这套圣经注释的出版速度和写作水平可以保持,整个出版工作的运转更加精益求精,永续出版的经费能够有所保证,1997 年 12 月天道书楼董事会与史丹理基金公司共同作出了一些相关的决定:

虽然全套圣经六十六卷的注释将历经三十多年才能全部完成,我们并不以此为这套圣经注释写作的终点,还要在适当的时候把它不断地修订增补,或是以新著取代,务希符合时代的要求。

天道书楼承诺负起这套圣经注释的永续出版与修订更新的责任,由初版营收中拨出专款支应,以保证全套各卷的再版。史丹理基金公司也成立了圣经注释出版小组,由许书楚先生、郭志权博士、姚冠尹先生、章肇鹏先生和施熙礼先生五位组成,经常关心协助实际的出版运作,以确保尚未完成的写作及日后修订更新能顺利进行。该小组于2004年6月假新加坡又召开了会议,许书楚先生因年事已高并体弱关系,退居出版小组荣誉主席,由姚冠尹先生担任主席,施熙礼先生担任副主席,原郭志权博士及章肇鹏先生继续担任委员,连同小弟组成新任委员会,继续负起监察整套注释书的永续出版工作。另外,又增聘刘群英小姐为执行秘书,向委员会提供最新定期信息,辅助委员会履行监察职务。此外,鉴于主编鲍会园博士身体于年初出现状况,调理康复需时,委员会议决增聘邝炳钊博士及鲍维均博士,并得他们同意分别担任旧约和新约两部分的编辑,辅助鲍会园博士处理编辑事宜。及后鲍会园博士因身体需要,退任荣誉主编,出版委员会诚邀邝炳钊博士担任主编,曾祥新博士担任旧约编辑,鲍维均博士出任新约编辑不变,继续完成出版工作。

　　21世纪的中国,正在走向前所未有的开放道路,于各方面发展的迅速,成了全球举世瞩目的国家。国家的治理也逐渐迈向以人为本的理念,人民享有宗教信仰自由,全国信徒人数不断增多。大学学府也纷纷增设了宗哲学学科和学系,扩展国民对宗教的了解和研究。这套圣经注释在中国出版简体字版,就是为着满足广大人民在这方面的需要。深信当全套圣经注释完成之日,必有助中国国民的阅读,走在世界的前线。

容保罗　识

2011年　春

图书在版编目(CIP)数据

彼得前书注释 / 张永信,张略著.—上海:上海三联书店,
2024.4 重印
"天道圣经注释"系列
主编/邝炳钊　旧约编辑/曾祥新　新约编辑/鲍维均
ISBN 978－7－5426－5468－7

Ⅰ.①彼…　Ⅱ.①张…②张…　Ⅲ.①《圣经》—研究
Ⅳ.①B971.2

中国版本图书馆 CIP 数据核字(2016)第 015864 号

彼得前书注释

著　　者 / 张永信　张　略
策　　划 / 徐志跃

特约编辑 / 王　卫
责任编辑 / 李天伟
装帧设计 / 徐　徐
监　　制 / 姚　军
责任校对 / 张大伟　王凌霄

出版发行 / 上海三联书店
　　　　　(200041)中国上海市静安区威海路 755 号 30 楼
邮　　箱 / sdxsanlian@sina.com
联系电话 / 编辑部:021－22895517
　　　　　发行部:021－22895559
印　　刷 / 上海惠敦印务科技有限公司

版　　次 / 2017 年 12 月第 1 版
印　　次 / 2024 年 4 月第 3 次印刷
开　　本 / 890mm×1240mm　1/32
字　　数 / 400 千字
印　　张 / 13.5
书　　号 / ISBN 978－7－5426－5468－7/B·463
定　　价 / 62.00 元

敬启读者,如发现本书有印装质量问题,请与印刷厂联系 021－63779028